Para Javiera, en estos 27 años, con todo mi cariño.

Tu hermana
Alejandra.

4·Junio·2002.

Sección de Obras de Filosofía

I
LECCIONES SOBRE LA HISTORIA DE LA FILOSOFÍA

Traducción de
WENCESLAO ROCES

G. W. F. HEGEL

Lecciones sobre la historia de la filosofía

I

Fondo de Cultura Económica
MÉXICO

Primera edición en alemán, 1833
Segunda edición en alemán, 1842
Primera edición en español, 1955
  Sexta reimpresión, 1996

Edición preparada por
Elsa Cecilia Frost

Título original:
Vorlesungen über die Geschichte der Philosophie
© 1833, Karl Ludwig Michelet

D. R. © 1955, Fondo de Cultura Económica
D. R. © 1985, Fondo de Cultura Económica, S. A. de C. V.
D. R. © 1995, Fondo de Cultura Económica
Carretera Picacho-Ajusco 227; 14200 México, D. F.

ISBN 968-16-0304-4 (edición completa)
ISBN 968-16-0305-2 (volumen I)

Impreso en México

PRESENTACIÓN

Las publicaciones filosóficas hechas en lengua española durante los últimos lustros son sumamente numerosas y variadas. Con todo, sigue sin llenar el hueco más importante en materia de publicaciones filosóficas no originales en lengua española desde hace, no lustros, sino siglos: en la actualidad faltan traducciones españolas íntegras, directas y correctas de algunas de las obras absolutamente capitales de la historia universal de la filosofía: sea totalmente, por no haberse hecho nunca, sea prácticamente, por no ser las hechas asequibles ya en el comercio, ni siquiera en todas las bibliotecas donde debieran serlo.

El Fondo de Cultura Económica ha resuelto añadir a sus empresas editoriales, ya tan diversas y tan unánimemente reconocidas como valiosas, la de llenar el hueco señalado, publicando como primera serie de una nueva colección de textos filosóficos traducciones de obras maestras de la filosofía universal de las que faltan, por una u otra de las razones dadas, traducciones que reúnan las características enumeradas.

La serie se inicia con la presente traducción de las Lecciones sobre la historia de la filosofía de Hegel, a la que seguirán la del Ensayo sobre el entendimiento humano de Locke, hecha por el Dr. Edmundo O'Gorman, y la de la Ética de Spinoza, hecha por el Dr. Oscar Cohan, ambas ya en poder de la editorial. Las obras no necesitan, evidentemente, ser presentadas. Prenda de la valía que la editorial quiere garantizar a las traducciones de la serie son los nombres de los autores de las tres primeras: el Dr. Wenceslao Roces es bien conocido por el público culto en todo el mundo de habla española como especialista en la traducción de obras alemanas, habiendo merecido su labor el público elogio agradecido del propio e ilustre autor de la obra original en un caso como el de la Paideia de Werner Jaeger; el Dr. O'Gorman, que por razones de patria y familia domina por igual las lenguas española e inglesa, tiene una reputación internacional como historiador de las ideas y teórico de la ciencia histórica; el Dr. Cohan es muy distinguido especialista, de nacionalidad argentina, en Spinoza. Lo que sí puede requerir presentación son las traducciones mismas: será obra, en cada caso, de un prólogo a la traducción exponer al público los datos y las consideraciones pertinentes acerca de los textos utilizados, de los problemas planteados por la traducción y de la forma en que se los haya resuelto y en general se haya llevado a cabo la tarea.

Aquí, al frente de la serie, bastará, sin duda, añadir, para redondear la presentación de ella, que no deja de poseer un cierto simbolismo el iniciarla con la presente traducción: la de la obra máxima hasta hoy de la Historia de la Filosofía dentro de la historia de la filosofía universal, que resulta singularmente llamada a encabezar una serie de publicaciones destinada a hacer a obras, en nada menores, de la misma historia una justicia que la cultura de lengua española les debía y se debía a sí misma, si es verdad tan cierta como sin duda lo es, la de que en la historia universal de la cultura han representado las traducciones de obras maestras de la misma, desde unas lenguas a otras, aportaciones a la compenetración entre las distintas culturas integrantes de la universal que han sido y serán siempre esenciales a la marcha histórica del hombre hacia una cultura ecuménica lograda, no por supresión, ni siquiera uniformación, de las variedades que la enriquecen, sino por armónica síntesis de éstas.

JOSÉ GAOS

ADVERTENCIA SOBRE LA PRESENTE EDICIÓN

Esta versión castellana de las *Lecciones sobre la historia de la filosofía* está basada en la edición que Karl Ludwig Michelet preparó por encargo de un "grupo de discípulos y amigos de Hegel", unos cuantos años después de su muerte. Cuando, en 1954, tomé bajo mi cuidado su edición española, mi trabajo no parecía consistir en otra cosa que en uniformar la terminología filosófica, pues la perfecta traducción del Dr. Roces hace superflua toda otra revisión. Sin embargo, por tratarse de una obra que no fué escrita por el propio Hegel, sino redactada por Michelet a partir de algunos papeles manuscritos y de los apuntes de clase de sus alumnos, fueron surgiendo, al avanzar el trabajo, diversos problemas.

Ya Kuno Fischer hacía notar que la edición de Michelet llevaba escasas notas —lo que hace muy difícil encontrar el texto citado—, que las traducciones de filósofos extranjeros eran poco precisas y que, en general, contenía muchas inexactitudes y errores. Pero, a pesar de todo esto, la forma que Michelet dió a la *Historia de la filosofía* de Hegel es, hasta ahora, la única y de ella se han servido los alemanes por más de un siglo.

Es verdad, por otra parte, que la editorial de Félix Meiner empezó a publicar una edición crítica de las obras de Hegel, pero la guerra interrumpió este proyecto y de la *Historia de la filosofía* en especial no llegó a publicarse sino un primer tomo (1940, reeditado en 1944) que contiene la introducción únicamente. Es indiscutible, desde luego, la superioridad de la edición crítica de Johannes Hoffmeister sobre la de Michelet, pero por desgracia esta edición quedó incompleta, pues según la propia casa editorial presenta dificultades tan especiales que no puede precisarse en qué fecha aparecerán los otros volúmenes.

Por otra parte, el espíritu que anima las dos ediciones es muy distinto. Michelet, partiendo de la base de que sería demasiado cansado leer todas y cada una de las exposiciones, aspiraba a entregar un texto que pareciera haber sido escrito de una sola tirada por el autor; en tanto que Hoffmeister, comprendiendo que las libertades de un discípulo directo —como lo fué Michelet— no pueden justificarse en nadie más y considerando que las diferencias entre las distintas versiones (Hoffmeister dispuso de un nuevo material que le permitió obtener un texto completo de cuatro cursos) es tan grande que no permite la unión, intenta dar todo el texto hegeliano en el orden en que fué expuesto, sin que se pierda una sola línea.

Hemos de reconocer también que la mayor parte de los errores que Hoffmeister señala a la edición de Michelet son reales. Así, aun cuando no dispongamos de la edición crítica de esta parte para compararla, es posible ver claramente que hay capítulos muy poco preparados en los que pueden apreciarse grandes lagunas, por ejemplo, en la parte dedicada a la filosofía medieval. Si éste es o no un defecto de la exposición hegeliana o si se debe a una mala reelaboración de Michelet, es cosa difícil de decidir, y más difícil aún de remediar sin contar con los originales necesarios. Sin embargo, por lo que hace a la continua crítica a la imprecisión de las citas de filósofos no alemanes —puedo agregar por mi parte que la imprecisión no está limitada a éstos, pues en la cita de textos kantianos encontré varios errores— sí creo haber podido evitarla.

Ya que no es posible saber si las traducciones,* en especial las de los filósofos presocráticos, fueron hechas o no por el propio Hegel, ni si Michelet se atuvo al darlas a las más o menos exactas versiones de los alumnos, consideré conveniente intercalar, en todos los casos en que fué posible, una versión directa del filósofo citado, en vez de traducir la muy imprecisa traducción alemana. En aquellos casos en que aparece en la versión del texto hegeliano algún término peculiar, la diferencia entre la versión castellana y la alemana está explicada en una nota al pie. El lector podrá además verificar fácilmente las traducciones, ya que todas están tomadas de libros asequibles y las notas que las acompañan permiten localizarlas sin gran trabajo.

Para este primer tomo, las versiones utilizadas fueron la del Dr. José Gaos en el caso de Tales (Aristóteles, *Metafísica* I, 3), Anaxímenes y Heráclito, y la del Dr. Juan David García Bacca en el de los eléatas y Empédocles. Sin embargo, como es bien sabido, la mayor fuente de información sobre la filosofía griega es Aristóteles y esto presentó un nuevo problema. En primer lugar, más que citas textuales, Hegel presenta paráfrasis, intercalando los términos peculiares del filósofo en cuestión —por ejemplo, en todos los pasajes que se refieren a Anaxágoras aparece el término *homeomerías*—, aun cuando Aristóteles no lo haga. En segundo lugar, no tenemos una buena traducción completa de sus obras (fué una feliz casualidad que el texto sobre Tales formara parte de la *Antología filosófica* del Dr. Gaos). Así, pensé que lo mejor sería cotejar la versión alemana con el texto editado por W. D. Ross y dar una traducción española que, sin traicionar a Aristóteles, se acercara

* Véase, en la p. XVII, lo poco que dice Michelet a este respecto.

lo más posible a la singular manera hegeliana. Por lo que respecta a Platón, la traducción usada como base —pues Hegel lo parafrasea también— fué la de García Bacca y en aquellos casos en que el diálogo citado no estuviera traducido por él, la versión castellana es el resultado de un cotejo entre el texto griego, la versión alemana y las españolas que hubiera disponibles. Por lo demás, el lector encontrará siempre que se haya intercalado una traducción directa una nota de referencia marcada con una E (editor).

El lector advertirá, además, que a veces aparece en el cuerpo de una cita una explicación encerrada entre corchetes; esta explicación es, desde luego, de Hegel y le dí esta forma a fin de facilitar la lectura. Casi es innecesario añadir que he respetado siempre el modo hegeliano de citar; si hay paráfrasis, ésta se conserva en castellano, y lo mismo ocurre cuando la cita es textual, y *las traducciones directas sólo se intercalan en este último caso*.

De las notas restantes, las que no llevan indicación alguna son del propio Hegel, según lo explica Michelet en sus prólogos; las que llevan la letra M son de éste y, por último, las señaladas con una T (traducción) dan la explicación de por qué se ha elegido un determinado término para traducir algún peculiar concepto hegeliano.

He tenido en cuenta, también, que ciertas personas u obras muy conocidas en la época de Hegel pueden no serlo en la nuestra y, en consecuencia, he dado una pequeña explicación al pie de página.

Una última indicación: me permití suprimir un título que aparece en la 2ª edición de Michelet en la p. 7 *(Vorlesungen über die Geschichte der Philosophie* — Lecciones sobre historia de la filosofía) y que debería estar en nuestra p. 5, por parecerme que es del todo superfluo, ya que interrumpe el Discurso inaugural, tomado del manuscrito de Heidelberg, que llega hasta la quinta línea de la p. 11 ("hacer de ella una noción provisional"). Michelet intercala, además del título, una anotación (p. 4: "La nación alemana ha logrado"... "Estado prusiano basado en la inteligencia"), que se encuentra, según explica Hoffmeister, al margen del manuscrito y que fué hecha evidentemente en la época de Berlín, pero esto ha quedado tal cual.

También he puesto, en las partes que tratan de Heráclito y Anaxágoras, los títulos de los parágrafos —tomados del índice de la edición alemana— a fin de dar una mayor unidad formal a la obra, cuya división original en tres volúmenes he respetado.

Esta advertencia no tiene, desde luego, otra intención que la de justificar la forma en que aparece la edición castellana; pues es evidente que la obra como tal no necesita ni justificación ni presentación. La *Historia de la filosofía* de Hegel, a pesar de las imperfecciones y de todas las críticas, justificadas o injustificadas, que puedan hacérsele al editor original, no deja de ser una de las grandes hazañas del pensamiento alemán y, hasta ahora, la obra máxima sobre historia de la filosofía; la primera que hizo justicia a las filosofías precedentes al considerarlas como momentos necesarios en una y la misma evolución: la del Espíritu.

Elsa Cecilia Frost

PRÓLOGO DEL EDITOR A LA PRIMERA EDICIÓN

Al editor sólo le toca, en este lugar, dar cuenta del procedimiento seguido al ordenar estas lecciones de Hegel sobre la *Historia de la filosofía*.

Hegel dió en total nueve cursos sobre esta materia en las distintas universidades en las que trabajó. La primera vez durante el invierno de 1805-1806 en Jena; las dos ocasiones siguientes en Heidelberg durante los semestres de invierno de 1816-1817 y 1817-1818; las seis restantes en esta universidad [Berlín] en el verano de 1819 y en los semestres de invierno de 1820-1821, 1823-1824, 1825-1826, 1827-1828 y 1829-1830. Había empezado sus cursos de invierno (entre ellos el décimo de historia de la filosofía) el diez de noviembre de 1831, habiendo dado ya dos clases sobre historia de la filosofía con gran fluidez y amenidad, cuando fué alcanzado por la muerte.

De todos estos años sólo poseemos el cuaderno de Jena, en cuarto, escrito de su puño y letra y revisado casi totalmente por lo que se refiere al estilo; en aquella época no se atrevía aún a confiar sus lecciones a la memoria. A este cuaderno se añade un pequeño resumen de historia de la filosofía, también en cuarto, que escribió en Heidelberg y destinado a ser desarrollado en clase. Contiene, en pocas y cuidadas palabras, los momentos principales de cada filósofo. Todas las adiciones hechas en los cursos posteriores están, en parte, escritas o esbozadas al margen del cuaderno de Jena o del resumen, y en parte en una serie de hojas sueltas que añadió a éstos. Lo escrito en estas hojas carece de estilo, se trata más bien de pensamientos anotados rápidamente sobre el papel, pero tiene un valor inmenso, pues certifica, de su puño y letra, las fecundas adiciones hechas por Hegel en los cursos posteriores; gracias a ellas puede verse claramente lo que la exposición libre, tal como se encuentra en los apuntes de sus alumnos, hacía de estos esquemas y dónde y cómo debió ser rectificada esta exposición, o mejor dicho su copia escrita, por ellos.

Por lo que se refiere a los apuntes de clase, debo destacar como fuentes —algunos trozos de ellos han entrado a formar parte de la presente redacción de la *Historia de la filosofía* hegeliana— los siguientes: *1)* un cuaderno del año 1829-1830 del Dr. J. F. C. Kampe; *2)* los apuntes tomados por el Sr. von Griesheim durante el semestre de invierno de 1825-1826; *3)* mis propios apuntes del semestre de invierno de 1823-1824, durante el cual asistí al curso de Hegel. No pude obtener apuntes del curso de Heidelberg y los del curso de Jena quedan, desde luego, satisfactoriamente suplidos por el cuaderno del propio Hegel. El valor de este último aumenta si tenemos en cuenta que los cursos posteriores en Berlín, como puede notarse fácilmente, se basan en él en una medida cada vez mayor hasta usarlo literalmente, como ocurrió muchas veces durante el tercer y cuarto cursos; es indudable, por otra parte, que Hegel lo llevaba siempre consigo a clase, lo mismo que el resumen.

Las fuentes para la Introducción, en particular, además de los apuntes de clase, son una parte muy lograda del manuscrito de Hegel, parte en cuarto y parte en folio, escrita casi toda en Berlín, salvo una pequeña parte escrita en Heidelberg. La introducción al cuaderno de Jena no fué utilizada nunca posteriormente por él y, de hecho, con excepción de unos cuantos pasajes, no prestó ningún servicio al editor, pues las introducciones posteriores ganan en claridad, vigor y fuerza convincente (Hegel reelaboraba siempre más las introducciones de sus cursos que estos mismos). Más o menos la tercera parte de esta introducción, lo mismo que el discurso inaugural, es ya palabra escrita y no simplemente hablada, y en el resto, lo mismo que en la introducción a la filosofía griega, los esbozos de Hegel están desarrollados en tal forma que sólo necesitan unos cuantos retoques. Muchas de las hojas —a saber, las que se encuentran entre el discurso inaugural y la introducción, y aun las cuatro primeras páginas de ésta— están redactadas de modo que parecen destinadas no a la exposición oral, sino a la imprenta; cuando menos el carácter de conferencia es poco notable en ellas.

La exposición de la filosofía oriental, tomada de los apuntes de clase, se complementa con una rica serie de colecciones y recopilaciones de obras francesas e inglesas sobre el Oriente en general. Hegel solía llevar las obras correspondientes, anotadas brevemente al margen, a su cátedra, para basar su exposición en ellas, traduciendo directamente en parte y, en parte, intercalando sus observaciones y juicios.

Así, pues, estas fuentes me proporcionaron un triple material para la redacción: 1) períodos profundamente reflexionados, completamente escritos por él mismo, a veces algo largos, en su usual lenguaje vigoroso; 2) los pensamientos producidos repentinamente en la cátedra por la fuerza misma de la exposición, de acuerdo con su forma y su contenido, que son con frecuencia lo más profundo y genial; como casi nunca se encuentran rastros de ellos en los esquemas, su autenticidad sólo puede ser probada —aparte del testimonio del oyente— por su contenido interno que es, después de todo, la mayor autoridad; 3) el material que se encuentra a medio camino entre los dos extremos —los pensamientos esbozados cuya forma definitiva se dejaba a la exposición oral. Su forma escrita sólo rara vez es difícil y a menudo bella. En general, podemos decir que estas lecciones sorprenden con frecuencia por la pureza de su forma, en la que podemos ver la certeza y claridad con que se presentaba el pensamiento en el espíritu del autor; sin duda alguna porque no dedicó a ningún otro curso un estudio tan amplio —abarca toda su vida académica— y porque en él, al reflexionar una y otra vez sobre los pensamientos de esta serie de nobles espíritus, logró alcanzar su propio punto de vista, dándonos en estas *Lecciones* la clave para la comprensión de toda su filosofía.

El lector podrá distinguir con facilidad los tres elementos de estas *Lecciones,* cuando menos el segundo de ellos. Esta diferencia de lenguaje es, desde luego, un defecto, pero un defecto inevitable; no tuve nunca el deseo, por la ya mencionada naturaleza de la forma, ni creo tener el derecho de recomponer totalmente las frases a fin de unificar lo oral con lo escrito. Aun en la palabra escrita pueden distinguirse diferentes matices. Pues al mostrarse en ella el conocimiento filosófico de Hegel de cada una de las épocas, se encuentra también (en el cuaderno de Jena) la que yo he llamado en otro lugar[1] la primera terminología de Hegel, comprendiendo bajo este título tanto esta terminología propiamente dicha como la transición a la de la *Fenomenología,* frente a la terminología más lograda de los años posteriores. Por lo que respecta a la exposición oral, sólo me permití una licencia, que fué, según lo advertido por la junta editora,* "escoger una redacción que se acercara lo más posible al sentido y espíritu de Hegel", en aquellos casos en que las incesantes repeticiones o las frases muy sueltas podían remediarse por sintetizaciones o ligeras modificaciones de las frases, ya fueran del mismo cuaderno o de distintos semestres, sin sacrificar la expresión original. Por lo demás no quise borrar las pequeñas imperfecciones del estilo, las conocidas anomalías y anacolutos de la forma hegeliana. ¿Acaso ignora alguien que las más pequeñas partículas, colocadas en un lugar

---

[1] *Einleitung in Hegels philosophische Abhandlungen* (pp. XLIV - L).
* Figuraban en esta junta, además de Michelet, Marheineke, Schulze, Gans, Henning, Hotho, y Förster [E.].

poco usual, pueden matizar con frecuencia el sentido? Y si a un escritor antiguo no está permitido suprimirle, en forma descuidada, sus peculiares anomalías, creo que Hegel merece por lo menos igual respeto.

Al unir los elementos ya citados de todos los apuntes no tomé como base indisputada uno u otro curso, de modo que sólo fuera intercalando en el lugar correspondiente lo que faltara, tomándolo de otros apuntes. Pues el cuidadoso cotejo dió como resultado —además de que los diversos cursos contenían mucho que sólo aparecía en uno o en otro— que en todo aquello que tenían de común no sólo cambiaba el orden de los distintos temas, sino que aun la forma de tratarlos (lo que concuerda desde luego con el cambio de lugar) era nueva y diferente. Por lo tanto, tuve que escoger una entre las distintas versiones, al no poder yuxtalinear los diversos cursos, a fin de evitar las continuas repeticiones. Así, dí a veces la preferencia a una versión y a veces a otra; en otras ocasiones, cuando era posible evitar la repetición, utilicé pasajes de varias. La tarea del editor consistió, pues, en el arte de intercalar no sólo partes de las distintas versiones, sino aun, cuando era necesario, frases aisladas. El hilo conductor en este problema fué el unir sólo aquellas partes que pudieran serlo sin un cambio forzado: de tal modo que el lector no advirtiera esta unión externa sino que le pareciera, por el contrario, que todo había sido escrito de una sola tirada por el autor. La clave de la que me serví a menudo fué en especial, además de la semejanza interna de los pensamientos, su forma abstracta o concreta, el mayor o menor desarrollo. Pues las versiones modificadas de un mismo tema en los distintos cursos se revelan frecuentemente sólo como amplificaciones, desarrollos o fundamentaciones más rigurosas. Un pasaje semejante podía ser puesto a continuación del pasaje correspondiente de otro curso, sin miedo a caer en repeticiones, pues éste era aclarado justo por aquél. Al hacerlo deduje la observación general de que muy a menudo los primeros cursos —es decir, el cuaderno de Jena, además del resumen— presentan el concepto simple y abstracto de la cosa, en tanto que las versiones posteriores contienen su desarrollo. Así, la colocación de los pasajes sobre uno y el mismo tema pudo hacerse cronológicamente; al cuaderno de Jena siguen, pues, uno o varios de los otros cursos como complemento. En este sentido puedo decir que el mencionado cuaderno fué la base —pero únicamente eso— o el esqueleto que después recubriría la carne de los pensamientos posteriores.

De esta manera, estas *Lecciones* no son idénticas a ningún curso determinado, pero sí son la expresión correspondiente y completa del espíritu hegeliano. Y como no dió ningún otro curso tan a menudo, o cuando menos, no trabajó y amplió ninguna materia tanto (de lo que dan fe las notas al margen y las hojas añadidas), debía tener, al ser el más madurado, la mayor amplitud. Hegel dió siempre cinco horas semanales sobre historia de la filosofía, número de horas que aumentaba siempre al final del curso —lo que hacía también, pero en menor medida, en las otras materias—, como se desprende, entre otras cosas, de sus observaciones manuscritas al final del cuaderno.

Las citas al pie de página son siempre del propio Hegel, con excepción de las que aparecen en cursiva, citas que fueron, por otra parte, difíciles de encontrar, pues no aparecen en los muchos compendios e historias de la filosofía. Como no admití ni una sola afirmación de un filósofo, ni un solo hecho relatado por Hegel sin remitirme a las fuentes utilizadas por él, me pareció justo no negarlas al lector (aun en aquellos casos en que Hegel no las registró), a fin de que éste pudiera verificarlas. Pero, para evitar la sobreabundancia de citas, sólo quise poner aquellas que me pareció que habían estado a la vista de Hegel al escribir sus notas.

En aquellos casos en que Hegel sí da la cita, he creído necesario sustituir su referencia a la edición bipontina de Platón por la más usual de Becker, aun cuando he antepuesto siempre el número de página de Stephanus. He preferido, en general, ediciones más amplias y mejores. En el caso de Aristóteles, he empleado la forma usual de citar, por libros y capítulos, en tanto que Hegel daba la página de la edición en folio de Basilea. Hegel acostumbraba decir que a los demás se les había facilitado el estudio de Aristóteles, en tanto que para él fué muy difícil, pues había tenido que usar la ilegible edición de Basilea, sin traducción latina, y extraer así el significado profundo de Aristóteles. Sin embargo, fué precisamente él quien volvió a llamar la atención sobre esta profundidad y quien descubrió y corrigió la ignorancia y las malas interpretaciones de quienes deseaban pasar por sutiles eruditos.

Por lo que se refiere a las citas literales, la traducción del cuaderno de Jena revela la frescura de la primera impresión, lo que no pasará desapercibido al lector; como en general el estilo de esta parte demuestra un verdadero conocimiento, semejante al de Aristóteles, y muy alejado del oropel de ciertas interpretaciones críticas modernas, que Hegel conoció, pero sin aceptar sus resultados. Entre éstas, se encuentra el absurdo intento de destacar en tal forma a Anaximandro que se le ha llegado a colocar después de Heráclito, como si su pensamiento fuese más maduro que el de éste. Tal exquisita distinción no se encuentra aquí. Así, cuando Hegel no considera a Heráclito entre los primeros jonios, sino que lo coloca después de los pitagóricos y los eléatas, no se encuentra en la cúspide de la erudición de nuestros días que ha decidido qué lugar le corresponde a Heráclito de acuerdo con relaciones puramente superficiales. Hegel, por el contrario, ha derramado nueva luz sobre diversos sistemas filosóficos al aducir pasajes no citados en los textos corrientes, y no sólo ha puesto en relación filosofemas que hasta entonces permanecían aislados, sino que ha podido demostrar que eran necesarios en el camino del desarrollo histórico del espíritu filosófico.

De todo lo dicho se deduce que estas *Lecciones* están a mitad de camino entre el libro y la conferencia; esto justifica al editor cuando coloca al pie de página, como cita, algunas observaciones marginales de Hegel, que diferían lo suficiente del texto como para poder ser encerradas en paréntesis y que, sin embargo, merecían ser salvadas del olvido. Pero ¿acaso no es este carácter intermedio lo peculiar de todas las conferencias impresas, aun cuando sean publicadas por el propio autor? ¿Acaso no tenía Hegel mismo la intención de convertir estas *Lecciones* en un libro, habiendo escrito incluso el principio? Esta intención puede advertirse fácilmente a lo largo de todo el cuaderno de Jena, en el que muy frecuentemente se nota el cuidado que Hegel puso en el estilo. Solamente en manos de su autor podían haberse convertido estas *Lecciones* en un verdadero libro, como la *Filosofía del derecho*. El lector debe conformarse con la forma presente de este curso ya que el destino impidió que el autor pusiese manos a la obra. El genuino espíritu hegeliano y su peculiar forma de pensar no será echado de menos en ellas por la generación actual y las futuras y estas *Lecciones* podrán colocarse al lado de las obras editadas por el propio Hegel. ¿Acaso no se formó así una gran parte de la obra del viejo Aristóteles, sin que a nadie se le haya ocurrido disputar la veracidad del contenido? ¿Acaso no es más que probable que la *Metafísica* se haya formado de varios pequeños ensayos y partes, de diversas redacciones, ediciones y cursos,[1] pero que

---

[1] En mi posterior escrito premiado, *Examen critique de l'ouvrage d' Aristote intitulé Metaphysique*, lo he demostrado suficientemente.

fueron fundidos con espíritu filosófico en un todo sistemático por Aristóteles mismo o por alguno de los peripatéticos posteriores? ¿Acaso no tenemos varias versiones suyas de la *Ética*? Bien pudiera ser que Nicómaco y Eudemo fueran los nombres de quienes copiaron e hicieron públicas dos de estas versiones.

Entre otras causas, esta *Historia de la filosofía* de Hegel conservó el carácter de conferencia por la falta de tiempo del autor, que tuvo que ser mucho más breve al final del curso que al principio. Así, a partir de Aristóteles, cuya exposición, a juzgar por las anotaciones del cuaderno, entraba en la segunda mitad del semestre (lo que no es tan desproporcionado como parece a primera vista), no se extendía ya tanto. En especial el último período, a partir de Kant, se encuentra expuesto con mucha brevedad, sobre todo en los cursos posteriores en los que una introducción muy desarrollada y la exposición de la filosofía oriental se llevaban la mayor parte del tiempo.

Esto me dió ocasión de preparar, inmediatamente después de la edición completa de estas *Lecciones*, una historia de los últimos sistemas filosóficos en Alemania, de Kant a Hegel, que debe añadirse a ellas.

Berlín, 28 de abril de 1833.

KARL LUDWIG MICHELET

PRÓLOGO DEL EDITOR A LA SEGUNDA EDICIÓN

Al dar por segunda vez estas *Lecciones* de Hegel al público, debo advertir que, con excepción de aquellas partes de la Introducción que Hegel mismo había preparado para su publicación, he revisado todas las fuentes utilizadas para la primera edición. Llevé a cabo una refundición más completa de las frases que en la primera, en la que sólo entregué, por así decirlo, la materia prima, cuya forma aforística y fragmentaria entorpecía su comprensión. Procuré, desde luego, utilizar una terminología que, sin sacrificar la expresión original, correspondiera lo más adecuadamente posible al sentido y espíritu de Hegel. Con frecuencia cambié algunas frases o pasajes de lugar y dí otro orden a los temas, suprimí algunos períodos largos y algunas repeticiones o, cuando menos, traté de acortarlos. Y, por último, metí las notas al pie de página dentro del texto mismo —como parece más correcto—, ya fueran ulteriores reflexiones aforísticas o citas de los filósofos tratados; de este modo sólo se conservaron como notas las anotaciones imprescindibles del editor, que se refieren a la redacción, y las citas o referencias muy largas que entorpecerían la lectura del texto.

No me pareció necesario distinguir qué corresponde en las notas al autor y qué al editor. Espero que estas *Lecciones* hagan honor a Hegel en ésta su nueva forma, más semejante a la de sus otros escritos, y ejerzan una influencia feliz, de modo que propaguen el espíritu verdaderamente científico, y éste se enraice más profundamente.

Berlín, 8 de septiembre de 1840.

KARL LUDWIG MICHELET

Lecciones sobre la
HISTORIA DE LA FILOSOFÍA

DISCURSO INAUGURAL
PRONUNCIADO EN LA UNIVERSIDAD DE HEIDELBERG, EL 28 DE OCTUBRE DE 1816

Señores:

Al inaugurar este curso de historia de la filosofía, con el que inicio, además, mis tareas docentes en vuestra Universidad, quiero pronunciar algunas palabras preliminares, expresando sobre todo la gran satisfacción que me produce reanudar mi carrera filosófica desde la cátedra universitaria precisamente en el momento actual.

Parece haber llegado, en efecto, la hora de que la filosofía pueda confiar en encontrar de nuevo la atención y el amor a que es acreedora, en que esta ciencia, que había llegado casi a enmudecer, recobre su voz y sienta revivir la confianza de que el mundo, que parecía haberse vuelto sordo para ella, la escuche de nuevo. La miseria de la época daba una importancia tan grande a los pequeños y mezquinos intereses de la vida cotidiana, los elevados intereses de la realidad y las luchas sostenidas en torno a ellos embargaban de tal modo toda la capacidad y todo el vigor del espíritu, absorbían a tal punto los recursos materiales, que las cabezas de los hombres no disfrutaban de la libertad necesaria para consagrarse a la vida interior, más alta, y a la pura espiritualidad, lo que hacía que las mejores capacidades se vieran absorbidas por aquellas preocupaciones y, en parte, sacrificadas a ellas.

El Espíritu del Mundo, ocupado en demasía con esa realidad, no podía replegarse hacia adentro y concentrarse en sí mismo. Pero ahora que esta corriente de la realidad ha encontrado un dique, que la nación alemana ha sabido irse modelando sobre la tosca materia, que ha salvado su nacionalidad, raíz y fundamento de toda vida viva, tenemos razones para confiar en que, al lado del Estado, en que se concentraba hasta hace poco todo el interés, se levante también la Iglesia; que, al lado del reino de la tierra, hacia el que se encauzaban hasta ahora todos los pensamientos y todos los esfuerzos, vuelva a pensarse también en el reino de Dios; dicho en otros términos, que, al lado del interés político y de otros intereses vinculados a la mezquina realidad, florezca de nuevo la ciencia, el mundo racional y libre del espíritu.

La historia de la filosofía nos revelará cómo en los otros países de Europa en los que con tanto celo y prestigio se cultivan las ciencias y la formación del entendimiento, la filosofía, excepción hecha del nombre, decae y desaparece para quedar convertida tan sólo en un recuerdo, en una vaga idea, y únicamente se conserva como una peculiaridad característica de la nación alemana. La naturaleza nos ha asignado la alta misión de ser los guardianes de este fuego sagrado, como el linaje de los Eumólpidas era, en Atenas, el custodio de los Misterios eleusinos y los vecinos de la isla de Samotracia tenían a su cargo la conservación y el cuidado de uno de los más altos cultos tributados a los dioses; como el Espíritu del Mundo cultivó y salvaguardó en la nación judaica una conciencia superior a la de otros pueblos, para que pudiera surgir de ella, convertido en un nuevo Espíritu.

La nación alemana ha logrado llegar hoy, en general, a un grado tal de seriedad y de elevación de conciencia, que ante nosotros sólo pueden valer ya las ideas y lo que demuestre sus títulos de legitimidad ante el foro de la razón; y va acercándose más y más la hora del Estado prusiano basado en la inteligencia. No obstante, también entre nosotros han venido la miseria de los tiempos y el interés de los grandes acontecimientos mundiales a relegar a segundo plano la seria y profunda dedicación a la filosofía, haciendo que se apartase de ella la atención general. Y así, ha ocurrido que, mientras las sólidas cabezas se dedicaban a los problemas prácticos, la gran empresa de la filosofía caía en manos de la superficialidad y el adocenamiento que se instalaban en ella a sus anchas.

Bien puede afirmarse que, desde que la filosofía comenzó a cobrar relieve en Alemania, nunca había llegado esta ciencia a verse tan mal parada como en los momentos actuales, nunca habían navegado por su superficie con tal arrogancia la vacuidad y la presuntuosidad, dándose aires de tener el cetro en sus manos. Pues bien, es necesario que nos convenzamos de que el profundo espíritu de la época nos encomienda la misión de luchar contra esta superficialidad, laborando con una seriedad y una honradez auténticamente alemanas para sacar a la filosofía de la soledad en que ha ido a refugiarse. Saludemos todos juntos la aurora de un tiempo mejor, en que el espíritu, hasta ahora arrastrado hacia el exterior, pueda replegarse hacia sus adentros y volver en sí, ganar el espacio y el suelo necesarios para su reino propio, en donde los ánimos se eleven sobre los intereses cotidianos y se dejen ganar por lo verdadero, lo eterno y lo divino, elevándose hacia la contemplación y la asimilación de lo más alto.

Nosotros, los hombres de la generación que se ha desarrollado bajo el embate de los tiempos, podemos considerar dichosos a quienes, como a vosotros, ha tocado vivir su juventud en estos días en que podéis consagraros por entero a la ciencia y a la verdad. Para mí, que he ofrendado mi vida a la ciencia, es una gran satisfacción encontrarme ahora en un lugar desde el que puedo contribuir en mayor medida y dentro de un radio de acción más extenso a difundir y fomentar un interés científico superior y, en primer lugar, a encaminaros hacia él. Confío en que me será dado merecer vuestra confianza y ganarla. Pero lo único que, por ahora, tengo derecho a pediros es que, por encima de todo, sólo depositéis vuestra confianza en la ciencia y en vosotros mismos. El valor de la verdad, la fe en el poder del espíritu, es la primera condición de la filosofía. El hombre, que es espíritu, puede y debe considerarse digno de lo más alto, jamás podrá pensar demasiado bien en cuanto a la grandeza y el poder de su espíritu; y, si está dotado de esta fe, no habrá nada, por arisco y por duro que sea, que no se abra ante él. La esencia del universo, al principio cerrada y oculta, no encierra fuerza capaz de resistir al valor de un espíritu dispuesto a conocerla: no tiene más remedio que ponerse de manifiesto ante él y desplegar ante sus ojos, para satisfacción y disfrute suyo, sus profundidades y sus riquezas.

La *historia de la filosofía* ofrece la curiosa particularidad, pronto advertida, de que si bien es cierto que encierra un gran interés cuando el tema se aborda desde el punto de vista que merece, sigue siendo interesante aunque su fin se enfoque al revés de como se debiera. Y hasta podría afirmarse que este interés gana en importancia, por lo menos aparentemente, a medida en que se parte de una idea errónea de la filosofía y de aquello que su historia aporta en este sentido; en efecto, de la historia de la filosofía se extrae, ante todo, una prueba muy clara de la nulidad de esta ciencia.

Es justo exigir que toda historia, cualquiera que sea su objeto, exponga los hechos imparcialmente, sin que en ella se pretenda imponer ningún interés especial, ningún fin especial. Sin embargo, el lugar común que este postulado envuelve no nos llevará muy lejos, ya que la historia de algo, sea lo que fuere, guarda la más estrecha e indestructible relación con la idea que de ese algo se tenga. A tono con ello se determina, naturalmente, lo que para ese algo se considera importante y conveniente; y la relación entre lo ya acaecido y el fin propuesto impone, quiérase o no, una selección de los acontecimientos que se narran, el modo de concebirlos y los puntos de vista bajo los cuales se colocan. Y así, según la idea que se tenga de lo que es el Estado, puede muy bien ocurrir que un lector no descubra en la historia política de un país absolutamente nada de lo que busca en ella. Este mismo caso puede darse, con mayor razón aún, en la historia de la filosofía y no sería nada difícil señalar exposiciones de esta historia en las que encontraríamos o creeríamos encontrar cualquier cosa menos lo que reputamos por filosofía.

En otra clase de historias no es tan fluctuante, por lo menos en cuanto a sus criterios fundamentales, la idea que se tiene de su objeto, ya se trate de un determinado país, de un determinado pueblo o del género humano en general, de la ciencia matemática, de la física, etc., o del arte, de la pintura y así sucesivamente. Sin embargo, la ciencia de la filosofía se distingue de las otras ciencias, desventajosamente si se quiere, en que surgen inmediatamente las más diversas opiniones en cuanto a su concepto, en cuanto a lo que puede y debe aportar. Y si esta primera premisa, la idea que se tenga acerca del objeto de la historia que se trata de exponer, no es algo firme, sólidamente establecido, por fuerza tendrá que ser también algo vacilante la historia misma, que sólo puede tener consistencia cuando arranca de una idea clara y concreta, aun exponiéndose fácilmente con ello al reproche de parcialidad, si se la compara con otras ideas divergentes acerca del mismo tema.

Sin embargo, aquella desventaja sólo se refiere a una apreciación externa de la historia de la filosofía, si bien lleva aparejado, hay que decirlo, otro inconveniente más profundo. Es evidente que si existen diversos conceptos de la filosofía, solamente el concepto verdadero nos pondrá en condiciones de comprender las obras de los filósofos que han sabido mantenerse, en su labor, fieles a su sentido. En efecto, cuando se trata de pensamientos, sobre todo de pensamientos especulativos, el comprender es algo muy distinto del captar simplemente el sentido gramatical de las palabras, asimilándolo indudablemente, pero sin pasar de la región de las representaciones. Cabe, por tanto, llegar a conocer las afirmaciones, las tesis o, si se quiere, las opiniones de los filósofos y dedicar mucho tiempo a penetrar en los fundamentos y en el desarrollo de tales opiniones, sin que, a pesar de todos estos esfuerzos, se logre llegar a lo fundamental, que es el comprenderlas. Por eso abundan las historias de la filosofía, compuestas de numerosos volúmenes y hasta, si se quiere, llenas de erudición y en las que, sin embargo, brilla por su ausencia el conocimiento de la materia misma sobre la que versan. Los autores de tales historias podrían compararse a animales, por cuyos oídos entran todos los sonidos de la música, pero sin ser capaces, naturalmente, de captar una cosa: la armonía de esos sonidos.

Esta circunstancia hace que en ninguna otra ciencia sea tan necesaria como en la historia de la filosofía una *Introducción* en que se establezca con toda claridad el objeto cuya historia se trata de exponer. En efecto, ¿cómo sería posible ponerse a tratar un tema cuyo nombre, por muy familiarizados que estemos con él, no sabemos qué significa en realidad? Si así procediéramos, no tendríamos más hilo conductor para guiarnos en la historia de la filosofía que el del concepto asociado al nombre de filosofía en un momento concreto y determinado. Pero si el concepto de filosofía ha de ser establecido, no de un modo arbitrario, sino de un modo científico, llegaremos, necesariamente, a la conclusión de que este modo de enfocar el problema no es otro que la ciencia filosófica misma. Pues lo propio y característico de esta ciencia es que su concepto sólo sirve aparentemente de punto de partida, siendo el estudio de la ciencia en su conjunto el que tiene que suministrar la prueba y hasta podríamos decir que el concepto mismo de ella, el que no es, en esencia, sino el resultado de dicho estudio.

Por eso, en esta Introducción habrá de darse por supuesto, igualmente, el concepto de filosofía, o sea el del objeto sobre el que versa su historia. Pero al mismo tiempo ocurre, en su conjunto, con esta Introducción —que habrá de circunscribirse a la historia de la filosofía— lo que ocurre con la filosofía misma según acabamos de decir. Lo que en esta Introducción pueda decirse, más que algo que podamos sentar de antemano, será algo que sólo el estudio de la historia misma pueda probar y justificar. Sólo así escaparán las explicaciones provisionales que aquí demos a la categoría de premisas puramente arbitrarias. El echar por delante, como premisas, afirmaciones cuya justificación reside, esencialmente, en ser resultados no tiene ni puede tener otro interés que el que corresponde siempre a la acotación previa del contenido general de una ciencia. Nos servirá, además, para rechazar una larga serie de problemas y postulados que podrían formularse ante la historia de la filosofía partiendo de los prejuicios usuales.

INTRODUCCIÓN
A LA HISTORIA DE LA FILOSOFÍA

La historia de la filosofía ofrece interés desde muchos puntos de vista. Pero, si queremos enfocarla en el centro mismo de este interés, debemos abordarla desde el primer momento por el lado del entronque esencial entre el aparente pasado y la fase actual a que ha llegado la filosofía. Aquí nos proponemos demostrar y explicar que este entronque a que nos referimos no se refiere precisamente a las circunstancias de orden externo que la historia de esta ciencia pueda tomar en consideración, sino que expresa, por el contrario, la naturaleza interior de su propio destino y que, si bien es cierto que los acontecimientos de esta historia se traducen, como todos los acontecimientos, en resultados a través de los cuales se desarrollan, encierran una fuerza creadora propia y peculiar.

La historia de la filosofía despliega ante nosotros la sucesión de los nobles espíritus, la galería de los héroes de la razón pensante, que, sostenidos por la fuerza de esta razón, han sabido penetrar en la esencia de las cosas, de la naturaleza y del espíritu, en la esencia de Dios, y que han ido acumulando con su esfuerzo, para nosotros, el más grande de los tesoros, que es el del conocimiento racional. Por eso, los acontecimientos y los actos de esta historia no son de aquellos en los que imprimen su sello y dejan su contenido, fundamentalmente, la personalidad y el carácter individual (como ocurre en la historia política, en la que el individuo ocupa el puesto que corresponde a su modo especial de ser, a su genio, a sus pasiones, a la energía o a la debilidad de su carácter y, en general, a lo que este individuo es en cuanto sujeto de los actos y acontecimientos que la historia registra); lejos de ello, aquí las creaciones son tanto mejores cuanto menos imputables son, por sus méritos o su responsabilidad, al individuo, cuanto más corresponden al pensamiento libre, al carácter general del hombre como tal hombre, cuanto más se ve tras ellas, como sujeto creador, al pensamiento mismo, que no es patrimonio exclusivo de nadie.

A primera vista, estas hazañas del pensamiento, en cuanto históricas, parecen pertenecer al pasado y hallarse más allá de nuestra realidad presente. Pero, bien mirada la cosa, se ve que lo que nosotros somos hoy lo somos, al mismo tiempo, como un producto de la historia. O, dicho en términos más exactos, que lo pasado —en lo que cae dentro de esta región, dentro de la historia del pensamiento— no es más que uno de los aspectos de la cosa. Por eso —en lo que nosotros somos—, lo común e imperecedero se halla inseparablemente unido a lo que somos históricamente. La razón consciente de sí misma que hoy consideramos como patrimonio nuestro y que forma parte del mundo actual no ha surgido de improviso, directamente, como si brotase por sí sola del suelo del presente, sino que es también, sustancialmente, una herencia y, más concretamente, el resultado del trabajo de todas las anteriores generaciones del linaje humano. Del mismo modo que las artes de la vida externa, la gran masa de recursos y aptitudes, de instituciones y hábitos de la convivencia social y la vida política son el resultado de las reflexiones, la inventiva, las necesidades, la pena y la dicha, el ingenio, la voluntad y la creación de la historia anterior a nuestro tiempo, lo que hoy somos en la ciencia y, especialmente, en la filosofía lo debemos también a la tradición, la cual se desliza a través de todo lo que es perecedero y, por tanto, pasado, como una cadena sagrada, según la frase de Herder,[1] que conserva y hace llegar a nosotros lo que las anteriores generaciones han creado.

Pero esta tradición no es solamente una buena ama de casa que se dedique a guardar fielmente lo recibido para transmitirlo íntegramente a los herederos, como el curso de la naturaleza, en el que, a través de los infinitos cambios de sus formas y manifestaciones, las leyes originales siguen siendo las mismas y no acusan el menor progreso; no es una estatua inmóvil, sino una corriente viva, fluye como un poderoso río, cuyo caudal va creciendo a medida que se aleja de su punto de origen.

El contenido de esta tradición es lo que ha creado el mundo espiritual. El espíritu universal no se está quieto; y es este espíritu universal lo que nos interesa examinar aquí. Puede ocurrir que en una nación cualquiera permanezcan estacionarios la cultura, el arte, la ciencia, el patrimonio espiritual en su conjunto; tal parece ser, por ejemplo, el caso de los chinos, quienes probablemente se hallen hoy, en todo, como hace dos mil años. Pero el Espíritu del Mundo no se hunde nunca en esta quietud y en esta indiferencia; por la sencilla razón de que, por su concepto mismo, su vida es acción.

Y la acción tiene como premisa una materia existente sobre

---

[1] *Zur Philosophie und Geschichte* ["Sobre la filosofía y la historia"], t. V, pp. 184-186 (ed. de 1828). [La cita no es correcta, el título de la obra de Herder es: *Ideen zur Philosophie der Geschichte der Menschheit* ("Ideas para la filosofía de la historia de la humanidad"). E.]

la que se proyecta y que no se limita a incrementar, a ensanchar con los nuevos materiales que le añade, sino que, esencialmente, elabora y transforma. Por donde lo que cada generación crea en el campo de la ciencia y de la producción espiritual es una herencia acumulada por los esfuerzos de todo el mundo anterior, un santuario en el que todas las generaciones humanas han ido colgando, con alegría y gratitud, cuanto les ha sido útil en la vida, lo que han ido arrancando a las profundidades de la naturaleza y del espíritu. Este heredar consiste a la vez en recibir la herencia y en trabajarla. Esta herencia constituye el alma de cada nueva generación, su sustancia espiritual como algo adquirido, sus principios, sus prejuicios, su riqueza. Pero, al mismo tiempo, este patrimonio recibido de las generaciones anteriores queda reducido al nivel de una materia prima que el espíritu se encarga de metamorfosear. Lo recibido se transforma de este modo y la materia, al elaborarse, se enriquece a la par que se transforma.

En esto consiste la actitud y la actividad de nuestra época y de cualquiera otra: en asimilarse la ciencia existente y formarse a la luz de ella, desarrollando con ello esa misma ciencia y elevándola a un plano superior. Al apropiárnosla, hacemos de ella algo nuestro, que no es ya lo que antes era. En esta peculiar acción creadora, que consiste en tomar como premisa un mundo espiritual existente para transformarlo al asimilarlo, va implícito aquello que decíamos de que nuestra filosofía sólo puede cobrar existencia, esencialmente, en relación con la que la precede y como un resultado necesario de ésta. Lo que vale tanto como decir que el curso de la historia no nos revela precisamente el devenir de cosas extrañas a nosotros, sino nuestro propio devenir, el devenir de nuestra propia ciencia.

La naturaleza de la relación que acabamos de señalar determina las ideas y los problemas relativos al destino de la historia de la filosofía. La conciencia de ella nos suministra, al mismo tiempo, la clave del fin subjetivo, que consiste en hacer del estudio de la historia de la filosofía una introducción al conocimiento de la filosofía misma. Y también los criterios que deben presidir el tratamiento de esta historia van implícitos en la relación señalada, cuya explicación debe constituir, por tanto, la finalidad fundamental de la presente Introducción. Claro está que para ello no tendremos más remedio que tomar también en consideración o, mejor dicho, como base, el concepto de lo que la filosofía se propone ser. Y como, según queda dicho, el examen científico de este concepto no es propio de este lugar, es evidente que el esclarecimiento que, a este propósito, hayamos de hacer no puede tener como finalidad el demostrar, comprendiéndola, la naturaleza del devenir de la filosofía, sino solamente el hacer de ella una noción provisional.

Ahora bien, este devenir no es, simplemente, un aparecer inactivo, algo así como la aparición del sol o de la luna, por lo menos tal y como nosotros nos la representamos; no se trata de un simple movimiento, sustraído a toda resistencia en el medio del espacio y del tiempo. Lo que tiene que desfilar ante nosotros, en nuestra mente, son los hechos del pensamiento libre; se trata de exponer la historia del mundo del pensamiento, tal como ha nacido y se ha manifestado. Es un viejo prejuicio el de que lo que distingue al hombre del animal es el pensamiento; pero nos atendremos a esto. Lo que el hombre tiene de noble, lo que hace de él algo más que un simple animal, es, según eso, el pensamiento; todo lo humano, cualquiera que sea la forma que presente, sólo lo es porque el pensamiento obra y ha obrado en ello. Pero el pensamiento, aun siendo lo esencial, lo sustancial, lo eficaz, guarda relación con muchas cosas. Hay que considerar, por ello, como lo más excelente aquello en que el pensamiento no se dedica a otra cosa ni se ocupa de nada que no sea el pensamiento mismo —lo más noble de todo, según acabamos de ver—, en que sólo se busca y se encuentra a sí mismo. Por tanto, la historia que tenemos ante nosotros es la historia de la búsqueda del pensamiento por el pensamiento mismo. Y lo característico del pensamiento es que sólo se encuentra al crearse; más aún, que sólo existe y tiene realidad en cuanto que se encuentra. Estas manifestaciones del pensamiento, en las que éste se encuentra a sí mismo, son las filosofías; y la cadena de estos descubrimientos, de los que parte el pensamiento a descubrirse a sí mismo, es la obra de tres mil quinientos años.

Ahora bien, si el pensamiento, que es esencialmente eso, pensamiento, es en y para sí y eterno y lo verdadero sólo se contiene en el pensamiento, ¿cómo explicarse que este mundo intelectual tenga una historia?

La historia expone lo mudable, lo que se ha hundido en la noche del pasado, lo que ya no existe; y el pensamiento, cuando es verdadero y necesario —el que no lo sea no nos interesa aquí—, no es susceptible de cambio. El problema implícito en la pregunta anterior figura entre lo primero que es necesario examinar.

En segundo lugar, existen necesariamente, además de la filosofía, una serie de manifestaciones importantísimas que son también obra del pensamiento y que, sin embargo, excluímos de nuestra investigación. Tal ocurre con la religión, con la historia política, con las constituciones de los Estados, con las artes y las ciencias. Pues bien, ¿cómo distinguir estas manifestaciones de las que son objeto de nuestra historia? ¿Y cómo se comportan, en la historia, las unas con respecto a las otras? Es necesario que digamos, en torno a estos dos puntos de vista, lo que pueda servir para orientarnos en cuanto al sentido en que hayamos de exponer la historia de la filosofía.

Además, en tercer lugar, hay que empezar por tener una visión general de conjunto antes de poder entrar en el detalle; de otro modo, los detalles nos impedirán ver el todo, los árboles no nos dejarán ver el bosque, las filosofías nos impedirán ver la filosofía. El espíritu necesita adquirir una idea general acerca del fin y la determinación del todo, para poder saber qué es lo que tiene que esperar. Del mismo modo que abarcamos con la mirada, en una ojeada general, el paisaje, que luego perdemos de vista al internarnos en las diversas partes que lo forman, el espíritu quiere abarcar, ante todo, la relación existente entre las distintas filosofías y la filosofía en general, pues las diversas partes sólo cobran, en realidad, sentido y valor esencial por su relación con el todo.

En ningún campo se confirma más esto que decimos que en el de la filosofía y en su historia. Es cierto que este esclarecimiento de lo general, tratándose de una historia, no parece tan necesario como con respecto a una ciencia en sentido estricto. La historia sólo es, a primera vista, una sucesión de acaecimientos fortuitos en la que cada hecho ocupa un lugar aislado y para sí, sin que haya entre ellos otro nexo de unión que el tiempo. Pero esta concepción no puede satisfacernos ni siquiera en lo que se refiere a la historia política; ya en ella reconocemos, o intuímos por lo menos, un entronque necesario entre los diversos acaecimientos, que hace que éstos ocupen un lugar especial, en relación con una meta o con un fin, adquiriendo con ello su verdadera significación. Los hechos históricos sólo tienen un relieve, una significación, cuando se los pone en relación con un algo general y a través de su entronque con ello; tener ante los ojos este algo general es, por tanto, comprender la significación de los hechos en la historia.

En esta Introducción nos limitaremos por tanto, con arreglo a lo que precede, a tratar los siguientes puntos:

Lo *primero* será *determinar qué es la historia de la filosofía:* su significación, su *concepto* y su fin; de ahí se obtendrán luego las consecuencias respecto al *modo de tratarla*. El punto más interesante que habrá de ser tocado, a este propósito, es el que se refiere a la relación entre la historia de la filosofía y la ciencia filosófica misma, según la cual aquélla no se reduce a exponer el aspecto externo, lo ocurrido, los acaecimientos que se refieren al contenido, sino en hacer ver cómo el contenido —en cuanto se manifiesta históricamente— forma parte de la misma ciencia de la filosofía, cómo la historia de la filosofía tiene por sí misma un carácter científico y se trueca, incluso, en cuanto a lo fundamental, en la ciencia filosófica misma.

En *segundo lugar*, será necesario aclarar el *concepto de la filosofía* y determinar, partiendo de él, qué es lo que ha de eliminarse de la infinita materia y de los múltiples aspectos de la cultura espiritual de los pueblos como ajeno a la historia de la filosofía. Desde luego, la religión y los pensamientos contenidos en ella o que giran en torno a ella, principalmente el que adopta la forma de mitología, se hallan ya por su materia —como por su forma los demás desenvolvimientos de las ciencias, sus pensamientos acerca del Estado, los deberes, las leyes, etc.—, tan cerca de la filosofía, que tal parece como si fuesen una prolongación más o menos vaga de la historia de la ciencia filosófica, como si la historia de la filosofía estuviese obligada a tomar en consideración todos estos pensamientos. ¿Qué tantas cosas no han sido llamadas "filosofía" y "filosofar"? Por una parte, habrá que examinar de cerca la estrecha *relación* que existe entre la filosofía y los campos afines a ella, como el de la religión, el del arte y el de las demás ciencias, y también, la historia política. Por otra parte, después de circunscribir debidamente el campo de la filosofía, después de haber determinado claramente lo que es filosofía y lo que cae dentro de sus fronteras, sentaremos al mismo tiempo el *punto de partida* de su historia, que hay que distinguir de los comienzos de las concepciones religiosas y las intuiciones preñadas de pensamiento.

Partiendo del concepto del objeto mismo, tal como se encuentra en los dos puntos de vista anteriores, nos abriremos paso hacia el *tercero*, hacia la visión de conjunto y la *división* del curso de esta historia en sus períodos necesarios; división en la que la historia de la filosofía deberá revelarse como un todo orgánicamente progresivo, como una cohesión racional, ya que de otro modo no presentaría esta historia misma el rango propio de una ciencia.

No nos entretendremos, después de exponer todo lo anterior, en mayores reflexiones acerca de la utilidad de la historia de la filosofía ni acerca de otras formas en que podría ser tratada; la utilidad se desprende por sí misma; no es necesario detenerse a demostrarla. Por último, diremos algo acerca de las *fuentes* de la historia de la filosofía, ya que es usual hacerlo así.

A) CONCEPTO DE LA HISTORIA DE LA FILOSOFÍA

El primer pensamiento que nos sale al paso cuando de una historia de la filosofía se trata es que este tema encierra, por sí mismo, una contradicción interna. En efecto, la filosofía se propone conocer lo que es inmutable, eterno, lo que existe en y para sí; su mira es la verdad. La historia, en cambio, narra lo que ha existido en una época para desaparecer en otra, desplazado por algo distinto. Y si partimos de la premisa de que la verdad es eterna, ¿cómo incluirla en la órbita de lo pasajero, cómo relatar su historia? Y, por el contrario, si tiene una historia y la historia consiste en exponer ante nosotros una serie de formas pasadas de conocimiento, ¿cómo encontrar en ella la verdad, es decir, algo que no es nunca pasado, pues no pasa?

Cabría argumentar que "este razonamiento general podría aplicarse con la misma razón, no sólo a las demás ciencias, sino también a la propia religión cristiana", viendo una contradicción en el hecho de "que exista una historia de esta religión y de las otras ciencias; pero estaría de más seguir analizando este razonamiento por sí mismo, ya que se encarga de refutarlo directamente la realidad de la existencia de tales historias".

Sin embargo, para ahondar en el sentido de aquella contradicción es necesario distinguir entre la historia de las vicisitudes exteriores de una religión o de una ciencia y la historia de su objeto mismo, es decir, de la religión o la ciencia misma. Vemos entonces como la historia de la filosofía es, por la naturaleza especial del objeto sobre que versa, algo muy distinto de las historias de aquellos otros campos del conocimiento. Así planteado el problema, se ve en seguida que la contradicción a que nos referimos no podría afectar a aquella historia externa, sino solamente a la interna, a la del contenido mismo. El cristianismo tiene una historia que se refiere a su difusión, a las vicisitudes por que pasaron sus creyentes, etc.; al convertir su existencia en una Iglesia, ésta es, a su vez, una existencia exterior del cristianismo, la cual, al verse enclavada en los más diversos contactos con el tiempo, presenta múltiples vicisitudes y tiene, esencialmente, su historia propia. Tampoco la doctrina cristiana, por sí misma, carece, naturalmente, de historia; pero ésta alcanza pronto y de un modo necesario su desarrollo y se plasma en la forma determinada que le corresponde. Y esta antigua profesión de fe ha regido en todo tiempo, y debe seguir rigiendo todavía hoy, sin cambio alguno, como la verdad, aunque su vigencia no fuese ya más que una apariencia sin sustancia y las palabras hubiesen quedado reducidas a una fórmula vacua pronunciada por nuestros labios. Ahora bien, el contenido ulterior de la historia de esta doctrina lleva consigo dos cosas: de una parte, las múltiples adiciones y aberraciones de aquella verdad fija; de otra, la lucha contra estas aberraciones y la purificación del fundamento perenne, eliminando de él las adiciones superpuestas y volviendo a su original simplicidad.

Una historia externa como la de la religión la tienen también las otras ciencias, incluyendo la filosofía. Ésta tiene una historia de su nacimiento, de su difusión, de su florecimiento, de su decadencia, de su muerte y de su resurrección: una historia de sus maestros, de sus protectores y de sus enemigos, y también la de una relación exterior con la religión —ésta muy frecuente— y —ya menos frecuente— con el Estado. Este aspecto de la historia de la filosofía da pie, asimismo, a ciertos problemas interesantes, éste entre otros: ¿cómo explicarse que, siendo la filosofía la doctrina de la verdad absoluta, se circunscriba a un número tan reducido de individuos, a determinados pueblos, a ciertas épocas; del mismo modo que, con respecto al cristianismo —o sea, a la verdad bajo una forma mucho más general—, se ha planteado la dificultad de si no será una contradicción en sí que esta religión haya aparecido tan tarde en el tiempo y haya permanecido durante tantos siglos, y todavía permanezca en la actualidad, limitada a determinados pueblos? Pero este problema y otros por el estilo son ya demasiado especiales como para depender solamente de la contradicción general a que veníamos refiriéndonos; sólo cuando hayamos entrado más de lleno en la naturaleza peculiar del conocimiento filosófico, podremos referirnos más a fondo a los aspectos que guardan mayor relación con la existencia exterior y la historia externa de la filosofía.

Por lo que se refiere a la comparación entre la historia de la religión y la historia de la filosofía desde el punto de vista del contenido interno, hay que tener en cuenta que a la filosofía no se le reconoce por contenido, como a la religión, una verdad fija y determinada de antemano, contenido que hubiera sido tomado, como algo inmutable, de la historia. El contenido del cristianismo, que es la verdad, ha permanecido, como tal, sustraído a toda mudanza, razón por la cual carece de historia, o poco menos.[2] Por tanto, tratándose de la religión desaparece aquella contradicción a que nos referíamos, con arreglo al criterio fundamental por virtud del cual esa religión es el cristianismo. Las aberraciones y los aditamentos no plantean dificultad alguna; son, desde luego, algo mudable y, por tanto, completamente histórico por su naturaleza misma.

También las demás ciencias tienen, en cuanto al contenido, una historia: en ella hay una parte que revela los cambios producidos, el abandono de tesis que antes tuvieron vigencia. Pero una gran parte, tal vez la mayor, de su contenido ha salido indemne de los cambios y mudanzas de los tiempos; y lo nuevo, lo que ha surgido con posterioridad, no envuelve, en realidad, un cambio del contenido anterior, sino más bien un aditamento, un incremento de él. Estas ciencias progresan por vía de yuxtaposición. No cabe duda de que, a medida que progresan la mineralogía, la botánica, etc., lo posterior va corrigiendo, muchas veces, lo anterior; pero la parte indiscutiblemente mayor se mantiene en pie y se enriquece sin que los nuevos conocimientos que a ella vienen a sumarse la hagan cambiar. En una ciencia como la matemática, la historia, por lo que al contenido se refiere, se limita, preferentemente, a la grata tarea de registrar una serie de ampliaciones; y la geometría elemental, por ejemplo, puede considerarse como una realidad ahistórica en la extensión que Euclides supo darle.

La historia de la filosofía, en cambio, no revela ni la persistencia de un contenido simple, exento de adiciones, ni el simple proceso de una pacífica acumulación de nuevos tesoros a los ya adquiridos con anterioridad, sino que parece ofrecer, más bien, el espectáculo de cambios incesantemente renovados del todo, sin que entre ellos subsista, a la postre, ni el nexo de unión de una meta común; lejos de ello, vemos desaparecer de sus ámbitos el objeto abstracto mismo, el conocimiento racional, y así vemos como el edificio de la ciencia se ve obligado,

---

[2] Cf. Marheineke, *Lehrbuch des christlichen Glaubens und Lebens*, ["Manual de fe y vida cristianas"]. Berlín, 1823, §§ 133-134.

por último, a compartir la pretensión y el nombre ya vano de filosofía con lo que no es más que un solar vacío.

1. Nociones corrientes acerca de la historia de la filosofía

Inmediatamente nos salen aquí al paso las nociones corrientes y superficiales acerca de esta historia, nociones que es necesario mencionar y corregir. Diré, en pocas palabras, lo que considero menester señalar acerca de estas concepciones, muy extendidas y que todo el mundo conoce (pues son, en realidad, las primeras reflexiones que sugiere, apenas despunta, el simple pensamiento de una historia de la filosofía); la explicación acerca de la diversidad de las filosofías nos ayudará luego a adentrarnos más en la cosa misma.

a) *La historia de la filosofía como un acervo de opiniones.* La historia parece consistir, a primera vista, en una narración en torno a los acontecimientos fortuitos de los tiempos, los pueblos y los individuos, fortuitos, por una parte, en cuanto a su sucesión en el tiempo y, por la otra, en cuanto a su contenido. De lo que a la sucesión en el tiempo se refiere, hablaremos más adelante. El concepto que aquí queremos examinar guarda relación con el carácter fortuito del contenido: es el concepto de los actos fortuitos. Ahora bien, el contenido de la filosofía no son precisamente los actos externos, ni los hechos de las pasiones y de la dicha, sino que son pensamientos. Los pensamientos fortuitos son, sencillamente, opiniones; y las opiniones filosóficas son opiniones que recaen sobre el contenido más o menos claramente determinado y los objetos peculiares de la filosofía, sobre Dios, la naturaleza y el espíritu.

Tropezamos así, en seguida, con la idea muy corriente de la historia de la filosofía que ve en ella, simplemente, un acervo de opiniones filosóficas, que van desfilando por esa historia tal y como surgieron y fueron expuestas a lo largo del tiempo. Cuando se habla indulgentemente, se da a esta materia el nombre de opiniones; quienes creen poder exteriorizar un juicio más a fondo, llaman a esta historia una galería de las necedades o, por lo menos, de los extravíos del hombre que se adentra en el pensamiento y en los conceptos puros. Este punto de vista no sólo lo expresan quienes confiesan su ignorancia en materia de filosofía (la confiesan, puesto que esta ignorancia no es, según la concepción corriente, obstáculo para emitir un juicio acerca de lo que es la filosofía; por el contrario, todo el mundo se cree autorizado a dar su juicio acerca del valor y la esencia de ella, sin saber absolutamente nada de lo que es), sino también algunos de los que escriben o han escrito acerca de la historia de la filosofía. Esta historia, convertida así en un relato de diversas opiniones, no pasa de ser, concebida de este modo, materia de ociosa curiosidad o, si se quiere, de erudición. Al fin y al cabo, la erudición consiste, principalmente, en saber una serie de cosas inútiles, es decir, de cosas que, por lo demás, no tienen en sí mismas otro contenido ni otro interés que el de ser conocidas.

Se considera, sin embargo, útil conocer diversos pensamientos y opiniones, por entender que ello estimula la capacidad de pensar y conduce, a veces, a ciertos pensamientos buenos, es decir, permite formarse, a su vez, opiniones, como si la ciencia consistiera, en efecto, en ir devanando unas opiniones de la madeja de otras.

Si la historia de la filosofía no fuese nada más que una galería de opiniones —aunque éstas versen sobre Dios, sobre la esencia de las cosas de la naturaleza y del espíritu— sería, en verdad, una ciencia harto superflua y aburrida, por mucha utilidad que se sacase o se creyese sacar de todo ese trasiego de pensamientos y de esa erudición. ¿Puede haber algo más inútil que conocer una serie de simples opiniones? Semejante conocimiento es de todo punto indiferente. Basta con echar un vistazo a esas historias de la filosofía en que las ideas de los filósofos se exponen y tratan a la manera de opiniones, para darse cuenta de que son obras secas y carentes de todo interés.

Una opinión es una representación subjetiva, un pensamiento cualquiera, una figuración, que en mí puede ser así y en otro puede ser otra o de otro modo: una opinión es un pensamiento *mío*, no un pensamiento general, que es en y para sí. Pues bien, la filosofía no contiene nunca opiniones; no existen opiniones filosóficas. Cuando alguien habla de opiniones filosóficas, se ve en seguida que ese alguien, aunque sea un historiador de la filosofía, carece de una cultura elemental. La filosofía es la ciencia objetiva de la verdad, la ciencia de su necesidad, de su conocer reducido a conceptos, y no un simple opinar o devanar de opiniones.

La concepción que estamos examinando tiene, en rigor, otro significado: el de que lo que nosotros podemos conocer son *solamente* opiniones, al decir lo cual se hace hincapié precisamente en lo de *opinión*. Ahora bien, lo opuesto a la opinión es la verdad; ante la verdad, palidecen y se esfuman las opiniones. Pero la palabra verdad hace que vuelvan la cabeza para otro lado quienes sólo buscan en la historia de la filosofía opiniones o creen que esto es lo único que es posible encontrar en ella.

La filosofía se enfrenta, así, con un doble antagonismo. Por una parte, la devoción, como es sabido, declaraba a la razón o al pensamiento incapaces de llegar a conocer lo verdadero: por el contrario, según ella, la razón sólo conducía al abismo de la duda, siendo necesario, para arribar a la verdad, renunciar a la quimera de pensar por cuenta propia y colocar a la razón bajo la férula de la fe ciega en la autoridad. De la relación que existe entre la religión y la filosofía y su historia hablaremos más adelante.

No menos sabido es también, por otra parte, que la llamada razón logró imponerse, rechazando la fe nacida de la autoridad y pretendiendo infundir un sentido racional al cristianismo. Se llegaba, de este modo, a la conclusión de que lo único que se nos podía obligar a reconocer era nuestra propia manera de ver las cosas, nuestra propia convicción. Pero, por admirable designio, también esta afirmación del derecho de la razón se trocó en lo contrario de lo que perseguía, dando como resultado que la razón no pudiera llegar a conocer nada verdadero. Esta llamada razón, de una parte, combatía la fe religiosa en nombre y en virtud de la razón pensante, pero, al mismo tiempo, se volvió en contra de la razón misma y se convirtió en enemiga de la verdadera razón; afirma en contra de ésta los derechos de la intuición interior, del sentimiento, convirtiendo con ello lo subjetivo en pauta de lo válido e imponiendo, de este modo, la fuerza de la propia convicción, tal y como cada cual se la puede llegar a formar, en sí y a partir de sí, en su propia subjetividad. Pues bien, estas convicciones propias no son otra cosa que las opiniones, convertidas así en el supremo criterio del hombre.

Si queremos partir de aquello con que tropezamos en las nociones que se nos ofrecen más al alcance de la mano, no tenemos más remedio que señalar inmediatamente esta manera de concebir la historia de la filosofía; trátase de un resultado que se ha abierto paso en la cultura general y que es algo así como el prejuicio y, a la par, un verdadero signo de nuestro tiempo: el principio a la luz del cual las gentes se conocen y comprenden unas a otras, una premisa que se da por establecida y que sirve de base a cualquier otro quehacer científico. En teología, no es precisamente, en puridad, la profesión de fe de la Iglesia la que rige como la doctrina del cristianismo, sino que cada cual, en mayor o menor medida, se forma una doctrina cristiana propia, arreglada a la medida de sus propias convicciones, que varían, naturalmente, con cada persona. Es frecuente también ver que la teología se cultiva históricamente, atribuyendo a la ciencia teológica el interés de conocer las distintas opiniones, y uno de los primeros frutos de este conocimiento consiste en honrar y respetar todas las opiniones, considerándolas como algo de lo que no se tiene por qué dar cuentas a nadie, sino solamente a sí mismo. También aquí se pierde de vista la meta: el conocimiento de la verdad. La propia convicción es, desde luego, lo último y lo absolutamente esencial, lo que, por el lado de la subjetividad, empuja al conocimiento a la razón y a su filosofía. Hay, sin embargo, una gran diferencia entre que la convicción descanse simplemente en sentimientos, puntos de vista, intuiciones, etc., en fundamentos subjetivos, es decir, en factores puramente personales del sujeto mismo, o nazca del pensamiento, de la penetración en el concepto y en la naturaleza de la cosa. La convicción nacida y formada del primero de estos dos modos es, sencillamente, la opinión.

La antítesis entre la opinión y la verdad, que de un modo tan nítido se destaca ahora, se trasluce ya en las nociones de la época socrático-platónica, época de desintegración de la vida griega, en la antítesis platónica entre la opinión (δόξα) y la ciencia (ἐπιστήμη). Es la misma contraposición con la que nos encontramos en el período de decadencia de la vida pública y política de Roma bajo Augusto y en los tiempos siguientes, en que hacen estragos el epicureísmo y la indiferencia ante la filosofía. Es el sentido en que Pilato replica a Cristo, cuando Éste le dice que ha venido al mundo para proclamar la verdad: "¿Qué es la verdad?" Lo que vale tanto como decir: "Este concepto de la verdad es un concepto convencional acerca del cual estamos al cabo de la calle; hoy, sabemos ya más, sabemos que ya no hay para qué hablar de conocer la verdad; eso se ha quedado atrás." Para quien así se expresa, no cabe duda de que eso se ha quedado atrás. Y para quien, en la historia de la filosofía, parta de este punto de vista, la significación de tal historia se limitará, evidentemente, a conocer las particularidades de otros, cada uno de los cuales tiene la suya propia: peculiaridades que son para mí, por tanto, algo extraño y a las cuales es ajena y no libre mi razón pensante, que no son para mí más que una materia externa, muerta, puramente histórica, una masa de contenido vano e inútil de suyo; y quien así se complace en lo vano y se da por satisfecho con ello, es que obra movido, a su vez, por una simple vanidad subjetiva.

Para el hombre imparcial, la verdad será siempre una gran palabra que hará latir su corazón. En cuanto a la afirmación de que no es posible conocer la verdad, nos encontraremos con ella en la historia misma de la filosofía, donde tendremos ocasión de examinarla con cierto cuidado. Aquí, sólo diremos que quienes, por ejemplo Tennemann, parten de esta premisa, harían mucho mejor, evidentemente, en no ocuparse para nada de filosofía, pues toda opinión afirma y pretende, aunque sea sin razón, poseer la verdad. Nos atendremos aquí, provisionalmente, al viejo prejuicio de que en todo saber se contiene una verdad, pero que para llegar a conocerla es necesario meditar acerca de ella, y no es lo mismo que andar o estar a pie; es decir, que la verdad no se conoce por la vía de la percepción o la intuición directa, ni por medio de la intuición externa de nuestros sentidos, ni por medio de la intuición intelectual (toda intuición es, en rigor, como tal, sensible), sino solamente mediante el esfuerzo del pensamiento.

b) *Prueba de la vanidad del conocimiento filosófico a través de la misma historia de la filosofía.* Enfocada desde otro punto de vista, esa manera de concebir la historia de la filosofía se traduce en otra consecuencia, que puede considerarse como dañina o beneficiosa, según se quiera. En efecto, ante el espectáculo de tan múltiples opiniones, de tan numerosos y diversos sistemas filosóficos, se siente uno arrastrado por la confusión, sin encontrar un punto firme de apoyo para sustraerse a ella. Vemos cómo, en torno a las grandes materias por las que se ve solicitado el hombre y cuyo conocimiento trata de suministrar la filosofía, los más grandes espíritus yerran, puesto que han sido refutados o contradichos por otros. "¿Y si esto ocurre a tan insignes espíritus, cómo puedo, *ego homuncio,* tener la pretensión de decidir tales problemas?"

Esta conclusión, que se extrae de la gran diversidad de los sistemas filosóficos, es considerada como dañina, pero representa, al mismo tiempo, una ventaja subjetiva. En efecto, esta gran diversidad es —para quienes, con aires de conocedores, tratan de presentarse como gentes interesadas por la filosofía— el gran recurso para justificar el por qué, pese a toda su supuesta buena voluntad y pese, incluso, a la reconocida necesidad de esforzarse por dominar esta ciencia, no tienen, en la práctica, más remedio que abandonarla por completo. Sin embargo, esta disparidad entre los diversos sistemas filosóficos dista mucho de tomarse por una simple evasiva. Se ve en ella, por el contrario, una razón seria y verdadera contra la seriedad con que el filósofo toma la filosofía, una justificación de la actitud de quienes nada quieren tener que ver con ella, una prueba incluso irrefutable de que es vano todo intento de llegar al conocimiento filosófico de la verdad. Pero, aunque se conceda que "la filosofía debe ser una verdadera ciencia y que tiene que haber, necesariamente, una filosofía que sea la verdadera, surge la pregunta: ¿cuál es, y cómo reconocerla? Todas aseguran que son las verdaderas, todas indican signos y criterios distintos por medio de los cuales se ha de reconocer la verdad; por eso, el pensamiento sobrio y sereno tiene que sentir, por fuerza, grandes escrúpulos antes de decidirse por una".

Éste es el interés mayor a que debe servir la historia de la filosofía. Cicerón *(De natura deorum, I, 8 ss.)* nos ofrece una historia, extraordinariamente superficial, de los pensamientos filosóficos acerca de Dios, inspirada precisamente en esa intención. Es cierto que la pone en labios de un epicúreo, pero sin que él mismo sepa decirnos nada mejor, lo que indica que las nociones expuestas por su personaje son las suyas propias. El epicúreo dice que no ha sido posible llegar a un concepto determinado. La prueba de que son vanos los esfuerzos de la filosofía se desarrolla en seguida a base de una concepción genérica superficial de la historia de la filosofía misma: el resultado de esta historia no es otro que la aparición de los más diversos y dispares pensamientos de las múltiples filosofías, contrapuestas las unas a las otras y que se contradicen y refutan entre sí. Y este hecho, que no cabe negar, justifica e incluso obliga, al parecer, a aplicar las palabras de Cristo a las filosofías, diciendo: "Deja que los muertos entierren a sus muertos, y sígueme." Según esto, la historia de la filosofía no sería otra cosa que un campo de batalla cubierto de cadáveres, un reino no ya solamente de individuos muertos, físicamente caducos, sino también de sistemas refutados, espiritualmente liquidados, cada uno de los cuales mata y entierra al que le precede. Por eso, en vez de "Sígueme", sería más exacto decir, cuando así se piensa: "Síguete a ti mismo", es decir, atente a tu propia convicción, aférrate a tus propias y personales opiniones. ¿Por qué a las ajenas?

Se da, es verdad, el caso de que aparezca, a veces, una nueva filosofía afirmando que las demás no valen nada; y, en el fondo, toda filosofía surge con la pretensión, no sólo de refutar a las que la preceden, sino también de corregir sus faltas y de haber descubierto, por fin, la verdad. Pero la experiencia anterior indica más bien que a estas filosofías les son aplicables otras palabras del Evangelio, las que el apóstol Pedro dice a Safira, mujer de Ananías: * "Los pies de quienes han de sacarte de aquí están ya a la puerta." La filosofía que ha de refutar y desplazar a la tuya no tardará en presentarse, lo mismo que les ha ocurrido a las otras.

c) *Explicaciones sobre la diversidad de las filosofías.* Es, evidentemente, un hecho harto comprobado que existen y han existido diversas filosofías; pero la verdad es una y este sentimiento o fe insuperable se halla animado por el instinto de la razón. "Por tanto, sólo una filosofía puede ser la verdadera y, siendo como son tan distintas, las demás —tal es la conclusión a que se llega— no pueden ser más que errores; pero cada una de ellas afirma, asegura, razona y prueba ser Aquélla y no otra." Es éste un razonamiento corriente y una consideración en apariencia exacta del pensamiento sobrio y sereno. Por lo que se refiere a este tópico de la sobriedad del pensamiento, sabemos por la sobriedad de la experiencia diaria que, cuando estamos en ayunas, nos sentimos al mismo tiempo, o poco después, hambrientos. Sin embargo, ese pensamiento sobrio tiene el talento y la habilidad de no sentirse impulsado al hambre, a la apetencia, sino, por el contrario, saciado y satisfecho. Con esto se traiciona este pensamiento y muestra, si dice lo anterior, que es una razón muerta, pues sólo lo muerto es sobrio y está y permanece satisfecho. Pero la vida física, como la vida del espíritu, no se da por satisfecha con la sobriedad, sino que es, esencialmente, impulso, acicate, siente hambre y sed de verdad, de conocimiento de la verdad, pugna por aplacarlas y no se da por satisfecha, por alimentada, con reflexiones del género de ésta a que nos estamos refiriendo.

A propósito de esta reflexión habría que decir, en primer lugar, que, por muy distintas que sean las filosofías, todas ellas tienen algo en común: el ser filosofía. Por tanto, quien estudie o profese una filosofía, siempre y cuando lo sea verdaderamente, profesará la Filosofía. En otro lugar [3] hemos comparado

---

* Hegel equivoca la cita evangélica, que hemos rectificado, y dice que el Apóstol se dirige a Ananías y no a su mujer como ocurre en realidad, *Hechos* 5. 1-10. [E.]
[3] Cf. Hegel, *Werke* [Obras], t. VI, § 13, pp. 21 s. (ed. de 1840. Berlín).

aquella evasiva y aquel razonamiento que se aferran a la simple diversidad y, por asco o temor a lo particular en lo que lo general cobra realidad, no quieren captar o reconocer este algo general, al enfermo a quien el médico recomendara comer fruta y que, al serle servidas cerezas, ciruelas o uvas, no se atreviese, por una pedantería intelectual, a ingerir ninguno de esos frutos, con el pretexto de que el médico le había prescrito "fruta" y no precisamente ciruelas, uvas o cerezas.

Pero lo que esencialmente interesa es llegar a ver con mayor claridad y de un modo más profundo qué es lo que realmente significa esta diversidad de los sistemas filosóficos. El conocimiento filosófico de lo que es la verdad y la filosofía nos ayuda a enfocar esta diversidad, en cuanto tal, en un sentido completamente distinto que el que entraña la antítesis abstracta entre la verdad y el error. El esclarecimiento de esto nos dará la clave para comprender el significado de toda la historia de la filosofía. Es menester que comprendamos que esta variedad entre las muchas filosofías no sólo no perjudica a la filosofía misma —a la posibilidad de la filosofía—, sino que, por el contrario, es y ha sido siempre algo sencillamente necesario para la existencia de la propia ciencia filosófica, algo esencial a ella.

Claro está que, al pensar así, partimos de la consideración de que la meta de la filosofía es llegar a la verdad por el camino del pensamiento y de la comprensión y no reconocer que no hay nada que conocer o, por lo menos, que no es posible llegar a conocer la verdad verdadera, sino solamente una verdad temporal y finita (es decir, una verdad que es, al mismo tiempo, algo no verdadero); y además, que la historia de la filosofía versa sobre la filosofía misma. Las hazañas de que nos habla la historia de la filosofía no tienen nada de aventuras, del mismo modo que la historia universal no es algo puramente romántico. No son solamente una colección de acaecimientos fortuitos, de empresas de caballeros andantes, que se baten cada uno por sí y por lo suyo, sin mira ni meta alguna, y cuyos hechos pasan sin dejar huella. La historia de la filosofía no es tampoco un desfile de pensadores dedicados a cavilar cada cual por su parte y de un modo arbitrario, sino que en el movimiento del espíritu pensante hay, sustancialmente, una trayectoria, una cohesión, un hilo racional. Con esta fe en el Espíritu del Mundo debemos abordar la historia en general y en particular la historia de la filosofía.

2. Criterios para ayudar a esclarecer el concepto de la historia de la filosofía

La afirmación que más arriba hacíamos de que la verdad es una, presenta todavía un carácter abstracto y formal. Puede servir, entendida en un sentido profundo, de punto de partida; pero la meta de la filosofía consiste en descubrir en esta verdad una, al mismo tiempo, la fuente de la que fluyen todas las demás cosas, todas las leyes de la naturaleza, todos los fenómenos de la vida y de la conciencia, la luz de la que éstos no son más que reflejos, o bien, siguiendo un camino aparentemente inverso, en reducir todos estos fenómenos y leyes a aquella fuente única, pero para comprenderlos a base de ella, es decir, para llegar a conocerlos como derivados de aquella fuente. Por tanto, lo más esencial de todo es conocer que la verdad única no es solamente un pensamiento simple, vacuo, sino un pensamiento determinado de suyo.

Para llegar a este conocimiento, no tenemos más remedio que entrar en algunos conceptos abstractos que son, como tales, conceptos perfectamente generales y secos. Nos referimos especialmente a los dos criterios de la *evolución* y lo *concreto*. Más aún, podríamos, incluso, resumir lo que aquí interesa en el solo criterio de la evolución, pues si acertamos a ver claro en él, todo lo demás se desprenderá y deducirá por sí mismo. El producto del pensamiento es lo pensado en general; pero el pensamiento es todavía algo formal, el concepto es ya el pensamiento más determinado y la idea, finalmente, el pensamiento en su totalidad y determinado como el ser en y para sí. Por consiguiente, la idea es lo verdadero y solamente lo verdadero; la naturaleza de la idea consiste, esencialmente, en desenvolverse y en llegar a comprenderse solamente por obra de la evolución, en llegar a ser lo que es. El que la idea tiene que empezar por hacerse lo que es parece, a primera vista, una contradicción; es lo que es, podría afirmarse.

a) *El concepto de la evolución.* La evolución es una noción conocida; pero lo característico y peculiar de la filosofía consiste precisamente en investigar lo que suele darse por conocido. Lo que se maneja y emplea sin darse cuenta de ello, aquello que se utiliza al buen tuntún en la vida, es precisamente lo que no se conoce cuando no se tiene una formación filosófica. La ciencia de la lógica es la encargada de explicar ampliamente estos conceptos.

Para comprender qué es la evolución, es necesario distinguir —por decirlo así— dos estados: uno es el que se conoce como posibilidad, como capacidad, lo que yo llamo el ser en sí, la *potentia*, la δύναμις; el otro es el ser para sí, la realidad *(actus*, ἐνέργεια). Cuando decimos, por ejemplo, que el hombre es un ser racional por naturaleza, la razón vive en él solamente en potencia, como una posibilidad, en embrión; en este sentido, el hombre se halla dotado de razón, de inteligencia, de fantasía, de voluntad, ya en el momento de nacer y hasta en la misma entraña materna. Pero, en cuanto que el niño sólo posee la capacidad o la posibilidad real de la razón, es lo mismo que si no tuviese razón alguna; ésta no existe aún en él, puesto que no puede hacer aún nada racional ni posee una conciencia racional. Sólo a partir del momento en que lo que el hombre es en sí deviene para él, en que, por tanto, la razón pasa a ser una razón para sí; sólo a partir de entonces puede decirse que el hombre cobra realidad en una dirección cualquiera, que es un ser realmente racional, que vive para la razón.

¿Qué quiere decir esto, más precisamente? Lo que es en sí necesariamente tiene que convertirse en objeto para el hombre, que cobrar conciencia en él; de este modo, deviene para el hombre. Lo que se convierte en objeto para él es lo mismo que lo que él es en sí; mediante la objetivación de este ser en sí, el hombre se convierte en ser para sí, se duplica, se conserva, no se convierte en otro. El hombre es, por ejemplo, un ser pensante, y piensa luego el pensamiento; de este modo, en el pensamiento sólo el pensamiento es objeto, la racionalidad produce lo racional y su objeto propio es la razón. Que el pensamiento puede degenerar también en lo irracional es una consecuencia ulterior, en la que no tenemos por qué entrar aquí. Ahora bien, si el hombre, que es en sí un ser racional, no parece poder ir más allá después de convertirse en un ser racional para sí, ya que el ser en sí sólo se ha conservado, la diferencia es, sin embargo, inmensa; no se desprende de aquí ningún contenido nuevo, pero esta forma del ser para sí implica una diferencia muy grande.

Sobre esta diferencia descansa toda la que se aprecia en los desarrollos de la historia universal. Sólo así puede explicarse por qué, siendo todos los hombres racionales por naturaleza y estribando lo que hay de formal en esta racionalidad precisamente en el hecho de ser libres, ha existido en muchos pueblos, y en parte todavía sigue existiendo, la esclavitud, sin que los pueblos considerasen esto como algo intolerable. La única diferencia que se aprecia entre los pueblos del África y el Asia, de una parte, y de otra los griegos, los romanos y el mundo moderno, consiste en que éstos saben por qué son libres, mientras que aquéllos lo *son* sin *saber* que lo son y, por tanto, sin existir como pueblos libres. Y esto representa un cambio inmenso en cuanto a la condición. El conocer y el aprender, la ciencia e incluso la acción no persiguen, en su conjunto, otra cosa que extraer de sí mismo lo que es interno o en sí, convirtiéndolo de este modo en algo objetivo.

Al cobrar existencia el ser en sí sufre un cambio, pero, al mismo tiempo, sigue siendo uno y lo mismo, pues gobierna todo el proceso. La planta, por ejemplo, no se pierde en un simple cambio sustraído a toda medida. De su embrión, en el que por el momento no se ve nada, brotan una serie de cosas, todas las cuales, sin embargo, se hallan ya contenidas en él, aunque no desarrolladas todavía, sino de un modo encubierto e ideal. La razón de este brotar a la existencia es que el embrión no puede resistirse a dejar de ser un ser en sí, pues siente el impulso de desarrollarse, por ser la viviente contradicción de lo que solamente es en sí y no debe serlo. Pero este salir fuera de sí se traza una meta y la más alta culminación de ella, el final predeterminado, es el fruto; es decir, la producción de la semilla, el retorno al estado primero. El embrión sólo aspira a producirse a sí mismo, a desdoblar lo que vive en él, para luego retornar a sí mismo y a la unidad de que partió. Claro está que en las cosas de la naturaleza se da el caso de que el sujeto, por donde se comienza, y lo existente, lo que pone punto final —allí la simiente, aquí el fruto— son dos individuos distintos; la duplicación se traduce en el resultado aparente de desdoblarse en dos individuos, que son, sin embargo, en cuanto al contenido se refiere, uno y lo mismo. Lo mismo ocurre, en la vida animal, con los padres y los hijos: son individuos distintos, aunque de igual naturaleza.

Otra cosa acontece en el mundo del espíritu. El espíritu es conciencia y, por tanto, libre de que en él coincidan el principio y el fin. Como el embrión en la naturaleza, también el espíritu, después de haberse hecho otro, retorna a su unidad; pero lo que es en sí deviene para el espíritu y deviene, por consiguiente, para sí mismo. En cambio, el fruto y la nueva simiente contenida en él, no devienen para el primer embrión, sino solamente para nosotros; en el espíritu ambas cosas son la misma naturaleza y no solamente eso, sino que son la una para la otra, y es ello cabalmente lo que hace que sean las dos un ser para sí. Aquello para lo que lo otro es, es lo mismo que lo otro; sólo así puede ocurrir que el espíritu viva consigo mismo al vivir en el otro. La evolución del espíritu consiste, por tanto, en que, en él, el salir fuera y el desdoblarse sean, al mismo tiempo, un volver a sí.

Este ser consigo mismo del espíritu, este volver a sí de él, puede considerarse como su meta suprema y absoluta; a esto, simplemente, es a lo que el espíritu aspira y no a otra cosa. Todo lo que acaece en el cielo y en la tierra —lo que acaece eternamente—, la vida de Dios y todo lo que sucede en el tiempo, tiende solamente hacia un fin: que el espíritu se conozca a sí mismo, que se haga objeto para sí mismo, que se encuentre, devenga para sí mismo, que confluya consigo mismo; empieza siendo duplicación, enajenación, pero sólo para encontrarse a sí mismo, para poder retornar a sí. Sólo de este modo alcanza el espíritu su libertad; pues sólo es libre lo que no se refiere a otra cosa ni depende de ella. Sólo así surge la verdadera propiedad, la convicción verdaderamente propia; en todo lo que no sea el pensamiento no conquista el espíritu esta libertad. Así, por ejemplo, cuando intuimos, cuando sentimos, estamos determinados, no somos libres; sólo lo *somos* cuando adquirimos la conciencia de estas sensaciones. Incluso la voluntad persigue determinados fines, se mueve por un determinado interés; somos libres, evidentemente, cuando este interés es el nuestro; pero estos fines entrañan siempre, además, algo distinto, algo que es para nosotros otra cosa que lo nuestro, instintos, inclinaciones, etc. Sólo en el plano del pensamiento desaparece, se evapora todo lo extraño, el espíritu, aquí, es absolutamente libre. Con lo cual queda proclamado, al mismo tiempo, el interés de la idea, de la filosofía.

b) *El concepto de lo concreto.* Cuando se trata de la evolución, cabe preguntarse: ¿qué evoluciona?, ¿qué es el contenido absoluto? Nos representamos la evolución como una actividad formal sin contenido. Pues bien, la acción no tiene otra determinación que la actividad y ésta determina ya la naturaleza general del contenido. El ser en sí y el ser para sí son los momentos de la actividad; en la acción se encierran, por consiguiente, estos dos momentos distintos. La acción es, así, una unidad esencial; y esta unidad de lo distinto es precisamente lo concreto. No sólo se concreta la acción; también lo es el ser en sí, el sujeto de la actividad de la que ésta arranca. Finalmente, el producto es algo tan concreto como la actividad misma y lo que comienza. La trayectoria de la evolución es también el contenido, la idea misma, la cual consiste precisamente en que tengamos lo mismo y lo otro y en que ambas cosas sean una sola, que es la tercera, en cuanto que lo uno es en lo otro consigo mismo y no fuera de sí. De este modo, la idea es, de suyo, algo concreto en cuanto a su contenido, tanto *en sí* como porque está interesada en que lo que ella misma es en sí se manifieste y desprenda como algo *para ella*.

Es un prejuicio corriente creer que la ciencia filosófica sólo maneja abstracciones, vacuas generalidades; que, por el contrario, la intuición, la conciencia empírica de nosotros mismos, el sentimiento de nosotros mismos y el sentimiento de la vida, es lo concreto de suyo, el reino determinado de suyo. Es cierto que la filosofía se mueve en el campo del pensamiento y que versa, por tanto, sobre generalidades: su contenido es algo abstracto, pero sólo en cuanto a la forma, en cuanto al elemento. Pero, de suyo, la idea es algo esencialmente concreto, puesto que es la unidad de distintas determinaciones. En esto es en lo que el conocimiento racional se distingue del conocimiento puramente intelectivo; y la tarea del filosofar, a diferencia del entendimiento, consiste precisamente en demostrar que la verdad, la idea, no se cifra en vacuas generalidades, sino en un algo general que es, de suyo, lo particular, lo determinado. Cuando la verdad es abstracta, no es tal verdad. La sana razón humana tiende a lo concreto; sólo la reflexión del entendimiento es teoría abstracta, no verdadera, exacta solamente en la cabeza y, entre otras cosas, no práctica; la filosofía huye de lo abstracto como de su gran enemigo y nos hace retornar a lo concreto.

Si combinamos el concepto de lo concreto con el de la evolución, obtenemos el movimiento de lo concreto. Como el ser en sí es ya concreto de suyo y nosotros no establecemos más que lo que ya existe en sí, resulta que sólo se añade la nueva forma de que aparezca ahora como algo distinto lo que ya antes estaba contenido en lo uno originario. Lo concreto ha de devenir para sí; pero como ser en sí o posibilidad, sólo es distinto de suyo, no se le establece todavía como algo distinto, sino aún en la unidad. Lo concreto es, por tanto, simple y, al mismo tiempo, a pesar de ello, distinto. Esta contradicción interna de lo concreto, que es precisamente la que sirve de acicate a la evolución, da origen a las diferencias. Por este camino, se les hace también justicia; ésta consiste en que se vuelva a ellas y sean levantadas,* pues su verdad reside solamente en la unidad. Se establece de este modo la vida, tanto la natural como la de la idea, la del espíritu dentro de sí. Si la idea fuese abstracta no sería otra cosa que la suprema Esencia, de la que ninguna otra cosa cabe decir; pero semejante Dios no es sino un producto del entendimiento del mundo moderno. La verdad es, por el contrario, movimiento, proceso y, dentro de él, quietud; la diferencia, allí donde existe, tiende siempre a desaparecer, produciendo así la unidad total y concreta.

Para ilustrar este concepto de lo concreto podemos poner, ante todo, ejemplos tomados de cosas que afectan a nuestros sentidos. Aunque la flor tiene múltiples cualidades, el olor, el sabor, el color, la forma, etc., constituye, sin embargo, una unidad: en este pétalo de esta flor no puede faltar ninguna de sus cualidades propias; y cada una de las partes del pétalo reúne, al mismo tiempo, todas las cualidades propias del pétalo en su conjunto. La mismo ocurre con el oro, que encierra en todos y cada de uno de sus puntos, inseparadas e indivisas, todas las cualidades propias de este metal.

En las cosas sensibles se admite, con frecuencia, que lo distinto aparezca junto; en cambio, tratándose de las cosas del espíritu, lo distinto se concibe, preferentemente, como contrapuesto. No encontramos contradictorio, ni vemos en ello ninguna anomalía, el hecho de que el sabor y el perfume de una flor, aun siendo cosas distintas la una con respecto a la otra, aparezcan simplemente unidas, formen una unidad, y no las contraponemos entre sí. En cambio, el entendimiento y el pensamiento intelectivo consideran incompatibles entre sí otras cosas. La materia, por ejemplo, es un todo complejo y coherente, el espacio es un todo continuo e ininterrumpido: no obstante, podemos admitir la existencia de puntos dentro del espacio y desintegrar la materia, dividiéndola hasta el infinito; entonces, decimos que la materia está formada por átomos y por partículas, lo que vale tanto como decir que no es algo continuo. Por donde aparecen unidos, formando una unidad, los dos criterios de continuidad y de división, que el entendimiento considera como criterios que se excluyen entre sí. "La materia tiene que ser una de dos cosas: o un todo continuo

---

* Hemos traducido el famoso *aufheben* hegeliano por "levantar", pues este término, también espacial, implica, como el alemán, no sólo la conservación de algo sino también su anulación, que es el sentido que tiene su empleo en derecho [T.].

o formada por puntos", se dice; y, sin embargo, vemos cómo obedece a los dos criterios.

Otro ejemplo. Hablando del espíritu del hombre, decimos que está dotado de libertad, con lo que el entendimiento contrapone a este criterio, implícitamente, el de necesidad. "Si el espíritu es libre no se halla sujeto a la ley de la necesidad; por el contrario, si su voluntad y su pensamiento obedecen a la ley de la necesidad no es libre; lo uno —se dice— excluye lo otro." Las diferencias se presentan, aquí, como términos que se excluyen entre sí y que no forman un algo concreto; sin embargo, lo verdadero, el espíritu es algo concreto y sus determinaciones son la libertad y la necesidad. Vista la cosa en un plano superior, comprendemos que el espíritu es libre dentro de su necesidad y sólo en ella encuentra su libertad, del mismo modo que su necesidad descansa en su libertad. Lo que ocurre es que, aquí, se nos hace más difícil que en las cosas de la naturaleza establecer la unidad. Puede también ocurrir que la libertad sea una libertad abstracta, al margen de la necesidad; esta libertad falsa es la arbitrariedad y, por tanto, cabalmente lo contrario de sí misma, una sujeción inconsciente, una vacua figuración de libertad, la libertad puramente formal.

El tercer término, el fruto de la evolución, es un resultado del movimiento; pero, en cuanto resultado de una fase, es, como punto final de esta fase, al mismo tiempo, el punto inicial y primero de otra fase de la evolución. Por eso Goethe dice, con razón *(Zur Morphologie,* 1817, t. I, p. X): "Lo formado toma siempre, inmediatamente, una nueva forma; la materia que, al formarse, adquiere una forma, pasa a ser, de nuevo, materia para una forma nueva." El concepto en que el espíritu, al penetrar dentro de sí, se capta y que es él mismo, esta formación suya, este su ser, al separarse de nuevo de él, vuelve a ser un objeto sobre el que se proyecta de nuevo su actividad; y la proyección de su pensamiento sobre él le da la forma y la determinación del pensamiento. Por donde esta acción sigue formando lo previamente formado, lo determina con nuevos y nuevos criterios, lo convierte en algo más determinado de suyo, más desarrollado y más profundo. Este movimiento encierra, por ser concreto, una serie de evoluciones que debemos representarnos, no como una línea recta que se remonta hacia el infinito abstracto, sino como una circunferencia que tiende, como tal, a volver sobre sí misma y que tiene como periferia una multitud de circunferencias que forman, en conjunto, una gran sucesión de evoluciones que vuelven hacia sí mismas.

c) *La filosofía como conocimiento de la evolución de lo concreto.* Después de explicar, en general, la naturaleza de lo concreto del modo que queda expuesto, añadiremos ahora, por lo que a su significación se refiere, que lo verdadero, determinado de suyo como acabamos de ver, siente el impulso de desarrollarse; sólo lo vivo, lo espiritual, se agita dentro de sí, se desarrolla. De este modo, la idea, como algo concreto en sí y que se desarrolla, es un sistema orgánico, una totalidad que encierra una riqueza de fases y de momentos. Pues bien, la filosofía es, por sí misma, el conocimiento de esta evolución y, en cuanto pensamiento comprensivo, esta misma evolución pensante; cuanto más lejos llegue esta evolución, más perfecta será la filosofía.

Además, esta evolución no tiende hacia afuera, hacia lo exterior, sino que el desdoblamiento de la evolución tiende también hacia dentro, hacia lo interior, es decir, la idea general permanece como base, como algo omnicomprensivo e inconmovible. En cuanto que el trascender de la idea filosófica, en su evolución, no representa un cambio, la transición a otra cosa, sino también un adentrarse en sí, un profundizar dentro de sí, el proceso evolutivo, a medida que avanza, hace que vaya determinándose la idea, antes general e indeterminada; por tanto, la evolución ulterior de la idea y su mayor determinación son uno y lo mismo. Profundidad parece significar intensidad, pero lo más extensivo es, aquí, al mismo tiempo, lo más intensivo; cuanto más intensivo es el espíritu, más extensivo es, más se ensancha y expande. La extensión en cuanto evolución no es dispersión ni disgregación; es también cohesión, tanto más vigorosa e intensiva cuanto más rica y amplia sea la extensión de lo coherente. La magnitud mayor es, aquí, la fuerza del antagonismo y la separación; y la mayor fuerza supera a la mayor separación.

Tales son los criterios abstractos acerca de la naturaleza de la idea y de su evolución; tal es, de suyo, la estructura de la filosofía, una vez formada: una idea, vista en su conjunto y en todos y cada uno de sus miembros, es como un ser viviente, dotado de una vida única y de un pulso único que late en todos sus miembros. Todas las partes que en ella se manifiestan y la sistematización de estas partes brotan de una idea única; todas estas manifestaciones particulares son, simplemente, reflejos e imágenes de esta vida única, tienen realidad solamente en esta unidad; y sus diferencias, sus distintas determinabilidades, tomadas en conjunto, no son, a su vez, más que la expresión de la idea y de la forma que en ella se contiene. Por donde la idea es el centro, un centro que es, a la vez, periferia, un foco luminoso que, en todas sus expansiones, no sale fuera de sí; es, en suma, el sistema de la necesidad y de su propia necesidad, que es, al mismo tiempo, por ello mismo, su libertad.

3. Resultados para el concepto de la historia de la filosofía

De este modo, la filosofía es un sistema en evolución y lo es también, por tanto, la historia de la filosofía; hemos llegado, con ello, al punto central, al concepto fundamental que nos proponemos exponer en el estudio de esta historia. Para explicar esto es necesario señalar, ante todo, la diferencia que aquí puede presentarse en lo que al modo de la aparición se refiere.

En efecto, la aparición de las diversas fases en el progreso del pensamiento puede presentarse con la conciencia de la necesidad con arreglo a la cual se deriva cada fase siguiente y según la cual sólo puede producirse *esta* determinación y forma, o puede concebirse al margen de esta conciencia, a la manera de un producirse natural y, al parecer, fortuito, de tal modo que el concepto, aun actuando interiormente de un modo consecuente, no deje traslucir esta consecuencia; bien como ocurre en la naturaleza, en que, al llegar la fase de desarrollo de las ramas, las hojas, las flores y los frutos, brota cada uno de estos elementos por sí mismo, pero en que la idea interior es el criterio guía y determinante de esta sucesión; bien como ocurre en el desarrollo del niño, en que las capacidades físicas y, sobre todo, las actividades espirituales van manifestándose de un modo simple y espontáneo, de tal modo que los padres que pasan por primera vez por esta experiencia tienen la sensación de estar asistiendo a un milagro en el que sale al exterior, poco a poco, todo lo que existía interiormente desde un principio y en que la sucesión de estos fenómenos, vista en su conjunto, representa, simplemente, la forma de un proceso que se desarrolla en el tiempo.

El exponer uno de los modos de este manifestarse, el que consiste en la derivación de las formas, en la necesidad pensada y conocida de las determinaciones, es misión y tarea de la propia filosofía; y como lo que aquí importa es la idea pura y no, por el momento, la ulterior plasmación particular de esta idea como naturaleza y como espíritu, la exposición a que nos referimos incumbe, preferentemente, a la lógica. La otra modalidad, la que presenta las distintas fases y momentos de la evolución vistos en el tiempo, en el plano del acaecer, en estos o los otros lugares particulares, en este o en aquel pueblo, en tales o cuales circunstancias políticas y dentro de tales o cuales complejidades, en una palabra, bajo una determinada forma empírica, es, precisamente, el espectáculo que nos ofrece la historia de la filosofía. Es ésta la única concepción digna de esta ciencia; es, de suyo, la concepción verdadera, por el concepto de la cosa misma, y el estudio de esta propia historia demostrará que es, además, la que corresponde a la realidad y se corrobora a la luz de ella.

Ateniéndonos a esta idea, podemos afirmar que la sucesión de los sistemas de la filosofía en la historia es la misma que la sucesión de las diversas fases en la derivación lógica de las determinaciones conceptuales de la idea. Podemos afirmar que, si despojamos los conceptos fundamentales de los sistemas que desfilan por la historia de la filosofía simplemente de aquello que afecta a su forma externa, a su aplicación a lo particular y otras cosas por el estilo, obtendremos las diferentes fases de determinación de la idea misma, en su concepto lógico. Y, a la inversa, si nos fijamos en el proceso lógico por sí mismo, enfocaremos el proceso de desarrollo de los fenómenos históricos en sus momentos fundamentales; lo que ocurre es que hay que saber reconocer, identificar, estos conceptos puros por debajo de las formas históricas. Podría pensarse que la filosofía tiene que seguir en las fases de la idea otro orden que aquel en que estos conceptos se manifiestan en el tiempo; pero, visto en su conjunto, el orden es el mismo. Es cierto, sin embargo, que, en un aspecto, la sucesión histórica en el tiempo se distingue de la sucesión en la ordenación de los conceptos; pero no nos detendremos a examinar aquí, de cerca, qué aspecto es ése, pues ello nos desviaría demasiado de nuestro fin.

Señalaremos simplemente una cosa: de lo dicho se desprende que el estudio de la historia de la filosofía es el estudio de la filosofía misma y no podía ser de otro modo. Quien estudia la historia de la física, de la matemática, etc., traba al mismo tiempo conocimiento con la física y la matemática mismas. Claro está que, para poder descubrir, a través de la forma y la manifestación empíricas bajo las que aparece históricamente la filosofía, sus avances como evolución de la idea, es necesario poseer de antemano el conocimiento de la idea misma; del mismo modo que, para poder enjuiciar los actos humanos, necesitamos poseer de antemano los conceptos de lo bueno y lo justo. De otro modo, como vemos en tantas historias de la filosofía, sólo se ofrecerá a nuestra mirada, desnuda de la idea, un montón informe de opiniones.

El exponer esta idea y explicar a la luz de ella los fenómenos es misión de quien trata de exponer, fundamente, la historia de la filosofía y no es otra la razón que nos mueve a nosotros a dar un curso sobre este tema. El observador debe, pues, estar ya pertrechado con el concepto de la cosa para ver cómo se manifiesta y, así, poder interpretar verdaderamente el objeto; por eso no debe extrañarnos que haya tantas vacuas historias de la filosofía en las que la serie de los sistemas filosóficos aparece expuesta como una serie de simples opiniones, errores y juegos del pensamiento; juegos del pensamiento, muchos de ellos, en los que brilla, indudablemente, un gran derroche de agudeza, de esfuerzos del espíritu y todo lo que se quiera decir de agradable en cuanto al lado formal de los mismos. Pero, dada la ausencia de espíritu filosófico de que tales historiadores dan pruebas, ¿cómo habría de serles dado concebir y exponer, en su contenido, lo que es el pensamiento racional?

De lo que queda dicho acerca de la naturaleza formal de la idea se desprende que sólo merece el nombre de ciencia una historia de la filosofía concebida como un sistema de evolución de la idea; una colección de conocimientos no es una ciencia. Si queremos que esta historia sea, de suyo, algo racional, tenemos que verla como una sucesión de fenómenos basada en la razón, fenómenos que tienen por contenido y descubren lo que la razón es; sólo así presentarán los sucesos de esa historia un carácter racional. ¿Cómo podría todo lo que acaece en materia de razón no ser, de suyo, algo racional? Ya el hecho de pensar que no es la casualidad la que gobierna las cosas humanas supone una fe racional; y es, precisamente, misión de la filosofía el llegar a conocer que, por más que sus propias manifestaciones tengan un carácter histórico, sólo se hallan determinadas por la idea.

Estos conceptos generales establecidos de antemano determinan las categorías cuya aplicación a la historia de la filosofía tenemos que examinar; esta aplicación se encargará de ofrecer a nuestra mirada los más importantes puntos de vista de esta historia.

a) *Evolución de las múltiples filosofías en el tiempo.* El problema más inmediato que cabe plantear acerca de la historia de la filosofía se refiere a aquella diferencia en cuanto a las manifestaciones de la idea misma, que más arriba establecíamos: el problema de saber cómo puede explicarse que la filosofía aparezca como una evolución en el tiempo y tenga una historia. La solución que a este problema se dé guarda cierta relación con la metafísica del tiempo, y nos desviaríamos demasiado de la finalidad aquí perseguida si tratáramos de señalar algo más que los momentos de los que depende la solución del problema planteado.

Decíamos más arriba, al hablar de la esencia del espíritu, que su ser es su acción. La naturaleza, en cambio, *es* como *es*; sus cambios sólo son, por tanto, repeticiones, su movimiento un movimiento cíclico. La acción del espíritu consiste, más precisamente, en conocerse a sí mismo. Cuando digo que existo, de un modo inmediato, existo solamente como organismo vivo; en cuanto espíritu, sólo existo en la medida en que me conozco. Γνῶθι σεαυτόν, conócete: la inscripción grabada en el templo del dios sapiente, en Delfos, es el mandamiento absoluto que expresa la naturaleza del espíritu. Pues bien, la conciencia entraña, esencialmente, el que yo sea objeto para mí, mi propio objeto. Con este juicio absoluto, con la distinción entre mí y yo mismo, cobra existencia el espíritu, se establece como algo exterior a sí mismo; se coloca en el plano de lo exterior, que es precisamente la modalidad general y característica de la existencia de la naturaleza. Ahora bien, una de las modalidades de la exterioridad es el tiempo, forma que ha de ser explicada de cerca tanto en la filosofía de la naturaleza como en la del espíritu finito.

Esta existencia y, con ella, este ser en el tiempo, es un momento no sólo de la conciencia individual, que es, como tal, esencialmente finita, sino también del desarrollo de la idea filosófica en el elemento del pensamiento: La idea, pensada estáticamente, es, evidentemente, atemporal; pensarla estáticamente, retenerla bajo la forma de lo inmediato, equivale a la intuición interior de la idea. Pero, como idea concreta, como unidad de términos distintos, tal como exponíamos más arriba, la idea no es, esencialmente, estática, ni su existencia es, esencialmente, intuición, sino que, siendo de suyo distinción y, por tanto, evolución, cobra dentro de sí misma existencia y exterioridad en el elemento del pensamiento; de este modo, la filosofía pura aparece en el pensamiento como una existencia que progresa en el tiempo.

Ahora bien, este elemento del pensamiento es un elemento abstracto, es la actividad de una conciencia individual. El espíritu, en cambio, no actúa solamente como conciencia individual, finita, sino como espíritu en sí universal, concreto; pero esta universalidad concreta abarca todos los lados y modalidades desarrollados en los que, con arreglo a la idea, es y deviene su objeto. De este modo, su pensante captarse a sí mismo es, al propio tiempo, un progresar henchido de la realidad total, desarrollada; un progresar que no recorre el pensamiento de un individuo y se representa en una conciencia individual, sino que aparece como el espíritu universal que se manifiesta en la historia universal en toda la riqueza de sus formas. En esta evolución se da, por tanto, el caso de que una forma, una fase de la idea cobre conciencia en un pueblo, de tal modo que *este* pueblo y *esta* época sólo expresen *esta* forma, dentro de la cual se desarrolla su universo y se elabora y plasma su estado, y que, en cambio, la fase superior tarde a veces siglos en aparecer en otro pueblo.

Si sabemos retener estas determinaciones de lo concreto y de la evolución, vemos que la naturaleza de lo múltiple adquiere un sentido completamente distinto y que la palabrería acerca de la variedad de las filosofías, como si lo vario fuese un algo permanente y fijo, algo que las diferencias exteriormente a las unas de las otras, pierde importancia y se ve colocada en el lugar que le corresponde; palabrería en que la actitud de altiva displicencia ante la filosofía cree tener un arma invencible contra ella y que, llevada del orgullo —verdadero orgullo de mendigo— con que contempla tan míseras determinaciones, ignora totalmente lo que posee y debe saber, en este caso, la variedad y la diversidad.

Es ésta una categoría que, sin embargo, todo el mundo comprende, que a nadie choca, que cualquiera conoce y cree poder manejar y emplear como si la comprendiera íntegramente y se da por supuesto que todo el mundo sabe lo que realmente es. No obstante, quienes consideran la variedad como una determinación absolutamente fija no conocen su naturaleza ni la dialéctica de la misma; la variedad es algo que fluye, hay que captarla, esencialmente, en el movimiento de la evolución, como un momento pasajero. La idea concreta de la filosofía es la actividad de la evolución, a lo largo de la cual va eliminando las diferencias que en ella se contienen; y estas diferencias son todas ellas pensamientos, pues es de la evolución del pensamiento de lo que aquí hablamos. El saber que las diferencias que las ideas llevan consigo se establecen como pensamientos, es lo primero. Lo segundo es que estas diferencias deben llegar a existir, la una aquí, la otra allí; y para poder hacerlo, necesitan ser cada una de ellas un todo, es decir, contener en ellas la totalidad de la idea. Sólo lo concreto es lo real, aquello sobre que descansan las diferencias; y sólo así son las diferencias formas totales.

Pues bien, esta plasmación completa del pensamiento en sus formas es una filosofía. Pero las diferencias encierran la idea en una forma peculiar. Podría decirse que la forma es indiferente y lo fundamental el contenido, la idea; y se cree hacer una concesión muy equitativa cuando se dice que las distintas filosofías contienen todas ellas la idea, aunque bajo diversas formas, dando a entender que estas formas son algo puramente fortuito. Sin embargo, tienen importancia, pues estas formas no son otra cosa que las diferencias originarias de la idea misma, que sólo en ellas es lo que es; son, pues, esenciales a ella y constituyen, en realidad, el contenido mismo de la idea, el cual, al desdoblarse, se convierte en forma.

Ahora bien, la variedad de los criterios determinantes con que aquí nos encontramos no es algo indeterminado, vago, sino algo necesario; las formas parciales se integran en la forma total. Son las determinaciones de la idea originaria las que forman, en su conjunto, la imagen del todo; y como existen las unas fuera de las otras, la suma de todas no se halla en ellas, sino en nosotros, en quienes las consideramos. Cada sistema está contenido en una determinación; sin embargo, la cosa no termina, ni mucho menos, en que las diferencias se hallen las unas fuera de las otras. Necesariamente tiene que producirse el destino de estas determinaciones, el cual consiste, precisamente, en que se enlacen y sumen todas ellas, descendiendo así al nivel de simples momentos. La modalidad en que cada momento se establecía como algo propio e independiente se ve, a su vez, levantada; tras la expansión viene la contracción —la unidad de que todos aquellos momentos partieron. Y este tercer término sólo puede ser, a su vez, el comienzo de una nueva evolución. Podría pensarse que este proceso se desarrolla hasta el infinito; pero no es así; pues también él tiene una meta absoluta, que más tarde sabremos cuál es; tienen que producirse, sin embargo, muchos virajes antes de que el espíritu cobre su libertad, al adquirir la conciencia de sí mismo.

A la luz de esta concepción de la historia de la filosofía, la única digna, es como debe contemplarse el templo de la razón consciente de sí misma; es un templo racionalmente construido, por un arquitecto interior, y no al modo de los canteros del templo salomónico. La gran premisa, la de que también en el mundo han seguido las cosas un curso racional, lo que da verdadero interés a la historia de la filosofía, no es otra cosa que la fe en la Providencia, sólo que en otra forma. Si lo mejor del mundo es lo que crea el pensamiento, no están en lo cierto quienes creen que sólo impera la razón en la naturaleza, no en lo espiritual. Quien en los acontecimientos que se producen en el campo del espíritu, las filosofías, sólo vea contingencias, no toma en serio la fe en un gobierno divino del universo y cuanto diga de ello no pasará de ser simple palabrería.

Es cierto que el espíritu necesita largo tiempo para llegar a elaborar la filosofía; y no cabe duda de que para quien medite a primera vista acerca del problema puede resultar sorprendente la duración del tiempo, al igual que la magnitud de los espacios de que nos habla la astronomía. Pero, por lo que a la lentitud del Espíritu del Mundo se refiere, hay que tener en cuenta que no necesita apresurarse —"mil años son para Ti tanto como un día"—; tiene tiempo de sobra, precisamente porque vive al margen del tiempo, porque es eterno. Los efímeros seres que viven de la noche a la mañana no disponen de tiempo bastante para realizar tantos de sus fines. ¿Quién no muere antes de haber podido cumplir lo que se proponía? El Espíritu del Mundo no sólo dispone de bastante tiempo: no es solamente tiempo lo que ha de invertirse en la adquisición de un concepto; cuesta, además, muchas otras cosas. Tampoco le preocupa el que tenga que emplear tantas y tantas generaciones humanas hasta llegar a cobrar conciencia de sí mismo, el que haya de recorrer un camino extraordinariamente largo de nacimientos y muertes; es lo bastante rico para poder permitirse estos derroches, acomete su obra en grande y dispone de naciones e individuos en abundancia para emplearlos en sus fines. Se dice, y es una afirmación exacta, aunque trivial, que la naturaleza llega a su meta por el camino más corto. En cambio, el camino del espíritu es el camino de la mediación y el rodeo; el tiempo, el esfuerzo, la dilapidación, son criterios de la vida finita que para nada interesan aquí. Y no debemos sentirnos tampoco impacientes al ver que tales o cuales designios concretos no se realizan desde ahora mismo, que tal o cual cosa no es ya una realidad; en la historia universal, los progresos se realizan lentamente.

b) *Aplicación al modo de tratar la historia de la filosofía.* La *primera* consecuencia que se desprende de lo anterior es la de que la historia de la filosofía, considerada en su conjunto, es un proceso necesario y consecuente, racional de suyo y determinado *a priori* por su idea: es éste un ejemplo del que la historia de la filosofía puede sentirse orgullosa. Lo contingente debe ser abandonado a la puerta misma de la filosofía. La misma necesidad que preside la evolución de los conceptos en la filosofía informa su desarrollo en la historia; lo que impulsa hacia adelante es siempre la dialéctica interna de las formas. Lo finito no es nunca verdadero ni lo que debe ser; para que exista, necesita una determinabilidad. Pero la idea interior se encarga de destruir estas formas finitas; una filosofía que no presente una forma absoluta, idéntica a su contenido, tiene necesariamente que pasar, no puede permanecer, porque su forma no es la verdadera.

El *segundo* criterio que se desprende de lo anterior es el de que toda filosofía ha sido necesaria y lo sigue siendo, por tanto; ninguna desaparece por completo, sino que todas se conservan afirmativamente en la filosofía como momentos de un gran todo. Pero es necesario que sepamos distinguir entre el principio especial de esta filosofía, como tal principio especial, y la aplicación de este principio a través de toda la concepción del mundo. Los principios se mantienen; la novísima filosofía no es sino el resultado de todos los principios precedentes; en este sentido, puede decirse que ninguna filosofía ha sido refutada. Lo refutado no es el principio de esta filosofía, sino solamente la pretensión de que este principio sea la determinación última y absoluta.

La filosofía atomística, por ejemplo, llegaba a la conclusión de que el átomo es lo absoluto: la unidad indivisible, que es, más profundamente, lo subjetivo, lo individual; y como la simple unidad es, si se sigue ahondando en ella, el ser para sí abstracto, lo absoluto se concebía, así, como una pluralidad infinita de unidades. Este principio atomístico ha sido refutado; hoy ya no somos atomistas. Es cierto que también el espíritu es una unidad que es para sí, un átomo; sin embargo, esta determinación es demasiado pobre para que por ella podamos medir la profundidad del espíritu. Pero este principio, aun refutado, se ha mantenido; lo que ocurre es que no podemos ver en él la determinación íntegra de lo absoluto. La refutación del principio atómico se revela en todos los procesos de desarrollo: el desarrollo del árbol es la refutación de la simiente de la que nace el árbol; la flor, la refutación de las hojas, la demostración de que éstas no son la suprema y verdadera existencia del árbol; finalmente, la flor es refutada, a su vez, por el fruto. Sin embargo, éste no puede llegar a producirse sin haber pasado por todas las fases anteriores.

Por consiguiente, la actitud que se adopte ante una filosofía deberá tener un lado afirmativo y otro negativo; sólo teniendo en cuenta ambos aspectos conjuntamente haremos justicia a la filosofía de que se trate. El lado afirmativo tarda siempre más en revelarse, lo mismo en la vida que en la ciencia; por eso el refutar es siempre más fácil que el justificar.

En *tercer* lugar, nos limitaremos, especialmente, a la consideración de los principios. Todo principio se impone durante cierto tiempo; cuando se desarrolla bajo esta forma la totalidad de una concepción del mundo, surge un sistema filosófico. En este caso, es necesario conocer el desarrollo en su conjunto; pero cuando el principio es todavía abstracto, no basta con comprender las formas pertenecientes a nuestra concepción del universo. Así, por ejemplo, las determinaciones de Descartes son de tal género que bastan para explicar el mecanismo, pero nada más; la exposición de las otras concepciones del universo, por ejemplo las de la naturaleza vegetal y animal, es, en este filósofo, insuficiente y, por tanto, carece de interés. Nos limitamos, pues, a tomar en consideración los principios de estas filosofías; pero, tratándose de filosofías más concretas, debemos atender también a los desarrollos fundamentales y a las aplicaciones. Las filosofías que parten de un principio subordinado no son nunca consecuentes; encontramos en ellas atisbos penetrantes, pero estos atisbos quedan al margen de sus principios. Así, por ejemplo, en el *Timeo* de Platón se contiene una filosofía de la naturaleza cuyo desarrollo es muy pobre, incluso en lo empírico, puesto que su principio no da para llegar a más; y los penetrantes atisbos, que no faltan en la obra, no se deben al principio precisamente.

En *cuarto* lugar, se desprende de lo dicho, en cuanto a la historia de la filosofía, el punto de vista de que, aunque se trate de historia, ésta, aquí, no se refiere a lo pasado. El contenido de esta historia son los productos científicos de la razón, que no son perecederos ni se incorporan al pasado. En este campo se cultiva lo verdadero, y lo verdadero es eterno, no existe en una época para dejar de existir en otra; no es verdadero solamente para hoy o para mañana, sino fuera de todo tiempo y, en la medida en que se halla dentro del tiempo, es verdadero en todo tiempo y siempre. Los cuerpos en que encarnan los espíritus, que son los héroes de esta historia, la vida temporal y las vicisitudes externas de los filósofos, todo eso pasa, sin duda; pero sus obras, los pensamientos, quedan, pues el contenido racional de su obra no es un fruto de sus figuraciones, de sus sueños. La filosofía no tiene nada de sonambulismo, sino que es, por el contrario, la más despierta de las conciencias; y la hazaña de aquellos héroes consiste, simplemente, en sacar a la luz del día, en hacer que cobre conciencia de sí mismo, en elevar al plano del saber lo que en sí es racional, sacándolo de las profundidades del espíritu en las que, por el momento, no es más que sustancia, esencia interior, proceso que no es sino un continuo despertar.

Por tanto, estos hechos no quedan, simplemente, encerrados en el templo del recuerdo como imágenes del pasado, sino que siguen siendo, hoy, tan presentes, tan vivos, tan actuales como en el momento mismo en que surgieron. Son resultados y obras no destruídos y superados por otros posteriores, sino en los que debemos vernos presentes todavía nosotros mismos. No se conservan en lienzos ni en mármoles, en el papel, en la representación o en la memoria; el elemento en que se perpetúan no es ninguno de éstos (es decir, no es ningún elemento perecedero de suyo o que pertenezca al mundo de lo perecedero), sino que es el pensamiento, el concepto, la esencia imperecedera del espíritu, a la que no llegan ni las polillas ni los rateros. Las adquisiciones del pensamiento, en cuanto le han surgido al espíritu, forman el ser del espíritu mismo. Estos conocimientos son, por ello mismo, algo más que pura erudición, algo más que el conocimiento de lo muerto, lo enterrado, lo descompuesto; la historia de la filosofía ha de ocuparse de lo que no envejece, de lo presente vivo.

c) *Paralelo más preciso entre la historia de la filosofía y la filosofía misma.* Podemos apropiarnos toda la riqueza distribuída a lo largo del tiempo; en la serie de las filosofías debemos ver la sistematización de la ciencia filosófica misma. Hay que señalar, sin embargo, a este propósito, una distinción: el principio se halla en lo que es en sí, en lo inmediato, lo abstracto, lo general, en lo que aún no se ha desarrollado; lo más concreto y más rico viene después, lo primero en el tiempo es lo más pobre en determinaciones.

A primera vista, podría parecer que es al revés; sin embargo, las representaciones filosóficas son, con mucha frecuencia, precisamente lo contrario de la representación común; lo que también se cree, pero que no se quiere descubrir. Podría pensarse que lo primero es lo concreto, que el niño, por ejemplo, concebido todavía en la totalidad originaria de su naturaleza, es más concreto que el hombre, de quien nos imaginamos que es más limitado, que no vive ya esta totalidad, sino una vida más abstracta. Es cierto que el hombre obra con arreglo a determinados fines, no con toda su alma y todo su ánimo, sino dispersándose en multitud de detalles abstractos, mientras que el niño o el joven ponen en sus actos toda el alma. El sentimiento y la intuición son lo primero, el pensamiento lo último; de aquí que el sentimiento nos parezca más concreto que el pensamiento, el cual es una actividad de la abstracción, de lo general. Pero, en realidad, sucede al revés. La conciencia sensible es siempre, evidentemente, más concreta y, aunque sea la más pobre en pensamientos, es, en cambio, la más rica en contenido.

Debemos, por tanto, distinguir lo natural concreto de lo concreto del pensamiento, lo que, a su vez, es pobre en sensibilidad. El niño es lo más abstracto, lo más pobre en pensamientos; comparado con lo natural, el hombre es abstracto, pero como pensamiento es más concreto que el niño. Los fines perseguidos por el hombre son, indudablemente, abstractos, por ser de un carácter general, por ejemplo el de alimentar y sostener a su familia o el de atender a los asuntos de su cargo; pero el hombre aporta su parte a un gran todo orgánico objetivo, lo impulsa, lo tiene siempre ante sí, mientras que en los actos del niño sólo prevalece un yo pueril y, además, momentáneo, y los actos del joven tienen como fin principal su formación subjetiva o el dar golpes en el aire. De este modo, la ciencia es más concreta que la intuición.

Aplicando esto a las distintas formas de la filosofía, se desprende de aquí, en *primer* lugar, que las primeras filosofías son las más pobres y las más abstractas de todas; en ellas aparece la idea menos determinada que en las posteriores; se mueven aún en un plano de generalidades carentes todavía de contenido. Es necesario saber esto, para no buscar en las antiguas filosofías más de lo que tenemos derecho a encontrar en ellas; no debemos, por tanto, pedirles determinaciones que corresponden a una conciencia más profunda.

Así, se ha preguntado, por ejemplo, si la filosofía de Tales de Mileto debe ser considerada, en rigor, como teísmo o ateísmo,[4] si este filósofo de la antigüedad afirmaba la existencia de un Dios personal o simplemente una esencia general e impersonal. Se trata aquí de la determinación de la subjetividad de la idea suprema, del concepto de la personalidad de Dios. Ahora bien, esta subjetividad, tal y como nosotros la concebimos, es un concepto mucho más rico, mucho más intensivo y, por tanto, muy posterior, que no hay por qué buscar en aquellos tiempos antiguos. No cabe duda de que en la fantasía y en la imaginación de los hombres los dioses griegos tenían su personalidad, como el Dios uno de la religión judaica; pero una cosa son las representaciones de la fantasía y otra cosa muy distinta la comprensión del pensamiento puro y del concepto. Tomando como base nuestras propias nociones, no cabe duda de que, a la luz de estas nociones mucho más profundas, podría darse, incluso con razón, el nombre de ateísmo a una filosofía antigua. No por ello dejaría de ser falsa esta caracterización, ya que los pensamientos de aquella filosofía, como pensamientos iniciales que eran, no podían haber alcanzado aún el desarrollo a que han llegado los nuestros.

De esta consecuencia se desprende, directamente, que —por cuanto que el proceso de la evolución entraña ulteriores determinaciones, que son, a su vez, nuevas profundizaciones y captaciones de la idea en sí misma— la filosofía posterior, más reciente, más moderna es, por ello, la más desarrollada, la más rica, la más profunda. En ella se contiene y conserva, necesariamente, todo lo que a primera vista se considera simplemente como pasado; esta filosofía es de suyo, necesariamente, un espejo de toda la historia anterior. Lo inicial es lo más abstracto, simplemente por ser lo inicial, por no haberse desarrollado aún; la última forma que brota de este movimiento progresivo, como de una determinación progresiva, es la más concreta. No se trata, como a primera vista podría pensarse, de una actitud de soberbia de la filosofía de nuestro tiempo; el espíritu que inspira toda nuestra exposición no es, en efecto, otro que el pensamiento de que la filosofía más desarrollada de una época posterior es, sustancialmente, el resultado de los trabajos anteriores del espíritu pensante, un fruto que nace impulsado y acicateado por estos puntos de vista anteriores y

[4] Flatt, *De theismo Thaleti Milesio abjudicando*, Tubinga, 1785.

no aislado de ellos, como si brotase por sí mismo de la tierra.

Asimismo debemos recordar aquí algo que no hay por qué guardar en silencio, puesto que va implícito en la naturaleza misma de la cosa, y es que la idea, tal como aparece concebida y expresada en la *novísima* filosofía, es la más desarrollada, la más rica, la más profunda. Recordamos esto, porque el nombre de filosofía nueva, moderna, novísima, se ha convertido en una especie de nombre de guerra, que se escucha a todas horas. Quienes creen decir algo al pronunciar este nombre son, casi siempre, los que más se inclinan a santiguarse y echar bendiciones ante la muchedumbre de las filosofías, tanto más cuanto más propenden, bien a ver un sol en cada estrella y hasta en cada vela, bien a considerar toda ocurrencia como un filosofía y a aducirla, por lo menos, en prueba de que existen muchísimas filosofías y de que todos los días aparece una que desplaza a las anteriores. Han inventado, al mismo tiempo, la categoría en que pueden colocar toda filosofía que parece adquirir cierta significación y con la que, al mismo tiempo, pueden deshacerse de ella; la llaman, simplemente, una filosofía a la moda.

Es ridículo que te empeñes en llamar moda a cada nuevo
[esfuerzo
Del espíritu humano por llegar a formarse de veras.*

La *segunda* consecuencia que conviene destacar aquí es la que se refiere al modo como deben tratarse las antiguas filosofías. Aquel punto de vista nos ayuda, asimismo, a no considerarlas culpables cuando echamos de menos en ellas criterios determinantes que para ellas aún no existían; y también a no recargarlas de consecuencias y afirmaciones que aún no podían admitir ni hacer, aunque se deriven certeramente del pensamiento contenido en ellas. Es necesario abordar el problema históricamente; es decir, atribuir a las filosofías solamente lo que sabemos que encerraban y no lo que a nosotros nos parezca obligado que contuvieran.

La mayoría de las historias de la filosofía están llenas de anomalías de éstas, en las que vemos como se le atribuyen a un filósofo una serie de tesis metafísicas que él no sentó y que

---

* *Lächerlicher, du nennst dies Mode, wenn immer von Neuem Sich der menschliche Geist ernstlich nach Bildung bestrebt.*
Principio de uno de los *Xenien* de Goethe y Schiller, titulado **Modephilosophie**. [E.]

se le imputan más o menos caprichosamente; nos encontramos a cada paso con la supuesta indicación histórica de afirmaciones que ese filósofo jamás hizo, que pudo haber hecho, tal vez, pero en las que ni siquiera pensó, de las que no dijo ni una palabra, de las que no se encuentra en su obra la más leve huella.

Así, en la gran *Historia de la filosofía* de Brucker (parte I, pp. 465-478 ss.; cf. *infra*, p. 106) se citan una serie de treinta, cuarenta y hasta cien filosofemas puestos en boca de Tales y de otros filósofos y de los cuales ni un solo pensamiento ha podido encontrarse históricamente en ellos: tesis, acompañadas, incluso, de citas y de razonamientos del mismo cariz, entre los que en vano nos esforzaremos por descubrir nada verdaderamente histórico. El procedimiento seguido por Brucker consiste, en efecto, en adornar el simple filosofema de un pensador antiguo con todas las consecuencias y premisas que, según las concepciones de la metafísica wolffiana, debieran ser las premisas y consecuencias de aquel filosofema, citando lo que no es más que una pura invención con el mismo desembarazo que si se tratara de un verdadero hecho histórico. Por ejemplo, Brucker atribuye a Tales el apotegma de *Ex nihilo fit nihil,* basándose para ello, simplemente, en que el pensador de Mileto dice que el agua es eterna. Esto nos autorizaría a incluir a Tales entre los filósofos que niegan la creación a base de la nada; sin embargo, Tales, por lo menos históricamente, no llegó a pensar para nada en esto.

También el señor profesor Ritter,[*] cuya *Historia de la filosofía jónica* es obra de un paciente estudio y que, en general, procura no atribuir a los pensadores pensamientos extraños a ellos, imputa tal vez a Tales más de lo que históricamente puede imputársele. Dice (pp. 12-13): "De aquí que debamos considerar, en un todo, como dinámica la concepción de la naturaleza que encontramos en Tales. Este pensador concebía el universo a modo de un animal viviente que lo abarcaba todo y el cual se había desarrollado de un embrión, como todos los animales, y, como todos ellos también, era algo húmedo o hecho de agua. La concepción fundamental del universo, en Tales, es, por tanto, la de un todo vivo que se ha desarrollado de un embrión y que, al modo de los animales, se sostiene por medio de una alimentación adecuada a su naturaleza" (cfr.

---

[*] Heinrich Ritter (1791-1869), autor de una *Historia de la filosofía* en 12 vols. que empezó a publicarse en Hamburgo en 1829; Hegel no conoció, por lo tanto, sino el primer tomo [E.].

p. 16). Es algo muy distinto de lo que nos dice Aristóteles; nada de esto aparece en lo que los antiguos cuentan de Tales. Es una consecuencia fácil de sacar; pero, históricamente, nada hay que la justifique. No tenemos derecho a sacar de una filosofía antigua consecuencias por el estilo de éstas, que hacen de ella algo totalmente distinto de lo que originalmente fué.

Es fácil sentir la tentación de acoplar los pensamientos de los filósofos antiguos a nuestra propia manera de pensar. Pero esto es, precisamente, lo que constituye el proceso de la evolución; la diferencia de los tiempos, de la cultura y de las filosofías consiste, cabalmente, en saber si estas reflexiones, estos criterios del pensamiento y estas condiciones propias del concepto se habían revelado ya, en realidad, a la conciencia, o no, si la conciencia había adquirido ya, o no, semejante grado de desarrollo.

La historia de la filosofía versa solamente sobre esta evolución y esta manifestación de los pensamientos. Los criterios determinantes se derivan ciertamente de una tesis; pero es muy diferente si realmente llegaron a desprenderse de ella, o no; de lo que se trata es precisamente de saber si lo implícito llegó, o no, a deducirse en la época de que se trata.

Esto nos obliga a no emplear más que las palabras adecuadas; la evolución entraña determinaciones ulteriores del pensamiento que no se hallan aún en la conciencia de aquel filósofo. Así, dice Aristóteles que Tales dijo que el principio (ἀρχή) de todas las cosas era el agua. Sin embargo, parece que el primer pensador que empleó la palabra ἀρχή fué Anaximandro; por tanto, de ser cierto esto, no es posible que Tales exprese la determinación del pensamiento que en ella se contiene; conocería la ἀρχή como comienzo en el tiempo, pero no como principio, como fundamento. Tales no enuncia, en su filosofía, ni siquiera el concepto de causa; mal podía, pues, enunciar el de causa primera, que implica una determinación aun más profunda. Existen, todavía hoy, pueblos enteros que aún no conocen este concepto, pues para llegar a él es necesario un grado muy alto de evolución. Y si ya en general las diferencias de cultura estriban en las diferencias entre los criterios determinantes del pensamiento que se han ido destacando, con mayor razón aún ocurrirá esto tratándose de las filosofías.

Ahora bien, como dentro de un sistema lógico de pensamiento toda forma de éste tiene su lugar, el único en que goza de validez, de tal modo que, al ir progresando la evolución, desciende al nivel de un momento subordinado, nos encontramos, en *tercer* lugar, con que toda filosofía representa una fase especial de evolución dentro de la totalidad de la trayectoria y ocupa en ella un determinado lugar, en el que esa filosofía tiene un valor verdadero y una significación propia. A través de esta determinación es como debe enfocarse, esencialmente, su particularidad y en ese lugar hay que reconocerla para poder hacerle justicia. Por tanto, no debe exigirse ni esperarse de ella, tampoco, más de lo que ella misma ofrece; no hay que empeñarse en buscar en ella la satisfacción que sólo puede darnos el conocimiento en una fase de evolución ulterior. No debemos creer que los problemas de nuestra conciencia, los intereses que mueven al mundo actual puedan encontrar una solución en la filosofía de los antiguos; estos problemas presuponen ya un cierto nivel de formación del pensamiento.

Toda filosofía, precisamente por ser la exposición de una fase especial de evolución, forma parte de su tiempo y se halla prisionera de las limitaciones propias de éste. El individuo es hijo de su pueblo, de su mundo, y se limita a manifestar en su forma la sustancia contenida en él: por mucho que el individuo quiera estirarse, jamás podrá salirse verdaderamente de su tiempo, como no puede salirse de su piel; se halla encuadrado necesariamente dentro del espíritu universal, que es su sustancia y su propia esencia. ¿Cómo podría salirse de ella? La filosofía capta, con el pensamiento, este mismo espíritu universal; la filosofía es, para él, el pensamiento de sí mismo y, por tanto, su contenido sustancial determinado. Toda filosofía es la filosofía de su tiempo, un eslabón en la gran cadena de la evolución espiritual; de donde se desprende que sólo puede dar satisfacción a los intereses propios de su tiempo.

Por esta razón, una filosofía procedente de una época anterior no puede nunca satisfacer al espíritu en el que vive ya un concepto determinado de un modo más profundo. Lo que el espíritu pugna por encontrar en ella es este concepto suyo, que es ya su propia determinación interior y la raíz de su existencia captada como objeto del pensamiento; lo que quiere es conocerse a sí mismo. La idea no aparece aún, en la filosofía anterior, con esta determinabilidad que de ella se exige.

De aquí que la filosofía platónica, la aristotélica, etc., todas las filosofías en general, sigan viviendo todavía hoy, permanezcan presentes en cuanto a sus principios; pero la filosofía no está ya bajo la forma y en la fase propias de la filosofía platónica y aristotélica. No podemos detenernos en ellas, es inútil que nos empeñemos en resucitarlas: por eso, hoy ya no puede haber platónicos, aristotélicos, estoicos o epicúreos; querer resucitar estas filosofías equivaldría a tratar de hacer volver hacia atrás, a una etapa anterior, al espíritu más desarrollado, más adentrado en sí. Y, aunque se intentara, el espíritu no se prestaría a ello; pretender eso sería pretender un imposible, sería algo tan necio como si el hombre maduro se obstinara en retornar a la fase de su juventud o el joven se empeñara en volver a sus tiempos de muchacho o de niño, a pesar de que el hombre maduro, el joven y el niño son uno y el mismo individuo.

La época del renacimiento de las ciencias, la nueva época del saber que comienza en los siglos XV y XVI, tiene como punto de arranque no sólo el renacimiento de los estudios, sino también la reanimación de las antiguas filosofías. Marsilio Ficino era platónico; Cosme de Médicis llegó, incluso, a fundar una Academia de filosofía platónica, dotada de profesores, a cuyo frente se encontraba Ficino. Había también aristotélicos puros, como Pomponazzi; Gassendi revivió más tarde la filosofía epicúrea, al filosofar como un epicúreo en torno a los problemas de la física; Lipsio trataba de ser un estoico, y así sucesivamente. La creencia en un antagonismo irreductible entre el cristianismo y la filosofía antigua —aún no se había desarrollado ninguna filosofía peculiar dentro del cristianismo y a base de él— hacía que se pensara en que era imposible que el cristianismo llegase a desarrollar una filosofía propia y, así, se abrigaba la convicción de que la filosofía que, dentro del cristianismo o frente a él, podía existir era, simplemente, la de aquellos antiguos filósofos, asimilada por los pensadores de la época en este sentido. Pero las momias no pueden aclimatarse entre lo vivo. Hacía ya mucho tiempo que el espíritu vivía una vida más sustancial, que albergaba un concepto más profundo de sí mismo, y esto hacía que sintiera una necesidad más alta para su pensamiento que la que aquellas filosofías podían satisfacer. Por eso no es posible ver en esta reanimación más que un punto de transición en el proceso del conocerse a sí mismo por debajo de las formas condicionantes propias de una época anterior, más que un paso ya superado a través de fases necesarias de formación. Esta tendencia a imitar y repetir lo que corresponde a una época remota, los principios que ya son ajenos al espíritu, sólo se presenta en la historia como un fenómeno transitorio, albergado, además, en una lengua muerta. Esos intentos son simples traducciones, no creaciones originales; y el espíritu sólo encuentra satisfacción en el conocimiento de su propia y genuina originalidad.

Cuando se invita a la época moderna a retornar a una filosofía antigua, en especial a la filosofía platónica —como medio de salvación para evadirse de todas las complicaciones de los tiempos posteriores—, este intentado retorno no es nunca el fenómeno espontáneo del primer esfuerzo por aprender de nuevo lo que se ha olvidado. Este consejo de la modestia procede de la misma fuente que los consejos que suelen darse a las gentes cultas de nuestra sociedad para que vuelvan a las costumbres y al modo de pensar de los salvajes de los bosques de Norteamérica, o la recomendación que Fichte[5] hace de la religión de Melquisedec como la más pura y más sencilla de las religiones, a la que, por tanto, deberían volver los hombres de hoy.

No puede negarse que, en estas marchas hacia atrás, se percibe la nostalgia de volver a los comienzos, de empezar de nuevo, para arrancar de un sólido punto de partida; pero este punto de partida debe buscarse en el mismo pensamiento, en la misma idea, y no en una forma consagrada por una autoridad. Por otra parte, esta actitud de repulsa del espíritu ya desarrollado y enriquecido, para volver a una supuesta sencillez —es decir, a una abstracción, a un estado o un pensamiento abstracto—, puede considerarse también como un refugio en que quiere esconderse la impotencia, cuando se siente incapaz de hacer frente al rico material de la evolución que tiene ante sí y que invita apremiantemente a ser dominado por el pensamiento, a ser sintetizado y unificado en profundidad, y busca su salvación en la huída y en la pobreza.

Por lo expuesto, se explica por qué hay tantos que —entregándose a esa filosofía con el afán de sacar la propia de las fuentes mismas (movidos a ello por aquellos consejos o atraídos por la fama de un Platón o de la filosofía antigua en general)— no aciertan a calmar sus apetencias en su estudio y se desvían, injustificadamente, de él. Hay que comprender que sólo hasta cierto punto es posible encontrar satisfacción en el estudio de esa filosofía. Hay que saber lo que debe buscarse en los filósofos antiguos o en la filosofía de cualquiera otra época determinada; o saber, al menos, que en esa filosofía tenemos ante nosotros una determinada fase de la evolución del pensamiento, en la que cobran conciencia solamente aquellas formas y

---

[5] *Grundzüge des gegenwärtigen Zeitalters* ["Las características de la edad contemporánea"], pp. 211 s. (Cfr. *Anweisung zum seligen Lebens* ["Advertencia para la vida beata"], pp. 178, 348).

necesidades del espíritu que caen dentro de los límites de la fase de que se trata.

En el espíritu de los tiempos modernos laten ideas más profundas, que, para sentirse despiertas, para alumbrarse, necesitan de otro medio, de otro presente que aquellos pensamientos abstractos, vagos y grises de los tiempos antiguos. En Platón, por ejemplo, no encuentran una solución filosófica definitiva los problemas referentes a la naturaleza de la libertad, al origen del mal y de lo malo, a la Providencia, etc. Acerca de estos temas podemos sacar de sus bellas narraciones, en parte, nociones populares y piadosas y, en parte, la decisión de dejar completamente a un lado, filosóficamente, tales problemas, o bien de considerar lo malo y la libertad como algo puramente negativo. Pero ni una cosa ni la otra pueden satisfacer al espíritu que se ve enfrentado a tales problemas, cuando el antagonismo de la conciencia de sí mismo ha adquirido en él el grado de fuerza necesario para profundizar en tales intereses.

Y otro tanto acontece con los problemas referentes a la capacidad de conocimiento y a la contraposición entre subjetividad y objetividad, inexistente aún en tiempo de Platón. La sustantividad del yo, su ser para sí, era algo ajeno a este filósofo; aún no había llegado el hombre a replegarse tanto sobre sí mismo, no se había establecido aún por sí mismo. El sujeto era, indudablemente, un individuo libre, pero sólo se conocía en la unidad con su esencia; el ateniense se sabía libre en cuanto tal, y también el ciudadano romano en cuanto *ingenuus*. Pero ni Platón ni Aristóteles, ni Cicerón ni los juristas romanos, a pesar de ser este concepto la fuente única del Derecho, sabían que el hombre es libre en sí y para sí, conforme a su sustancia, que nace como un ser libre. Tenemos que llegar al principio cristiano para ver al espíritu personal, individual, reconocido en su valor infinito, absoluto; Dios ordena que se ayude y respete a todo hombre. En la religión cristiana se impone la doctrina según la cual todos los hombres son iguales ante Dios, ya que Cristo los ha redimido, conquistando para todos la libertad cristiana. Estas determinaciones hacen que la libertad sea independiente del nacimiento, del estado social, de la cultura, etc. Es mucho, enorme, lo que con ello se ha avanzado; sin embargo, esas determinaciones difieren todavía de lo que representa el concepto del hombre como equivalente a ser libre. El sentimiento de esta determinación ha impulsado a la humanidad durante siglos y milenios: este impulso ha determinado las más poderosas transformaciones; pero el concepto, el conocimiento de que el hombre es libre por naturaleza, este saberse a sí mismo, no tiene nada de antiguo.

B) RELACIÓN ENTRE LA FILOSOFÍA Y LOS DEMÁS CAMPOS

La historia de la filosofía tiene que exponer esta ciencia en la forma del tiempo y de las individualidades de las que arranca una forma de ella. Pero esta exposición debe eliminar de su seno todo lo que sea historia externa de la época, para recordar solamente el carácter general del pueblo y del tiempo y el estado general de cosas. En realidad, la historia de la filosofía revela ya, de suyo, este carácter y, además, en su grado supremo; guarda la más íntima relación con él, y la forma determinada de la filosofía correspondiente a una época no es más que un lado, un momento de él.

Por razón de este íntimo contacto, es necesario examinar de cerca, de una parte, qué relación guarda una filosofía con su mundo histórico circundante y, de otra parte y principalmente, qué es lo peculiar de ella, aquello sobre lo que debe concentrarse la mirada, dejando a un lado cuanto no sea eso, por muy estrecha relación que con ello pueda guardar. Esta conexión, no puramente externa, sino esencial, presenta, por tanto, dos lados, que debemos examinar. El primero es el lado propiamente histórico de la conexión; el segundo, el que se refiere a la conexión de la cosa misma, a las relaciones entre la filosofía y la religión, etc., lo que nos ayudará, al mismo tiempo, a determinar con mayor precisión lo que la filosofía es.

1. El lado histórico de esta conexión

Suele decirse que, en la historia de la filosofía, deben ser tomadas en cuenta las circunstancias políticas, la religión, etc., porque ejercen gran influencia sobre la filosofía de cada época, como ésta sobre ellas. Pero, cuando se parte de categorías como las de "gran influencia", contentándose con esto, lo que se hace es enfocar ambos factores en una conexión externa y situarse en el punto de vista de que cada uno de estos dos lados tiene existencia propia y sustantiva. Aquí nos proponemos, sin embargo, enfocar esta relación con arreglo a otra categoría, no según la de la influencia que cada uno de los dos factores ejerce sobre el otro. La categoría esencial es la de la unidad de todas estas diversas formas, ya que es un espíritu y solamente uno el que se manifiesta y se plasma a través de estos diversos momentos.

a) *Condición externa, histórica, del filosofar.* En primer lugar, hay que advertir que, para poder filosofar, es necesario que la formación espiritual de un pueblo haya alcanzado un cierto grado de desarrollo. "Sólo después de haber cubierto las necesidades elementales de la vida, se ha empezado a filosofar", dice Aristóteles *(Metafísica,* I, 2); pues, como la filosofía es una actividad libre y no egoísta, es necesario empezar por acallar, ante todo, la voz angustiosa de los apetitos, por fortalecer, elevar y consolidar el espíritu dentro de sí, por frenar las pasiones y desarrollar la conciencia, para poder pensar en problemas generales. En este sentido, podríamos decir que la filosofía es una especie de lujo, precisamente en cuanto que el lujo designa aquellos goces y ocupaciones que no se cuentan entre las necesidades materiales, externas, como tales. Desde este punto de vista, parece que la filosofía debiera considerarse, en realidad, como algo superfluo; sin embargo, todo depende de lo que se llame necesario; desde el punto de vista del espíritu, podríamos decir que la filosofía es, cabalmente, lo más necesario de todo.

b) *Aparición histórica de la necesidad espiritual de filosofar.* Aunque la filosofía, como el pensamiento y la comprensión del espíritu de una época, es necesariamente algo apriorístico, es también, al mismo tiempo y no menos esencialmente, un resultado, puesto que el pensamiento se produce, más aún, es la vida y la actividad que consisten en producirse. Esta actividad encierra el momento esencial de una negación, en cuanto que producir es, al mismo tiempo, aniquilar, pues la filosofía, para poder producirse, tiene como punto de partida lo natural, de lo que arranca para superarlo.

Por tanto, la filosofía aparece en una época en que el espíritu de un pueblo se ha remontado ya sobre la roma indiferencia de la primera vida natural y también sobre el punto de vista del interés pasional, en que esta orientación hacia lo particular ha perdido ya su vigor. Pero el espíritu, al mismo tiempo que se remonta sobre su forma natural, pasa también de su moralidad real y de la fuerza de la vida a la reflexión y a la comprensión. Consecuencia de ello es que ataque y haga vacilar a esta modalidad sustancial de la existencia, a esta moralidad, a esta fe; comienza, así, el período de la corrupción.

Otra fase del proceso es aquella en que el pensamiento se concentra en sí mismo. Casi podríamos decir que sólo se empieza a filosofar allí donde un pueblo sale, en general, de su vida concreta, allí donde aparece la separación y la diferencia entre los estados sociales y el pueblo se acerca a su ocaso, donde se produce una ruptura entre las aspiraciones interiores y la realidad exterior, donde la forma anterior de la religión, etc., no basta ya, donde el espíritu manifiesta su indiferencia ante su existencia viva o reside insatisfecho en ella, y se desprende y cobra existencia propia una vida moral. Entonces, el espíritu huye a los dominios del pensamiento y se crea un reino del pensamiento frente al mundo de la realidad: la filosofía es la compensación de la corrupción de aquel mundo real, que el pensamiento ha iniciado. Cuando la filosofía, con sus abstracciones, lo pinta todo de gris sobre un fondo gris, es que se han esfumado ya la lozanía y la vitalidad de la juventud; y su compensación no es una compensación en la realidad, sino en el mundo ideal. Los filósofos griegos manteníanse al margen de los negocios del estado y el pueblo los tildaba de ociosos, por haberse retirado de la realidad al mundo del pensamiento.

Este mismo fenómeno se mantiene a lo largo de toda la historia de la filosofía. La filosofía jonia surge al sobrevenir la decadencia de los estados jónicos en el Asia Menor. Sócrates y Platón no se sentían ya atraídos por la vida del estado ateniense, ya en plena decadencia: Platón intentó poner en pie otro mejor bajo la égida de Dionisio; así, pues, con la corrupción del pueblo ateniense empieza en Atenas la época en que aparece la filosofía de este pueblo.

En Roma, la filosofía no empieza a difundirse hasta que no se hunde la auténtica vida romana, la de la República, bajo el despotismo de los emperadores: en esta época de desventuras para el mundo y de decadencia de la vida política, en que vacila la vida religiosa anterior y todo se desintegra y hace crisis, arrastrado por la aspiración hacia algo nuevo. A la desaparición del Imperio romano, tan grande, tan rico y tan esplendoroso, pero ya muerto por dentro, se une el alto y supremo desarrollo de la filosofía antigua a que llegaron los filósofos neoplatónicos de Alejandría.

Y otro tanto ocurre en los siglos XV y XVI, en el momento en que la vida germánica de la Edad Media cobra una nueva forma y en que se produce la ruptura entre el Estado y la Iglesia (pues, hasta entonces, la vida política había marchado unida a la vida religiosa y, en los casos en que el Estado luchaba contra la Iglesia, ésta se mantenía a pesar de ello como el poder imperante): es cierto que, en un principio, no se hizo otra cosa que reaprender, revivir, la filosofía antigua, pero más tarde, al llegar la época moderna, la filosofía cobra existencia propia e independiente. Vemos, pues, que la filosofía sólo aparece al llegar una determinada época en la formación del todo.

c) *La filosofía como pensamiento de su tiempo.* Pero llega un momento en que no sólo se filosofa, así, en general, sino en que es una determinada filosofía la que se manifiesta en un pueblo; y esta determinabilidad del punto de vista del pensamiento es la misma determinabilidad que informa todos los demás aspectos históricos del espíritu del pueblo, que guarda la más íntima relación con ellos y constituye su base. Así, pues, la forma determinada de una filosofía se da simultáneamente con una determinada forma de los pueblos, bajo la cual surge, con su organización y su forma de gobierno, con su moral y su vida social, sus aptitudes, sus hábitos y costumbres, con sus intentos y sus trabajos en el arte y en la ciencia, con sus religiones, sus vicisitudes guerreras y sus condiciones externas en general, con la desaparición de los Estados en los que este determinado principio se había hecho valer y con el nacimiento y el auge de otros nuevos, en los que se alumbra y desarrolla otro principio superior.

El espíritu elabora y ensancha, cada vez, en toda la riqueza de su multiplicidad, el principio de aquella determinada fase de la conciencia de sí mismo que ha alcanzado. Este rico espíritu de un pueblo es una organización, una catedral, con sus bóvedas, sus naves, sus columnatas, sus pórticos, sus múltiples divisiones, todo ello nacido de una totalidad, de un fin. La filosofía no es sino una forma de estos múltiples aspectos. ¿Cuál? Es la suprema floración, el concepto de la forma total del espíritu, la conciencia y la esencia espiritual del estado todo; el espíritu de la época, como espíritu que se piensa a sí mismo. El todo multiforme se refleja en ella como en el foco simple, como en su propio concepto que se sabe a sí mismo.

La filosofía que es necesaria en el seno del cristianismo no podía haber surgido en Roma, pues todos los aspectos que forman el todo no son otra cosa que la expresión de una y la misma determinabilidad. Por consiguiente, la relación existente entre la historia política, las constituciones de los Estados, el arte y la religión, de una parte, y de otra la filosofía no consiste, ni mucho menos, en que aquellos factores sean otras tantas causas de la filosofía o ésta, por el contrario, el fundamento de ellos, sino que todos tienen una y la misma raíz común, que es el espíritu de la época en que se producen. Es una determinada esencia, un determinado carácter el que informa todos estos aspectos, manifestándose en lo político y en lo demás como en diferentes elementos; es un estado cuyas partes se mantienen todas ellas en cohesión y cuyos diferentes aspectos, por muy diversos y fortuitos que parezcan ser, por mucho que parezcan contradecirse, no encierran nada heterogéneo con respecto a la base sobre la que todos ellos descansan. Esta determinada fase brota de otra que la precede. No podríamos, sin embargo, entrar a examinar aquí cómo el espíritu de una época informa toda su realidad y su destino con arreglo a su principio, exponer comprensivamente todo este edificio; ello sería el tema de una historia universal filosófica. Aquí, sólo nos interesan las formas que informan el principio del espíritu en un elemento espiritual afín a la filosofía.

Es ésta la posición que la filosofía ocupa entre las formas; lo que trae como consecuencia el que la filosofía sea totalmente idéntica a su tiempo. Pero si la filosofía no está por encima de su tiempo en lo que al contenido se refiere, sí lo está en lo tocante a la forma, en cuanto que la filosofía, como el pensamiento y el conocimiento de lo que es el espíritu sustancial de su tiempo, hace de éste su objeto. En la medida en que se inspira en el espíritu de su tiempo, es éste su contenido universal determinado: pero, al mismo tiempo, trasciende de ello, en cuanto saber, al contraponerse a aquel espíritu; pero esto es solamente en lo formal, pues no encierra, verdaderamente, ningún otro contenido. Claro está que este saber mismo es la realidad del espíritu, el saberse a sí mismo del espíritu, que hasta ahora no existía; por donde la diferencia formal es también una diferencia real. Mediante el saber, el espíritu establece una diferencia entre el saber y lo que es; y es este saber el que produce, así, una nueva forma de la evolución. Las nuevas formas no son, por el momento, más que otras tantas modalidades del saber, y así surge una nueva filosofía. Sin embargo, como ésta acusa ya un carácter ulterior del espíritu, es la cuna interior del espíritu, que más tarde se manifestará en una plasmación real. Lo concreto de esto se nos aparecerá más adelante; veremos, entonces, que lo que fué la filosofía griega cobra realidad al llegar el mundo cristiano.

2. Deslinde de la filosofía de los campos afines a ella

Afín a la historia de la filosofía, en parte por su elemento y en parte por los peculiares objetos sobre que versa, es la historia de las demás ciencias y de la cultura y, principalmente, la historia del arte y de la religión. Es principalmente esta afinidad lo que dificulta el estudio de la historia de la filosofía. Si esta historia penetra en los dominios de la cultura en general y, en particular, en los de la cultura científica, y más aún en los mitos de los pueblos, en los filosofemas que en ellos se contienen, y en los mismos pensamientos religiosos, en cuanto tienen de pensamientos, y en lo especulativo que en ellos se manifiesta, resultará que no tiene fronteras, de un lado por la muchedumbre misma de la materia y de los esfuerzos encaminados a elaborarla y modelarla y, de otra parte, porque esto guarda una relación directa con otras muchas cosas. Y, sin embargo, es necesario establecer un deslinde, no arbitrariamente y al buen tuntún, de un modo más o menos aproximado, sino basándolo en determinaciones fundamentales. Si nos atenemos exclusivamente al nombre de filosofía, toda esta materia formará, necesariamente, parte de su historia.

Nos proponemos hablar de esta materia desde tres puntos de vista, ya que son tres los aspectos afines que es necesario destacar con cuidado y deslindar del campo de la filosofía. El primero de estos aspectos es el que se incluye, en general, en la cultura científica y abarca los comienzos del pensamiento comprensivo. El segundo campo es el de la mitología y la religión; la relación entre este campo y la filosofía revela, no pocas veces, rasgos hostiles, tanto en la época griega como en la cristiana. El tercer campo es el del filosofar comprensivo, el de la metafísica del entendimiento. Y, a la par que deslindamos lo que es afín a la filosofía, debemos llamar la atención hacia los momentos que, dentro de esta afinidad, pertenecen al concepto de la filosofía, pero se presentan, en parte, separados de él; de este modo, podremos penetrar en el conocimiento del concepto de la filosofía.

a) *Relación entre la filosofía y la cultura científica.* Por lo que se refiere a las ciencias especiales, tienen por elemento el conocer y el pensar, que son también el elemento propio de la filosofía; pero los objetos sobre que versan estas ciencias son, ante todo, los objetos finitos y los fenómenos. Una colección de conocimientos sobre este contenido quedará, de suyo, eliminada del campo de la filosofía; a ésta no le interesan ni este contenido ni la forma que reviste. Aunque sean ciencias sistemáticas y encierren principios y leyes generales y partan de ellos, se refieren siempre a un círculo limitado de objetos. Los últimos fundamentos se dan por supuestos, como los objetos mismos, ya se los extraiga de la experiencia exterior, de los sentimientos del corazón, del sentido natural o del sentido cultivado del derecho y del deber. En su método, presuponen ya la lógica, los criterios determinantes y los principios del pensamiento en general.

Las formas de pensamiento, así como los puntos de vista y los principios que rigen en las ciencias y constituyen el fundamento último de su restante materia no son, sin embargo, propias y peculiares de ellas, sino formas comunes a la cultura de una época y de un pueblo. La cultura consiste siempre en las nociones y fines generales, en la extensión de los poderes espirituales determinados que gobiernan la conciencia y la vida. Nuestra conciencia encierra estas nociones, las ataca como criterios últimos determinantes, se atiene a ellas como a los enlaces que la guían; pero no las sabe, no las convierte en objetos e intereses de estudio.

Un ejemplo abstracto: toda conciencia encierra y emplea la determinación de pensamiento completamente abstracta del ser. Así, se dice: "El sol *es* en el cielo; las uvas *son* dulces", etc., etc., hasta el infinito. En un plano superior de cultura, se maneja constantemente la relación de causa a efecto, la de fuerza y manifestación, etc. Todo su saber, todas sus nociones se hallan informadas y gobernadas por esta metafísica, que es como la red en que aparece envuelta toda la materia concreta en que se ocupan los actos y la vida de los hombres. Pero esta trama y sus nudos se hunden, en nuestra conciencia corriente, en la complejidad de la materia: ésta contiene nuestros intereses y objetos conscientes, los que tenemos ante nosotros; aquellos hilos generales no se destacan ni se convierten por sí mismos en objetos de nuestra reflexión.

Nosotros, los alemanes, rara vez incluímos la cultura científica general en el campo de la filosofía. Sin embargo, encontramos algunas huellas de esto, y así, por ejemplo, vemos que la Facultad de Filosofía incluye todas las ciencias que no guardan una relación directa con los fines del Estado y de la Iglesia. Y también presenta alguna relación con esto la acepción del nombre de filosofía, tal como todavía hoy siguen empleándolo, preferentemente, los ingleses. Las ciencias naturales reciben en Inglaterra el nombre de filosofía. Y hay una *Revista filosófica* inglesa, dirigida por Thomson, en que se publican estudios sobre química, agricultura, abonos, economía e industria, como en la revista de Hermbstädt, y se da cuenta de los descubrimientos realizados en todos estos campos del conocimiento. Los ingleses dan el nombre de "instrumentos filosóficos" a los que son, en realidad, instrumentos puramente físicos, como el barómetro y el termómetro. Y llaman, asimismo, filosofía a teorías como, principalmente, la moral y las ciencias morales, derivadas de los sentimientos del corazón humano o de la experiencia; y también, finalmente, a las teorías y los principios relacionados con la economía política. Así es entendido y venerado el nombre de filosofía, por lo menos en Inglaterra. Bajo la presidencia de lord Liverpool, se celebró hace algún tiempo un banquete, al que asistía también el ministro Canning; en sus palabras de gracias, este ministro felicita a Inglaterra por practicar los principios filosóficos del gobierno y la administración del estado. Por lo menos en esta acepción, la filosofía no es un simple apodo.

Esta mescolanza de filosofía y cultura general se presenta con cierta frecuencia en el período inicial de la cultura. Aparece en la trayectoria de los pueblos una época en que el espíritu se interesa por los problemas generales, esforzándose, por ejemplo, en enfocar las cosas de la naturaleza desde puntos de vista intelectivos generales, en conocer sus causas, etc. En estos casos, suele decirse que el pueblo comienza a filosofar, pues este contenido tiene de común con la filosofía, desde luego, la actividad del pensamiento. Y lo mismo que, en tales épocas, nos encontramos con sentencias en torno al acaecer general de la naturaleza, tropezamos también con otras que se refieren, desde el punto de vista del espíritu, a la moral, con sentencias y apotegmas morales, con principios generales acerca de la moralidad, la voluntad, los deberes, etc.; y quienes las pronuncian son conocidos con el nombre de sabios o de filósofos.

Así, ya en los comienzos mismos de la filosofía griega aparecen los Siete Sabios y los filósofos jonios. De ellos se citan multitud de nociones y descubrimientos que aparecen al lado de las tesis filosóficas: de Tales de Mileto, por ejemplo —aunque según algunos no fué él, sino otro—, se dice que explicó los eclipses de sol y de luna por la interposición de la luna o de la tierra. A esto se le llamaba también un filosofema. Pitágoras descubrió el principio de la armonía de los sonidos. Otros se formaron sus nociones propias acerca de los astros: según ellos, el firmamento era una bóveda metálica agujereada a través de la cual veía el empíreo, el fuego eterno que circunda al mundo.

Pues bien, estas tesis no pertenecen, como producto que son del entendimiento, a la historia de la filosofía, aunque representen ya una fase superior a la de la simple contemplación embobada e incluso a la que hace pasar esos objetos a través de la fantasía. De este modo, se despueblan de dioses el cielo y la tierra, y el entendimiento enfrenta al espíritu abiertamente con las cosas, buscando la determinabilidad exterior, natural, de ellas.

En una época posterior, es igualmente notable, en este sentido, el período del renacimiento de las ciencias. En este período se formulan una serie de principios generales acerca del Estado, etc., y no puede negarse que se contiene en ellos un cierto aspecto filosófico. Este carácter tienen las filosofías de Hobbes y Descartes; las obras del segundo contienen una serie de principios filosóficos, pero su filosofía de la naturaleza es igualmente empírica. Hugo Grocio escribió un derecho de gentes, en que se toma como criterio fundamental lo que históricamente se consideraba como derecho entre los pueblos, el *consensus gentium*. Y si antes la medicina era una colección de pormenores y una mescolanza teosófica combinada con cosas de astrología, etc. (también se curaba por la virtud de las reliquias, lo que no distaba mucho de aquello), aparece ahora una manera de enfocar la naturaleza encaminada al descubrimiento de las leyes y las fuerzas naturales. Se abandona el razonar apriorístico sobre las cosas de la naturaleza, partiendo de la metafísica de la filosofía escolástica o de la religión. La filosofía de Newton no contiene otra cosa que la ciencia natural, es decir, el conocimiento de las leyes, las fuerzas y las cualidades generales de la naturaleza, sacado de la percepción, de la experiencia. Y, aunque esto parezca algo opuesto al principio de la filosofía, tiene de común con la filosofía el que los principios de que parte son generales y también el que estos descubrimientos han sido hechos por mí a través de la experiencia, siendo, por tanto, conocidos por mí y teniendo, por ello mismo, vigencia para mí.

Esta forma es, en general, contrapuesta a lo positivo y surge, principalmente, por oposición a la religión y a lo positivo. El hombre, guiado ahora por el testimonio de su "propio pensamiento", de su sentimiento y de sus nociones, se deja llevar por la desconfianza hacia los dogmas que la Iglesia, en la época de la Edad Media, proclamaba como verdades generales; y, a este propósito, únicamente debe observarse que eso de "mi propio pensamiento" es, en realidad, un pleonasmo, ya que cada cual tiene que pensar por sí mismo, sin que nadie pueda hacerlo por otro.

Este principio reacciona también contra las constituciones del Estado vigentes y se lanza a la búsqueda de otros principios con arreglo a los cuales puedan ser corregidas aquéllas. Se proclaman principios generales del Estado, en contraste con la etapa anterior, cuando la religión era positiva, en que regían también, en este terreno, los criterios de la obediencia de los súbditos a los príncipes y a la autoridad. Los monarcas, considerados como los ungidos del Señor, en el sentido de los reyes de Judea, recibían su poder de Dios y, como la autoridad emanaba de lo alto, sólo a Dios tenían que dar cuenta de sus actos. La teología y la jurisprudencia eran, por tanto, ciencias firmes, positivas, cualquiera que fuese la fuente de que esta base positiva emanara.

Pues bien, contra esta autoridad externa se vuelve, al llegar esta época, la reflexión; así, en Inglaterra sobre todo, la fuente del derecho del Estado y del derecho civil no era ya la autoridad divina, como la de la Ley mosaica. Buscáronse otros títulos de legitimidad para justificar la autoridad de los reyes, por ejemplo, el fin inmanente del Estado o el bienestar de los pueblos. Es una fuente totalmente distinta de la verdad, que se opone ahora a la verdad revelada, establecida y positiva. Y a este deslizar otro fundamento por debajo de la autoridad, se lo llamaba también filosofar.

Esta ciencia habíase convertido, así, en la ciencia de lo finito; su contenido era el universo. Y como este contenido brota de la razón humana por la propia visión de los hombres, éstos se convierten, con ello, en seres autónomos. La autonomía del espíritu es uno de los momentos esenciales de la filosofía, así concebida, aunque el concepto de la filosofía no pueda reducirse a esta determinación formal, circunscrita a los objetos finitos. Este pensar por cuenta propia es ensalzado y recibe el nombre de sabiduría humana o sabiduría universal, por cuanto que versa sobre lo terrenal y brota, además, dentro del mundo, del universo.

Tal era la significación de la filosofía y, en este sentido, estaban en lo justo quienes le daban el nombre de sabiduría universal. Federico Schlegel dió nueva vida a este apodo de la filosofía, queriendo significar con ello que su misión no consistía en tratar de problemas superiores a los del mundo, por ejemplo los de la religión; y encontró muchos que lo siguieran por este camino. Y es cierto que la filosofía se ocupa de las cosas terrenas, pero, según Spinoza, sin apartarse nunca de la idea divina; persigue, pues, el mismo fin que la religión. En cuanto a las ciencias finitas, que ahora empiezan a separarse del camino de la filosofía, ya la Iglesia las acusa de volver las espaldas a Dios, precisamente por ocuparse solamente de lo finito. Este defecto suyo, visto por el lado del contenido, nos lleva de la mano al segundo de los campos afines a la filosofía: el de la religión.

b) *Relación entre la filosofía y la religión.* Así como el campo que acabamos de examinar es afín a la filosofía por el conocimiento sustantivo, formal, la religión es, en cuanto al contenido, lo contrario de esta primera modalidad y órbita de conocimiento, pero ese contenido es precisamente el que hace de ella un campo afín al de la filosofía. El objeto sobre el que la religión versa no es lo terrenal, lo temporal, sino lo infinito. Lo que la filosofía tiene de común con el arte y, principalmente, con la religión son los problemas absolutamente generales que constituyen su contenido; son las modalidades en que la suprema idea existe para la ciencia no filosófica, para la conciencia sensible, intuitiva, imaginativa. Si nos fijamos en la trayectoria de la cultura en el tiempo, vemos que la aparición de la religión es anterior a la aparición de la filosofía; este dato debe considerarse como esencial; sin embargo, en lo que a la historia de la filosofía se refiere, veremos que, al estudiar los comienzos, deberá prescindirse de lo religioso, que no deberá partirse de ello en esta historia.

Es cierto que los pueblos expresan en las religiones el modo como se representan la esencia del universo, la sustancia de la naturaleza y del espíritu y la relación entre el hombre y ella. La esencia absoluta es, en las religiones, el objeto sobre que se proyecta la conciencia y, en cuanto tal, primordialmente, para ella, un más allá próximo o remoto, gozoso o temible y hostil. En la devoción y en el culto supera el hombre este antagonismo y se eleva a la conciencia de la unidad con su esencia, adquiere el sentimiento o la confianza de disfrutar de la gracia de Dios, de que Dios se digna aceptar la reconciliación del hombre con la divinidad. Esta esencia es ya en la representación, por ejemplo entre los griegos, algo gozoso de suyo para el hombre, y el culto tiene por misión, más bien, el disfrute de esta unidad. Ahora bien, esta esencia es, en todo y por todo, la razón en y para sí, la sustancia concreta general, el espíritu cuyo fundamento primigenio se objetiva en la conciencia; es, por tanto, una representación de este espíritu que lleva en sí, no sólo la razón como tal, sino también la razón general infinita.

De aquí que debamos, por encima de todo, enfocar la religión lo mismo que enfocamos la filosofía, es decir, conocerla y reconocerla como racional, puesto que es obra de la razón que se revela, su producto más alto y más conforme a razón. Son, por tanto, nociones absurdas las de quienes creen que los sacerdotes inventan las religiones para defraudar al pueblo y en provecho propio, etc.; es algo tan superficial como equivocado ver en la religión el producto de la arbitrariedad o del engaño. Es cierto que los sacerdotes abusan frecuentemente de la religión, pero esta posibilidad no es más que una consecuencia de la relación externa y la existencia temporal de la religión. Esta posibilidad puede, por tanto, presentarse de vez en cuando, en esta relación puramente externa; pero toda la religión, si realmente lo es, está esencialmente por encima de los fines temporales y de sus embrollos, se mueve en una región superior a ellos. Esta región del espíritu es el santuario de la verdad misma, en el que no tienen cabida los engaños del mundo de los sentidos, de las representaciones y los fines temporales y finitos, el mundo en que viven las opiniones y la arbitrariedad.

Este contenido racional sobre el que versan esencialmente las religiones puede muy bien destacarse y aparecer como una serie histórica de filosofemas. La filosofía se mueve en el mismo plano que la religión, tiene el mismo objeto que ella: la razón general, que es en y para sí; el espíritu pugna por llegar a apropiarse este objeto, como lo hace en la religión por medio de la devoción y del culto. Sin embargo, la forma en que aquel contenido existe en la religión difiere de la forma en que existe en la filosofía; por eso la historia de la filosofía es necesariamente algo distinto de la historia de la religión.

La devoción es solamente el pensamiento proyectado sobre el más allá; la filosofía, en cambio, pretende llevar a cabo esta reconciliación por medio del conocimiento pensante, en cuanto que el espíritu se esfuerza por asimilarse su esencia. La filosofía se comporta ante su objeto en la forma de la conciencia pensante; la religión, de otro modo. Pero la diferencia entre ambos campos no debe concebirse tan en abstracto como si sólo se pensara en el campo de la filosofía, y no en el de la religión; también ésta alberga representaciones, pensamientos generales. La estrecha afinidad que entre ambas existe explica que sea tradicional hablar de la filosofía persa, india, etc.; costumbre ésta que siguen todavía hoy muchas historias de la filosofía. Y es también una leyenda propagada por doquier la de que Pitágoras, por ejemplo, sacó su filosofía de la India y el Egipto: es muy antigua la fama de la sabiduría de estos pueblos, en la que se considera también implícita la filosofía. Y es corriente dar a los pensamientos y los cultos orientales que en la época del Imperio romano penetraron en el occidente el nombre de filosofía oriental. Mientras que en el mundo cristiano la religión cristiana y la filosofía se consideran claramente como campos distintos, en la antigüedad oriental la religión y la filosofía aparecen unidas, en el sentido de que el contenido se presenta bajo la forma en que es filosofía. Por ser estas nociones tan corrientes y con objeto de encontrar un límite más definido en cuanto a la línea de conducta que una historia de la filosofía debe seguir con respecto a las representaciones religiosas, será conveniente hacer algunas consideraciones acerca de la forma que distingue a las nociones religiosas de los filosofemas.

La religión no sólo tiene pensamientos generales como contenido *implícito* en sus mitos, en sus representaciones imaginativas y en sus historias positivas, es decir, como un contenido que debamos desentrañar *a posteriori* de los mitos en forma de filosofemas, sino que muchas veces el contenido adopta también en ella, *explícitamente*, la forma del pensamiento. La religión persa y la india expresan directamente pensamientos muy profundos, sublimes, especulativos. Más aún, en el campo de la religión nos encontramos, a veces, con filosofías que adoptan la forma expresa de tales, por ejemplo con la filosofía de los Padres de la Iglesia. La filosofía escolástica era, esencialmente, teología; encontramos en ella una combinación o, si se quiere, una mezcla peculiar de teología y filosofía, capaz, evidentemente, de movernos en ocasiones a perplejidad.

El problema es, de una parte, éste: ¿cómo se distingue la filosofía de la teología, el saber de la religión, o más concretamente, de la religión en cuanto conciencia? Y, de otra parte, éste: ¿hasta qué punto debe ser tomado en consideración lo religioso en una historia de la filosofía? La contestación a esta segunda pregunta hay que darla, a su vez, desde tres puntos de vista distintos: el primero es el del aspecto mítico e histórico de la religión y su afinidad con la filosofía; el segundo, el de los filosofemas expresos y los pensamientos especulativos en la religión; el tercero, el de la filosofía dentro de la teología.

α) *Diferencia entre la filosofía y la religión.* Es interesante considerar el lado mítico, incluyendo el lado positivo histórico en general, porque ello nos ayudará a esclarecer la diferencia con respecto a la forma en que este contenido existe por oposición a la filosofía. Más aún, dentro de su afinidad, la diferencia existente entre ambos campos se ahonda hasta convertirse en aparente incompatibilidad. Y esta contraposición no se presenta solamente en nuestro modo de considerar el problema, sino que constituye, incluso, un momento muy determinado en la historia.

A la filosofía se le pide que justifique su punto de partida, su modo de conocer, con lo cual se coloca en oposición a la religión; y, así, la filosofía es atacada y combatida, por ello, por la religión y por la Iglesia. Ya la religión popular griega condenó a varios filósofos; pero esta contraposición a que nos referimos resalta con mayor fuerza aún en la religión cristiana.

No hay, pues, por qué preguntar si en la historia de la filosofía debe tomarse en cuenta la religión; es un hecho que la filosofía misma toma la religión en cuenta, como ésta toma en consideración a la filosofía. Y como ambos campos no aparecen en la historia indiferentes el uno al otro, tampoco nosotros podemos enfocarlos así. Debemos, por tanto, hablar clara, abierta y honradamente de sus relaciones, *aborder la question*, como dicen los franceses. No debemos andar con tapujos, como si se tratase de un problema demasiado delicado para afrontarlo abiertamente, ni tratar de recurrir a evasivas o subterfugios, de tal modo que, a la postre, nadie sepa de qué se trata. No es necesario empeñarse en dar la sensación de que se trata de dejar intacta, como si fuese algo intangible, a la religión. Con ello, no se haría más que encubrir una realidad: que la filosofía se ha rebelado contra la religión. Eso es lo que hace la religión, mejor dicho, lo que hacen los teólogos: fingen ignorar la filosofía, sencillamente para no verse confundidos en sus arbitrarios razonamientos.

Podría creerse que la religión exige que el hombre renuncie a pensar sobre los problemas generales, que renuncie a la filosofía, por tratarse de una sabiduría del mundo, de una sabiduría humana. La razón humana se contrapone, así, a la divina. Es cierto que las gentes se habitúan a distinguir entre la doctrina y la ley divinas, de una parte, y de otra los hechos y las invenciones humanas, agrupando en esta segunda categoría todo lo que, en su manera de manifestarse, brota de la conciencia, del entendimiento o de la voluntad del hombre y contraponiendo esto al conocimiento de Dios y de las cosas divinas por medio de la revelación. Y la degradación de lo humano que en esta contraposición se manifiesta se acentúa aún más cuando se nos enseña a admirar la sabiduría de Dios en la naturaleza, a ver en la siembra, en las montañas, en los cedros del Líbano en todo su esplendor, en el canto de las aves entre sus ramas, en la fuerza y la domesticación de los animales, otras tantas obras de la sabiduría divina, y en las cosas humanas signos de la sabiduría, la bondad y la justicia de Dios, pero no tanto en las instituciones y las leyes humanas, en los actos y en la marcha del mundo gobernados por la voluntad, sobre todo, en el destino del hombre, es decir, en aquellas vicisitudes sustraídas al saber y a la libre voluntad y consideradas, por el contrario, como contingencias; de tal modo que este algo externo y contingente se reputa, preferentemente, como la obra de Dios y, en cambio, el lado esencial, que tiene su raíz en la voluntad y en la conciencia, como la obra del hombre.

La consonancia de las condiciones, circunstancias y fenómenos exteriores con los fines del hombre en general es evidentemente algo superior, pero solamente lo es porque esa consonancia se considera en relación con los fines humanos y no con los fines naturales, por ejemplo con la vida de un gorrión que encuentra su sustento, etc. Pero si en ella se descubren también los altos designios de Dios como Señor de la naturaleza, ¿dónde queda el libre albedrío? ¿No es Dios el Señor del espíritu o (como espíritu que es él mismo) de lo espiritual? Y este señorío sobre lo espiritual o en ello, ¿no es más alto que el señorío sobre o en la naturaleza? Y aquella actitud que consiste en admirar a Dios en las cosas naturales como tales, en los árboles, los animales, etc. por oposición a lo humano, ¿acaso difiere mucho de la religión de los antiguos egipcios, que cobraban su conciencia de lo divino en el ibis, en los gatos y en los perros, o de la pobreza mental de los indios antiguos y modernos, que siguen adorando como seres divinos a las vacas y a los monos y que, velando celosamente por la conservación y el alimento de estos animales, dejan que se mueran de hambre los hombres y consideran como un crimen nefando el que éstos se alimenten con la carne de aquellos animales o con la comida destinada a ellos?

En este modo de pensar parece manifestarse la creencia de que las acciones humanas son, en oposición a la naturaleza, cosas no divinas, de que las obras naturales deben considerarse como obras de Dios y, en cambio, lo que el hombre produce como algo al margen de lo divino. Sin embargo, parece que lo producido por el hombre podría tener, al menos, tanta dignidad como lo que produce la naturaleza. Con ello, conferimos a la razón un rango más elevado del que se nos permite concederle. Si la vida y los actos de los animales son, de suyo, divinos, necesariamente tendremos que colocar en un nivel mucho más alto los actos de los hombres, considerándolos divinos en un sentido infinitamente superior.

La superioridad del pensamiento humano debe ser reconocida inmediatamente. Cristo dice *(S. Mateo, 6, 26-30)*: "Mirad a las aves del cielo [entre las que se cuenta también el ibis]. *¿No sois vosotros mucho mejores que ellas?*... Y si la hierba del campo que hoy es y mañana es echada en el horno, Dios la viste así, ¿no hará *mucho más* a vosotros?" Se reconoce, evidentemente, de suyo, la superioridad del hombre, formado a imagen y semejanza de Dios, sobre los animales y las plantas; pero, desde el momento en que se pregunta dónde ha de buscarse y encontrarse lo divino, se viene a significar que, en aquellas expresiones, no se apunta a lo excelente, sino a lo inferior. Y también y precisamente en consideración al conocimiento de Dios es muy distinto que Cristo no busque el conocimiento de Él y la fe en Él en la admiración ante las criaturas de la naturaleza, ni en la admiración ante el llamado poder sobre ellas, en los signos y en los milagros, sino en el testimonio del espíritu mismo. Pues el espíritu es algo infinitamente superior a la naturaleza; en él se manifiesta la divinidad mucho más que en ésta.

Ahora bien, la forma por medio de la cual el contenido general de suyo forma parte de la filosofía es la forma del pensamiento, la forma de lo general mismo. En la religión, este contenido existe, a través del arte, para la intuición exterior directa, y también para la representación y la sensación. El significado existe para el ánimo sensible; es el testimonio del espíritu, capaz de comprender tal contenido.

Para ver esto con mayor claridad, conviene recordar la distinción entre lo que somos y tenemos y cómo lo sabemos, es decir, de qué modo lo sabemos, cómo lo poseemos en cuanto objeto. Esta distinción es ese algo infinitamente importante sobre lo que versa, exclusivamente, la cultura de los pueblos y de los individuos y que más arriba se nos revelaba como la diferencia de la evolución. Somos seres humanos y estamos dotados de razón; lo humano, lo racional, resuena en nosotros, en nuestros sentimientos, en nuestro ánimo, en nuestro corazón, en toda nuestra subjetividad. Es esta resonancia, este movimiento determinado, lo que hace que un contenido sea nuestro. La variedad de determinaciones que en él se encierran se concentra y envuelve en esta interioridad, como un sordo latir del espíritu dentro de sí, en la sustancialidad general. El contenido se identifica, así, directamente con la simple y abstracta certeza de lo que somos, con la conciencia de nosotros mismos. Pero el espíritu, por ser espíritu, es también, esencialmente, conciencia. La concisión encerrada en su simple yo debe objetivarse a sí misma, convertirse en saber; y es en el modo de ser de esta objetividad y, por tanto, en el modo de ser de esta conciencia, donde estriba toda la diferencia de que se trata.

Este modo se extiende desde la simple expresión de una sensación sorda y vaga hasta la expresión más objetiva de todas, que es la de la forma objetiva en y para sí, el pensamiento. La más simple y más formal objetividad es la expresión y el nombre de aquella sensación y del estado de ánimo correspondiente, llámese como se quiera, "devoción", "oración", etc. Cuando decimos: "oremos, seamos devotos", etc., expresamos el simple recuerdo de aquella sensación. En cambio, cuando decimos: "pensemos en Dios", expresamos ya algo más: expresamos el contenido absoluto de aquel sentimiento sustancial, el objeto, que se distingue de la sensación como un movimiento subjetivo y consciente de sí mismo, o que es el contenido, distinto de este movimiento en cuanto forma. Pero este objeto, aunque abarque todo el contenido sustancial, es todavía, de suyo, algo no desarrollado y totalmente indeterminado. Su contenido se desarrolla, las relaciones que lleva dentro se comprenden, se expresan, cobran conciencia de sí mismas, a medida que la religión nace, se crea, se revela. La forma en que este contenido desarrollado empieza a adquirir objetividad es la de la intuición inmediata, la de la representación sensible, o la de una representación más claramente determinada, tomada de los fenómenos y las relaciones físico-naturales o de los espirituales.

El arte sirve de vehículo de esta conciencia, al apoyar y fortalecer la fugaz apariencia con que la objetividad en la sensación se revela y pasa. La piedra sagrada e informe, el simple lugar, o lo que sea, a que empieza enlazándose la necesidad de la objetividad adquiere, gracias al arte, forma, rasgos propios, determinabilidad y un contenido más claro, susceptible de revelarse a la conciencia y que existe ya como objeto consciente. De este modo, el arte se convierte en el maestro de los pueblos, como en Homero y Hesíodo, quienes, según Herodoto (II, 53), "crearon la teogonía de los griegos", al convertir en imágenes y representaciones claras y firmes toda una serie de nociones y tradiciones confusas, conservadas y reunidas como fuese, en consonancia con el espíritu de su pueblo. No es el arte que se limita a expresar a su modo el contenido, ya completamente expresado a su modo por otros medios, de una religión ya desarrollada y acabada en cuanto a los pensamientos, las representaciones y las palabras; es decir, que la expresa sobre la piedra, en el lienzo o a través de la palabra, como lo hace el arte de los tiempos modernos, el cual, cuando trata temas religiosos, lo mismo que cuando toca temas de historia, toma como base y punto de partida las nociones y los pensamientos ya existentes. La conciencia de esta religión es más bien el producto de la fantasía pensante o del pensamiento que *sólo* comprende a través de la fantasía y que cobra expresión en las formas de ésta.

Ahora bien, aunque en la verdadera religión se haya revelado y se revele el pensamiento infinito, el espíritu absoluto, el vaso en que se vierte es el corazón, la conciencia representativa y la inteligencia de lo finito. La religión no sólo se dirige a toda modalidad de cultura —"el Evangelio se predica a los pobres"—, sino que, como religión, debe ir dirigida expresamente al corazón y al ánimo, penetrar en la esfera de la subjetividad y, con ello, en el campo de las representaciones finitas. En la conciencia perceptiva y que reflexiona sobre lo percibido, el hombre sólo dispone, en lo tocante a las relaciones de lo absoluto, que son, por naturaleza, relaciones especulativas, de representaciones finitas que sólo a él le sirven para concebir y expresar aquella naturaleza y aquellas relaciones de lo infinito, ya sea en un sentido absolutamente directo o solamente en un sentido simbólico, figurado.

En la religión, como la revelación directa e inmediata de Dios, la forma de la modalidad representativa y del pensamiento finito reflexivo no sólo puede ser la única bajo la cual cobra existencia consciente, sino que debe ser ésta, concretamente, la forma bajo la cual se manifiesta, por ser la única inteligible para la conciencia religiosa. Para poner esto más en claro, es obligado, sin embargo, decir algo acerca de lo que llamamos inteligible.

Para ello, hace falta, en primer lugar, como más arriba hemos dicho, que se dé la base sustancial del contenido, la cual, como esencia absoluta del espíritu, toca a lo que hay de más íntimo en ello, resuena en ello y encuentra en ello el testimonio de sí mismo. Ésta es la primera condición absoluta de la comprensión; lo que no figura en sí en ella, no puede llegar a incorporarse a ella, no puede ser para ella; y, al decir esto, nos referimos, concretamente, a un contenido infinito y eterno. Pues lo sustancial es, precisamente en cuanto infinito, lo que no encuentra límite alguno en aquello a que se refiere, pues, de otro modo, sería algo limitado y no lo verdaderamente sustancial; y si algo no es en sí el espíritu es precisamente aquello que es finito y exterior, ya que lo que es finito y exterior deja de ser lo que es en sí para convertirse en algo para otra cosa, para entrar en una relación.

Pero como, por otra parte, lo verdadero y lo eterno deben ser conscientes, es decir, entrar en la conciencia finita, existir para el espíritu, tenemos que este espíritu para el que existen en primer término es el espíritu finito, y la modalidad de su conciencia consiste en las representaciones y las formas propias de las cosas y las relaciones finitas. Estas formas son lo usual y habitual a la conciencia, la modalidad general de la finitud; modalidad que la conciencia se apropia y que convierte en el medio general de sus representaciones, al que es necesario reducir todo lo que encuentra acceso a él, para que en él se posea y reconozca.

La posición que la religión ocupa se halla determinada por el hecho de que la revelación de la verdad que a través de ella recibimos le es infundida al hombre desde fuera; por eso, precisamente, se afirma que el hombre debe recibirla humildemente, ya que la razón humana por sí misma jamás podría llegar a ella. El carácter de la religión positiva se cifra en que sus verdades *existen*, sin que se sepa de dónde provienen; por lo cual su contenido es un algo dado superior a la razón y situado más allá de ella. Esta verdad ha sido proclamada por algún profeta, el que sea, o por un emisario divino; y lo mismo que los griegos veneraban a Ceres y a Triptolemo por haber traído a los hombres la agricultura y el matrimonio, los pueblos guardan gratitud a Moisés y Mahoma. Este algo externo individualizado a través del cual se recibe la verdad es un factor histórico, indiferente de suyo al contenido absoluto, ya que la persona no es el contenido de la doctrina misma. Sin embargo, en la religión cristiana se da la circunstancia característica de que esta persona, el propio Cristo, destinado a ser Hijo de Dios, forma parte de la naturaleza del Dios mismo. Si Cristo sólo fuese, para los cristianos, un maestro al modo de Pitágoras, de Sócrates o de Cristóbal Colón, no tendríamos ante nosotros un contenido divino general, una revelación o una doctrina acerca de la naturaleza de Dios, que es, cabalmente, lo que nos interesa aquí.

Claro está que la verdad, cualquiera que sea la fase en que aparezca, tiene necesariamente que empezar manifestándose a los hombres de un modo externo, como un objeto presente representado a través de los sentidos: así se apareció Dios a Moisés en una zarza de fuego, y así cobraban los griegos conciencia de sus dioses: en las estatuas de mármol o en otras representaciones plásticas. Pero a esto hay que añadir que, ni en la religión ni en la filosofía, puede quedar la cosa en esta modalidad puramente externa. Es necesario que estas formas de la fantasía o estos contenidos históricos, como Cristo, se conviertan para el espíritu en algo espiritual; de este modo, dejarán de ser algo puramente externo, pues la modalidad externa es la negación del espíritu. Es necesario que conozcamos a Dios "en espíritu y en verdad"; Dios es el espíritu general, esencial, absoluto. Y, en lo que se refiere a la relación entre el espíritu humano y este espíritu, entran en consideración los siguientes criterios.

El hombre tiene que abrazar una religión; cabe, pues, preguntarse: ¿cuál es el fundamento de su fe? La religión cristiana contesta: el testimonio del espíritu acerca de este contenido. Cristo les echa en cara a los fariseos el que pidan milagros; sólo el espíritu escucha al espíritu; el milagro no hace otra cosa que intuirlo. Y si el milagro interrumpe el curso de la naturaleza, el espíritu es el verdadero milagro en contra de él. El espíritu no es sino este escucharse a sí mismo. Sólo existe Un Espíritu, el espíritu universal divino, lo que no quiere decir solamente que esté en todas partes; como comunidad, como totalidad exterior, no sólo puede captarse en muchos o en todos los individuos, concebidos esencialmente como tales, sino que debe captarse, además, como lo que lo penetra todo, como la unidad de sí mismo y la apariencia de su otro, como lo subjetivo, lo particular. Es, en cuanto general, su propio objeto, y, en cuanto particular, este individuo; pero, al mismo tiempo, en cuanto algo general, trasciende lo otro, de tal modo que este otro suyo y él mismo forman una unidad. La verdadera generalidad aparece, para expresarnos en términos populares, como dos: lo que hay de común en lo general mismo y lo particular. En el percibirse a sí mismo va implícito un desdoblamiento, y el espíritu es la unidad del que percibe y de lo percibido. El espíritu divino percibido es el espíritu objetivo; el espíritu subjetivo es el que percibe. Pero el espíritu no es pasivo, o esta pasividad, en todo caso, sólo puede ser momentánea; es una unidad sustancial espiritual única. El espíritu subjetivo es el espíritu activo; el espíritu objetivo es la actividad misma: el espíritu subjetivo activo es el que percibe al espíritu divino y, en tanto lo percibe, el espíritu divino mismo.

Este comportamiento del espíritu exclusivamente para consigo mismo es el criterio absoluto; el espíritu divino vive en la comunidad de sus fieles y se halla presente en él. Esta presencia del espíritu percibido es lo que se llama fe, pero no es una fe histórica; nosotros, los luteranos —pues yo lo soy y quiero seguirlo siendo— poseemos solamente aquella fe originaria. Esta unidad no es la sustancia al modo de Spinoza, sino la sustancia cognoscente de la conciencia de sí, en su actitud finita ante lo general. Todo lo que se dice acerca de los límites del pensamiento humano es algo puramente superficial; conocer a Dios: tal es la finalidad única de la religión. El testimonio del espíritu acerca del contenido de la religión es la propia religiosidad; es un testimonio atestiguado y que es, al propio tiempo, testigo. El espíritu se engendra a sí mismo, al atestiguarse; sólo existe en cuanto que se engendra, se atestigua y se revela o manifiesta.

Otro paso más consiste en que este testimonio, esta íntima conciencia de sí, esta acción dentro de sí mismo, se manifieste al exterior, ya que en la conciencia recatada de la oración no puede llegarse a la conciencia de un objeto, sino solamente a la conciencia del hundirse en la Esencia absoluta. Este espíritu penetrante y penetrado se revela ahora a la representación; Dios pasa a lo otro, se convierte en algo objetivo. Aparecen aquí todas las determinaciones del ser dado y del recibir con que nos encontramos en la mitología; todo lo histórico, el lado positivo encuentra aquí su lugar. Para decirlo en términos más precisos, tenemos así a Cristo, que vino al mundo hace cerca de dos mil años. Pero Cristo nos dice: "Estaré con vosotros hasta el fin del mundo; allí donde se junten dos en mi nombre, estaré con vosotros"; y cuando deje de estar entre vosotros materialmente, como persona, "el espíritu os guiará, en verdad"; lo externo no es lo importante, y por ello, será superado para convertirse en una relación interna.

Se señalan aquí, claramente, las dos etapas. La primera, que es la etapa de la devoción, del culto, la que se da, por ejemplo, al recibir la comunión: es la percepción del Espíritu divino en la comunidad de los fieles, donde el Cristo presente, interior y vivo cobra realidad como conciencia de sí. La segunda fase es la de la conciencia desarrollada, donde el contenido se convierte en objeto: aquí, este Cristo actual, presente, interior, vuela dos mil años hacia atrás, se ve relegado a un rincón de Palestina, convertido en un personaje histórico allá lejos, en Nazaret, en Jerusalén.

Y lo mismo ocurre, analógicamente, en la religión griega, donde los dioses, en la fase de la devoción, aparecen convertidos en prosaicas estatuas de mármol o pintados sobre lienzo o sobre madera, es decir, tanto en uno como en otro caso, reducidos a una forma puramente externa. La Eucaristía, para los luteranos, sólo es algo divino en la fe, en el disfrute de esto, pero no debe adorarse la hostia; y, para nosotros, las imágenes de los santos no son, asimismo, sino piedras, cosas materiales.

El segundo punto de vista es, indudablemente, y tiene que serlo, aquel del que arranca la conciencia; ésta tiene que partir, necesariamente, de las manifestaciones externas de estas formas que sirven para cobrar conciencia de ellas, para grabar el contenido en la memoria. Pero si las cosas quedaran ahí, eso no sería más que un punto de vista aún no espiritual: permanecer aferrados a este segundo punto de vista —a esta lejanía histórica, muerta— equivale, sencillamente, a repudiar al espíritu. Quien miente contra el Espíritu Santo incurre en un pecado que no tiene perdón. Pues bien, el mentir contra el espíritu consiste, precisamente, en empeñarse en ver en él un espíritu no universal, no santo; es decir, en creer que Cristo sólo es algo separado, algo aparte, solamente otra persona, una persona que nació y vivió en Judea y que sigue viviendo hoy, pero en el más allá, en el cielo, Dios sabe dónde, no de un modo real y presente, en la comunidad de sus fieles. Quien habla *solamente* de la razón finita, *solamente* de la razón humana, *solamente* de los límites de la razón, miente contra el espíritu; pues el espíritu, como algo infinito y universal, que se percibe a sí mismo, no se percibe en un "solamente", en límites, en lo finito como tal, no guarda relación alguna con eso, sino que se percibe solamente dentro de sí, en su infinitud.

Cuando se dice que la filosofía tiene por misión conocer la esencia, lo fundamental en esto consiste precisamente en que esta esencia no es algo externo a aquello de que es la esencia. Cuando hablamos, por ejemplo, del contenido esencial de un libro, no queremos referirnos para nada al volumen mismo, al papel, a la tinta de imprenta, al lenguaje, a las palabras, a los miles y miles de letras de que está formado; el contenido simple y general de un libro, en cuanto su esencia, no se halla fuera de él. Tampoco la ley reside fuera del individuo, sino que forma el verdadero ser de éste. La esencia de mi espíritu se halla, pues, en mi espíritu mismo, no fuera de él; es mi ser esencial, mi sustancia misma, pues de otro modo carecería yo de esencia. Esta esencia es, por decirlo así, la materia inflamable que la esencia universal, en cuanto tal, como algo objetivo, puede hacer que arda y se ilumine; sólo en la medida en que haya este fósforo en el hombre, es posible la comprensión, la inflamación y la iluminación. Sólo así se dará en el hombre el sentimiento, la intuición, el conocimiento de Dios; sin ello, tampoco el Espíritu divino sería algo universal en y para sí. La esencia es, de suyo, un contenido esencial, no lo carente de contenido, lo indeterminado; sin embargo, del mismo modo que un libro tiene, como veíamos, otro contenido, **también el espíritu individual tiene una gran cantidad de existencias distintas**, las cuales no son sino manifestaciones de este algo esencial, y lo individual, rodeado de una existencia **externa**, tiene que distinguirse necesariamente de esta esencia. Y, como la esencia es a su vez espíritu y no algo abstracto, tenemos que "Dios no es un Dios de muertos, sino de vivos", y concretamente de los espíritus vivos:

El gran Señor del universo no tenía amigos,
Sentíase solo: por eso creó los espíritus,
Espejos santos de su propia santidad.
Y, aunque el Supremo Ser no conozca nada igual a sí,
Del cáliz del reino todo de los espíritus
Le rebosa la infinitud.*

La religión es el estado que consiste en conocer esta esencia. Ahora bien, por lo que se refiere a la forma distinta del

---

* *Freundlos war der grosse Weltenmeister,*
Fühlte Mangel, darum schuf er Geister,
Sel'ge Spiegel seiner Seligkeit.
Fand das höchste Wesen schon kein Gleiches,
Aus dem Kelch des ganzen Geisterreiches
Schäumt ihm die Unendlichkeit.
Schiller: *Die Freundschaft* ("La amistad"), XIII, 92 [E.].

saber en la religión y en la filosofía, parece a primera vista como si la filosofía ejerciese una acción destructora sobre esta actitud de la religión en que el espíritu universal empieza presentándose como algo externo, en la modalidad objetiva de la conciencia. Pero la devoción, arrancando de lo externo, invierte luego, por sí misma, esta relación, como hemos visto, y la levanta; de este modo, la filosofía es justificada por la devoción y por el culto y se limita a hacer lo mismo que éstos hacen. La filosofía se preocupa, en el fondo, de dos cosas: en primer lugar —como la religión en la devoción—, del contenido sustancial, del alma espiritual; en segundo lugar, de hacer que esto se manifieste a la conciencia como objeto, pero bajo la forma del pensamiento. La filosofía piensa y llega, así, a comprender lo que la religión se representa como objeto de la conciencia, ya sea como obra de la fantasía, ya como existencia histórica. En la conciencia religiosa, la forma del conocimiento del objeto corresponde a la representación, es decir, encierra una parte más o menos sensible. En filosofía, jamás recurriremos a la expresión de que Dios ha engendrado un Hijo (criterio tomado de la vida de la naturaleza); reconocemos en ella, sin embargo, el pensamiento, lo sustancial de esta relación. La filosofía, al pensar su objeto, tiene la ventaja de que las dos fases de la conciencia religiosa, que en la religión representan momentos distintos, forman en el pensamiento filosófico una unidad.

Son estas dos formas las que pueden diferenciarse entre sí y las que, por tanto, pueden presentarse como formas contrapuestas, contradictorias entre sí. Y es natural y un fenómeno necesario que, por decirlo así, al presentarse de un modo preciso, sólo tengan conciencia de su diversidad y que, por tanto, empiecen manifestándose hostilmente la una con respecto a la otra. En la manifestación, lo primero es la existencia, es decir, un determinado ser para sí con respecto al otro; lo posterior es que el pensamiento se capte a sí mismo de un modo concreto, ahonde en sí mismo, y el espíritu como tal cobre, en él, conciencia de sí mismo. Antes, el espíritu era algo abstracto, pero ahora se sabe como algo distinto y contrapuesto a lo otro; al concebirse de un modo concreto, no se concibe solamente de un modo determinado, sabiéndose y poseyéndose solamente en lo que tiene de distinto, sino que es lo general, que, al determinarse, encierra en sí lo otro suyo. Como espiritualidad concreta, capta también lo sustancial bajo la forma que aparecía como algo distinto de él y cuya *manifestación* se había vuelto contra aquélla: en su contenido, en su interior, se conoce a sí mismo, mientras que ahora capta, por vez primera, lo contrario de él y le hace justicia.

En general, la trayectoria de este antagonismo en la historia consiste en que el pensamiento, al principio, dentro de la religión, se manifiesta solamente sin libertad en sus exteriorizaciones particulares; en segundo lugar, se fortalece, se siente como si descansara sobre sí mismo, crece y se comporta hostilmente con respecto a la otra forma, sin conocerse en ella; la tercera fase consiste en acabar reconociéndose a sí mismo en este otro. O, dicho en otros términos, la filosofía necesita empezar por afrontar su misión totalmente sola, por aislar el pensamiento de toda fe popular y por considerarse como un campo totalmente aparte, como un campo a cuyo lado se halla el mundo de la representación, de tal modo que ambos han coexistido en toda paz o, más bien, que no han dado nacimiento a reflexión alguna en lo que a su antagonismo se refiere. Ni tampoco al pensamiento de tratar de reconciliarlos, ya que en la fe popular se revelaría el mismo contenido que existe, bajo la otra forma exterior, en el concepto; es decir, al pensamiento de tratar de explicar y justificar la fe popular, para poder expresar de nuevo, así, los conceptos del mismo pensamiento libre a la manera de la religión popular.

Por eso la filosofía empieza presentándose a nosotros vinculada y prisionera dentro del círculo del paganismo griego; más tarde, apoyándose en sí misma, se enfrenta a la religión popular y asume una actitud hostil, hasta que logra comprender su contenido y reconocerse en él. De aquí que la mayoría de los antiguos filósofos griegos rindiesen tributo a la religión popular o, por lo menos, no se enfrentasen con ella. Otros filósofos posteriores, en cambio, empezando ya por Jenófanes, atacaban con la mayor violencia las creencias populares; y así surgieron muchos llamados ateos. Cómo coexistían pacíficamente los campos de las creencias populares y del pensamiento abstracto lo vemos todavía en los filósofos griegos de una época posterior, más cultos que los anteriores, en los que las especulaciones filosóficas se combinan con la práctica del culto, con las piadosas invocaciones a los dioses, con los ritos y los sacrificios, etc., de un modo completamente sincero y no como una hipocresía.

Sócrates fué acusado de profesar otros dioses que los de la religión popular; pero, si bien hay que reconocer que su δαιμόνιον era contrario al principio de la moralidad y la religión de los griegos, no es menos cierto que este filósofo compartía sinceramente las prácticas de la religión de su pueblo, y sabemos que sus últimas palabras fuéron para suplicar a sus amigos que sacrificasen un gallo a Esculapio, deseo que se avenía muy mal, por cierto, con los pensamientos sostenidos por Sócrates acerca de la esencia de Dios y, principalmente, acerca de la ética. Platón predica apasionadamente contra los poetas y sus dioses. Fué mucho más tarde cuando los neoplatónicos descubrieron en la mitología popular, hasta entonces repudiada por los filósofos, el contenido universal que en ella se encerraba, traduciéndola y transponiéndola a los pensamientos y sirviéndose de esta misma mitología como de un lenguaje simbólico, figurado, para sus filosofemas.

También en la religión cristiana vemos cómo el pensamiento empieza combinándose con la forma de esta religión, sin sustantividad propia, y moviéndose dentro de ella, es decir, tomándola como base y partiendo de la premisa absoluta de la doctrina cristiana. Más tarde, asistimos al antagonismo entre la llamada fe y la llamada razón, cuando ya el pensamiento se siente lo bastante fuerte para volar por su cuenta; la joven águila levanta el vuelo hacia el sol de la verdad, pero volviendo todavía sus garras de ave de rapiña contra la religión y combatiéndola. La última fase consiste en que la filosofía haga justicia al contenido de la religión por medio del concepto especulativo, es decir, ante el foro del pensamiento mismo; para ello, es necesario que el concepto se capte de un modo concreto, se penetre en él hasta la espiritualidad concreta. Tal tiene que ser, necesariamente, el punto de vista de la época actual, nacida en el seno del cristianismo y que no puede tener otro contenido que el propio Espíritu del Mundo; cuando éste se comprende a sí mismo en la filosofía, se comprende, al mismo tiempo, bajo aquella forma que antes era hostil a ésta.

La religión tiene, pues, un contenido común con la filosofía, y sólo difieren las formas de una y otra; de lo que se trata es, simplemente, de que la forma del concepto sea lo suficientemente amplia para poder abarcar el contenido de la religión. Lo único verdadero es lo que se ha llamado los misterios de la religión; son lo especulativo de la religión, lo que los neoplatónicos llaman μυεῖν, μυεῖσθαι (ser iniciado), es decir, ocuparse de conceptos especulativos. Por misterios se entiende, en una interpretación superficial, lo misterioso, lo que, como tal, no puede llegar a ser conocido. Sin embargo, en los misterios eleusinos no había nada desconocido; todos los atenienses estaban iniciados en ellos; el único que no quiso estarlo fué Sócrates. Sólo se prohibía darlos a conocer a los no atenienses, y algunos de sus fieles fueron acusados de este delito. No debía hablarse de ellos, por tratarse de algo sagrado. Dice Herodoto, en una serie de pasajes de su obra (por ejemplo, en II, 45-47), que se propone hablar de las deidades egipcias y los misterios, en tanto sea santo hacerlo, y añade que, aunque sabe otras cosas, no es santo hablar de ellas.

En la religión cristiana se da el nombre de misterios a los dogmas, es decir, a lo que se sabe acerca de la naturaleza de Dios. No se trata tampoco de nada misterioso, todos los fieles de esta religión lo conocen, y es precisamente ello lo que los distingue de los de otras religiones; por tanto, tampoco aquí significa el misterio algo desconocido, pues todos los cristianos se hallan iniciados en él. Los misterios tienen, por naturaleza, un contenido especulativo, secreto, indudablemente, para el entendimiento, pero no para la razón; lejos de ello, son precisamente lo racional, en el sentido de lo especulativo. El entendimiento no capta lo especulativo, que es precisamente lo concreto, al retener las diferencias simplemente en lo que tienen de diferente; también el misterio encierra su contradicción, pero es, al propio tiempo, la solución de ella.

La filosofía es opuesta, en cambio, al llamado racionalismo de la moderna teología, el cual no se quita de los labios la razón, a pesar de lo cual no es más que seco entendimiento; lo único que en él se descubre de razón es el momento del pensar por sí mismo, pero sin que esto pase de ser un pensamiento puramente abstracto. Cuando el entendimiento que no llega a captar las verdades de la religión se llama, como en el Siglo de las Luces, razón y se quiere hacer pasar por señor y dueño, se equivoca. El racionalismo es lo opuesto a la filosofía, por el contenido y por la forma, pues vacía el contenido, despuebla el cielo y lo degrada todo a relaciones finitas; y su forma es un razonar no libre, no un comprender.

El supranaturalismo es, en religión, lo opuesto al racionalismo, y aunque afín a la filosofía en lo tocante al verdadero contenido, se distingue de ella en lo que se refiere a la forma, pues se ha trocado en algo completamente carente de espíritu, como un leño, e invoca como título de legitimidad la autoridad exterior. Los escolásticos no eran supranaturalistas de éstos; conocían de un modo pensante, comprensivo, el dogma de la Iglesia. Y aunque la religión afirme, llevada de la rigidez de su autoridad abstracta contra el pensamiento, que "las puertas del infierno no prevalecerán contra ella", las puertas de la razón son más fuertes que las puertas del infierno, no para prevalecer contra la Iglesia, sino para conciliarse con ella. La filosofía, en cuanto pensamiento comprensivo de este contenido, tiene, en lo tocante a las creencias de la religión, la ventaja de que comprende ambas cosas: está en condiciones de comprender a la religión, del mismo modo que comprende al racionalismo y al supranaturalismo, y se comprende también a sí misma. Pero, si esto es cierto, no ocurre lo mismo a la inversa; la religión, situada en el punto de vista de las representaciones, sólo comprende lo que se halla en el mismo plano que ella, pero no la filosofía, el concepto, las determinaciones generales del pensamiento. Generalmente, no se comete ninguna injusticia contra una filosofía cuando se le reprocha su actitud antagónica frente a la religión; pero se da también, con la misma frecuencia, el caso de que se sea injusto con ella, cuando esto se hace desde un punto de vista religioso.

La forma de la religión es necesaria para el espíritu, tal y como éste es en y para sí; esta forma es la forma de lo verdadero; lo es para todos los hombres y para todas las modalidades de la conciencia. Esta formación general del hombre es, en primer lugar, la conciencia sensible y, en segundo lugar, la ingerencia de la forma de lo general en la manifestación sensible, la reflexión; la conciencia imaginativa, lo mítico, lo positivo, lo histórico, es la forma, que forma parte de lo inteligible. La esencia, contenida en el testimonio del espíritu, sólo se convierte en objeto para la conciencia cuando se presenta bajo una forma inteligible; o, lo que es lo mismo, es necesario que la conciencia conozca ya estas formas, por otro conducto, a través de la vida y la experiencia. Ahora bien, como la conciencia pensante no es la forma exteriormente general para todos los hombres, es necesario que la conciencia de lo verdadero, de lo espiritual, de lo racional, asuma la forma de la religión; tal es la justificación general de esta forma.

Hemos expuesto, así, la diferencia existente entre la filosofía y la religión; pero queda todavía algo por tratar, con respecto a lo que nos proponemos estudiar en la historia de la filosofía y que, en parte, se desprende de lo que queda expuesto. Queda por contestar, sobre todo, la pregunta de cuál deberá ser nuestra actitud ante este algo afín en la historia de la filosofía.

β) *Contenido religioso que debe ser excluído de la historia de la filosofía.*

αα) Nos encontramos, en primer lugar, con la mitología, la cual parece que sí debiera ser tenida en cuenta en la historia de la filosofía. La mitología es, ciertamente, un producto de la fantasía, pero no de la arbitrariedad, aunque ésta tenga aquí su asiento. Lo fundamental de la mitología es obra de la razón imaginativa, la cual hace de la esencia su objeto, pero sin que tenga todavía más órgano que el de la representación sensible, ante la cual se aparecen los dioses bajo forma humana.

La mitología puede ser estudiada desde el punto de vista del arte, etc.; pero el espíritu pensante debe esforzarse en descubrir el contenido sustancial, el pensamiento, el filosofema implícitamente contenido en ella; del mismo modo que descubre la razón en el seno de la naturaleza. Este modo de tratar la mitología era el de los neoplatónicos; recientemente, fué aplicado también por mi amigo Creuzer* al simbolismo principalmente. Este modo de tratar la mitología es combatido y condenado por otros, quienes sostienen que se la debe abordar solamente de un modo histórico y que es contrario al criterio histórico tratar de deslizar dentro de un mito un filosofema que los antiguos no pusieron en él, o derivarlo a la fuerza de tal mito. Y no cabe duda de que esto es, por una parte, absolutamente verdadero, y no es otro, por cierto, el punto de vista en que se sitúa Creuzer y en que se situaban los alejandrinos que se ocupaban de estas cosas. Es verdad, y nadie sostiene otra cosa, que los antiguos no tuvieron presentes, de un modo consciente, tales filosofemas; es absurdo, sin embargo, replicar que tampoco de un modo implícito se halle en ellos este contenido. Como productos de la razón (aunque no de la razón pensante), las religiones de los pueblos, incluyendo las mitologías, por simples y hasta pueriles que sean, encierran, evidentemente, como auténticas obras de arte, pensamientos, criterios generales, lo verdadero; puesto que descansan sobre el instinto de lo racional.

Con lo anterior se halla relacionado el hecho de que, al

---

* Georg Friedrich Creuzer (1771-1858), filólogo y arqueólogo. Es conocido, principalmente, por su obra *Symbolik und Mythologie der alten Völker, besonders der Griechen,* en la que sostiene que la mitología de Homero y Hesíodo proviene, a través de los pelasgos, de una fuente oriental y es el resto conocido de una antigua revelación [E.].

trascender lo mitológico al ángulo visual de lo sensible, se mezcla con ello, por fuerza, alguna materia casual y exterior, pues la representación del concepto de un modo sensible no es nunca, ni puede ser, totalmente adecuada, ya que la fantasía no puede expresar nunca la idea de un modo verdadero. Esta forma sensible, nacida de un modo histórico o natural, tiene necesariamente que determinarse en muchos aspectos, y esta determinabilidad exterior no tiene más remedio que diferir, por su naturaleza, de la idea en mayor o menor medida. Y puede también ocurrir que en aquella explicación se contengan muchos errores, sobre todo si entra en detalles. La multitud de usos, de actos, de instrumentos, de ropas rituales, de sacrificios, etc., puede, evidentemente, contener algo análogo a la idea; sin embargo, esta analogía será siempre muy lejana, y necesariamente tendrán que deslizarse en ello no pocas cosas fortuitas. No obstante, hay que reconocer como esencial que exista también, en ello, una razón, y es un punto de vista necesario enfocar así lo que se refiere a la mitología.

Sin embargo, lo mitológico debe quedar excluído de nuestra historia de la filosofía. La razón de ello está en que la filosofía, tal como nosotros la concebimos, no versa precisamente sobre los filosofemas, es decir, sobre pensamientos que sólo de un modo implícito se contienen en una exposición, sino sobre pensamientos explícitos, expresados, y solamente en la medida en que lo son; es decir, solamente en la medida en que el contenido de la religión se revela a la conciencia bajo la forma del pensamiento; es, precisamente, la enorme diferencia con que nos hemos encontrado más arriba entre la posibilidad, de una parte, y de otra la realidad. Por tanto, los filosofemas contenidos implícitamente en la religión no nos interesan; sólo nos interesan cuando son expresados como pensamientos, pues sólo el pensamiento es la forma absoluta de la idea.

Es cierto que en muchas mitologías se nos ofrecen imágenes y, con ellas, su significado; a veces, las mismas imágenes mitológicas se encargan de darnos a entender claramente lo que significan. Los antiguos persas adoraban al sol o al fuego como al Ser Supremo; el fundamento primigenio de las cosas, en la religión de los persas, es la *Zervana Acarena*, el tiempo ilimitado, la eternidad. Esta esencia simple e infinita encierra, según Diógenes Laercio (I, 8) "los dos principios llamados Ormuz ('Ωρομάσδης) y Ahrimán ('Αρειμάνιος), los señores del bien y del mal". Plutarco, en su ensayo sobre Isis y Osiris (t. II, p. 369, ed. Xyl.), dice: "No es una esencia única la que mantiene en cohesión el todo y lo gobierna, sino que el bien se mezcla con el mal, y la naturaleza no produce nunca nada simple y puro; no se trata, pues, de un escanciador que saque y mezcle una bebida de dos barriles, como el tabernero. Son dos principios hostiles y contrapuestos, uno de los cuales empuja hacia un lado y el otro hacia el lado opuesto, por lo cual, si no el universo todo, por lo menos esta tierra se mueve de un modo desigual. Zoroastro presenta esto de un modo excelente: uno de los principios [Ormuz] es el de la luz, el otro [Ahrimán] el de las tinieblas, y el centro entre ambos (μέσος δὲ ἀμφοῖν) lo ocupa Mitra, al que por ello dan los persas el nombre de mediador (μεσίτης)".

Según esto, Mitra es la sustancia, la esencia general, el sol de la totalidad. No actúa de mediador entre Ormuz y Ahrimán a la manera de un pacificador, dejando subsistentes ambas fuerzas; no participa del bien y del mal, como un lamentable ser híbrido, sino que se coloca resueltamente del lado de Ormuz y pelea con él contra el mal. Ahrimán es llamado, a veces, el hijo primogénito de la luz, pero sólo Ormuz permaneció en ella. Al ser creado el mundo visible, Ormuz se encargó de tender sobre la tierra, en su incomprensible reino luminoso, la firme bóveda del cielo, circundada todavía, por la parte de arriba, por la primera luz primigenia. En el centro de la tierra está la montaña Albordi, tan alta, que alcanza la luz primigenia. El reino luminoso de Ormuz campea sin que nada lo empañe sobre la firme bóveda celeste y en lo alto de la montaña Albordi; campeó también sobre la tierra hasta llegar a la tercera época de ella. Dentro de ella, Ahrimán, cuyo reino de la noche se hallaba hasta ahora escondido debajo de la tierra, extiende sus dominios al mundo de Ormuz y reina conjuntamente con él. El espacio que separa al cielo de la tierra se divide por mitades entre la luz y la noche. Como Ormuz, hasta ahora, sólo gobernaba sobre un reino de espíritus de la luz, Ahrimán gobernaba solamente sobre un reino de espíritus tenebrosos; pero ahora, al extender su reino, Ahrimán opone a la creación luminosa de la tierra una creación de la tierra tenebrosa. Se contraponen, así, desde este momento, dos mundos, un mundo puro y bueno y otro impuro y malo, y esta contraposición se extiende a través de toda la naturaleza.

En lo alto del Albordi, Ormuz crea a Mitra como mediador para la tierra; el fin de la creación del mundo físico no es otro que el de volver a su punto de partida, a la esencia, desviada de su creador, hacerla de nuevo buena y desterrar así, para siempre, el mal. El mundo físico es el escenario y la palestra de la lucha entre el bien y el mal; pero el combate entre la luz y las tinieblas no es, en sí, un antagonismo absolutamente irreductible, sino un conflicto transitorio, en el que acabará triunfando Ormuz, el principio de la luz.

Pues bien, si nos detenemos a considerar los momentos de estas nociones que guardan, más de cerca, una relación con la filosofía, vemos que lo único que, desde este punto de vista, puede interesarnos y parecernos digno de ser tenido en cuenta es el carácter general de este dualismo que lleva consigo, necesariamente, el concepto, pues éste es, justo en sí, directamente lo contrario de sí mismo, y en el otro la unidad de éste consigo mismo: una esencia simple cuyo antagonismo absoluto se presenta como el antagonismo de la esencia y de la superación de ella. Como de los dos principios solamente el principio de la luz es, en rigor, la esencia y el principio de las tinieblas la nada, tenemos que el principio de la luz coincide, a su vez, con Mitra, llamado anteriormente el Ser Supremo. El antagonismo pierde, así, su apariencia de algo contingente; pero el principio espiritual no es desglosado del principio físico, determinándose el bien y el mal, al mismo tiempo, como la luz y las tinieblas. Asistimos, pues, a un desprendimiento del pensamiento del tronco de la realidad, que no es, al mismo tiempo, como los que se producen en la religión, de tal modo que lo suprasensible mismo se representa, a su vez, de un modo sensible, ajeno a todo concepto, disperso, sino que toda la dispersión de lo sensible aparece, aquí, condensada en este simple antagonismo y el movimiento se representa con la misma sencillez. Estos criterios se hallan mucho más cerca del pensamiento, no son simples imágenes; sin embargo, tampoco estos mitos tienen nada que ver con la filosofía. En ellos, lo primario no es en el pensamiento, sino que predomina la forma del mito. En todas las religiones nos encontramos con estas vacilaciones entre lo metafórico y el pensamiento; pues bien, esta mezcla es ajena a la verdadera filosofía.

Y lo mismo ocurre, sobre poco más o menos, entre los fenicios, con la cosmogonía de Sancuniaton. Estos fragmentos, con que nos encontramos en Eusebio *(Praepar. Evang.,* I, 10), están tomados de una traducción de Sancuniaton hecha del fenicio al griego por el gramático Filón de Biblos; este Filón, que vivió en tiempo de Vespasiano, atribuye a Sancuniaton una extrema ancianidad. Nos dice, entre otras cosas: "Los principios de las cosas son [según esta cosmogonía] un caos, en el que los elementos aparecían revueltos y sin desarrollar, y un espíritu del aire. Este embarazó al caos y engendró de él una materia viscosa (ἰλύν), que llevaba en su seno las fuerzas vivas y las simientes de los animales. Mediante la mezcla de esta materia viscosa con la materia del caos y en la fermentación provocada por ella, se separaron los elementos. Las partes de fuego ascendieron a lo alto y formaron las estrellas. La acción de éstas sobre el aire hizo nacer las nubes. La tierra se hizo fecunda. La mezcla del agua y la tierra y su putrefacción por medio de la materia viscosa dió nacimiento a los animales, todavía imperfectos y sin sentidos. Estos animales engendraron, a su vez, otros, ya más perfectos y dotados de sentidos. Fué la explosión del trueno en la tormenta la que dió vida a los primeros animales, que dormían en la envoltura de sus simientes".[6]

Los fragmentos de Beroso, referentes a los caldeos, fueron reunidos, a base de las obras de Josefo, Sincelo y Eusebio, por Escalígero, bajo el título de *Berosi Chaldaica*, como apéndice a su obra *De emendatione temporum*, y figuran íntegros en la "Biblioteca Griega" de Fabricio (t. XIV, pp. 175-211). Beroso vivió en tiempo de Alejandro, fué, al parecer, sacerdote de Bel y debió de sacar sus datos de los archivos del templo de Babilonia. Dice lo siguiente: "El dios originario era Bel, la diosa Omoroca [el mar]; pero había además otros dioses. Bel cortó por el medio a Omoroca para formar con sus partes el cielo y la tierra. Después de ello, se cortó a sí mismo la cabeza, y de las gotas de su divina sangre nació el género humano. Después de crear al hombre, Bel ahuyentó a las tinieblas, separó el cielo de la tierra y dió al mundo su forma natural. Pareciéndole que ciertas regiones de la tierra no se hallaban bastante pobladas, obligó a otro dios a hacer lo mismo que él, y de la sangre de este otro dios nacieron nuevos hombres y otras especies animales. Los hombres, al principio, vivían como salvajes, sin la menor cultura, hasta que vino un monstruo [al que Beroso llama Oannes], que los enseñó y los educó en la humanidad. Este monstruo salió, para ello, del mar, con la aurora, y al ponerse el sol volvió a perderse entre las olas".

ββ) En *segundo* lugar, lo mitológico puede presentarse también con la pretensión de ser una especie o modalidad de filosofía. Ha habido, desde luego, filósofos que emplearon la *forma mítica* para dar a sus filosofemas mayor relieve imaginativo, haciendo de sus pensamientos el contenido del mito. Pero los

[6] *Sanchuniathonis Fragmenta* ed. Rich. Cumberland, Londres, 1720; trad. alem. de J. P. Kassel, Magdeburgo, 1755, pp. 1-4.

mitos antiguos son algo más que una simple envoltura; no se trata de pensamientos nacidos en la mente de un pensador y expresados bajo un ropaje mitológico. En nuestra manera reflexiva de proceder puede muy bien ocurrir esto, pero la poesía primitiva no surge de la separación de la poesía y la prosa. Cuando los filósofos recurren a mitos, se trata, en la mayoría de los casos, de pensamientos expresados por ellos por medio de imágenes; tal ocurre, por ejemplo, con muchos de los hermosos mitos de Platón. Ha habido también otros filósofos que se han expresado míticamente; por ejemplo, Jacobi, quien filosofa ateniéndose a la forma de la religión cristiana y expresa de este modo las cosas más especulativas.

Pero hay que reconocer que esta forma no es la más adecuada a la filosofía; el pensamiento que hace de sí mismo su objeto necesariamente se eleva también a su forma peculiar, a la forma propia del pensamiento. Es cierto que a Platón se le ensalza no pocas veces por razón de sus mitos, y se dice que da pruebas, con ello, de un genio superior al de la generalidad de los filósofos. Se entiende, al decir eso, que los mitos de Platón están por encima de la manera abstracta de expresarse; y no cabe duda de que este pensador se expresa con gran belleza. Pero, si miramos la cosa de cerca, vemos que ello se debe, en parte, a su incapacidad para emplear la forma pura de expresión del pensamiento y que, en parte, Platón sólo se expresa así en las introducciones a sus diálogos y que, al llegar a la parte fundamental de ellos, recurre a otras formas de expresión; así, por ejemplo, en el *Parménides* expone simples determinaciones conceptuales, sin valerse de recursos metafóricos.

Exteriormente, no cabe duda de que esos mitos pueden ser útiles cuando el filósofo desciende de las alturas especulativas para expresar cosas fácilmente representables; pero el valor de Platón, como filósofo, no reside evidentemente en los mitos. Una vez que el pensamiento es lo suficientemente vigoroso para ofrecerse en sus elementos para darse su propia existencia, el mito se convierte en un adorno superfluo que en nada contribuye a impulsar la filosofía.

Ocurre con harta frecuencia que no se vea otra cosa que estos mitos. Así, se han tergiversado a veces los pensamientos de Aristóteles por dejarse llevar, exclusivamente, de los símiles que emplea aquí y allá, con bastante profusión; y las comparaciones, los símiles, no pueden ser nunca completamente adecuados al pensamiento, sino que contienen siempre algo más. La torpeza para representarse el pensamiento como tal pensamiento se ve tentada a recurrir a los medios auxiliares para expresarse en forma sensible. Tampoco se trata de que el mito encubra el pensamiento; lejos de ello, la intención de lo mítico es expresar el pensamiento, ponerlo al desnudo. Esta expresión, el símbolo, es evidentemente defectuosa; quien oculta un pensamiento bajo una forma simbólica, es que todavía no lo tiene, pues el pensamiento es lo que se revela, por lo cual lo mítico no es el medio adecuado de expresión del pensamiento. Aristóteles dice, en su *Metafísica* (III, 4): "No merece la pena el tratar en serio de aquellos que filosofan de un modo mítico." No es ésta, ciertamente, la forma en que se debe exponer el pensamiento, sino solamente una modalidad subalterna.

Una manera semejante a ésta de expresar un contenido general es la que consiste en valerse, para ello, de *números, líneas y figuras geométricas*; es una manera metafórica de expresarse, pero no concretamente metafórica, como en los mitos. Así, por ejemplo, puede decirse que la eternidad es un círculo, una serpiente que se muerde la cola; esto no pasa de ser una imagen, y el espíritu no necesita valerse de semejantes símbolos. Hay pueblos que se han atenido a este modo de expresarse, pero por el camino de estas formas no se va nunca muy lejos. Es posible que quepa expresar de este modo los criterios más abstractos, pero si se va más lejos, no se hace otra cosa que sembrar la confusión. Del mismo modo que los francmasones manejan símbolos considerados como una profunda sabiduría —profunda al modo de un pozo al que no se le ve el fondo—, el hombre se inclina fácilmente a considerar profundo lo oculto, como si por debajo de ello hubiese algo verdaderamente profundo. Pero puede también ocurrir que no haya absolutamente nada, como ocurre con los símbolos de los francmasones que no encierran ningún conocimiento, ninguna ciencia superior y, menos aún, una filosofía.

El pensamiento es, por el contrario, lo que se manifiesta; en ello consiste su naturaleza, el pensamiento mismo: en ser claro. Y el manifestarse no es, precisamente, un estado que pueda existir o no existir, de tal modo que el pensamiento pueda seguir siendo pensamiento aunque no se manifieste, sino que la manifestación es su propio ser.

Los números, al modo cómo los emplean, por ejemplo, los pitagóricos, son medios inadecuados para expresar el pensamiento: así μονάς, δυάς, τριάς son, en Pitágoras, la unidad, la diferencia y la unidad de la unidad y la diferencia. Es cierto que en el número tres se dan, por adición, la unidad y la dualidad; pero semejante unión o combinación es la peor forma de la unidad. En la religión, el número tres se presenta de un modo más profundo como Trinidad, y en la filosofía como concepto; pero el contar es una mala manera de filosofar. Y el mismo prejuicio mueve a quienes creen que las figuras del espacio son capaces de expresar lo absoluto. Se habla también de la filosofía de los chinos, del *foï*, que consiste en expresar los pensamientos por medio de números. Sin embargo, también ellos explican sus símbolos, con lo cual ponen de manifiesto la determinación. Las abstracciones simples y generales son propias de todos los pueblos que han alcanzado cierto grado de cultura.

γγ) Y aún hay que observar, en *tercer* lugar, que la religión como tal no se expresa solamente a través de la modalidad del arte y que también la poesía puede encerrar *verdaderos pensamientos*. En poetas cuyo arte se vale del lenguaje como elemento encontramos siempre pensamientos profundos y generales sobre lo esencial; en la religión india, sobre todo, estos pensamientos aparecen clara y manifiestamente expresados, pero entre los indios todo se presenta mezclado y revuelto. De aquí que se diga que estos pueblos han tenido una verdadera filosofía; pero, en los libros indios, los pensamientos generales interesantes se limitan a lo más abstracto, a la representación del nacimiento y la muerte y del ciclo de estos fenómenos. Es bien conocida la imagen del fénix, que ha llegado a nosotros desde el Oriente. También en los Antiguos encontramos pensamientos acerca de la vida y la muerte, del tránsito del ser al perecer: de la vida brota la muerte y de la muerte la vida; en el ser, en lo positivo, se contiene ya lo negativo. Lo negativo contiene de suyo, en rigor, lo positivo; todo cambio, todo proceso de vida consiste en esto. Pero estos pensamientos sólo aparecen de vez en cuando y no deben considerarse como verdaderos filosofemas. La filosofía, en rigor, sólo existe allí donde el pensamiento, como tal, se erige en base y raíz absoluta de todo lo demás, cosa que no ocurre en esta clase de exposiciones.

La filosofía no es el pensar acerca de algo, de un objeto que ya previamente sirve de base como sustrato; su contenido es de suyo pensamiento, el pensamiento general, que debe ser, pura y simplemente, lo primero: o bien lo absoluto en la filosofía debe necesariamente existir *como* pensamiento. En la religión griega, nos encontramos con la determinación conceptual de la "eterna necesidad"; es ésta una relación absoluta, sencillamente general. Pero este pensamiento tiene además, a su lado, sujetos; expresa solamente una relación; la necesidad no es aquí el mismo ser verdadero, que todo lo abarca. Por tanto, tampoco este modo debe ser tomado en consideración por nosotros. Del mismo modo podríamos hablar de una filosofía de Eurípides, de Schiller, de Goethe. Todos estos pensamientos o modos generales de representarse lo verdadero, el destino del hombre, lo moral, etc., o bien se formulan simplemente de pasada, incidentalmente, o bien se presentan sin revestir la forma peculiar del pensamiento, sin que lo que de este modo se expresa sea lo último, lo absoluto.

γ) *Filosofemas expresos en la religión.* Finalmente, tampoco nos interesa la *filosofía* con que nos encontramos *dentro de una religión*. También en los Padres de la Iglesia y los escolásticos, y no sólo en la religión india, encontramos profundos pensamientos especulativos acerca de la naturaleza de Dios mismo. En la historia de la dogmática es de esencial interés conocer esta clase de pensamientos, pero en la historia de la filosofía no tienen cabida. Sin embargo, los escolásticos deberán ser tenidos más en cuenta que la patrística. No cabe duda de que los Padres de la Iglesia fueron grandes filósofos, a los que debe mucho el desarrollo del cristianismo; pero sus pensamientos especulativos proceden, en parte, de otras filosofías que habrán de ser estudiadas aparte, por ejemplo de la filosofía platónica; otra parte de ellos tiene su fuente en el contenido especulativo de la misma religión, que, como doctrina de la Iglesia, es tomada como base verdadera y que forma, primordialmente, parte de la fe. Por tanto, estos pensamientos descansan sobre una premisa y no sobre el pensamiento mismo; no son, en consecuencia, verdadera filosofía, es decir, el pensamiento en sí mismo, sino que sirven a una representación de la que se parte como de algo establecido, ya sea para refutar a otras representaciones y otros filosofemas, ya sea para defender filosóficamente, en contra de ellos, la propia doctrina religiosa, de tal modo que el pensamiento no se reconoce y expresa como lo último, como la culminación absoluta del contenido, como el pensamiento que interiormente se determina a sí mismo.

Por consiguiente, aunque los Padres de la Iglesia pensaran muy especulativamente dentro de la doctrina de la Iglesia misma, ya que el contenido de la religión cristiana sólo puede concebirse por la vía especulativa, es evidente que la justificación final de este contenido no era el pensamiento, como tal, sino la doctrina de la Iglesia; la doctrina filosófica aparece aquí encuadrada dentro de un concepto doctrinal fijo, y no como un pensamiento que parte libremente de sí mismo. Y lo mismo ocurre con los escolásticos: tampoco en ellos se construye el pensamiento a base del pensamiento mismo, sino con vistas a las premisas de que parte, aunque aquí tenga ya más base propia que en los Padres de la Iglesia; pero sin llegar a enfrentarse nunca con la doctrina de ésta; se trata, por el contrario, de que ambas cosas concuerden, como en efecto concordaban, asignándose al pensamiento, simplemente, la misión de probar lo que ya la Iglesia enseña como verdad.

c) *Deslinde entre la filosofía y la filosofía popular.* De los dos campos afines a la filosofía, veíamos que uno, el de las ciencias especiales, adolece, para poder ser considerado como filosofía, del defecto de sumirse, como visión propia y pensamiento propio, en la materia finita, y de conocer, como actividad, solamente lo finito, no el contenido, sino simplemente lo formal, el momento subjetivo. El segundo de dichos campos, el de la religión, por el contrario, sólo tiene de común con la filosofía el contenido, el momento subjetivo, mientras que el pensar sobre sí mismo no es, en ella, momento esencial, sino el objeto en forma imaginativa o histórica.

La filosofía reclama la unidad y el entrelazamiento de estas dos partes: en ella se unen el domingo de la vida, en que el hombre renuncia humildemente a sí mismo, y el día de labor, en que el hombre pisa firmemente, se siente dueño y señor y obra con arreglo a sus propios intereses. Un término medio que parece enlazar una cosa y otra es la *filosofía popular*, la cual trata de temas generales y filosofa en torno a Dios y al mundo; en ella, el pensamiento se pone también en acción para llegar a conocer tales objetos. Pero también esta filosofía debe ser dejada a un lado por nosotros en la historia que emprendemos. Podríamos incluir en ella, por ejemplo, las obras de Cicerón; en sus páginas nos encontramos, evidentemente, con una filosofía que ocupa el lugar que le corresponde y en la que se dicen cosas excelentes. Cicerón vivió múltiples experiencias de la vida y del ánimo y sacó de ellas lo que juzgó verdadero, después de ver cómo marchaban las cosas en el mundo; habla, con un espíritu cultivado, acerca de los más importantes problemas del hombre y es acreedor, por ello, a nuestra consideración y a nuestro amor. También cabe incluir en esta filosofía popular a los místicos, aunque desde otro punto de vista: éstos expresan su profunda devoción, y sus experiencias se refieren a las regiones superiores del espíritu; no cabe duda de que pueden llegar a expresar el supremo contenido y de que su exposición puede ser atrayente, cautivadora. En las obras de un Pascal, principalmente en sus *Pensées*, descubrimos los más profundos atisbos. Pero esta filosofía lleva adherido aún el defecto de que lo último a que apela (como vemos también en estos últimos tiempos) es que estos pensamientos han sido inculcados en el hombre por la naturaleza; en Cicerón abunda esto. Hoy, se habla del instinto moral, y se lo llama sentimiento; también a la religión se la hace descansar hoy no sobre algo objetivo, sino sobre el sentimiento religioso, entendiendo que su fundamento último es la conciencia directa de Dios en el hombre. Cicerón habla frecuentemente del *consensus gentium;* el modo moderno prescinde más o menos de esta invocación, ya que se trata de que el sujeto descanse sobre sí mismo. Se invoca primeramente la sensación y tras ella viene un razonamiento apoyado en fundamentos; pero éstos, a su vez, sólo pueden apelar a lo inmediato. Es cierto que se postula, también aquí, el pensar por cuenta propia, y también el contenido se deriva del yo. Sin embargo, también esta manera de pensar debe ser eliminada del campo de la filosofía. En efecto, la fuente de que se hace brotar el contenido es análoga a la de aquellos otros dos campos a que primeramente nos referíamos. En las ciencias finitas la fuente es la naturaleza, en la religión el espíritu; pero esta fuente es autoridad, el contenido es algo dado y la devoción sólo momentáneamente supera esta exterioridad. En la filosofía popular, la fuente es el corazón, son los impulsos, las dotes, es nuestro ser natural, mi sentimiento del derecho, de Dios; el contenido se presenta aquí bajo una forma que es simplemente natural. Es cierto que en el sentimiento se condensa todo, pero también en la mitología es todo contenido; pero en ambos casos lo es sin serlo de un modo verdadero. Las leyes, las doctrinas de la religión, sirven de vehículo para que este contenido se revele a la conciencia de un determinado modo, mientras que en el sentimiento la arbitrariedad de lo subjetivo aparece siempre mezclada al contenido.

3. El comienzo de la filosofía y de su historia

Después de determinar el concepto de la filosofía en el sentido de ver en ella el pensamiento que es, en cuanto contenido general, todo ser, veremos en la historia de la filosofía cómo van apareciendo los criterios que contribuyen a determinar este contenido. Pero, antes, hay que contestar a esta pregunta: ¿dónde comienzan la filosofía y su historia?

a) *La libertad de pensamiento como condición inicial.* La respuesta general a esta pregunta es, a tono con lo que queda expuesto, la siguiente: la filosofía comienza allí donde lo general es concebido como el ser que lo abarca todo o donde el ser es concebido de un modo general, donde se manifiesta el pensamiento del pensamiento. ¿Dónde ocurre esto? ¿Dónde comienza esto? En estas preguntas se contiene lo histórico del problema. Es necesario que el pensamiento exista por sí mismo, que cobre existencia en su libertad, que se desprenda de lo natural y salga de su ensimismamiento al terreno de la intuición; que entre libremente dentro de sí y cobre de ese modo la conciencia de la libertad. El verdadero punto de arranque de la filosofía debe buscarse allí donde lo absoluto no existe ya como representación y donde el pensamiento libre no piensa simplemente lo absoluto, sino que capta la idea de ello; es decir, allí donde el pensamiento capta como pensamiento el ser (que puede ser también el pensamiento mismo), conocido por él como la esencia de las cosas, como la totalidad absoluta y la esencia inmanente de todo, aunque no sea, por lo demás, más que un ser exterior. Por eso no puede ser objeto de la filosofía aquella esencia simple, no sensible, que los judíos concebían como Dios (pues toda religión es pensamiento), pero sí, en cambio, tesis como éstas: "la esencia o el principio de las cosas es el agua, o el fuego, o el pensamiento".

Este criterio general, el del pensamiento que se piensa a sí mismo, es una determinabilidad abstracta; es el comienzo de la filosofía, el cual es, a su vez, un algo histórico, la forma concreta de un pueblo, cuyo principio se cifra en lo que acabamos de decir. Cuando decimos que para que surja la filosofía hace falta que se dé la conciencia de la libertad, queremos decir que este principio debe ser básico en el pueblo donde comienza la filosofía; el pueblo que abriga esta conciencia de la libertad, basa su existencia en este principio, en el sentido de que la legislación y el estado todo del pueblo tiene su fundamento, exclusivamente, en el concepto que el espíritu se forma de sí mismo en sus categorías.

Desde el punto de vista práctico, esto exige también que en ese pueblo florezca la verdadera libertad, la libertad política; ésta sólo comienza allí donde el individuo por sí mismo, como tal individuo, se reconoce como general y esencial, donde tiene un valor infinito o donde el sujeto ha adquirido la conciencia de la personalidad, es decir, donde pretende valer exclusivamente por sí mismo. El pensamiento filosófico libre se halla inmediatamente vinculado con la libertad práctica por un nexo que consiste en que, así como aquél es el pensamiento del objeto absoluto, general y esencial, ésta, al pensarse, se da a sí misma la determinación de lo general. El pensar es siempre reducir algo a la forma de lo general, de tal modo que el pensamiento, en primer lugar, hace de lo general su objeto o determina lo objetivo, los detalles de las cosas naturales que existen en la conciencia sensible, como lo general, como un pensamiento objetivo; y, en segundo lugar, esto lleva también consigo el que, al conocer y saber ahora este algo general objetivo e infinito, me mantengo yo mismo, al mismo tiempo, en el punto de vista de la objetividad frente a ello.

Por razón de esta conexión general de la libertad política con la libertad de pensamiento, la filosofía sólo aparece en la historia allí donde y en la medida en que se crean constituciones libres. Como el espíritu sólo necesita separárse de su voluntad natural y de su hundirse natural en la materia cuando pretende filosofar, no puede hacerlo todavía bajo la forma con que comienza el Espíritu del Mundo y que precede a la fase de aquella separación. Esta fase de la unidad del espíritu con la naturaleza, fase que, como inmediata que es, no es el estado verdadero y perfecto, es la esencia oriental en general; por eso la filosofía no comienza hasta llegar al mundo griego.

b) *Eliminación del Oriente y de su filosofía.* Conviene dar algunas explicaciones acerca de la primera forma. En ella, el espíritu, como conciencia y voluntad, es tan sólo apetente: la conciencia de sí mismo se halla aquí, todavía, en su primera fase, en la que el ciclo de sus representaciones y de su voluntad es un ciclo finito. Por tanto, como aquí la inteligencia es finita, sus fines no son todavía un algo general por sí mismos; en cambio, cuando un pueblo quiere lo moral, cuando se rige por leyes de derecho, su voluntad descansa ya sobre el carácter de lo general. Esto presupone un fortalecimiento del espíritu, con lo que comienza a ser libre, pues la voluntad general, como proyección del pensamiento sobre el pensamiento o sobre lo general, encierra un pensamiento atenido a sí mismo. Por consiguiente, cuando un pueblo quiere ser libre, lo que hace es supeditar sus apetitos a la ley general, mientras que antes lo por él querido era solamente algo particular.

Ahora bien, la finitud de la voluntad es el carácter propio y específico de los orientales, en quienes la voluntad no ha llegado aún a concebirse a sí misma como general, pues el pensamiento no es aún libre por sí mismo. Por eso sólo existe, en esos pueblos, el estado del señor y el del siervo, y dentro de esta órbita del despotismo, es el miedo la categoría gobernante en general. En efecto, como aquí la voluntad no se ha liberado todavía de lo finito, sólo se la puede concebir negativamente: y este sentimiento de la negación, de que algo no podrá hacer frente a lo que se le opone, es precisamente el miedo; en cambio, la libertad consiste en no basarse en lo finito, sino en el ser para sí, que no puede ser atacado. La religión presenta, necesariamente, el mismo carácter, en cuanto que el miedo al Señor es el factor fundamental, sobre el que no es posible remontarse. "El principio de la sabiduría es el temor al Señor": esta afirmación es, indudablemente, cierta; no cabe duda de que el hombre tiene que empezar por conocer los fines finitos en la determinación de lo negativo. Pero, además, el hombre necesita sobreponerse al miedo mediante la superación de esos fines finitos; en cambio la satisfacción que esa religión procura se halla, de suyo, circunscrita a lo finito, ya que las modalidades fundamentales de la reconciliación son formas naturales personificadas y adoradas.

La conciencia oriental se eleva evidentemente a lo infinito por encima del contenido natural, pero contra el poder al que el individuo teme se considera solamente como algo accidental. Esta actitud de dependencia puede revestir dos formas; más aún, tiene necesariamente que pasar de un extremo a otro: lo finito, tal como existe para la conciencia, puede presentar la forma de lo finito como finito, o llegar a convertirse en algo infinito, lo cual, sin embargo, sólo es algo abstracto. El hombre que vive bajo el miedo y el que domina por el miedo a otros hombres ocupan, ambos, la misma fase; la diferencia no es otra que la mayor energía de la voluntad, la cual puede tender a sacrificar todo lo finito a un fin especial. El déspota pone por obra sus ocurrencias, incluso las buenas, pero no como ley, sino como arbitrariedad; de la pasividad de la voluntad, como esclavitud, se pasa en la práctica a la energía de la voluntad, pero sin que tampoco ésta sea otra cosa que arbitrariedad. También en la religión nos encontramos con el imperio absoluto de los sentidos en forma de culto religioso y, como reacción contra esto, se da asimismo, entre los orientales, la evasión a la más vacua de las abstracciones como infinito, la sublimidad de la renuncia a todo, principalmente entre los indios, quienes por medio del tormento se remontan a la abstracción más íntima; hay hindúes que se pasan diez años seguidos mirándose fijamente a la punta de la nariz, alimentados por los circunstantes, sin ningún otro contenido espiritual que el de la abstracción consciente, cuyo contenido es, por tanto, totalmente finito. No es éste, por tanto, el terreno en que puede brotar la libertad.

Es cierto que el espíritu nace en el Oriente, pero de tal modo que el sujeto, aquí, no existe todavía como persona, sino en lo sustancial objetivo, que en parte se representa de un modo suprasensible y en parte también de un modo más bien material, como algo negativo y que tiende a desaparecer. El estado más alto a que puede llegar la individualidad, la eterna bienaventuranza, se representa como un adentramiento en la sustancia, como una extinción de la conciencia y, por tanto, de la diferencia entre sustancia e individualidad, lo que equivale a destrucción; se produce, por tanto, una relación carente de espíritu, en cuanto que la fase más alta de la relación es la inconciencia. Pero, en cuanto que el hombre no ha alcanzado aquella bienaventuranza, sino que se considera, como individuo concreto existente, distinto de la sustancia general, se ve fuera de la unidad, no posee valor alguno y es, en cuanto lo accidental y carente de derechos, lo solamente finito; se encuentra, así, como lo determinado por la naturaleza, por ejemplo en las castas.

La voluntad, aquí, no es una voluntad sustancial; es la voluntad de la arbitrariedad entregada a las contingencias de dentro y de fuera, ya que sólo la sustancia es lo afirmativo. Por tanto, aun sin excluir la posibilidad de la nobleza, la grandeza y hasta la sublimidad del carácter, éstas sólo se darán, aquí, como determinaciones naturales o caprichosas, nunca respondiendo a los criterios objetivos de la moralidad de la ley, que todos deben respetar, que rigen para todos y en los que, precisamente por ello, todos se pueden conocer. El sujeto oriental tiene, de este modo, la ventaja de la independencia, ya que nada hay fijo; la vaguedad que caracteriza la sustancia de los orientales hace que su carácter pueda ser igualmente indeterminado, libre e independiente. Lo que es para nosotros el derecho y la moralidad lo es también allí, en el estado, pero de un modo sustancial, natural, patriarcal, no en forma de libertad subjetiva. En este sentido, no existen entre los orientales la conciencia ni la ética; todo es simplemente un orden natural en el que coexisten lo más malo y lo más noble.

Consecuencia de ello es que aquí no pueda abrirse paso un verdadero conocimiento filosófico. Para ello, es necesario llegar a conocer la sustancia, lo general absoluto, que, aunque pensado y desarrollado por nosotros, existe frente a nosotros como algo objetivo y que, aun siendo considerado por nosotros como lo sustancial, en cuanto que nosotros lo pensamos es, al mismo tiempo, lo nuestro, en lo que encontramos nuestra determinación, es decir, en lo que nos mantenemos afirmativamente; por donde nuestros pensamientos no son solamente determinaciones subjetivas y, por tanto, opiniones, sino también, en cuanto pensamientos nuestros, pensamientos de lo objetivo o pensamientos sustanciales.

Por eso hay que excluir de la historia de la filosofía lo oriental; sin embargo, en su conjunto daremos aquí algunos datos acerca de ello. En otro lugar,[7] hemos prescindido de esto, pues en realidad sólo desde hace algún tiempo estamos en condiciones de poder emitir un juicio acerca de ello. Antes, se exageraba la importancia de la sabiduría india, aunque sin saber qué había detrás de eso; ahora sí lo sabemos, y tenemos razones para afirmar que no es, si nos atenemos al carácter general, una sabiduría filosófica.

c) *La filosofía comienza en Grecia*. La verdadera filosofía comienza en Occidente. Es aquí donde aparece por primera vez esa libertad de la conciencia de sí mismo que hace pasar a segundo plano la conciencia natural y da vuelo al espíritu. Bajo el brillo del Oriente, el individuo desaparece; en el Occidente, la luz se convierte en la chispa del pensamiento que brota de sí mismo y se crea desde dentro su mundo. La bienaventuranza occidental se halla determinada, por tanto, de tal modo que en ella perdure el sujeto como tal y permanezca en lo sustancial, pues el espíritu individual concibe su ser como lo general, y la generalidad consiste, precisamente, en esta proyección sobre sí mismo. Este ser consigo mismo, esta personalidad e infinitud del yo es la que constituye el ser del espíritu; éste *es* así y no puede ser de otro modo. Cuando un pueblo se sabe libre y es solamente como algo general, este saberse libre y esta generalidad son el ser de ese pueblo, el principio de toda su vida moral y de su vida entera. Sólo sabemos, por ejemplo, nuestro ser esencial de tal modo que la libertad personal es condición fundamental de él, por lo cual no podemos

---

[7] En mi curso del semestre de invierno de 1825-26.

vernos reducidos a esclavitud; si no hubiese más ley que el capricho del príncipe y éste se obstinara en implantar la esclavitud dentro de su estado, tendríamos la conciencia de que no sería posible hacerlo. Dormir, vivir, ser funcionarios: no consiste en esto nuestro ser esencial, pero sí consiste en no ser esclavos; esto ha cobrado la significación de un ser natural. He aquí por qué, en Occidente, pisamos el terreno de la verdadera filosofía.

En cuanto que, en mis impulsos, dependo de otro, en cuanto que cifro mi ser en algo particular, soy, en cuanto existo, algo no igual a mí mismo, pues yo soy yo, lo absolutamente general, pero vivo, al mismo tiempo, prisionero de una pasión. Es un estado de arbitrariedad o de libertad formal, que tiene por contenido los impulsos. El fin de la verdadera voluntad, lo bueno, lo justo, donde a la vez que soy libre soy algo general y donde los demás son también libres como yo e iguales a mí, existiendo, por tanto, una relación entre hombres libres y hombres libres y, en consecuencia, leyes esenciales, determinaciones de la voluntad general, una constitución jurídica: esta libertad no la encontramos hasta llegar al pueblo griego. Por eso es aquí donde comienza la filosofía.

En Grecia vemos florecer la libertad real, aunque prisionera todavía, al mismo tiempo, de una determinada forma y con una clara limitación, puesto que en Grecia existían aún esclavos y los estados griegos se hallaban condicionados por la institución de la esclavitud. Podríamos, de un modo superficial, determinar por medio de las siguientes abstracciones la libertad en el Oriente, en Grecia y en el mundo germánico: en el Oriente sólo es libre un individuo, el déspota; en Grecia, son libres algunos individuos; en el mundo germánico, rige la norma de que todos sean libres, es decir, de que el hombre sea libre como tal. Pero como el individuo, en Oriente, no puede ser libre, ya que para ello sería necesario que también fuesen libres, frente a él, los otros, nos encontramos con que, aquí, sólo rigen los apetitos, la arbitrariedad, la libertad formal. En Grecia, donde rige una norma particular, son libres los atenienses y los espartanos, pero no lo son, en cambio, los mesenios ni los ilotas. Hay que ver dónde reside el fundamento de este "algunos"; en él se encierran ciertas modificaciones particulares de la concepción griega que debemos examinar con vistas a la historia de la filosofía. Pero el examen de estas diferencias nos lleva ya, en realidad, a la división de la historia de la filosofía.

C) DIVISIÓN, FUENTES Y MÉTODO DE LA HISTORIA DE LA FILOSOFÍA

1. División de la historia de la filosofía

Si abordamos científicamente el problema, la división de la historia de la filosofía se desprenderá por sí misma como algo necesario. En general, sólo cabe distinguir, en rigor, dos épocas de la historia de la filosofía: la filosofía griega y la filosofía germánica, división equivalente a la que se establece entre el arte antiguo y el arte moderno. La filosofía germánica es la filosofía dentro del cristianismo, en la medida en que éste pertenece a las naciones germánicas, es decir, a los pueblos cristianos de Europa pertenecientes al mundo de la ciencia y que forman, en su conjunto, la cultura germánica, pues Italia, España, Francia, Inglaterra, etc., han recibido a través de las naciones germánicas una nueva fisonomía. El helenismo penetra también en el mundo romano, y así debe enfocarse la filosofía dentro del marco de este mundo. Los romanos no produjeron una verdadera filosofía, del mismo modo que no tuvieron nunca verdaderos poetas. No hicieron otra cosa que recibir e imitar, aunque, con frecuencia, muy ingeniosamente; su misma religión procede de la griega y lo que en ella hay de propio y peculiar no la acerca a la filosofía y al arte, sino que es, por el contrario, antifilosófico y antiartístico.

Es necesario indicar, con cierta precisión, las determinaciones de aquellas dos contraposiciones fundamentales. El mundo griego desarrolló el pensamiento hasta llegar a la idea; el mundo cristiano-germánico, por el contrario, concibe el pensamiento como espíritu; idea y espíritu son, por tanto, los criterios diferenciales. Más precisamente, esta trayectoria estriba en lo siguiente. En tanto que lo general todavía indeterminado e inmediato, Dios, el ser, el pensamiento objetivo que, celosamente, no deja que nada coexista con él, es la base sustancial de toda filosofía, base que no cambia, sino que se adentra más y más profundamente en sí misma y se manifiesta y cobra conciencia a través de este desarrollo de las determinaciones, podemos señalar el carácter especial del desarrollo en el *primer* período de la filosofía diciendo que este desarrollo es una libre manifestación de las determinaciones, las figuraciones y las cualidades abstractas, por la sencilla razón de que, en sí, lo contiene ya todo.

La *segunda* fase sobre este fundamento general es la síntesis de estas determinaciones que así se desprenden en una unidad ideal, concreta, al modo de la subjetividad. En efecto, aquellas primeras determinaciones eran, como inmediatas, todavía abstracciones; pero, además, lo absoluto debe ser concebido ahora como lo general que se determina a sí mismo de un modo infinito, como el pensamiento activo, no como lo general en esta determinabilidad. Se establece, pues, como la totalidad de las determinabilidades, como el detalle concreto; con el νοῦς de Anaxágoras y, más aún, con Sócrates comienza, de este modo, una totalidad subjetiva en que el pensamiento se capta a sí mismo y la actividad pensante es el fundamento.

La *tercera* fase consiste en que esta totalidad primeramente abstracta, al ser realizada mediante el pensamiento activo, determinante, diferencial, se establezca a sí misma en sus criterios diferenciados, que forman parte de ella en cuanto determinaciones ideales. Y como estas determinaciones se contienen, no separadas, en la unidad y, por tanto, cada una de ellas, dentro de ésta, es también la otra, tenemos que estos momentos contrapuestos se elevan, a su vez, al plano de totalidades. Las formas completamente generales de la contraposición son lo general y lo particular; o, en otra forma, el pensamiento como tal y la realidad exterior, la sensación, la percepción. El concepto es la identidad de lo general y lo particular; en tanto estos dos factores se establecen luego, a su vez, como factores concretos, resulta que lo general, en él, es, al mismo tiempo, la unidad de la generalidad y la particularidad, y lo mismo puede decirse de lo particular. La unidad se establece, por tanto, en ambas formas, y los momentos abstractos sólo pueden cumplirse por medio de esta unidad misma; nos encontramos, pues, con que aquí las mismas diferencias se ven elevadas a un sistema de totalidad y se enfrentan como la filosofía estoica y la epicúrea.

Lo general absolutamente concreto es, ahora, el espíritu; lo particular absolutamente concreto, la naturaleza: en el estoicismo se desarrolla el pensamiento puro hasta llegar a la totalidad; cuando el otro aspecto se convierte en espíritu y el ser natural, la sensación, en totalidad, tenemos el epicureísmo. Toda determinación se desarrolla hasta la totalidad del pensamiento; y, según el modo de espontaneidad de estas esferas, estos principios aparecen como dos sistemas de filosofía independientes por sí mismos que pugnan y chocan el uno con el otro. En sí son idénticos, pero se consideran como antagónicos; y también la idea, tal como tiene conciencia de sí, aparece en una determinabilidad unilateral.

Lo superior es la unión de estas diferencias. Puede ocurrir esto bajo la forma de la destrucción, como en el escepticismo; pero lo superior es lo afirmativo, la idea puesta en relación con el concepto. Así, pues, si el concepto es lo general, que además se determina a sí mismo, pero sin perder su unidad en la idealidad y la transparencia de sus determinaciones que no cobran sustantividad, y lo ulterior es, por el contrario, la realidad del concepto, en el que las mismas diferencias se elevan al plano de totalidades, la *cuarta* fase consiste en la unificación de la idea, en la que todas estas diferencias, en cuanto totalidades, se esfuman, al mismo tiempo, en la unidad concreta del concepto. Esta síntesis se opera, al principio, de un modo espontáneo, en cuanto que el ideal mismo sólo se capta en el elemento de la generalidad.

El mundo griego progresó hasta llegar a esta idea, desarrollando para ello un mundo intelectual ideal; fué esto lo que hizo la filosofía alejandrina, con la que la filosofía griega llega a término y realiza su destino. Si queremos representarnos metafóricamente esta trayectoria, diríamos que A) el pensamiento es α) totalmente abstracto, como el espacio general o absoluto, por el que se entiende también con frecuencia el espacio vacío; β) en seguida, aparecen las determinaciones más simples del espacio, comenzando por el punto para pasar luego a la línea y al ángulo; γ) la tercera fase es la de su unión en el triángulo, figura que es ya, ciertamente, concreta, pero que se mantiene todavía en este elemento abstracto de la superficie y que es, por tanto, solamente la primera totalidad y limitación todavía formales, a las que corresponde el νοῦς. B) La fase ulterior consiste en que, mientras dejamos que se convierta de nuevo en superficie cada una de las líneas que cierran el triángulo, cada una de ellas se desarrolle para formar la totalidad del triángulo, la figura total de que forma parte; tal es la realización del todo en los lados, como se nos revela en el escepticismo o en el estoicismo. C) La fase final consiste en que estas superficies o estos triángulos laterales se junten y cierren para formar todos ellos un cuerpo, una totalidad: este cuerpo es ya, por vez primera, la determinación espacial perfecta, que representa una duplicación del triángulo; pero este ejemplo ya no sirve, desde el momento en que el triángulo que tomamos como base queda fuera de la pirámide.

El remate de la filosofía griega en el neoplatonismo es el

reino perfecto del pensamiento, de la bienaventuranza, un mundo de los ideales con existencia propia, pero irreal, ya que el todo sólo se halla, en absoluto, en el elemento de la generalidad. A este mundo le falta todavía lo particular, como tal, que constituye un momento esencial del concepto; para que haya realidad, es necesario que en la identidad de los dos lados de la idea se establezca también como negativa la totalidad independiente. Sólo a través de esta negación que es para sí, la cual es la subjetividad absoluta, se eleva la idea al plano del espíritu. El espíritu es la subjetividad de saberse; pero sólo es espíritu en cuanto que sabe como totalidad el objeto, que es él mismo, y en cuanto que es totalidad por sí mismo. Es decir, los dos triángulos que se hallan en la parte de arriba y en la parte de abajo del prisma no deben ser dos como duplicados, sino que deben formar una unidad entrelazada; o, dicho de otro modo, con el cuerpo nace la diferencia entre el centro y el resto de la periferia corporal.

Esta contraposición entre la corporeidad real y el centro, como lo simple, se manifiesta ahora; y la totalidad es la unión del centro y de la sustancialidad; pero no una unión espontánea, sino de tal modo que lo subjetivo tenga en ella la conciencia de ser lo subjetivo frente a lo objetivo y sustancial. La idea es, entonces, esta totalidad, y la idea consciente de sí misma algo esencialmente distinto de la sustancialidad; aquélla se establece por sí misma, pero de tal modo que es concebida como algo sustancial por sí mismo. La idea subjetiva empieza siendo puramente formal; pero es la posibilidad real de lo sustancial, de lo general en sí, y tiene por destino el llegar a realizarse y establecer su identidad con la sustancia.

A través de esta subjetividad y de esta unidad negativa, a través de esta negatividad absoluta, el ideal, ahora, no es objeto solamente para nosotros, sino para sí mismo; este principio se inicia con el mundo cristiano. De este modo, en el principio moderno el sujeto es libre por sí mismo y el hombre conquista su libertad como tal hombre; y a ello se refiere la representación de que, por ser espíritu, tiene por sus dotes el destino infinito de llegar a ser sustancial. Dios es conocido como espíritu que se duplica por sí mismo, pero que, al mismo tiempo, levanta esta diferencia, para adquirir, en ella, el ser en y para sí. La misión del mundo consiste, siempre, en reconciliarse con el espíritu, en llegar a conocerse en él, y esta misión es conferida al mundo germánico.

Los primeros comienzos de esta misión se dan en la religión, que es la intuición y la fe de este principio como una existencia real, antes de llegar a su verdadero conocimiento. En la religión cristiana, este principio vive más bien como sentimiento y como representación: lleva implícito el destino del hombre como llamado a gozar de la eterna bienaventuranza, como objeto de la gracia y la caridad divinas, del interés divino, es decir, como dotado de un valor infinito en cuanto hombre; y se precisa, dicho principio, en el dogma de la unidad de la naturaleza divina y humana revelado por Cristo a los hombres, según el cual la idea subjetiva y objetiva, el hombre y Dios, forman una unidad. Bajo otra forma, nos encontramos con esto mismo en el viejo relato del pecado original, según el cual la serpiente no engañó al hombre, pues Dios dice, en él: "He aquí, el hombre es como uno de Nos, sabiendo el bien y el mal."

Esta unidad del principio subjetivo y de la sustancialidad es lo que interesa; en el proceso del espíritu, esta unidad o ser para sí del sujeto se despoja de su modalidad inmediata para manifestarse como algo identificado con lo sustancial. Este fin del hombre se proclama como la perfección suma. Vemos por ello que las representaciones religiosas y la especulación no se hallan tan alejadas entre sí como suele pensarse; y hago referencia a estas nociones para que no nos avergoncemos de seguir dándoles, a pesar de todo, oídos, aunque estemos ya muy por encima de ellas, para que no nos avergoncemos de nuestros antepasados cristianos, que con tanto respeto las escuchaban.

El fundamento sobre el que descansa la filosofía nacida en el seno del cristianismo es, según esto, la existencia de dos totalidades: una duplicación de la sustancia, pero caracterizada por el hecho de que las dos totalidades ya no aparecen desdobladas, sino, por el contrario, entrelazadas y postuladas la una por la otra. Así como antes el estoicismo y el epicureísmo, cuya negatividad era el escepticismo, aparecían cada uno por su lado y a la postre se abría también camino la generalidad en sí de ambos, ahora estos momentos pasan a ser, conscientemente, totalidades distintas y, aun en su contraposición, se establecen, no obstante, como formando una unidad. Estamos ante la idea verdaderamente especulativa, ante el concepto en sus determinaciones, cada una de las cuales se realiza como totalidad y se refiere, pura y simplemente, a la otra.

Estamos, pues, en rigor, ante dos ideas, la idea subjetiva como saber y la idea concreta sustancial; y la filosofía moderna tiene su interés en la evolución y la formación de este principio, en que cobre conciencia en el pensamiento. Por eso las determinaciones presentan un carácter más concreto que en la filosofía antigua. Esta contraposición, cuyos extremos aparecen agudizados, concebida en su más general significación es la contraposición entre el pensar y el ser, entre la individualidad y la sustancialidad, de tal modo que, dentro del sujeto mismo, su libertad se mueva nuevamente dentro del círculo de la necesidad; es la contraposición entre sujeto y objeto, entre naturaleza y espíritu, en cuanto que éste, como algo finito, se contrapone a la naturaleza.

La filosofía griega es una filosofía candorosa, porque aún no tiene en cuenta esta contraposición entre el ser y el pensar, sino que parte de la premisa inconsciente de que el pensar es también el ser. Es cierto que nos encontramos con ciertas fases de la filosofía griega que parecen situarse ya en el mismo punto de vista de las filosofías cristianas, como ocurre, por ejemplo, con la filosofía sofística, la neoacadémica y la escéptica, cuando proclaman la doctrina de que no es posible llegar al conocimiento de la verdad: esta doctrina parece, en efecto, coincidir con las modernas filosofías de la subjetividad en que todas las determinaciones del pensamiento tienen un carácter puramente subjetivo, sin que sea posible emitir fallo alguno sobre la objetividad.

Existe, sin embargo, una diferencia esencial. En las antiguas filosofías que sostienen que sólo conocemos las apariencias de las cosas se contiene ya, con ello, el todo; sólo en cuanto a lo práctico concedían la nueva Academia y los escépticos que era posible obrar rectamente, moralmente y razonablemente aunque sólo se tomara como norma y pauta, en la vida, lo aparente. Pero, aunque sólo se tome como base lo aparente, no se pretende, ni mucho menos, que en ello resida el conocimiento de la verdad y del ser, como lo sostienen los idealistas puramente subjetivos de los tiempos modernos, los cuales, sin embargo, siguen divisando, allá en el fondo, un ser en sí, un más allá, al que no es posible llegar por la vía pensante, cognoscitiva; es éste un saber inmediato, una fe, una intuición, una nostalgia del más allá, tal como se percibe, por ejemplo, en Jacobi.

Los filósofos antiguos no sentían semejante nostalgia, sino, por el contrario, una perfecta satisfacción y quietud dentro de aquella certeza que les llevaba a ver un conocimiento en lo que no era más que una apariencia. En este punto, es necesario, pues, guardar firmemente las posiciones, si no queremos caer, partiendo de la igualdad de los resultados, en el error de ver en aquellas filosofías antiguas, en todo y por todo, las determinaciones de la moderna subjetividad. El candor de la filosofía antigua, que hacía pasar lo aparente por la esfera total, alejaba en aquellos pensadores toda duda acerca del pensamiento de lo objetivo. Esta marcada contraposición cuyos dos términos relaciona, esencialmente, la época moderna como totalidades entre sí, presenta también la forma de la contraposición entre la razón y la fe, entre la concepción propia y la verdad objetiva, la cual debe aceptarse sin ninguna razón propia e incluso sacrificando esta razón y renunciando a ella; es la fe en sentido eclesiástico o la fe en el sentido moderno, que consiste en rechazar la razón para dar oídas a una revelación interior a que se da el nombre de certeza o intuición inmediata, de un sentimiento descubierto en uno mismo. La contraposición entre este saber llamado aún a desarrollarse y el saber ya desarrollado, suscita especial interés. Ambos tipos de saber implican la unidad del pensamiento o la subjetividad y la verdad o la objetividad; la diferencia consiste en que bajo la primera forma se dice que el hombre natural conoce la verdad tal como directamente la cree, mientras que en la segunda forma, aun estableciéndose también en ella la unidad de saber y verdad, se hace de tal modo que el sujeto se eleva aquí por encima de la modalidad inmediata de la conciencia sensible y sólo llega a la verdad a través del pensamiento.

La meta consiste en pensar lo absoluto como espíritu, como general, como algo que, cuando la bondad infinita del concepto hace brotar libremente de sí, en su realidad, sus determinaciones, se las asimila y comunica totalmente, pudiendo por ello ser indiferentes entre sí o pugnar las unas contra las otras, pero sin que por ello estas totalidades dejen de formar una unidad, siendo idénticas no sólo en sí, como parece reflejarse en nosotros, sino también para sí, lo cual quiere decir que los criterios determinantes de su diferencia son, por sí mismos, puramente ideales.

Por tanto, si podemos expresar el punto de partida de la historia de la filosofía diciendo que Dios es concebido como la universalidad inmediata, aún no desarrollada, y que su meta, consistente en captar lo absoluto como espíritu a lo largo de la trayectoria tres veces y media milenaria del Espíritu del Mundo, bastante lenta, como se ve, es la meta de nuestro tiempo, será fácil para nosotros pasar de una determinación a otra, después de haber señalado los defectos de la que se abandona; pero en el transcurso de la historia esto no es tan fácil.

Tenemos, pues, ante nosotros, en conjunto, dos filosofías: la griega y la germánica. En la segunda, debemos distinguir la época en que la filosofía se manifiesta formalmente como tal y el período que sirve de formación y preparación para la época moderna. La filosofía germánica sólo puede arrancar del punto en que se manifiesta, bajo su forma peculiar, como tal filosofía. Entre el primer período y el período moderno se interpone, como época intermedia, aquella etapa de fermentación de la filosofía moderna que, de una parte, se atiene a la esencia sustancial sin cobrar forma alguna, mientras que, de otra parte, desarrolla el pensamiento como simple forma de una verdad que se da por supuesta, hasta que se reconoce a sí mismo como el fundamento y la fuente libres de la verdad.

La historia de la filosofía se divide, pues, en tres períodos: el de la filosofía griega, el de la filosofía del período intermedio y el de la filosofía de la época moderna. El primero se halla determinado, en general, por el pensamiento, el segundo se divide por la contraposición entre la esencia y la reflexión formal y el tercero se basa en el concepto. Pero no debe entenderse esto en el sentido de que en el primer período sólo se contienen pensamientos; sería falso creerlo así, pues en él se contienen también conceptos e ideas, del mismo modo que el último período tiene como punto de partida pensamientos abstractos, que en el fondo forman un dualismo.

Primer período. Va desde Tales de Mileto, alrededor del año 600 a. c., hasta el florecimiento de la filosofía neoplatónica mediante Plotino en el siglo III d. c., y su desarrollo y prosecución por Proclo, en el siglo V, hasta la desaparición de toda filosofía. La filosofía neoplatónica pasa luego al cristianismo, y muchas filosofías cristianas tienen por única base esta filosofía. Este período abarca unos mil años, cuyo final coincide con las grandes migraciones de los pueblos y con la desaparición del Imperio romano.

Segundo período. Es el período de la Edad Media. Pertenecen a él los escolásticos e, históricamente, hay que mencionar también dentro de él a los árabes y los judíos, si bien esta filosofía se desarrolla, principalmente, dentro de la Iglesia; se trata de un período que abarca más de mil años.

Tercer período. La filosofía de los tiempos modernos sólo

se manifiesta por sí misma después de la guerra de los Treinta años, con Bacon, Jacob Böhme y Descartes; este último comienza con la distinción del *cogito, ergo sum*. Trátase de un período de un par de siglos; por tanto, esta filosofía es todavía algo nuevo.

2. Fuentes de la historia de la filosofía

Las fuentes de la historia de la filosofía tienen un carácter distinto al de las de la historia política. Las fuentes de ésta son los historiadores, quienes, a su vez, toman como fuente para sus historias los hechos y las palabras de los individuos; además, los historiadores no originales se documentan, por decirlo así, de segunda mano. Pero, de un modo o de otro, los historiadores convierten siempre los hechos en historia, es decir, en este caso, les dan la forma de representaciones. El nombre de historia tiene, en efecto, un doble sentido: expresa, de una parte, los hechos y acontecimientos mismos y, de otra parte, estos mismos hechos y acontecimientos convertidos ya en representaciones y con destino a la representación.

En cambio, en la historia de la filosofía no sirven de fuente los historiadores, sino que tenemos ante nosotros los hechos mismos, y son éstos, o sean las obras filosóficas mismas, las verdaderas fuentes; quien quiera estudiar seriamente la historia de la filosofía no tiene más remedio que ir directamente a estas fuentes.

Estas obras son, sin embargo, una riqueza demasiado grande para que en nuestra historia nos atengamos exclusivamente a ellas. Con respecto a muchos filósofos es inexcusablemente necesario, ciertamente, referirse a sus obras mismas; pero hay ciertos períodos cuyas fuentes no han llegado a nosotros, como ocurre, por ejemplo, con la filosofía griega más antigua, y en los que, por consiguiente, no tenemos más remedio que recurrir a los historiadores y a otros escritores. Y hay también otros períodos en que es de agradecer que otros se hayan preocupado de leer las obras de los filósofos correspondientes a esos períodos y de extractar para nosotros sus lecturas. La mayor parte de los escolásticos dejaron escritas obras en 16, 24 y hasta 26 volúmenes infolio; para llegar a su conocimiento, no hay más remedio que apoyarse en el trabajo que otros han realizado. Hay, además, muchas obras filosóficas rarísimas y muy difíciles de conseguir. Algunos filósofos sólo tienen, en gran parte, un interés histórico y literario y esto nos autoriza a recurrir, para estudiarlos, a las colecciones en que se han recogido sus doctrinas.

Las obras más notables sobre la historia de la filosofía (remitiéndonos, para más detalles, a la *Historia de la filosofía* de Tennemann, resumida por A. Wendt, ya que no es nuestro propósito ofrecer aquí una bibliografía completa), son las siguientes:

1. Una de las primeras historias de la filosofía, interesante solamente como ensayo, es la *History of Philosophy by Thomas Stanley* (Londres, 1655, fol., ed. III, 1701, traducida al latín por Godofredus Olearius, Leipzig, 1711, 4º). Es una *Historia* que se maneja ya poco y que trata solamente de las escuelas o sectas filosóficas antiguas, como si no existiesen otras nuevas. Esta obra se halla presidida, en efecto, por la noción corriente de aquellos tiempos de que sólo hay filosofías antiguas y de que los tiempos de la filosofía han terminado al venir el cristianismo, como si la filosofía fuese cosa de paganos y la verdad sólo pudiera encontrarse en el cristianismo. Se hace, a este propósito, una distinción entre la verdad creada por la razón natural en las filosofías antiguas y la verdad revelada en la religión cristiana, en la que, por lo tanto, no hay lugar para la filosofía. Es cierto que en el período del renacimiento de las ciencias no había aún verdaderas filosofías, pero sí, desde luego, en tiempo de Stanley; sin embargo, las filosofías propias eran todavía demasiado jóvenes para que la vieja generación sintiese por ellas el respeto necesario para concederles un valor propio y especial.

2. Johann Jacob Brucker, *Historia critica philosophiae*, Leipzig, 1742-1744, cuatro partes o cinco volúmenes en cuatro tomos, ya que la cuarta parte ocupa dos volúmenes; segunda edición no modificada, pero aumentada con un apéndice, 1766-1767, cuatro partes en seis volúmenes en cuarto, el último de los cuales contiene el suplemento. Trátase de una prolija compilación, no tomada exclusivamente de las fuentes, sino mezclada con reflexiones, a la moda de la época; la exposición, como ya hemos tenido ocasión de ver a la luz de un ejemplo *(supra*, p. 46) es extraordinariamente incorrecta. El modo de proceder de Brucker es absolutamente antihistórico, a pesar de que en ninguna otra historia es necesario proceder tan históricamente como en la historia de la filosofía. Es una obra llena de lastre. Existe un resumen de ella con el título de *Jo. Jac. Bruckeri Institutiones historiae philosophicae, usui academicae juventutis adornatae*, Leipzig, 1747, 8º; segunda edi-

ción, Leipzig, 1756; tercera edición, cuidada por Born, Leipzig, 1790, 8º.

3. Dietrich Tiedemann, *Geist der speculativen Philosophie* ["Espíritu de la filosofía especulativa"], Marburgo, 1791-1797; 6 vols. 8º. El autor de esta historia trata prolijamente, pero sin espíritu alguno, de la historia política en relación con la filosófica; el lenguaje empleado es rígido y lleno de florituras. En su conjunto, la obra es un triste ejemplo de cómo un profesor lleno de erudición puede dedicar toda su vida al estudio de la filosofía especulativa sin tener ni la más leve noción de lo que es la especulación. Sus *argumenta* a la edición bipontina de Platón adolecen del mismo defecto. En su libro hace extractos de los filósofos cuando éstos se mantienen en un plano razonador; pero, en cuanto pasan a lo especulativo, nuestro autor se pone, generalmente, de mal humor, lo considera todo como simples sutilezas y pone fin a su comentario con las palabras de que nosotros sabemos más de eso. Su mérito consiste en haber recogido inapreciables extractos de una serie de libros raros de la Edad Media, de las obras cabalísticas y místicas de aquel tiempo.

4. Johann Gottlieb Buhle, *Lehrbuch der Geschichte der Philosophie, und einer kritischen Literatur derselben* ["Tratado de historia de la filosofía y de una literatura crítica de la misma"], Gotinga, 1796 a 1804; 8 partes, 8º. La filosofía antigua se trata aquí con desproporcionada brevedad; cuanto más avanza en la obra, más extenso se hace el autor. Este libro contiene muchos buenos extractos de obras raras, por ejemplo de Giordano Bruno, que se hallan en las bibliotecas de Gotinga.

5. Wilhelm Gottlieb Tennemann, *Geschichte der Philosophie* ["Historia de la filosofía"], Leipzig, 1798-1819; 11 partes, 8º. La parte octava, dedicada a la filosofía escolástica, consta de dos volúmenes. Las filosofías aparecen detalladamente expuestas en esta obra, la de la época moderna mejor elaborada que las antiguas. Las filosofías de la época moderna son también más fáciles de exponer, ya que basta con extractarlas o, simplemente, con traducirlas; sus pensamientos se hallan más cerca de nosotros. Otra cosa ocurre con los filósofos antiguos, que se colocaban en otro punto de vista; por eso son también más difíciles de captar. Es fácil, en efecto, invertir lo antiguo para convertirlo en algo familiar; cuando Tennemann incurre en este defecto, su obra es casi inservible. Su tergiversación de Aristóteles, por ejemplo, es tan grande, que Tennemann casi le hace decir lo contrario de lo que en realidad pensaba

este filósofo, de tal modo que si queremos formarnos un concepto más o menos certero de la filosofía aristotélica no tenemos más que pensar lo contrario de lo que este autor dice de ella; no obstante, Tennemann es tan sincero, tan honrado, que coloca los pasajes de Aristóteles al pie de su texto, lo que hace que, no pocas veces, se contradigan el original y la traducción. Tennemann opina que es esencial que el historiador de la filosofía no tenga una filosofía propia y se jacta, por lo que a él se refiere, de ello; pero en el fondo también él tiene su sistema, que es el de la filosofía crítica. Este historiador de la filosofía alaba a los filósofos, su estudio, su genio, pero termina, en realidad, censurando a todos los que incurren en la falta de no ser todavía filósofos kantianos, de no haber investigado aún la fuente del conocimiento; lo cual da, sobre poco más o menos, el resultado de que la verdad no es cognoscible.

Por lo que a los compendios se refiere, podemos citar tres:

1. Friedrich Ast, *Grundriss einer Geschichte der Philosophie* ["Bosquejo de una historia de la filosofía"], Landshut, 1807, 8º; segunda edición, 1825. Esta obra se inspira en un espíritu mejor, que es casi siempre el de la filosofía de Schelling, sólo que algo confusa; su autor distingue, de un modo algo formal, entre la filosofía ideal y la filosofía real.

2. Extracto de la *Historia de la filosofía* de Tennemann, hecho por el profesor Wendt, de Gotinga, quinta edición, Leipzig, 1829, 8º. Le sorprende a uno ver cómo en esta obra se cita todo como filosofía, sin pararse a distinguir entre lo que es importante y lo que no lo es; las llamadas nuevas filosofías brotan como los hongos de la tierra. Nada más fácil que echar mano de un principio; pero no se debe pensar que por ello se aporte siempre algo nuevo y profundo.

3. Rixner, *Handbuch der Geschichte der Philosophie* ["Manual de historia de la filosofía"], 3 vols., Sulzbach, 1822-1823, 8º, segunda edición mejorada, 1829, es el compendio más recomendable de todos; pero no queremos afirmar, con ello, ni mucho menos, que satisfaga todas las exigencias de una historia de la filosofía. Hay, en esta obra, muchas páginas que no merecen elogio; los más útiles son los apéndices a cada volumen en que se recogen los pasajes originales más importantes.

Las crestomatías, sobre todo en lo que se refiere a las filosofías antiguas, responden a una necesidad; y no necesitan ser muy extensas, ya que de los filósofos anteriores a Platón se conservan muy pocos pasajes.

3. Método seguido en esta historia de la filosofía

Por lo que a la historia externa se refiere, sólo tocaremos, en cuanto a la historia general, el espíritu, el principio de los tiempos; y lo mismo, en lo tocante a los datos biográficos de los filósofos más notables. Y, en lo que atañe a las filosofías, mencionaremos solamente aquellas cuyo principio impulsa la historia de la filosofía y dilata los horizontes de la ciencia. Este criterio hará que dejemos a un lado, aquí, muchos nombres que tienen derecho a figurar en la historia de la cultura, pero que dan poco rendimiento en lo que a la filosofía se refiere. Pasaremos por alto, asimismo, la historia de la difusión de las doctrinas, sus vicisitudes y aquellas figuras que se han limitado a enseñar una doctrina, así como el desarrollo de toda la concepción del mundo implícita en un determinado principio.

Parece plausible el postulado de que un historiador de la filosofía no debe tener ningún sistema propio, no debe añadir nada de su parte ni mezclar sus juicios personales. La historia de la filosofía debe, así considerada, caracterizarse por una imparcialidad completa, y hasta parece como si debiera estar formada exclusivamente por extractos de los filósofos.

Claro está que quien no sabe ni comprende nada de filosofía, quien no tiene un sistema filosófico, sino solamente conocimientos históricos, podrá adoptar esta actitud de imparcialidad que se exige. Pero hay que saber distinguir, evidentemente, entre la historia política y la historia de la filosofía. En la primera, aunque no sea posible limitarse a relatar los acontecimientos al modo de una crónica, sí cabe mantener ante ellos una actitud completamente objetiva, como la que mantiene la epopeya homérica. Así, Herodoto y Tucídides, como hombres libres, dejan que el mundo objetivo marche libremente, sin añadir nada de su cosecha ni avocar ante su tribunal, para enjuiciarlos, los actos de los hombres. Y, sin embargo, también en la historia política se desliza muy pronto un fin por parte del historiador. Para Tito Livio, lo fundamental es la dominación romana, su expansión, el desarrollo de la constitución, etc.; en su *Historia*, vemos a Roma crecer, defenderse y ejercer su imperio.

Pues bien, en la historia de la filosofía, la razón en proceso de desarrollo se convierte de suyo en el fin, fin que no es algo extraño a ella ni deslizado desde fuera, sino la cosa misma, lo que sirve de base a esta historia como lo general, con lo que se miden y comparan, de suyo, las distintas formaciones y figuras históricas. Por tanto, aunque también la historia de la filosofía tiene por misión narrar hechos históricos, el primer problema que nos plantea es el de saber qué sea un hecho de la filosofía y si algo es o no filosófico. En la historia externa, todo es hecho, aunque también en ella hay, naturalmente, hechos importantes y otros que no lo son; sin embargo, aquí los hechos se despliegan directamente ante nuestra apreciación. No ocurre lo mismo en el campo de la filosofía; por eso la historia de la filosofía no puede ser tratada, en modo alguno, sin que en ella se mezcle el juicio del propio historiador.

LA FILOSOFÍA ORIENTAL

Lo primero es la llamada filosofía oriental, la cual, sin embargo, no forma parte del cuerpo ni cae dentro de los dominios de nuestra exposición. Es una etapa previa o provisional, de la que hablamos solamente para dar cuenta de por qué no nos ocupamos más ampliamente de ella y de cuál es la relación que guarda con el pensamiento, con la verdadera filosofía.

La expresión de "filosofía oriental" se aplica, principalmente, al período en que esta gran concepción general del Oriente influye sobre los países de Occidente, países de moderación y de medida, en los que predomina el espíritu de la subjetividad. Sobre todo en los primeros siglos del cristianismo —una época importante— penetraron estas grandes concepciones orientales en el Occidente y llegaron hasta Italia; y con la filosofía gnóstica, empezaron a desequilibrar el espíritu occidental, hasta que, con la Iglesia, éste recobró la primacía, trazando con toda firmeza los rumbos de lo divino.

Lo que nosotros llamamos filosofía oriental es, sobre todo, el conjunto de representaciones religiosas y la concepción del mundo de los orientales, que fácilmente se confunde con la filosofía. La razón principal de por qué es tan fácil confundir con una filosofía religiosa esta concepción religiosa del Oriente, es lo que nos proponemos exponer aquí.

No concedemos, sin más, el carácter de una filosofía a la religión romana, a la religión griega ni a la religión cristiana; no se prestan, en verdad, para ello, ya que los dioses griegos y romanos, lo mismo que Cristo y el Dios de los judíos, gracias al principio de libertad de la individualidad, tal como se manifiesta en el elemento griego y, más aún, en el cristiano, se revelan inmediatamente como plasmaciones personales, las cuales requieren una interpretación propia como figuras mitológicas o cristianas y deben ser traducidas primero a filosofemas. Las religiones orientales, por el contrario, nos recuerdan mucho más directamente las representaciones filosóficas; en efecto, como en el Oriente no se manifiesta el momento de la subjetividad, las nociones religiosas no aparecen individualizadas, sino que presentan, preponderantemente, el carácter de nociones generales, lo que les da, por consiguiente, la apariencia de representaciones y pensamientos filosóficos.

Es cierto que también las religiones orientales tienen figuras de carácter individual, como Brahma, Vishnú y Siva; pero, como no existe aquí la libertad, la individualidad carece de firmeza, es puramente superficial: a tal punto, que cuando se cree que se tiene delante a figuras humanas, éstas se esfuman de nuevo y cobran desmesuradas proporciones. Así como entre los griegos se habla de Urano, de Cronos —es decir, del Tiempo, pero ya individualizado—, entre los persas existe una deidad llamada Zervana Acarena, pero es el Tiempo ilimitado. Y Ormuz y Ahrimán son modalidades y nociones completamente generales; aparecen bajo la forma de principios generales que, de este modo, parecen presentar cierta afinidad con la filosofía y revestir incluso la forma de filosofemas.

El contenido de las religiones orientales, Dios, el Ser en y para sí, lo eterno, es concebido más bien con el carácter de lo universal; pues bien, lo mismo ocurre con la actitud de los individuos ante ello. En las religiones orientales, la actitud fundamental consiste en que sólo la sustancia una sea, como tal, lo verdadero, sin que el individuo tenga ni pueda adquirir de suyo ningún valor, en cuanto que se mantiene frente al Ser en y para sí; por el contrario, sólo puede adquirir un valor verdadero mediante la identificación con esta sustancia, en la que deja de existir como sujeto y desaparece en lo inconsciente.

Es lo contrario de lo que ocurre en la religión griega y en la cristiana, donde el sujeto tiene la conciencia de ser libre y debe mantenerse así; claro está que, en tanto el individuo se establece de este modo para sí, es mucho más difícil que el pensamiento se libere de esta individualidad y se constituya para sí. El punto de vista, en sí superior, de la libertad griega del individuo, esta vida más gozosa y fina, entorpece el trabajo del pensamiento, que consiste en hacer valer la universalidad.

En el Oriente, por el contrario, lo sustancial es ya por sí mismo lo fundamental en la religión, lo esencial (lo que lleva directamente aparejada la privación de derechos y la inconciencia de los individuos); y esta sustancia es, evidentemente, una idea filosófica. También nos encontramos en la religión oriental con la negación de lo finito, pero de tal modo que el individuo sólo en esta unidad con lo sustancial cobra conciencia de su libertad. En tanto que, en el espíritu oriental, la reflexión, la conciencia, llega a través del pensamiento a la diferenciación y a la determinación de principios, tenemos que estas categorías, estas nociones determinadas no aparecen unificadas con lo sustancial. O bien existe la destrucción de todo lo particular, algo desmesurado, la sublimidad oriental, o bien, en la medida en que se reconoce también lo establecido como determinado para sí, se lo reconoce como algo seco, intelectivo, carente de espíritu, como algo que no puede asimilarse el concepto especulativo. Este algo finito sólo puede llegar a ser lo verdadero si se sume en la sustancia; separado de ella, sigue siendo menesteroso. De aquí que, en los orientales, no encontremos más que un entendimiento seco, una simple enumeración de determinaciones, una lógica al modo de la vieja lógica wolffiana. Ocurre como en su culto, que es un sumirse en la oración y una cantidad interminable de ceremonias y ritos religiosos; y, de otra parte, la sublimidad de lo desmesurado, en que se hunde y se esfuma todo.

Aquí, habremos de referirnos, concretamente, a dos pueblos orientales: el pueblo chino y el pueblo indio.

A) LA FILOSOFÍA CHINA

Les ocurre a los chinos lo que a los indios: su cultura disfruta de gran fama, pero ésta, lo mismo que las grandes cifras de la historia de la India, etc., ha ido reduciéndose a medida que se ha progresado en su conocimiento. La gran cultura de estos pueblos se refiere a la religión, a la ciencia, a la administración pública, a la constitución del Estado, a la poesía, a la técnica de las artes, al comercio, etc. Pero, cuando comparamos las instituciones jurídicas y la organización del Estado en China con la de cualquier país europeo, vemos que esta comparación sólo puede referirse al aspecto formal, pues el contenido es muy dispar. Tiene uno, en seguida, la sensación de que, por muy consecuentemente desarrolladas en lo formal que se hallen esas instituciones, no podrían regir entre nosotros, de que nunca llegaríamos a resignarnos a ellas, de que, en nuestros países, tales instituciones, en vez de ser derecho, serían, por el contrario, la conculcación de todo derecho.

Otro tanto acontece cuando se compara la poesía india con la europea; no cabe duda de que, considerada como un simple juego de la fantasía, la poesía india es extraordinariamente brillante, rica y desarrollada, como la que más; pero en la poesía importa también el contenido y es necesario tomarlo en serio. Pues bien, ni siquiera tomamos en serio los poemas de Homero, por eso no podría surgir en nuestros países una poesía de este tipo. No es que falte genio en la poesía oriental, en la que brillan genios de gran magnitud, y en la que también la forma llega a adquirir un gran desarrollo; lo que ocurre es que el contenido se mantiene, en ella, dentro de ciertos límites y no puede satisfacernos a nosotros, no puede ser nuestro contenido.

Esto que decimos no es, por el momento, más que una observación de carácter general con respecto a esta clase de comparaciones y paralelismos, en los que la forma puede tentarnos a equiparar otras manifestaciones de cultura a las nuestras, e incluso a colocarlas por encima de ellas.

1. Lo primero que hay que registrar, entre los chinos, es la doctrina de *Con-fut-see* [Confucio], que vivió unos 500 años antes de Cristo, doctrina que causó gran sensación en la época de Leibniz y que es, en rigor, una ética. Confucio comentó, además, las antiguas obras maestras tradicionales de los chinos, principalmente las de carácter histórico. Fué, sin embargo, su desarrollo de la doctrina moral lo que le valió su mayor fama, y es la más respetada autoridad de los chinos.

Su biografía fué traducida de las obras originales chinas por los misioneros franceses: según estos datos, Confucio fué casi contemporáneo de Tales de Mileto, desempeñó durante algún tiempo el cargo de ministro, cayó luego en desgracia, perdió su puesto y vivió filosofando entre sus amigos y dando, frecuentemente, consejos a quienes se los pedían. Han llegado a nosotros algunos coloquios de Confucio con sus discípulos, en los que no descubrimos nada extraordinario, sino solamente una moral popular expuesta en forma de buenas y virtuosas doctrinas, como las que se encuentran en todas partes, en todos los pueblos, tan buenas y aun mejores; el *De officiis* de Cicerón, manual de pláticas morales, contiene más cosas, y mejores, que todos los libros de Confucio. Se trata, pues, de un sabio de carácter práctico, en el que no encontraremos absolutamente nada de filosofía especulativa; de la lectura de sus obras originales se llega a la conclusión de que habría sido preferible, para la fama de este sabio, que no hubiesen sido traducidas. La obra editada por los jesuítas[1] es, sin embargo, más bien una paráfrasis que una traducción.

2. Una *segunda* circunstancia que conviene tener presente es que los chinos se ocuparon también de pensamientos abstractos, de categorías puras. Servíales de base para ello el antiguo libro llamado *Yi-king* o Libro de los Principios; esta obra contiene la sabiduría de los chinos y su origen se atribuye a *Fohi*. El relato que en el citado libro se recoge raya por entero con lo

---

[1] *Confucius, Sinarum philosophus, s. scientia Sinensis, latine exposita studio et opera Prosperi Intorcetta. Herdtrich, Rougemont, Couplet,* PP. S. J., París, 1687.

mitológico, con lo fabuloso y hasta con lo absurdo. Lo fundamental es que se le atribuye la invención de una tabla con ciertos signos o figuras *(Ho-tu)*, que el autor decía haber visto sobre el lomo de un dragón, al emerger éste del río.[2] Las figuras de esta tabla son rayas seguidas o superpuestas, que encierran, al parecer, un gran significado simbólico; según los chinos, estas rayas fueron la base de sus letras y de su filosofía. Estos significados son categorías totalmente abstractas y, por tanto, las más superficiales determinaciones conceptuales. Hay que tener en cuenta, claro está, que por medio de ellos se cobra conciencia de los pensamientos puros; pero no se pasa de aquí, sino que la cosa termina en ellos. Lo concreto no se concibe de un modo especulativo, sino que se toma de las representaciones corrientes, hablando de ellas a base de la intuición y la percepción, de tal modo que en esta selección de los principios concretos no es posible descubrir ni siquiera una comprensión razonable de los poderes generales naturales o espirituales.

Nos detendremos a explicar un poco en detalle este fundamento, aunque sólo sea por motivos de curiosidad. Las dos figuras fundamentales están representadas por una raya horizontal (———, *yang*) y por una línea quebrada en dos, que suman la longitud de la primera (— —, *yin*): la primera simboliza lo perfecto, el padre, lo masculino, la unidad, como en los pitagóricos, la afirmación; la segunda, lo imperfecto, la madre, lo femenino, la dualidad, la negación. Estos signos son objeto de una gran veneración, como principios de las cosas.

Primeramente, se agrupan entre sí, de dos en dos, alternándose, y surgen así las siguientes cuatro figuras: ══ ══ ══, ══ ══, el gran *yang*, el pequeño *yang*, el pequeño *yin* y el gran *yin*. El significado de estos cuatro signos es la materia, la perfecta y la imperfecta. Los dos *yang* simbolizan la materia perfecta, el primero de los dos en su juventud y en su pleno vigor; el segundo, la misma materia, pero ya en la vejez y en la impotencia. El tercero y el cuarto signos, que tienen como base el *yin*, representan la materia imperfecta, con los dos mismos significados anteriores, el de lo joven y el de lo viejo, el de la fuerza y el de la debilidad.

En una fase ulterior, se combinan estas rayas en grupos de tres, y surge así una serie de ocho figuras, a que se da el nombre de *kua*: ≡≡, ≡≡, ≡≡, ≡≡, ≡≡, ≡≡, ≡≡, ≡≡.

[2] *Mémoires concernant les Chinois* (París, 1776 sqq.), t. II, pp. 1-361; *Antiquité des Chinois par le Père Amiot*, pp. 20, 54, etc.

Indicaremos el significado simbólico de estos ocho *kua*, para que se vea cuán superficial es. El primer signo, que agrupa al gran *yang* y el *yang*, es el cielo *(tien)*, el éter, que penetra y lo envuelve todo. El cielo es, para los chinos, lo más alto de todo, lo supremo; entre los misioneros, se discute interminablemente si se debe dar el nombre de *tien*, o no, al Dios cristiano. El segundo signo es el agua pura *(tui)*, el tercero el fuego puro *(li)*, el cuarto el trueno *(tschin)*, el quinto el viento *(siun)*, el sexto el agua corriente *(kan)*, el séptimo la montaña *(ken)* y el octavo la tierra *(kuen)*.

A nosotros no se nos ocurriría colocar en el mismo plano el cielo, el trueno, el viento y la montaña. Cabe, pues, descubrir aquí el nacimiento filosófico de todas las cosas, partiendo de estos pensamientos abstractos de la unidad y la dualidad absolutas. No puede negarse que todos los símbolos tienen, por lo menos, *una* ventaja: la de sugerir pensamientos, haciendo nacer la impresión de que estos pensamientos existían ya. Empiezan, pues, por pensamientos, pero se van después por los cerros de Úbeda y se acaba el filosofar. Por lo tanto, si Windischmann[3] ensalza esta manera de proceder de Confucio, en sus comentarios al *Yi-king*, viendo en ella "un *entrelazamiento* completo de todos los *kua* en el ciclo total"; hay que recordar que no hay en todo esto ni siquiera una chispa de *concepto*.

Combinados en grupos de cuatro, estos signos hechos con rayas dan 64 figuras, que los chinos consideran como el origen de todos sus caracteres, para lo cual no hay más que añadir a las cuatro líneas rectas otras líneas perpendiculares y curvas, trazadas en diversas direcciones.

En el *Chu-king* nos encontramos también con un capítulo sobre la sabiduría china en el que aparecen los cinco elementos de los que sale todo: el fuego, el agua, la madera, el metal y la tierra, revueltos en abigarrada mescolanza y que, precisamente por ello, no podemos considerar tampoco como verdaderos principios. La primera regla de la ley, en el *Chu-king*, consiste en mencionar los cinco elementos, la segunda en fijar la atención en ellos, etc.[4] Como vemos, la abstracción general tiende, en los chinos, hacia lo concreto, aunque sólo conforme a una ordenación externa y sin encerrar nada razonable. Tal

---

[3] *Die Philosophie im Fortgang der Weltgeschichte* ["La filosofía en el curso de la historia universal"], t. I, p. 157.
[4] Cfr. Windischmann, *op. cit.*, p. 125.

es el fundamento de toda la sabiduría china y de todo el estudio de los chinos.

3. Existe, además, una secta especial, *taoísmo*, cuyos adeptos no son mandarines ni pertenecen a la religión del Estado, ni tampoco budistas, según la religión del Lama. El fundador de esta filosofía y del sistema de vida íntimamente relacionado con ella fué *Lao-Tsé* (que nació a fines del siglo VII a. c.), personaje anterior a Confucio, pues se sabe que este sabio más bien político hizo un viaje para visitar a Lao-Tsé y pedirle consejo. El libro de Lao-Tsé, el llamado *Tao-king*, aunque no se le incluye dentro del verdadero *King* ni goce de la misma autoridad que éste, es una obra fundamental para los *taoístas*, es decir, para los adeptos de la razón, que dan a su modo de vivir el nombre de *Tao-Tao*, o sea Camino o Ley de la Razón. Los taoístas consagran su vida al estudio de la razón y aseguran que quien llegue a conocer la razón en su fundamento mismo posee, con ello, la ciencia universal, los remedios para todos los males y la virtud, es decir, que adquiere un poder sobrenatural con el cual puede ascender al cielo y librarse de morir.[5]

Del propio Lao-Tsé decían sus adeptos que era Buda en persona, es decir, el mismo Dios que seguía viviendo en figura de hombre. Todavía poseemos su obra principal, que ha sido traducida en Viena, donde yo he tenido ocasión de leerla. He aquí uno de sus principales pasajes, citado con frecuencia: "Sin nombre, *Tao* es el principio del cielo y de la tierra; con nombre, es la madre del universo. El hombre con pasiones sólo la ve en su estado imperfecto; quien quiera conocerla, tiene que curarse de todas las pasiones."

Abel Rémusat dice que la palabra griega que mejor expresaría este principio sería la palabra λόγος. El famoso pasaje, con tanta frecuencia citado por los antiguos reza así: "La razón ha producido lo uno; lo uno ha producido lo dual; lo dual ha producido lo trial; y lo trial ha producido el universo entero."[6] Ha querido verse en ello una alusión a la Trinidad. "El universo descansa sobre el principio oscuro, el universo abarca el principio luminoso", o bien: "se halla encuadrado por el éter"; así puede invertirse la proposición, puesto que el chino no conoce los casos, sino que las palabras aparecen, en

---

[5] *Mémoire sur la vie et les opinions de Lao-Tseu par Abel Rémusat* (París, 1823), pp. 18 ss.; "Extrait d'une lettre de Mr. Amiot", 16 octubre 1787, de Pekín (en *Mémoires concernant les Chinois*, t. XV, pp. 208 ss.).

[6] Abel Rémusat, *op. cit.*, pp. 31 ss.; "Lettre sur les caractères des Chinois" (en *Mémoires concernant les Chinois*, t. I, pp. 299 ss.).

esta lengua, simplemente alineadas unas junto a otras. Otro pasaje de la misma obra dice así: "Aquel que lo contempla y no lo ve se llama *J*; si lo oyes y no lo oyes, se llama *Hi*; si lo buscas con la mano y no lo alcanzas, su nombre es *Wei*. Marchas hacia él, y no ves su cabeza; marchas detrás de él, y no ves su espalda." Estas diferencias son llamadas "el encadenamiento de la razón".

La lectura de este pasaje trae al recuerdo, naturalmente, a *Jahweh* y el nombre real africano *Juba*, y también el de *Jovis*. Este *J-hi-wei* o *J-H-W* significa también, al parecer, algo así como el abismo absoluto o la nada: lo supremo, el origen de todas las cosas es, para los chinos, la nada, el vacío, lo totalmente indeterminado, lo general abstracto, a que se da también el nombre de *Tao* o la razón.

Cuando los griegos dicen que lo absoluto es la unidad y los modernos que es la Esencia suprema, también en este concepto se esfuman todas las determinaciones, y la simple esencia abstracta no es otra cosa que esta misma negación, sólo que enunciada en términos afirmativos. Ahora bien, cuando la filosofía no pasa de estas abstracciones y otras semejantes, está, simplemente, en su primera fase. ¿Qué hay, pues, de adoctrinador en todo esto?

B) LA FILOSOFÍA INDIA

Así como antes se sentía cierta complacencia en atribuir una gran antigüedad a la sabiduría india y en tributarle una gran veneración, el conocimiento de las grandes obras astronómicas de los indios ha revelado ahora cuán poco rigor hay en las grandes cifras que en ellas se manejan. No cabe imaginar nada más confuso, nada más imperfecto que la cronología de los indios; ningún pueblo cultivado en la astronomía, en la matemática, etc., ha dado muestras de tanta incapacidad para la historia: los antiguos indios no son capaces de encontrar, en ella, el menor punto de apoyo, la menor conexión. Creíase haber encontrado este punto de apoyo en la era del Vikramaditya, de quien se suponía que había vivido unos cincuenta años antes de Cristo y bajo cuyo reinado se situaba al poeta Calidas, el autor del *Sacuntala*. Pero una investigación más a fondo ha revelado la existencia de media docena de Vikramadityas, y un minucioso estudio del problema ha hecho que esta época se desplazara al siglo XI a. c. Los hindúes manejan, en su cronología, series de reyes y cantidades inmensas de nombres; pero todo es muy vago.

LA FILOSOFÍA INDIA

Sabemos que la antiquísima fama de este país había penetrado profundamente hasta los griegos; y sabemos también que éstos conocían a los gimnosofistas, hombres entregados como nadie a la devoción, consagrados a una vida contemplativa, abstraídos de la vida exterior y que, viviendo y peregrinando en hordas, renunciaban, como los cínicos, a todas las necesidades materiales. Entre los griegos, sobre todo, estos hombres tenían fama de filósofos, en la medida en que la filosofía se cifra en esta abstracción, vuelta de espaldas a todas las circunstancias y exigencias de la vida exterior. Esta abstracción es, en efecto, uno de los rasgos fundamentales que debemos destacar y examinar aquí.

La cultura hindú se halla muy desarrollada y es grandiosa, pero su filosofía es idéntica a su religión, de tal modo que los intereses de la filosofía son los mismos con que nos encontramos en su vida religiosa, del mismo modo que sus libros religiosos, los *Vedas*, sirven también de fundamento general para su filosofía.

Conocemos bastante bien los *Vedas*; en ellos se contienen, principalmente, oraciones dirigidas a las muchas representaciones de Dios, preceptos sobre las ceremonias, los sacrificios, etc. Estos libros sagrados están formados por partes procedentes de las más diversas épocas; muchas de ellas datan de tiempos remotísimos; otras, en cambio, proceden de una época posterior, como ocurre, por ejemplo, con la que se refiere al rito de Vishnú. Los *Vedas* sirven, incluso, de base a la filosofía atea de los hindúes; también los ateos tienen sus dioses y toman muy en cuenta las doctrinas de los *Vedas*.

La filosofía india se mueve, por tanto, dentro de la órbita de la religión, como la filosofía escolástica dentro de la órbita de la dogmática cristiana, tomando por base y teniendo como premisa la doctrina y la fe de la Iglesia. La mitología presenta el aspecto especial de la encarnación, de la individualización, de la que podría pensarse que era contraria a lo general y a la modalidad de la idea propia de la filosofía; sin embargo, esta encarnación no es tomada al pie de la letra, casi todo se considera como tal y lo que parece determinarse como individualidad desaparece en seguida entre el humo de lo general. La concepción india es, vista más de cerca, ésta: existe una sustancia general, que puede concebirse de un modo más abstracto o más concreto y de la que nace todo; y la fase suprema consiste en que el hombre se identifique conscientemente con ella, en la religión por medio de la devoción, los sacrificios y las severas penitencias, y en la filosofía entregándose al pensamiento puro.

Hace poco tiempo que hemos llegado a adquirir un conocimiento preciso de la filosofía india; antes, entendíamos por tal, en conjunto, las representaciones de carácter religioso, pero en estos últimos tiempos se han descubierto obras verdaderamente filosóficas. Colebrooke,[7] sobre todo, nos ha dado a conocer los extractos de dos obras filosóficas hindúes, que es, en realidad, lo primero que sabemos acerca de esta filosofía. Lo que Friedrich von Schlegel nos dice acerca de la sabiduría de los indios se basa, exclusivamente, en sus representaciones religiosas; Schlegel fué uno de los primeros alemanes que se ocuparon de la filosofía hindú; sin embargo, sus esfuerzos no fueron muy fructíferos, en este sentido, pues sus lecturas sobre la materia apenas si pasaron del índice del *Ramayana*.

Los extractos que Colebrooke nos ha transmitido demuestran que los hindúes poseían, en efecto, viejos sistemas filosóficos. Una parte de ellos, la que coincide con los *Vedas*, es considerada como ortodoxa; otros, los que difieren de los libros sagrados, pasan por ser heterodoxos. La parte esencialmente ortodoxa no tiene otra finalidad que la de facilitar la explicación de los *Vedas* o deducir del texto de estos libros fundamentales una psicología más sutil. Este sistema recibe el nombre de *Mimansa*, y se citan dos escuelas adscritas a él. Difieren de él otros sistemas, dos de los cuales, los principales, se llaman *Samk'hya* y *Nyaya*: el primero de éstos se divide, a su vez, en dos partes, las cuales, sin embargo, sólo difieren entre sí en cuanto a la forma; el *Nyaya* es especialmente complicado, desarrolla principalmente las reglas del razonamiento y podría compararse a la *Lógica* de Aristóteles. Colebrooke nos ofrece extractos de estos dos sistemas, y nos dice que existen muchas obras antiguas acerca de ellos y que abundan los *versus memoriales* en torno a estos dos sistemas filosóficos.

1. Como autor del *Samk'hya* se cita a *Kapila*, un sabio antiguo del que algunos dicen que era hijo de Brahma, uno de los siete grandes santos, mientras que otros ven en él a una encarnación de Vishnú, como su discípulo *Asuri*, e idéntico al fuego. Colebrooke no acierta a decirnos nada acerca de la antigüedad de los aforismos *(sutras)* de Kapila; sólo nos indica que apa-

---

[7] *Transactions of the Royal Asiatic Society of Great-Britain and Ireland*, vol. I, parte I, Londres, 1824, pp. 19-43 (t. II *On the Philosophy of the Hindus*, parte I, por Henry Thomas Colebrooke, leído el 21 de junio de 1823).

recen citados ya en otros libros muy antiguos, pero sin que sea posible afirmar con precisión nada acerca de ellos. El *Samk'hya* se divide en varias escuelas, en dos o en tres, las cuales, sin embargo, sólo difieren entre sí en detalles poco importantes; se lo considera, en parte, como heterodoxo y, en parte, como ortodoxo.

La finalidad esencial de todos los sistemas y escuelas de la filosofía hindú, tanto de los ateos como de los teístas, consiste en indicar los medios por los cuales se puede alcanzar la eterna bienaventuranza, tanto antes de la muerte como después de ella. Los *Vedas* dicen: "Lo que ha de conocerse es el alma, la cual debe separarse de la naturaleza, para que no retorne"; es decir, hay que librarla de la metempsicosis y, por tanto, de la corporeidad, con lo cual no volverá a albergarse en otro cuerpo, después de la muerte. Esta bienaventuranza es, pues, según el *Samk'hya*, la liberación completa y eterna de toda clase de mal. El *Samk'hya* dice: "Esta liberación puede lograrse por medio del pensamiento, de la verdadera ciencia; los medios temporales para procurarse el placer o librarse de los males del espíritu o del cuerpo, no bastan; ni siquiera son suficientes para ello los medios que los *Vedas* señalan, a saber: el modo revelado que consiste en la devoción, en el cumplimiento de las ceremonias religiosas, tal como los *Vedas* las prescriben". Estos medios consisten, principalmente, en el sacrificio de animales, y en este sentido rechaza el *Samk'hya* los ritos de los *Vedas*, por entender que estos sacrificios no son puros, puesto que van unidos a la muerte de los animales, siendo lo fundamental de esta doctrina que a ningún animal se le cause daño.

Otros procedimientos para librarse del mal consisten en las tremendas penitencias de los hindúes, que llevan consigo el retraimiento dentro de sí mismos. Al concentrarse en sí por medio de la devoción, al retraerse en sus pensamientos, el hindú se remonta por el camino de esta concentración en Brahma, este Uno sencillamente invisible e imperceptible, esta Esencia suprema, según el nombre que le da el entendimiento: así, llega a ser Brahma. Este retraimiento al mundo del pensamiento se da tanto en la religión como en la filosofía de los hindúes, quienes ven en esta bienaventuranza el estado más alto que pueda alcanzarse y al cual se hallan sometidos los mismos dioses. Indra, por ejemplo, el dios del cielo visible, se halla, según ellos, en un plano mucho más bajo que el alma cuando ha alcanzado este estado de vida contemplativa; muchos miles de Indras, se nos dice, han perecido, mientras que el alma se halla sustraída a todo cambio.

El *Samk'hya* sólo se distingue de la religión por contener una lógica extensa y por no convertir la abstracción en algo vacío, puesto que le atribuye el significado de un pensamiento determinado; esta ciencia consiste, se nos dice, en el certero conocimiento de los principios exteriormente perceptibles o no, en el certero conocimiento del mundo material y del inmaterial.

El sistema *Samk'hya* se divide en tres partes: el modo del conocer, el objeto del conocimiento y la forma determinada del conocimiento de los principios.

a) Por lo que se refiere a los *modos de conocimiento*, existen, según el *Samk'hya*, tres clases de evidencia: la primera es la percepción, la segunda la deducción *(inference)*, la tercera la afirmación, a la que cabe reducir todas las demás formas, tales como la atención, la capacidad de aprender, la tradición, etc.

La *percepción* no requiere explicación alguna. La *deducción* se basa en la relación de causa a efecto, en la que se pasa, simplemente, de una determinación a otra; se presenta, según se nos dice, bajo tres formas distintas, según que se deduzca el efecto de la causa, la causa del efecto o diversas relaciones entre las causas y los efectos. Se presume, por ejemplo, que lloverá cuando se ve cómo se concentran las nubes; se deduce la existencia de fuego cuando se ve humear una colina; se infieren los movimientos de la luna partiendo de las diversas situaciones que ocupa en las diversas épocas. Son, todas ellas, simples y escuetas relaciones intelectivas. Por la *afirmación*, finalmente, se entiende la tradición, la revelación, por ejemplo, la de los *Vedas* ortodoxos; en sentido amplio, se llama también así a la certeza inmediata o a la afirmación dentro de mi conciencia y, con un criterio más preciso, a una seguridad adquirida por la comunicación verbal o por la tradición.

b) Los *objetos del conocimiento* o de los principios son, según el sistema *Samk'hya*, veinticinco, que mencionaremos para que se vea la falta de orden, el embrollo, que aquí se manifiesta: *1)* la naturaleza, como el origen de todo, o sea como lo general, como la causa material, la materia eterna, indistinta e indiferenciable, sin partes, productiva sin producción, como la sustancia absoluta. *2)* La inteligencia, la primera producción de la naturaleza, que produce, a su vez, otros principios y en la que se distinguen tres dioses por la acción de las tres cualidades: la bondad, la falsedad *(foulness)* y las tinieblas, que son una sola persona y tres dioses distintos, a saber: Brahma, Vishnú y Mahesvara. *3)* La conciencia, el yo, la creencia según la cual en todas las percepciones y meditaciones está presente el *yo*, de que los objetos de los sentidos, al igual que los de la inteligencia, me afectan a mí, en una palabra, de que *yo* existo; esta conciencia tiene su punto de partida en el poder de la inteligencia y produce los siguientes principios. *4-8)* Cinco de sus comienzos, rudimentos o átomos, perceptibles solamente a un ser de orden superior, no a los sentidos de los hombres, partiendo del principio de la conciencia, para producir, a su vez, los cinco elementos: el espacio y los rudimentos de la tierra, del agua, el fuego y el aire. *9-19)* Los once principios siguientes son los órganos de la sensación producida por el yo: diez órganos externos, los cinco sentidos y cinco órganos de acción, la voz, las manos, los pies, el trasero y las partes sexuales; el undécimo órgano es el del sentido interior; *20-24)* Los cinco principios aquí agrupados son los producidos por los rudimentos mencionados más arriba: el éter que llena el espacio, el aire, el fuego, el agua y la tierra. *25)* Por último, el alma. En esta enumeración, muy desordenada, como se ve, sólo se manifiestan los primeros rudimentos de la reflexión, que, agrupados, forman lo general; pero esta agrupación dista mucho de ser, no digamos sistemática, pero ni siquiera razonable.

Antes, los principios existían los unos fuera de los otros y sucediéndose los unos a los otros; ahora, encuentran su unión en el alma. De ella se dice que no es creada; tampoco creadora: es puramente individual, por lo cual existen muchas almas; es, además, sensible, eterna, inmaterial, inmutable.

En este punto, Colebrooke distingue entre el sistema teísta y el sistema ateísta del *Samk'hya*, en el sentido de que el primero no admite solamente almas individuales, sino que admite también un Dios *(Iswara)* como gobernante del universo. El *conocimiento del alma* es, pues, lo fundamental: la unidad del alma con la naturaleza se logra por medio de la contemplación de ésta y de la *abstracción de la naturaleza*, del mismo modo que el tullido y el ciego tienen que ser el uno transportado y el otro guiado por el otro, una de ellas (¿la naturaleza?) transportando y guiada y la otra (¿el alma?) transportada y guiando.

Esta unión del alma y la naturaleza produce la *creación*, que consiste en la evolución de la inteligencia y de los demás principios. Y esta unidad es, por sí misma, el punto de apoyo de todo lo que existe y de su conservación. Y asimismo es un gran pensamiento el de que la negación del objeto que va implícita en el pensamiento es necesaria para llegar a comprender; hay en esto mucha más profundidad que en la palabrería sobre la conciencia inmediata. En cambio, cuando se dice que los orientales vivían en unidad con la naturaleza, se dice una cosa superficial y errónea, pues la actividad del alma, el espíritu, estriba precisamente en la relación con la naturaleza y en la unidad con lo que en ella hay de verdadero. Pero esta unidad verdadera implica, esencialmente, el momento de la negación de la naturaleza, tal y como es, de un modo inmediato; y esta unidad inmediata sólo se halla en la vida de los animales, en la vida y la percepción de los sentidos.

Por tanto, la idea existente entre los hindúes es, indudablemente, unidad de la naturaleza y del alma; pero lo espiritual sólo forma una unidad con la naturaleza en cuanto que existe de suyo y presupone, al mismo tiempo, lo natural como algo negativo. Y, acerca de la creación, se nos dice, en otra parte: el deseo y la finalidad del alma son el disfrute y la liberación; para ello, se halla el alma rodeada de un medio sutil, en el que se contienen todos los principios anteriores, pero sólo hasta un desarrollo elemental. Hay, en esta idea, algo de nuestro ideal, de nuestro ser en sí: del mismo modo que la flor se contiene ya en la simiente de un modo ideal, pero no de un modo activo y real; la expresión empleada para expresar esto es la de *lingam*, la fuerza procreadora, la capacidad de acción de lo natural, que los hindúes tienen siempre en alta estima. Esta forma sutil, dice el *Samk'hya*, cobra luego una corporeidad más burda y reviste varias formas; y, para evitar que se caiga en una corporeidad más grosera, se recomienda como medio la contemplación filosófica.

Hasta aquí, hemos examinado los principios abstractos. Por lo que se refiere a la creación de la realidad concreta del universo, hay que decir lo siguiente. La *creación física* consiste en el alma, revestida del cuerpo grosero, y comprende ocho órdenes de seres superiores y cinco órdenes de seres inferiores, los cuales, unidos al hombre, que figura en una clase aparte, forman en conjunto catorce órdenes y se dividen entre mundos o clases. Los primeros ocho órdenes ostentan nombres que aparecen en la mitología india: Brahma, Prajapatis, Indra, etc.; son tanto dioses como semidioses, y el propio Brahma se representa aquí como una criatura. Los cinco órdenes inferiores son los animales: los cuadrúpedos forman dos clases, las aves la tercera, los reptiles, los peces y los insectos la cuarta y la quinta las plantas y la naturaleza inorgánica. La morada de las ocho clases superiores es el cielo: estos seres tienen por atributos la bondad y la virtud y son, por tanto, dichosos, pero sólo de un modo imperfecto y transitorio; en cambio, los seres de los órdenes inferiores moran en el reino de las tinieblas o del engaño; entre uno y otro se halla el mundo de los hombres, donde reinan la falsedad o las pasiones.

A estos tres mundos pertenecientes a la creación material enfrenta el sistema otra creación, la creación *intelectual*, que consiste en la capacidad intelectiva, en sensaciones, divididas, a su vez, en cuatro clases: determinaciones que son obstáculos; determinaciones que incapacitan; las que satisfacen y las que hacen perfecta la inteligencia. *1)* Se mencionan 62 determinaciones entorpecedoras: ocho clases de error; otras tantas de opiniones o engaños; diez clases de pasiones, que representan el punto extremo del engaño; dieciocho de odio o tenebrosidad, y otras tantas de pena. En este punto, se nos revela un método seguido más bien por vías empírico-psicológicas. *2)* La incapacidad de la inteligencia consta, a su vez, de veintiocho especies: lesión de los órganos, ausencia de ellos, etc. *3)* La satisfacción puede ser de dos clases: interior o exterior. La satisfacción interior presenta cuatro variantes: la primera afecta a la naturaleza, es lo totalmente general, lo sustancial, y reside en el criterio de que el conocimiento filosófico es una modificación del principio de la naturaleza misma, lo que lleva directamente aparejada la esperanza de una liberación por obra de la naturaleza; pero la verdadera liberación no debe esperarse por un acto de la naturaleza misma, sino que es la propia alma la que tiene que producirla por sí misma, por medio de su actividad pensante. La segunda satisfacción estriba en la creencia de que las prácticas ascéticas, el dolor, la penitencia bastan para asegurar la liberación; la tercera se refiere al tiempo, a la noción de que la liberación se realizará en el transcurso del tiempo y sin necesidad de estudio; la cuarta satisfacción es la que se logra a través de la representación de la dicha, según la cual la liberación depende del destino. La modalidad exterior de la satisfacción se refiere a la abstinencia de goces, pero también de motivos sensibles, por ejemplo a la repugnancia contra la inquietud que suponen las riquezas, al miedo a las consecuencias malas del disfrute, etc. *4)* Por lo que se refiere al perfeccionamiento de la inteligencia, se señalan también varias clases, entre otras la modalidad psicológica directa de perfeccionamiento del espíritu, por ejemplo, por medio del razonar, del trato amistoso, etc., al modo de lo que vemos también en nuestras lógicas aplicadas.

Aún hay que observar, antes de seguir adelante, algo más preciso acerca del punto central del sistema. El *Samk'hya*, como los demás sistemas indios de filosofía, se ocupa principalmente de las *tres cualidades (guna)* de la idea absoluta, representadas como sustancias o como modificaciones de la naturaleza. Es curioso que entre dentro de la conciencia observadora de los hindúes el que lo verdadero, que es en y para sí, contiene tres determinaciones y que el concepto de la idea encierra, para ser completo, tres momentos. Esta alta conciencia de la trinidad, con que nos encontramos también en Platón y en otros pensadores, se pierde luego en la región de la contemplación pensante y se conserva solamente en la religión, pero como un más allá; el entendimiento va a sus alcances y lo considera como un absurdo, hasta que viene Kant y allana el camino hacia su conocimiento. La esencialidad y la totalidad del concepto del todo, considerado en su sustancia, se ve absorbido ahora por la trinidad de las determinaciones; y era interés de la época cobrar conciencia de esto.

En los hindúes, esta conciencia brota, pura y simplemente, de la observación por medio de los sentidos, y éstos determinan y precisan estas cualidades así: la primera y la más alta de todas es la bondad *(sattwa)*, cualidad sublime, luminosa, unida al gozo y a la dicha; reina en ella la virtud. Esta cualidad predomina en el fuego: por eso la llama sube al cielo y despide chispas; cuando predomina en los hombres, como ocurre en los ocho órdenes superiores, es la causa determinante de la virtud. Es, por tanto, lo general afirmativo bajo forma abstracta en todos y cada uno de los aspectos.

La segunda y mediana cualidad es la *falsedad* o la pasión *(najas, tejas)*, que es ciega de por sí, lo impuro, lo dañoso, lo feo; esta cualidad es activa, violenta y mudable y lleva aparejados el mal y la desdicha; es la que predomina en el aire: por eso el viento se mueve entrecruzándose; en los seres vivos, es la causa del vicio. La tercera y última cualidad es la *tenebrosidad (tamas)*; esta cualidad es inerte y entorpecedora y lleva aparejadas la preocupación, la estupidez y el engaño; es la que predomina en la tierra y en el agua: por eso estos elementos tienden a caer y propenden hacia abajo; en los seres vivos, esta cualidad es la causa de la necedad.

La primera cualidad es, por tanto, la unidad consigo misma;

la segunda, la manifestación, el principio de la diferencia, el impulso, el desdoblamiento, como lo malo; la tercera, la simple negación, que en lo concreto de la mitología se representa como Siva, Mahadeva o Mahesvara, el dios de la destrucción y el cambio. La diferencia más importante con respecto a nosotros estriba en que el tercer principio no es el retorno al primero, como el espíritu y la idea lo exigen, por medio del levantamiento de la negación, mediando así consigo mismo y retornando a sí; en la filosofía hindú, el tercer término es, por el contrario, cambio, negación.

Estas tres cualidades se representan como la esencia de la naturaleza; el *Samk'hya* dice: "Hablamos de ellas como de los árboles de un bosque". Este símil no es, por cierto, muy feliz, pues el bosque no es sino un algo general abstracto, en el que las unidades no pierden su independencia. En las concepciones religiosas de los *Vedas*, en que estas cualidades reciben también el nombre de *trimurti*, se habla de ellas como de modificaciones sucesivas: "primeramente, todo era tinieblas, hasta que recibió la orden de transformarse, revistiendo así la modalidad del impulso, de la acción *(foulness)* —[que es aún peor]—, y por último reviste, por orden de Brahma, la forma de la bondad".

Lo que sigue son determinaciones más precisas de la inteligencia con respecto a estas cualidades. Ocho clases de cualidades de éstas se atribuyen a la inteligencia, cuatro de las cuales pertenecen a la categoría de la bondad: la primera es la virtud, la segunda la ciencia y el conocimiento, la tercera la ausencia de pasiones, la cual puede responder a un motivo sensible externo, a la aversión contra la inquietud, o ser de carácter espiritual y nacer de la convicción de que la naturaleza es un sueño, un simple engaño, una fantasmagoría; la cuarta es el poder.

El poder, a su vez, es de ocho clases, lo que determina ocho nuevas cualidades especiales, que se señalan: la capacidad de concentrarse en una forma pequeñísima, que pueda penetrar en todo; la capacidad de extenderse hasta cobrar las proporciones de un cuerpo gigantesco; la capacidad de adoptar una ligereza que le permita subir hasta el sol en un rayo de luz; la posesión de órganos dotados de una capacidad de acción ilimitada, que permitan tocar la luna con la punta de los dedos; una voluntad irresistible, de tal modo que pueda sumergirse en la tierra, lo mismo que si fuese en el agua; imperio sobre todos los seres animados e inanimados; fuerza para poder cambiar el curso de la naturaleza; capacidad para llevar a cabo cuanto se desea.

"La creencia de que este poder trascendente —prosigue Colebrooke— es asequible al hombre en vida no es algo peculiar y exclusivo del *Samk'hya*, sino común a todos los sistemas y creencias religiosas; este poder es representado y tomado como artículo de fe por muchos santos y brahmanes en dramas y relatos populares." La evidencia de los sentidos no es un argumento en contra, pues la percepción sensorial no existe para los hindúes. Todo se disfraza, para ellos, en imágenes de fantasía; para ellos, todo sueño tiene caracteres de verdad y de realidad. El *Samk'hya* atribuye este poder al hombre, siempre y cuando que éste se exalte en su interior por medio de la formación de su pensamiento. Dice Colebrooke: "La *Yoga-sastra* cita, en uno de sus cuatro capítulos, multitud de prácticas por medio de las cuales es posible adquirir tal poder: por ejemplo, profundas meditaciones, acompañadas de la retención del aliento y la paralización de los sentidos, a la par que se conserva inalterablemente una postura prescrita. El adepto logra, por medio de estas prácticas, el conocimiento de todo lo pasado y de todo lo futuro; adquiere el poder de descubrir los pensamientos de los otros; se siente dotado de la fuerza del elefante, de la bravura del león, de la rapidez del viento; puede volar en el aire, nadar en el agua, sumergirse en la tierra; es capaz de abarcar con la mirada, en un instante, todos los mundos y de realizar muchas otras hazañas portentosas. Pero el modo más rápido de alcanzar la beatitud por medio de la profunda contemplación consiste en aquella forma de devoción que consiste en musitar continuamente el nombre místico de Dios, *Om*". Trátase de una representación absolutamente general.

Colebrooke se refiere, más de cerca, a la parte teísta y a la parte atea del *Samk'hya*. Mientras que en el sistema teísta se admite la existencia de Iswara, el supremo gobernante del universo, como un alma o un espíritu distinto de las demás almas, en el *Samk'hya* ateo Kapila niega la existencia de este Iswara, creador del mundo, y la niega con voluntad consciente *(by volition)*, alegando que no hay ninguna prueba de la existencia de Dios; que la percepción no la revela, ni es posible llegar tampoco a esa conclusión por el razonamietno. Es cierto que se reconoce también, en este sistema, una esencia nacida de la naturaleza y considerada como la inteligencia absoluta, fuente de todas las inteligencias individuales y origen de todas las demás existencias, que poco a poco se van desarrollando como derivación de ella; y Kapila observa expresamente que "la verdad de este Iswara está probada", es decir, que está comprobada la existencia de este creador del universo, en este sentido, el de la creación. Pero añade que *"la existencia de efectos depende del alma, de la conciencia,* y no de Iswara; todo depende del gran principio, de la inteligencia", a la que pertenece el alma individual y por medio de la cual es confirmada ésta.

c) Haremos aquí algunas indicaciones que pueden ser interesantes, en lo que se refiere a la sección tercera del *Samk'hya*, la que se refiere al *modo más concreto del conocimiento del principio*. De las distintas clases de conocimiento ya señaladas la determinación fundamental es, aquí, la del razonamiento, la de la deducción por medio de la *relación de causa a efecto*, y diremos cómo conciben los hindúes esta relación.

El entendimiento y todos los demás principios derivados son, según ellos, efectos, de los que inducen sus causas; en cierto sentido, esto guarda cierta analogía con nuestro modo de razonar, pero en otro sentido difiere de él. Ellos consideran que "los efectos existen ya antes de que actúe la causa, ya que lo que no existe no puede cobrar existencia por medio de la causalidad". Colebrooke dice: "O, lo que es lo mismo, los efectos son, según ellos, más bien eductos que productos". Pero el problema consiste, precisamente, en saber qué son productos. Como ejemplo de cómo el efecto se halla ya contenido en la causa, se ponen los siguientes: el aceite está ya dentro de la simiente del sésamo antes de que se prense, y el arroz se contiene en la espiga antes de ser trillado y la leche en las ubres de la vaca antes de ordeñar. La esencia de la causa, se dice, es la misma que la del efecto; un trozo de lienzo no se distingue esencialmente del hilo de que está tejido, sino que tiene un contenido idéntico. Así conciben los hindúes esta relación.

Una consecuencia obligada de ella es la de la eternidad del mundo, pues la tesis de que de la nada no sale nada, recordada también, a este propósito, por Colebrooke, contradice a la creación del mundo partiendo de la nada, según nuestra concepción religiosa. En realidad, habría que decir, al mismo tiempo: Dios creó al mundo, no de la nada, sino de sí mismo; es su propia determinación la que en Dios cobra existencia. La distinción de causa y efecto es solamente una distinción formal; estos conceptos son separados por el entendimiento, pero no por la razón. La humedad es lo mismo que la lluvia, y en la mecánica hablamos de distintos movimientos, a pesar de que el movimiento posee la misma velocidad antes del impulso que después de él.

Por eso, la conciencia corriente no puede captar esta relación de la indiferencia de causa y efecto.

Ahora bien, los hindúes llegan a la conclusión de que existe "una causa general indiferenciable, mientras que las cosas determinadas son finitas", razón por la cual tiene que existir, necesariamente, una causa que las penetre todas. La misma inteligencia es, según ellos, un efecto de esta causa, la cual no es otra que el alma en cuanto fuerza creadora, dentro de esta identidad con la naturaleza y después de hecha abstracción de ella. El efecto arranca de la causa; pero ésta, a su vez, no es independiente, sino que se remonta a la causa general. La creación manifiesta de los tres mundos implica, al mismo tiempo, la destrucción general: así como la tortuga alarga la cabeza y las patas, para retraerse en seguida dentro de la concha, así en la destrucción y la desintegración general de las cosas producida en un determinado momento, los cinco elementos, la tierra, etc., que constituyen los tres mundos pasan de nuevo a formar parte del orden inverso al que antes existía y en el que habían brotado del principio originario, revirtiendo paso a paso a su primera causa, la más alta e indiferenciable, que es la naturaleza.

A esta causa suprema se suman las tres cualidades de bondad, pasión y tenebrosidad; la relación precisa de estas determinaciones podría ser muy interesante, sin duda, pero sólo se enfoca aquí de un modo muy superficial. Se nos dice, en efecto, que la naturaleza obra mediante la mezcla de estas tres cualidades y que cada cosa reúne las tres, como si fuesen tres ríos que confluyen en ella, y que obra también por medio de modificaciones, como el agua, que al ser absorbida por las raíces de la planta, pasa de ellas al fruto y da a éste un sabor especial y muy agradable. De este modo, se obtienen solamente dos categorías: la de mezcla y la de modificación. Los hindúes dicen: la naturaleza posee esas tres cualidades por derecho propio, como formas y propiedades suyas; en cambio, las otras cosas las posee simplemente porque se contienen en aquéllas, como los efectos en las causas.

Aún nos queda por examinar lo que se refiere a la *relación entre la naturaleza y el espíritu*. "La naturaleza, aunque inanimada, cumple la misión de preparar al alma para liberarse, del mismo modo que la función de la leche —sustancia carente de sensaciones— tiene por función alimentar al ternerillo". El *Samk'hya* establece el siguiente símil: la naturaleza es como una bayadera, que se muestra al alma como la bayadera a un público; su descaro la lleva a entregarse repetidas veces a las groseras miradas de los espectadores. "Pero se retira después de haberse mostrado suficientemente; lo hace, porque ya ha sido vista; y los espectadores, a su vez, se retiran después de haberla visto. La naturaleza no tiene ya ningún otro empleo para el alma; sin embargo, su unión se mantiene en pie continuamente."

Con la consecución del conocimiento espiritual mediante el estudio de los principios, se aprende la verdad decisiva, irrefutable y única de que "ni soy, ni puedo llamar a nada mío, ni existo". En efecto, el yo se distingue todavía del alma, hasta que, por último, el hindú pierde la noción del yo y la conciencia de sí mismo: "Todo lo que aparece en la conciencia es reflejado por el alma, pero como una imagen que no mancha el cristal del alma ni forma tampoco parte de él. El alma, en posesión de este conocimiento de sí misma [pero sin la noción del yo], contempla cómodamente la naturaleza, sustraída así a los espantosos cambios y liberada de toda otra forma y de todo otro efecto del entendimiento, si se exceptúa solamente este conocimiento espiritual"; es un saber espiritual, mediado, que versa sobre un contenido también espiritual, un saber sin yo y sin conciencia. "Es cierto que el alma sigue envuelta aún, durante algún tiempo, en un cuerpo, pero solamente como la rueda del alfarero sigue girando por algún tiempo, después de modelada la vasija, simplemente por la fuerza del impulso adquirido."

Por tanto, el alma, según la concepción de los hindúes, ya no tiene nada que ver con el cuerpo, y su relación con él es, por consiguiente, superflua. "Pero cuando, por fin, se produce la separación del alma adoctrinada y de su cuerpo y la naturaleza deja de existir con respecto al alma, se consuma la liberación absoluta y definitiva." Con esto, hemos expuesto los momentos fundamentales de la filosofía del *Samk'hya*.

2. La filosofía de *Gautama* y *Kanada* forman una unidad.[8] La filosofía de Gautama se llama *Nyaya* (razonante), la de Kanada *Vaiseshika* (particular). La primera es una especie de dialéctica, peculiarmente desarrollada; la segunda, en cambio, se ocupa de la física, es decir, de los objetos particulares o sensibles. Dice Colebrooke:

"Ningún campo de la ciencia o la literatura ha atraído tanto

[8] *Transactions of the Royal Asiatic Society*, vol. I, parte I, pp. 92-118 (VII, *Essay on the Philosophy of the Hindus*, parte II, por Henry Thomas Colebrooke).

la atención de los hindúes como el *Nyaya*, y fruto de estos estudios es la innumerable cantidad de obras en torno a estos problemas, entre las que figuran trabajos de muy famosos eruditos. El orden seguido por Gautama y Kanada es el indicado en un pasaje de los *Vedas* como la serie de pasos necesarios para la enseñanza y el estudio, a saber: enunciación, definición e indagación. La enunciación consiste en llamar a una cosa por su nombre, es decir, empleando la expresión que la designa, tal como lo enseña la revelación, pues el lenguaje se considera como algo que le ha sido revelado al hombre. La definición es la cualidad especial que constituye el carácter esencial de una cosa. La indagación consiste en investigar si la definición es adecuada y suficiente. En consonancia con esto, los maestros de la filosofía echan por delante las expresiones científicas, pasan luego a las definiciones y proceden, por último, a la indagación de los sujetos así establecidos de antemano."

Por el nombre se entiende la representación que se tiene de la cosa, con la que en la investigación se compara lo obtenido en la definición. Viene luego el objeto que se trata de examinar. "Gautama aduce aquí dieciséis puntos, entre los que se destacan como los principales la prueba, la evidencia [lo formal] y aquello que se trata de demostrar; los demás puntos son simplemente subsidiarios y accesorios, como elementos que contribuyen al conocimiento y la certeza de la verdad. El *Nyaya* coincide con las demás escuelas psicológicas en que promete la dicha, la excelencia final y la liberación de todo mal como recompensa por el conocimiento perfecto de los principios profesados por ella, es decir, como recompensa de la verdad, entendiendo por tal la convicción acerca de la eterna existencia del alma, como algo separable del cuerpo", de tal modo que el espíritu sea para sí. El alma es, entonces, de suyo, el objeto que se trata de conocer y de probar. En seguida, damos algunos detalles acerca de esto.

a) El *primer* punto fundamental, o sea la evidencia de la prueba, presenta cuatro modalidades: la primera es la percepción; la segunda la deducción *(inference)*, la cual puede ser de tres modos: del efecto a la causa, de la causa al efecto o por analogía; el tercer tipo de evidencia es la comparación; el cuarto la seguridad, que abarca tanto la tradición como la revelación. Estos diversos tipos de prueba aparecen muy desarrollados, tanto en el antiguo tratado que se le atribuye a Gautama como por innumerables comentadores.

b) Lo *segundo* es el objeto que se trata de probar, que se trata de convertir en evidencia, y a este propósito se citan doce objetos. El primero y el más importante de todos es el alma, como la sede de las sensaciones y el conocimiento, distinto del cuerpo y de los sentidos y cuya existencia puede probarse por medio de la inclinación, la aversión, la voluntad, etc.; este objeto presenta catorce cualidades que son, a saber: el número, la magnitud, la particularidad, la combinación, la disociación, la inteligencia, el placer, el dolor, la apetencia, la aversión, la voluntad, el mérito, la culpa y la imaginación. Tampoco en estos primeros rudimentos de la reflexión, completamente caóticos, se advierte ninguna concatenación ni totalidad de determinaciones.

El segundo objeto de conocimiento es el cuerpo; el tercero, los órganos de las sensaciones, entre los cuales se citan los cinco sentidos corporales. Éstos no son modificaciones de la conciencia (como afirma el *Samk'hya*), sino material formado por los elementos, es decir, respectivamente, por la tierra, el agua, la luz, el aire y el éter. La pupila no es, dicen estos pensadores, el órgano de la visión, ni el oído el órgano de la audición, sino que el órgano de la vista es el rayo luminoso que parte del ojo y se proyecta sobre el objeto, y el órgano del oído el éter, que en la caja auditiva se comunica con el objeto escuchado por medio del éter intermedio. Aquel rayo luminoso es, por lo general, invisible, exactamente lo mismo que una luz es invisible bajo el sol de mediodía y, en cambio, se deja ver en otras circunstancias. El órgano del gusto es algo acuoso, como la saliva, y así sucesivamente.

Algo parecido a lo que aquí se dice de la visión es lo que dice Platón en el *Timeo* (pp. 45-46 Steph.; pp. 50-53 Bekk.); y en el estudio de Schultz que figura en la *Morfología* de Goethe encontramos interesantes observaciones acerca del fósforo en el ojo. Ejemplos de hombres que han podido ver en medio de las sombras de la noche, lo que prueba que es su ojo el que ilumina el objeto, los tenemos a montones; claro está que, para que este fenómeno se dé, tienen que concurrir circunstancias especiales.

El cuarto objeto son los objetos de los sentidos. Aquí interpola *Cesava*, un comentador, las categorías de Kanada, que son seis: la primera de ellas es la sustancia, de la que existen nueve clases: la tierra; el agua, la luz, el aire, el éter, el tiempo, el espacio, el alma, la inteligencia. Los elementos fundamentales de las sustancias materiales son concebidos por Kanada como átomos originarios, que se combinan luego para formar cuerpos complejos; este autor afirma la eternidad de los átomos, a propósito de lo cual aduce muchas cosas acerca de la combinación de los átomos, entre las cuales aparece también el polvillo del sol.

La segunda categoría es la de la cualidad, mencionándose veinticuatro cualidades distintas: 1) el color, 2) el sabor, 3) el olor, 4) el sentimiento, 5) el número, 6) la magnitud, 7) la individualidad, 8) la unión, 9) la separación, 10) la prioridad, 11) la posterioridad, 12) la gravedad, 13) la fluidez, 14) la resistencia, 15) el sonido, 16) la inteligencia, 17) el placer, 18) el dolor, 19) la apetencia, 20) la aversión, 21) la voluntad, 22) la virtud, 23) el vicio, y 24) una capacidad que abarca tres modalidades distintas: la velocidad, la elasticidad y la imaginación.

La tercera categoría es la de la acción; la cuarta, la de la comunidad; la quinta, la de la diferencia; la sexta, la de la agregación *(aggregation)*, la última que señala Kanada, pues otros autores añaden, además, como séptima cualidad, la de la negación. Tal es el modo y manera como se presenta la filosofía entre los hindúes.

c) Los dos puntos principales, el de la evidencia y el de lo que interesa saber, van seguidos, en la filosofía de Gautama, por el *tercer* punto, que es la duda. Otro punto es el de la prueba regular, el del razonamiento formal o el del silogismo completo *(nyaya)*, formado por cinco proposiciones: 1) la tesis, 2) el fundamento, 3) la prueba *(the instance)*, 4) la aplicación, 5) la conclusión. Por ejemplo, 1) En esta colina hay fuego, 2) pues echa humo; 3) es así que en lo que echa humo hay fuego, como en el hogar de la cocina; 4) luego en esta colina que echa humo, 5) hay fuego. El desarrollo del razonamiento es igual al de nuestros silogismos; pero de tal modo que lo que se trata de demostrar figura a la cabeza. Nosotros, en cambio, solemos comenzar por lo general. Ésta es la forma habitual, y creemos que basta con estos ejemplos. Antes de seguir adelante, queremos, sin embargo, resumir todo lo que dejamos expuesto.

Hemos visto que, para los hindúes, lo fundamental es la concentración del alma dentro de sí misma, su exaltación al plano de la libertad, el pensamiento que se constituye para sí. Este devenir para sí del alma del modo más abstracto podríamos llamarlo sustancialidad intelectual; pero no se trata aquí de la unidad de espíritu y naturaleza, sino precisamente de lo contrario. Para el espíritu, la contemplación de la naturaleza no es más que un medio, la práctica del pensamiento que tiene como meta la liberación del espíritu. La sustancialidad intelectual es, en la India, la meta, pero en la filosofía esta sustancialidad es, en general, el punto esencial de partida; el filosofar consiste en este idealismo según el cual el pensamiento es, por sí mismo, el fundamento de la verdad. La sustancialidad intelectual es lo contrario de la reflexión, del entendimiento, de la individualidad subjetiva de los europeos. Para nosotros, es importante el que yo quiera, sepa, crea, opine algo, basándome para ello en las razones que yo tenga para ello, con arreglo a mi propia y personal voluntad; a esto le concedemos nosotros un inmenso valor. La sustancialidad intelectual es el extremo opuesto a esto, en el que desaparece toda la subjetividad del yo: para ésta, todo lo objetivo se ha convertido en algo vano, no existe para ella verdad objetiva, deberes ni derechos objetivos; por donde la vanidad subjetiva es lo único que queda en pie. Se impone, así, el interés de llegar a la sustancialidad intelectual, para ahogar en ella aquella vanidad subjetiva, con toda su inteligencia y su reflexión. En ello reside la ventaja de este punto de vista.

Su defecto consiste, por el contrario, en que, al representarse la sustancialidad intelectual como meta y fin para el sujeto, como un estado que es necesario empezar por crear en interés del sujeto mismo, es, aun siendo lo más objetivo de todo, algo pura y totalmente abstracto; por eso le falta la forma esencial de la objetividad. Precisamente esa sustancialidad intelectual que permanece, así, en el plano de la abstracción, sólo cuenta para su existencia con el alma subjetiva. Así como en la vanidad, donde lo permanente sólo es el poder subjetivo de la negación, desaparece todo, así este algo abstracto de la sustancialidad intelectual sólo contiene la evasión, la huída al vacío y a lo indeterminado, donde todo desaparece.

Se trata, pues, de que de este suelo verdadero brote la objetividad que se forma en sí misma y se determina a sí misma: la forma infinita de suyo, que es lo que se llama el pensamiento. Y como este pensamiento es, primeramente, en cuanto subjetivo, lo mío, ya que soy yo quien piensa, y, en segundo lugar, también lo general, lo que contiene la sustancialidad intelectual, es, asimismo, en tercer lugar, la actividad formadora, el principio de la determinación.

Esta modalidad superior de la objetividad, que se despliega a sí misma, es la única que puede asignar al contenido específico el lugar que le corresponde, el único que puede dejarlo hacer y conservarlo dentro de sí. Y si, en la concepción de los orientales, lo particular vacila y está destinado a pasar, no es menos cierto que ocupa también su puesto sobre la base del pensar. Puede tener sus raíces en sí mismo, puede afirmarse; y en esto consiste el duro y firme entendimiento de los europeos. Desembarazarse de él es la función o la aspiración de ciertas concepciones orientales; pero, sobre la base del pensamiento, ese contenido particular se mantiene flúido y no deviene nunca para sí, sino que existe solamente como un momento de todo el sistema.

En la filosofía oriental hemos descubierto también un contenido determinado que se examina; pero este examen se efectúa totalmente al margen del pensamiento, sin la menor sistematización, porque se desarrolla por encima y al margen de la unidad. Del lado de allá se halla la sustancialidad intelectual, del lado de acá todo es seco y pobre; de este modo, lo particular presenta solamente la forma rígida del razonar y del inferir, lo mismo que en los escolásticos. Sobre la base del pensamiento, en cambio, puede lo particular afirmar su derecho; puede ser enfocado y concebido como un momento de toda la organización. En la filosofía india, la idea no se objetiva; lo externo, lo objetivo, no se concibe, por tanto, con arreglo a la idea. Y esto es también lo defectuoso del orientalismo.

La verdadera base objetiva del pensamiento tiene sus raíces en la verdadera libertad del sujeto; es necesario que lo general, lo sustancial mismo tenga objetividad. En cuanto que el pensamiento es este algo general, la base de lo sustancial, y al mismo tiempo el yo (puesto que el pensamiento es el ser en sí y existe como sujeto libre), tenemos que lo general cobra existencia y presente inmediatos; no es ya solamente una meta, un estado pasajero, sino que lo absoluto se torna objetivo.

Esta determinación es precisamente la que encontramos en el mundo griego, y su desarrollo será el objeto de nuestro estudio ulterior. Primeramente, aparece lo general como algo completamente abstracto, enfrentándose con el mundo concreto; pero vale como base de lo uno y lo otro, del mundo concreto y de lo que es en sí. Y esto no es un más allá, sino que lo presente rige por hallarse contenido en el ser en sí; o, dicho de otro modo, el ser en sí, lo general, es la verdad de los objetos.

Primera Parte
LA FILOSOFÍA GRIEGA

INTRODUCCIÓN A LA FILOSOFÍA GRIEGA

El nombre de Grecia tiene para el europeo culto, sobre todo para el alemán, una resonancia familiar. Los europeos han recibido su religión, las concepciones del más allá, de lo remoto, no de Grecia, sino de más lejos, del Oriente y, concretamente, de Siria. Pero las concepciones del más acá, de lo presente, la ciencia y el arte, lo que satisface, dignifica y adorna nuestra vida espiritual, tuvo como punto de partida a Grecia, bien directamente, bien indirectamente, a través de los romanos.

Este último camino, el de Roma, fué la primera forma en que esta cultura llegó a nosotros, por parte también de la Iglesia, en otro tiempo universal, cuyo origen debe buscarse en la misma Roma y que todavía hoy conserva la lengua de los romanos. Las fuentes de la enseñanza eran el Evangelio latino y los Padres de la Iglesia. También nuestro Derecho se jacta de haber recibido su orientación más perfecta del derecho romano. La densidad germánica necesitó pasar, para disciplinarse, por la dura escuela de la Iglesia y el derecho romanos; sólo de este modo se ablandó el carácter europeo y se capacitó para la libertad.

Por consiguiente, después que la humanidad europea se instaló dentro de sí como en su propia casa, mirando a su presente, abandonó lo histórico, lo recibido de fuera. A partir de entonces, el hombre empezó a encontrarse en su propia patria; y, para poder disfrutar de ella, volvió los ojos a los griegos. Dejemos a la Iglesia y a la jurisprudencia su latín y su romanismo. Nuestra ciencia superior, libre y filosófica, como nuestro arte libre y bello, y el gusto y el amor por una y por otro, sabemos que tienen sus raíces en la vida griega y que derivan de ella su espíritu. Y si nos fuese lícito sentir alguna nostalgia, sería la de haber vivido en aquella tierra y en aquel tiempo.

Pero lo que nos familiariza con los griegos es la conciencia de que supieron hacer de su mundo una verdadera patria; el espíritu común hacia la patria en que se vive es lo que nos hace sentirnos unidos a ellos. Así como en la vida corriente ocurre que nos sintamos a gusto entre las gentes y las familias que viven contentas y satisfechas en su casa, sin querer salir de ella y buscar nuevos horizontes, así nos sentimos a gusto con los griegos. Es cierto que tomaron los rudimentos sustanciales de su religión, de su cultura, de su convivencia social, en mayor o menor medida, del Asia, de Siria y de Egipto; pero supieron anular de tal modo lo que había de extraño en estos orígenes, lo transformaron, elaboraron e invirtieron, haciendo de ello algo distinto a lo que era, de tal modo, que lo que nosotros, al igual que ellos mismos, apreciamos, reconocemos y amamos en eso es, esencialmente, lo suyo propio.

Por eso, en la historia de la vida griega, por mucho que en ella nos remontemos y debamos remontarnos, podríamos perfectamente prescindir de esta marcha hacia atrás para descubrir dentro de su propio mundo y modo de ser y de vivir los comienzos, los gérmenes y la trayectoria de la ciencia y el arte hasta llegar a su florecimiento, lo mismo que las fuentes de su decadencia, sin salir para nada de su órbita propia. En efecto, su desarrollo espiritual sólo utiliza lo recibido, lo extraño, a manera de materia y de impulso; los griegos jamás pierden la conciencia de actuar, en ello, como hombres libres. La forma que saben imprimir al fundamento ajeno es ese peculiar aliento espiritual que da el espíritu de la libertad y la belleza, el cual, si bien de una parte puede ser tomado como forma, de otra parte es, de hecho, lo sustancial supremo.

Pero los griegos no sólo supieron crearse, así, lo sustancial de su cultura y acomodarse a gusto en su existencia, sino que supieron, además, honrar su renacimiento espiritual, que fué su verdadero nacimiento. Relegaron al fondo, como por ingratitud, el origen extranjero de su cultura propia, lo sepultaron tal vez entre las sombras de los misterios que mantenían en secreto ante ellos mismos. No sólo supieron ser ellos mismos, usar y disfrutar lo que hicieron por sí mismos de lo recibido de otros, sino que hicieron de esta intimidad de toda su existencia la base y el origen de lo que llegaron a ser, y lo hicieron así de un modo consciente, con gratitud y alegría y no sólo *para* llegar a ser eso y para usar y disfrutar de este modo de ser. Pues su espíritu, como nacido de un renacimiento espiritual, consiste precisamente en ser lo que son, lo suyo, y en vivir dentro de ello como dentro de sí. Conciben su propia existencia como algo aparte, como un objeto que se engendra como un ser para sí y que adquiere en ello su bondad y su razón de ser; y, de este modo, se hacen una historia de todo lo que han sido y han poseído.

Los griegos no se representan a su modo solamente el nacimiento del mundo, es decir, de los dioses y de los hombres, de la tierra, del cielo, de los vientos, de las montañas y los ríos, sino el de todos y cada uno de los aspectos de su propia existencia, cómo adquirieron el fuego y los sacrificios que ello les costó, la siembra, la agricultura, el olivo, el caballo, el matrimonio, la propiedad, las leyes, las artes, el culto religioso, las ciencias, las ciudades, los linajes de los príncipes, etc.; de todo ello se representan imaginativamente el origen en graciosas historias, de cómo se convirtió históricamente en obra y mérito suyo, según este aspecto externo.

En esta misma intimidad existente y, más precisamente, en el espíritu de la intimidad, en este espíritu de una vida representada cabe, con arreglo a su existencia física, civil, jurídica, moral y política, en este carácter de la libre y bella historicidad, según la cual lo que los griegos son existe también en ellos como Mnemosine, reside también el germen de la libertad pensante y, con ello, la necesidad de que naciera en el seno de este pueblo la filosofía. Así como los griegos viven a gusto en su mundo, la filosofía es, precisamente, esto mismo, pues no consiste sino en que el hombre viva a gusto en su espíritu, se sienta en él como en la intimidad. Y, del mismo modo que nosotros nos encontramos, en general, a gusto entre los griegos, tenemos necesariamente que sentirnos a gusto, especialmente, en su filosofía, pero no como entre ellos, pues la filosofía se siente precisamente en ella misma como en su casa, y de lo que aquí se trata es del pensamiento, de lo que tenemos de más propio, de más nuestro y libre de toda particularidad. La trayectoria y el despliegue del pensamiento se manifiestan en los griegos partiendo de sus elementos protoriginarios; y, para comprender su filosofía, podemos permanecer dentro de ellos mismos, sin necesidad de buscar ninguna otra clase de motivos externos.

Pero es necesario que nos detengamos a puntualizar su carácter y su punto de vista. Los griegos parten de una premisa histórica, por la misma razón por la que han brotado de sí mismos; y esta premisa histórica, concebida a través del pensamiento, es la de la sustancialidad oriental de la unidad natural del espíritu y la naturaleza. Lo que ocurre es que el brotar de sí mismo es el extremo opuesto de la subjetividad abstracta, cuando ésta es todavía una fórmula vacua o, mejor dicho, convertida en vacua; es el formalismo puro, el principio abstracto del mundo moderno. Los griegos ocupan el bello punto intermedio entre ambas posiciones extremas, que es el centro de la belleza por ser, al mismo tiempo, algo natural y algo espiritual, pero de tal modo que la espiritualidad es y sigue siendo, en él, el sujeto dominante, determinante. El espíritu, sumido en la naturaleza, forma una unidad sustancial con ella y —siendo como es conciencia— es predominantemente intuición: como conciencia subjetiva, indudablemente, formadora, pero desmedida.

Los griegos tenían como base, como esencia, la unidad sustancial de naturaleza y espíritu; y, teniendo y sabiendo esto como objeto, pero sin desaparecer en él, sino penetrando dentro de sí mismos, no llegaron a caer, volviendo atrás, en el extremo de la subjetividad formal, sino que formaban una unidad consigo mismos: por tanto, como sujeto libre que, teniendo todavía por contenido, esencia y sustrato aquella primera unidad, constituía su objeto de la belleza.

La fase de la conciencia griega es la fase de la belleza. La belleza es, en efecto, el ideal, el pensamiento que brota del espíritu; pero de tal modo que la individualidad espiritual no es aún para sí, como subjetividad abstracta llamada a desarrollar en sí misma su existencia hacia el mundo del pensamiento. Esta subjetividad tiene todavía, en ella misma, su modo de ser natural, sensorial; a pesar de lo cual este modo natural de ser no ocupa el mismo rango ni ostenta la misma dignidad que en el Oriente, donde es lo predominante. Ahora, es el principio de lo espiritual el que aparece en primer plano, y el ser natural no rige ya por sí mismo, en sus formas existentes, sino que es, simplemente, la expresión del espíritu que a través de él se manifiesta, viéndose degradado a simple medio y modalidad de existencia de éste. Pero el espíritu no se tiene todavía a sí mismo como medio para representarse dentro de sí y construir sobre esta base su mundo.

Por tanto, en un pueblo como el griego en que la sustancia espiritual de la libertad era la base de las costumbres, de las leyes y de las constituciones, podía y debía existir también una moralidad libre. Pero, como el momento de la naturaleza no es aún ajeno a ello, la moralidad del Estado lleva todavía consigo cierto carácter natural; los Estados son pequeños individuos naturales, que no es posible unir en un gran todo. En cuanto que lo general no existe libremente para sí, lo espiritual vive todavía limitado. En el mundo griego, lo eterno, que existe como algo en y para sí, es desarrollado por el pensamiento, cobra conciencia a través de él, pero de tal modo que la subjetividad se enfrenta todavía a ello en una determinación contingente, por hallarse aún en una relación esencial con la naturalidad; y en esto precisamente reside la razón, que más arriba prometíamos dar, de por qué, en Grecia, sólo son libres algunos, y no todos.

INTRODUCCIÓN

La desmedida fuerza oriental de la sustancia cobra medida y es encauzada por el espíritu griego; este espíritu es claridad, meta, limitación de las formas, reducción de lo inmenso, de lo infinitamente fastuoso y rico a determinabilidad y a individualidad. La riqueza del mundo griego consiste solamente en una muchedumbre infinita de detalles bellos, agradables y graciosos, en esta alegría de todo lo que sea existencia; lo más grande, entre los griegos, son las individualidades, estos virtuosos del arte, de la poesía, de la canción, de la ciencia, de la honestidad, de la virtud. Es posible que, comparadas con el esplendor y la majestuosidad, con las proporciones gigantescas de las fantasías orientales, con los monumentos egipcios, con los reinos del Oriente, etc., las alegrías de los griegos (los hermosos dioses helénicos, sus templos, sus estatuas) y las manifestaciones de su seriedad (las instituciones y las hazañas) puedan parecer algo así como juegos de niños; sin embargo, el pensamiento que brilla en ellas da vida a esta riqueza de detalle y encauza lo desmesurado de la grandeza oriental, reduciéndolo a las proporciones de un alma sencilla, la cual se convierte de suyo en fuente de riqueza, en manantial de un mundo ideal superior, del mundo del pensamiento.

"De tus pasiones has sacado, ¡oh hombre! la materia para tus dioses", dice un antiguo; los orientales, en cambio, principalmente los indios, los sacaron de los elementos naturales, de las fuerzas y las formas de la naturaleza; "del pensamiento —podríamos añadir nosotros, refiriéndonos al hombre griego— has sacado el elemento y la materia para crear la idea de Dios". El pensamiento es, aquí, el suelo del que brota la divinidad; pero no es el pensamiento inicial el que constituye la base partiendo de la cual hay que comprender y se puede comprender toda esta formación. Por el contrario. En un principio, el pensamiento aparece como algo completamente pobre, extraordinariamente abstracto y de escaso contenido, si se lo compara con el contenido que el oriental da a su objeto, pues como algo inmediato el comienzo mismo se revela bajo la forma de lo natural, compartiendo esta característica con el pensamiento de los orientales. Y como, además, reduce el contenido del Oriente a criterios completamente pobres, estos pensamientos apenas merecen ser tenidos en cuenta por nosotros, ya que no existen todavía como tales pensamientos y bajo la forma y la determinación propias del pensamiento, sino bajo las de lo natural. Por tanto, lo absoluto es aquí, ya, pensamiento, pero no en cuanto tal. Tenemos que distinguir siempre, en efecto, la realidad de este algo general, ya que lo que importa es saber si la realidad misma es concepto o es más bien algo natural. Ahora bien, en cuanto que la realidad reviste todavía la forma de lo inmediato y sólo el pensamiento es en sí, queda explicado con ello por qué, al estudiar la filosofía griega, empezamos por la filosofía de la naturaleza de la escuela jónica.

Por lo que se refiere al estado histórico externo de Grecia en esta época, diremos que los comienzos de la filosofía griega caen en el siglo VI antes del nacimiento de Cristo, en tiempo de Ciro, en la época del ocaso de los estados jónicos libres del Asia Menor. En el momento en que desaparece este hermoso mundo, que había logrado conquistar por sí mismo un elevado nivel de cultura, surge la filosofía. Creso y los lidios fueron los primeros que pusieron en peligro la libertad de los jonios; pero fué, más tarde, la dominación persa la que la destruyó totalmente, obligando a la mayoría de los habitantes a abandonar aquellas tierras y a fundar colonias, sobre todo en la parte occidental.

Y, al mismo tiempo que se hundían las ciudades jónicas, la otra Grecia dejaba de ser gobernada por las dinastías de los antiguos príncipes; habían desaparecido los Pelópidas y los otros linajes regios, extranjeros en su mayoría. Grecia había establecido, en parte, múltiples contactos con el exterior y, en parte, esforzábase por encontrar un vínculo social dentro de sí misma; la vida patriarcal había pasado a la historia, y en muchos estados sentíase la necesidad de constituirse libremente, con arreglo a normas e instituciones legales. Vemos aparecer muchos individuos que no gobiernan ya a sus conciudadanos por virtud de su linaje, de su nacimiento, sino que son honrados y enaltecidos por los méritos de su talento, de su imaginación, de su ciencia. Estos individuos ocupan diferentes puestos de superioridad con respecto a sus conciudadanos. Unas veces, son consejeros, aunque sus buenos consejos no siempre sean seguidos por los demás; otras veces, se ven odiados y despreciados por sus conciudadanos y obligados a retirarse de la actuación pública; otras veces, se erigen en violentos, aunque no crueles, dominadores de sus conciudadanos, y otras, finalmente, en legisladores de la libertad.

A esta categoría de hombres que acabamos de caracterizar pertenecen los llamados *siete sabios*, a quienes en estos últimos tiempos se tiende a excluir de la historia de la filosofía. Trátase, sin embargo, de monumentos muy concretos de la historia de la filosofía, y por ello no hay más remedio que señalar de cerca, aunque sólo sea brevemente, lo que su carácter representa en los inicios de la filosofía.

Estas figuras se ven encuadradas dentro de aquella situación a que nos referíamos, unas veces participando en las luchas de las ciudades jonias, otras veces emigrando de ellas, otras veces como personalidades prestigiosas dentro de Grecia.

Los nombres de los siete sabios varían, según los casos; generalmente, se indican los de Tales, Solón, Periandro, Cleóbulo, Quilón, Bías y Pitaco. Hermipo, en Diógenes Laercio (I, 42) señala diecisiete, entre los cuales seleccionan otros autores siete, de diversos modos, según sus preferencias. Según el propio Diógenes Laercio (I, 42), ya un autor antiguo, Dicearco, mencionaba solamente cuatro a quienes los antiguos incluían unánimemente entre los siete: Tales, Bías, Pitaco y Solón. Otros nombres que también aparecen, de vez en cuando, son los de Misón, Anacarsis, Acusilao, Epiménides, Ferécides, etc.

Dicearco, en Diógenes (I, 40), dice de ellos que no fueron ni sabios (σοφούς) ni filósofos, sino hombres inteligentes (συνετούς) y legisladores; y este juicio, que llegó a generalizarse, debe ser aceptado como el verdadero. Estas figuras corresponden al período de transición del régimen patriarcal de los reyes a un régimen gobernado por la ley o por la violencia. La fama de su sabiduría debíase, de una parte, a que estos hombres supieron comprender lo práctico-esencial de la conciencia, es decir, la conciencia de la moralidad general en y para sí, proclamándola en forma de sentencias morales y, en parte, en forma de leyes civiles, a las que infundieron vigor y realidad en diversos Estados, y, de otra parte, a que acertaron a expresar diversos pensamientos teóricos en frases llenas de sentido. Algunas de estas frases o sentencias podían ser consideradas, no sólo como pensamientos acertados o profundos, sino incluso como pensamientos filosóficos y especulativos, en la medida en que es posible atribuirles un amplio sentido general, aunque éste no resplandezca directamente en ellas.

Estos hombres no se proponían, esencialmente, servir a la ciencia, a la filosofía; y de Tales se nos dice expresamente que no se consagró a la filosofía hasta la última época de su vida. Lo más frecuente en ellos era la actuación política; eran hombres prácticos, pero no en el sentido en que esta palabra suele interpretarse entre nosotros, que tendemos a considerar la actividad práctica como una rama especial de la administración del Estado, de la industria, de la economía, etc.; ellos vivían en estados democráticos y compartían, por ello, los cuidados referentes a la administración pública general y al gobierno. No eran, sin embargo, estadistas al modo de las grandes personalidades griegas de que nos habla la historia, un Milcíades, un Temístocles, un Pericles, un Demóstenes, sino estadistas de una época en que se trataba de la salvación y el establecimiento, de la ordenación y la organización y hasta diríamos que de la instauración de la vida del Estado, o, por lo menos, de la instauración de situaciones regidas por la ley.

Así es cómo se nos presentan, sobre todo, las figuras de *Tales* y de *Bías*, en lo tocante a las ciudades jónicas. Herodoto (I, 169-171) habla de ambos y dice, refiriéndose a Tales, que ya antes de la sumisión de los jonios (bajo Creso, a lo que parece) les había aconsejado crear una suprema asamblea consultiva (ἓν βουλευτήριον) en Teos, centro territorial de los pueblos jonios, es decir, un Estado federativo, con su propia capital federal, sin perder por ello su independencia como pueblos (δῆμοι). Este consejo no fué seguido, y su aislamiento, su debilidad, los llevó a la derrota. A los griegos les costó siempre gran trabajo sobreponerse a su idiosincrasia individualista.

Tampoco más tarde, cuando Harpago, el general de Ciro, que llevó a término su sojuzgamiento, los obligó a pelear, acertaron los jonios a seguir el consejo extraordinariamente saludable de Bías de Priene, que éste les dió en el momento decisivo en que se hallaban todos ellos reunidos: "marchar todos juntos a Cerdeña, en una flota común, para crear allí un Estado jonio. De este modo, se sustraerían a la servidumbre, vivirían felices y, después de haber poblado la isla más importante, someterían a su dominio las otras; en cambio, si permanecían en Jonia, no veía ninguna esperanza para su libertad". Este consejo es aprobado por Herodoto: "De haberlo seguido, habrían sido los más felices de los griegos"; pero consejos de éstos sólo son acatados por la fuerza, nunca voluntariamente.

Lo mismo, sobre poco más o menos, ocurre con los demás sabios de este grupo. *Solón* era legislador de Atenas y a ello debe, principalmente, su fama: pocos hombres llegaron a gozar de tan alto predicamento como legisladores; la fama de Solón, en este respecto, sólo es compartida por la de un Moisés, un Licurgo, un Zaleuco, un Numa, etc. En los pueblos germánicos no encontramos ninguna figura que llegara a disfrutar de esta fama, como legislador de su pueblo. Y, en nuestros días, ya no puede haber legisladores; las instituciones legales y las condiciones jurídicas de vida han sido establecidas ya de antiguo, y lo poco que los legisladores y las asambleas legislativas pueden hacer es, si acaso, ampliar algún que otro detalle o promulgar normas complementarias muy poco importantes. Se trata, simplemente, de compilar, redactar y desarrollar una serie de detalles sueltos.

Y, sin embargo, tampoco Solón ni Licurgo hicieron otra cosa que reducir a la forma de la conciencia, uno el espíritu jónico y otro el carácter dórico que tenían ante sí y que no eran sino algo existente en sí, contrarrestando por medio de leyes reales los desastrosos males de la desintegración. Solón no fué, ni mucho menos, un estadista perfecto, como lo demuestra el curso mismo de su historia: una constitución como la que permitió a Pisístrato erigirse en tirano en vida del propio Solón, lo que quiere decir que era, de suyo, tan poco vigorosa y tan poco orgánica que no tenía fuerzas para oponerse a su propio derrocamiento (¿con qué poderes?), adolecía, evidentemente, de un defecto intrínseco. Puede aparecernos esto un tanto extraño, pues toda constitución debe estar dotada de la fuerza necesaria para poder hacer frente a semejantes ataques. Pero, ¿qué fué, concretamente, lo que hizo Pisístrato?

Nada ilustra mejor la conducta de los llamados tiranos que *las relaciones entre Solón y Pisístrato*. Cuando se planteó, entre los griegos, la necesidad de constituciones y leyes normales, vemos surgir los legisladores y regentes de los Estados que imponen al pueblo leyes y lo gobiernan con arreglo a éstas. La ley, como norma general, se le antojaba al individuo, y se le sigue antojando hoy, como una violencia, sobre todo cuando no ve la ley o no la comprende; se le antojaba así al pueblo todo, primero, y luego solamente al individuo; y fué, como sigue siendo hoy, necesario empezar haciendo violencia al individuo hasta que llega a comprender, hasta que ve en la ley su propia ley y deja de ver en ella algo extraño e impuesto desde fuera.

La mayoría de los legisladores y organizadores de los Estados asumieron la obra de hacer a los pueblos, por sí mismos, esta violencia, convirtiéndose en tiranos. Y cuando no lo eran ellos mismos, tenían que encargarse de hacerlo otros individuos, realizando esa obra dentro de sus Estados, por tratarse de algo necesario, inevitable. Según las noticias de Diógenes Laercio (I, 48-50), vemos a Solón, a quien sus amigos aconsejaban que se adueñase del poder, ya que el pueblo se agrupaba en torno a él (προςεῖχον) y habría visto de buen grado que se hiciese cargo de la tiranía, rechazar esta misión y evitar, además, que otro la asumiera, cuando Pisístrato empezó a serle sospechoso por ello. En efecto, cuando se dió cuenta de cuáles eran las intenciones de Pisístrato, se presentó en la asamblea del pueblo armado de escudo y lanza, lo que ya por aquel entonces era algo extraordinario (pues Tucídides, I, 6, indica que los griegos y los bárbaros se distinguían, entre otras cosas, en que los griegos, y sobre todo los atenienses, jamás tomaban las armas en tiempo de paz), y anunció al pueblo lo que Pisístrato se proponía.

He aquí las palabras de Solón: "¡Hombres de Atenas! Soy más sabio que algunos y más valiente que otros. Soy más sabio que quienes no se dan cuenta del fraude de Pisístrato y más valiente que quienes, dándose cuenta de él, callan por miedo". Al no lograr nada, abandonó Atenas. Se dice que Pisístrato llegó incluso a escribir a Solón, durante su ausencia, una honrosa carta, cuyo texto nos transmite Diógenes (I, 53-54), invitándolo a regresar a Atenas y a vivir junto a él como ciudadano libre: "Ni soy el único que entre los griegos se haya apoderado de la tiranía ni, al hacerlo, me he adueñado de algo que no me pertenezca, pues pertenezco al linaje de Codro. No he hecho, pues, más que rescatar para mí lo que los atenienses habían jurado conservar a Codro y a sus descendientes, arrebatándoselo después. Por lo demás, no cometo ninguna injusticia contra los dioses ni contra los hombres, sino que, ateniéndome a las leyes que tú has dado a los atenienses, procuro (ἐπιτροπῶ) que se mantengan dentro de las normas de una vida civil (πολιτεύειν)". Lo mismo hace, agrega, su hijo Hipias. "Y estas condiciones de vida se conservan mejor que bajo un gobierno del pueblo, pues a nadie consiento que obre mal (ὑβρίξειν) y yo, como tirano, no reclamo para mí (πλεῖόν τι φέρομαι) otra cosa que el prestigio, los honores y los tributos establecidos (τὰ ῥητὰ γέρα) que se otorgaban a los antiguos reyes. Cada ateniense entrega el diezmo de sus ingresos, pero no para mí, sino para contribuir a las costas de los banquetes rituales públicos, al sostenimiento de la comunidad y para el caso de una guerra. No te guardo rencor por haber descubierto mis designios, pues sé que lo hiciste movido más bien por amor al pueblo que por odio contra mí, y porque no sabías tampoco cómo había de regentar yo el gobierno; pues si lo hubieses sabido, te habrías avenido a ello y no habrías huído...".

Solón, en la respuesta que Diógenes (I, 66-67) recoge, dice que "no abriga ningún resentimiento personal contra Pisístrato, a quien tendría que llamar el mejor de los tiranos; pero que no cree que deba regresar (a Atenas). Habiendo estatuído la igualdad de derechos como la esencia de la constitución de los atenienses y rechazado personalmente la tiranía, su regreso podría ser considerado como una aprobación del gobierno de Pisístrato".

El gobierno de Pisístrato, sin embargo, acostumbró a los atenienses a las leyes de Solón y convirtió estas leyes en costumbres; de tal modo que este hábito, una vez impuesto, hizo superflua la tiranía y los hijos de Pisístrato fueron expulsados de la ciudad, y a partir de entonces la Constitución solónica rigió por su propia virtud, sin la ayuda de la fuerza. Así, pues, si Solón dió las leyes, fué otro el que convirtió estas instituciones legales en costumbres, el que habituó al pueblo a vivir con arreglo a ellas. Y lo que aparece desdoblado en las figuras de Solón y Pisístrato lo vemos reunido, en Corinto, en la figura de Periandro y en Mitilene en la de Pitaco.

Lo anterior creemos que basta, por lo que se refiere a las vicisitudes externas de la vida de los Siete Sabios. Éstos son también famosos por la sabiduría de las *sentencias* que de ellos se han conservado, a pesar de que a nosotros nos parezcan, en parte, muy superficiales y trilladas. Ello se debe a que nuestra reflexión se halla ya familiarizada con las tesis generales, del mismo modo que en las sentencias de Salomón hay mucho que se nos antoja hoy superficial y hasta vulgar. Pero no debemos perder de vista lo que significa el haber exteriorizado por vez primera estas tesis generales bajo una forma general.

A Solón se le atribuyen muchos dísticos que todavía se conservan. En ellos se expresan, en forma gnómica, los deberes absolutamente generales del hombre hacia los dioses, la familia y la patria. Diógenes (I, 58) atribuye a Solón las siguientes sentencias: "Las leyes son como las telas de araña, que aprisionan a los pequeños, pero son desgarradas por los grandes; el lenguaje es la imagen de la acción", etc. Estas frases no encierran ninguna filosofía, sino simplemente reflexiones generales, expresiones de deberes morales, máximas, normas esenciales de vida. Y el mismo carácter presentan las sentencias en que se exterioriza su sabiduría; algunas carecen de importancia; otras, en cambio, parecen más insignificantes de lo que en realidad son. Así, por ejemplo, dice Quilón: "Si te comprometes, te esperan daños" (ἐγγύα, πάρα δ'ἄτα). En estas palabras se contiene una regla completamente vulgar de vida y de prudencia; pero los escépticos dan a esta frase un sentido mucho más profundo y general, que sin duda no era ajeno al propósito de Quilón. Este sentido es el siguiente: "No vincules tu yo a nada concreto, si no quieres caer en la desgracia." Los escépticos citaban esta sentencia por sí misma, como si en ella estuviese implícito el principio del escepticismo, a saber: que nada finito y concreto es en y para sí, sino solamente una apariencia, algo mudable y no permanente. Cleóbulo dice μέτρον ἄριστον, otro μηδὲν ἄγαν, y también esto tiene un sentido general: significa la medida, el πέρας de Platón frente al ἄπειρον, lo que se determina a sí mismo frente a lo indeterminado, considerando que lo primero es siempre lo mejor, del mismo modo que la medida en el ser constituye la suprema determinación.

Una de las más famosas sentencias de los Siete Sabios es la que se atribuye a Solón en su plática con Creso, que Herodoto (I, 30-33) relata, según su estilo propio, muy prolijamente y que puede resumirse así: "Que nadie puede considerarse feliz antes de su muerte." Pero lo interesante de este relato es que nos permite conocer de cerca el punto de vista de la reflexión griega en tiempo de Solón. Vemos por él que se reconoce la *felicidad* como la meta suprema apetecible, como el destino del hombre; antes de la filosofía kantiana, la ética tenía como base, en efecto, el eudemonismo, la aspiración a la felicidad. En las palabras de Solón se adopta un punto de vista superior al goce de los sentidos, a lo puramente agradable para el sentimiento. Si nos preguntamos qué es la felicidad y qué significa ésta para la reflexión, vemos que representa, desde luego, una satisfacción del individuo, del modo que sea, por medio del goce físico o espiritual, para lo que el hombre tiene los medios en su mano. Pero, al mismo tiempo, significa que no debe buscarse todo goce sensible, directo; la felicidad entraña, por el contrario, una reflexión proyectada sobre el estado en su conjunto, como una totalidad, como el principio frente al cual debe pasar a segundo plano el del placer aislado.

El eudemonismo implica la felicidad como un estado para toda la vida y representa una totalidad de disfrute que es algo general y da una norma para los goces sueltos, que no se entrega al placer momentáneo, sino que sabe tener a raya los apetitos y no pierde nunca de vista la pauta general. Comparado con la filosofía india, el eudemonismo es, cabalmente, lo contrario a ésta. En ella, el destino del hombre es la liberación del alma de lo corporal, la abstracción perfecta, el alma como algo que vive exclusivamente cabe sí. Entre los griegos, nos encontramos con lo contrario de esto; la felicidad, para ellos, es también la satisfacción del alma, pero no por medio de la evasión, de la abstracción, del retraimiento dentro de sí misma, sino por medio de la satisfacción en el presente, por medio de la satisfacción concreta en relación con todo lo que la rodea.

La fase de la reflexión que nos revela la felicidad ocupa un lugar intermedio entre los simples apetitos y todo lo que puede considerarse como derecho en cuanto derecho y como deber en cuanto deber. En la felicidad desaparece el goce aislado y concreto, en ella va ya implícita la forma de lo general, pero sin que esto se revele todavía por sí mismo. Y esto es precisamente lo que se destaca como interesante para nosotros en la plática de Creso con Solón. El hombre como ser pensante no se preocupa solamente del goce presente, sino también de los medios para procurarse el goce futuro; Creso muestra a Solón estos medios, pero el sabio se niega, no obstante, a dar una respuesta afirmativa a la pregunta del rey. Para poder afirmar que alguien ha sido feliz es necesario aguardar a la hora de su muerte, ya que para saber si existe dicha en una vida hay que juzgarla en su conjunto, al llegar al final de ella, e incluso hace falta que el hombre sepa morir piadosamente y como corresponde a su alto destino; y como la vida de Creso aún no ha expirado, Solón no puede decir si realmente es feliz. Y, en efecto, la historia misma de Creso, considerada en su conjunto, viene a demostrar que ningún estado momentáneo merece, en justicia, el nombre de felicidad. Esta edificante historia caracteriza bastante bien, en su conjunto, el punto de vista que la reflexión de aquella época adoptaba.

En el estudio de la filosofía griega, debemos distinguir, concretamente, tres períodos principales: el primero va de Tales de Mileto a Aristóteles; el segundo comprende la filosofía griega en el mundo romano; el tercero es el de la filosofía neoplatónica.

1. Comenzamos por el pensamiento, pero por el pensamiento totalmente abstracto, bajo su forma natural o sensible, para llegar hasta la idea determinada. Ese *primer* período representa el comienzo del pensamiento filosófico hasta su evolución y plasmación como la totalidad de la ciencia en sí misma, representada por Aristóteles, como unificación de todo lo anterior. Esta unificación de lo anterior se da ya en Platón, pero todavía no desarrollada, pues Platón es simplemente la Idea. Se ha dicho que los neoplatónicos son eclécticos, que ya Platón es un unificador; pero no son, en realidad, eclécticos, sino que tienen una visión consciente de la necesidad de llegar a esta unidad de las filosofías.

2. Después de llegar a la idea concreta, ésta se manifiesta como si se desarrollase y llevase a cabo por medio de antagonismos; el *segundo* período es el de esta división de la ciencia en sistemas especiales. A través de la totalidad de la concepción del mundo se desarrolla un principio unilateral; cada lado se desarrolla como un extremo contra el otro y de suyo en su totalidad. Aparecen, así, los sistemas filosóficos del estoicismo y el epicureísmo, frente a los cuales el dogmatismo y el escepticismo representan lo negativo, mientras que las otras filosofías desaparecen.

3. El *tercer* período es, frente a esto, lo afirmativo; el antagonismo se retrotrae a un mundo ideal o del pensamiento, a un mundo divino; es la Idea desarrollada como totalidad, pero a la que le falta la subjetividad como el infinito ser para sí.

Sección Primera
PRIMER PERÍODO: DE TALES A ARISTÓTELES

Dentro de este primer período establecemos, a su vez, tres subdivisiones:

1. El capítulo *primero* abarca de Tales hasta Anaxágoras, desde el pensamiento abstracto en su determinabilidad inmediata hasta el pensamiento del pensamiento que se determina a sí mismo. Aquí, comenzamos por lo simple absoluto, en lo que se revelan luego las primeras modalidades de la determinación como otros tantos intentos, hasta llegar a Anaxágoras, quien determina lo verdadero como el νοῦς, como el pensamiento motor, que no se halla ya sujeto a una determinabilidad, sino que se determina a sí mismo.

2. El capítulo *segundo* comprende los sofistas, Sócrates y los socráticos. El pensamiento que se determina a sí mismo se concibe, aquí, como presente, como concreto en mí: es éste el principio de la subjetividad, aunque se trate de una subjetividad infinita, pues el pensamiento sólo aparece aquí, primeramente, en parte como principio abstracto y en parte como subjetividad contingente.

3. El capítulo *tercero* es el de Platón y Aristóteles, el de la ciencia griega, donde el pensamiento objetivo, la idea, se plasma en totalidad. El pensamiento concreto, que se determina a sí mismo, es, en Platón, la idea todavía abstracta, presentada todavía bajo la forma de lo general, mientras que en Aristóteles se presenta ya como un determinarse a sí mismo, concebida en la determinación de su efectividad o de su actividad.

Capítulo 1
DE TALES A ANAXÁGORAS

Puesto que de esta época sólo poseemos tradiciones y algunos fragmentos, podemos hablar aquí de las *fuentes* de ella.

1. La primera fuente es *Platón*, quien cita con frecuencia a los filósofos antiguos. Al hacer de las filosofías independientes a él —que no están tan alejadas siempre y cuando se determine bien su concepto— momentos concretos de una idea, la filosofía de Platón aparece frecuentemente como una exposición desarrollada de las doctrinas de los antiguos filósofos, lo que hace que se le haya dirigido, a veces, el reproche de plagiario. Platón

gastó mucho dinero en procurarse las obras de los filósofos antiguos y, dado el estudio profundo que de ellos hizo, sus citas revisten gran importancia. Sin embargo, como en sus obras no aparece nunca, personalmente, como maestro, sino que presenta siempre, en sus diálogos, a otros personajes que filosofan, nos encontramos con que, en ellos, no se traza nunca una línea divisoria entre lo que históricamente pertenece a los filósofos anteriores a él y los desarrollos que el propio Platón da a los pensamientos de otros. Así, en el *Parménides* aparece expuesta la filosofía de los eléatas, pero la evolución ulterior de esta doctrina es algo propio y peculiar de Platón.

2. *Aristóteles* es la más copiosa de las fuentes: este autor estudia expresamente y a fondo a los filósofos antiguos, principalmente en la primera parte de su *Metafísica*, pero también en sus otras obras, va hablando históricamente de ellos, por turno. Aristóteles tiene tanto de filósofo como de erudito, y podemos dar crédito a sus palabras. En lo que a la filosofía griega se refiere, lo mejor que podemos hacer es atenernos al libro primero de su *Metafísica*. Y aunque una sutileza que pretende ser erudita habla en contra de Aristóteles y pretende que éste no supo comprender certeramente a Platón, podemos objetar a esto que tal vez nadie le conociera mejor que él, ya que fué, personalmente, discípulo suyo y porque la profundidad de su espíritu concienzudo nos garantiza la fidelidad de su pensamiento.

3. También *Cicerón* es otra fuente que debe ser tenida en cuenta, aunque se trata ya de una fuente más turbia que las anteriores, entre otras cosas porque contiene muchas y variadas noticias. Pero, por carecer en general de espíritu filosófico, este escritor sólo sabe enfocar la filosofía en un sentido puramente histórico. No parece haber estudiado por sí mismo las fuentes y confiesa, por ejemplo, no haber comprendido a Heráclito; y, como no le interesaba esta antigua y profunda filosofía, no se impuso el esfuerzo de ahondar en ella. Sus noticias se refieren, principalmente, a los filósofos nuevos, a los estoicos, a los epicúreos, a la nueva Academia, a los peripatéticos; Cicerón veía a los antiguos a través de los nuevos y siempre a través del razonamiento y no de la especulación.

4. *Sexto Empírico*, un escéptico de la última época, tiene importancia como fuente, por sus escritos titulados *Hypotyposis Pyrrhonicae* y *Adversus Mathematicos*. Y como, en cuanto escéptico, combate en parte las filosofías dogmáticas y en parte

cita a otras filosofías como testimonios en favor del escepticismo (por lo que la mayor parte de sus obras está llena de doctrinas de otros filósofos), tenemos en él la fuente más fecunda para la historia de la filosofía antigua, y a través de él han llegado a nosotros muchos valiosos fragmentos.

5. El libro de *Diégenes Laercio (De vitis etc. Philosophorum, libri X,* ed. Meibom, c. *notis Menagii,* Amsterdam, 1692) es una importante compilación; sin embargo, muchas veces cita a sus testigos sin mucha crítica. A este autor no es posible reconocerle espíritu filosófico; generalmente, se limita a manejar unas cuantas anécdotas malas y puramente externas; se le puede utilizar en lo referente a las vidas de los filósofos y, de vez en cuando, para sus filosofemas.

6. Finalmente, debemos citar a *Simplicio,* griego de Cilicia que vivió bajo el reinado de Justiniano, a mediados del siglo VI, el más erudito y sutil de los comentadores griegos de Aristóteles, del que existen aún varias obras inéditas y al que debemos algunas cosas meritorias.

No es necesario que citemos otras fuentes, pues sin dificultad se las encontrará en cualquier compendio.

En cuanto a la trayectoria de la filosofía griega, solía seguirse un orden que recorría los enlaces externos anudados, según la concepción corriente, por el hecho de que un filósofo hubiese tenido por maestro, al parecer, a otro, conexión esta que se hacía arrancar, en parte, de Tales de Mileto, y en parte de Pitágoras. Pero esta conexión es, de una parte, imperfecta de suyo, y, de otra parte, bastante externa. Una de las series de las sectas filosóficas, como, en su conjunto, la de los filósofos a quienes se agrupa dentro de un sistema —serie que arranca de Tales— desciende mucho en el tiempo y también en el espíritu, si se la separa de la otra; además, ninguna serie (aunque se tratara de una serie unida por los lazos de la sucesión y por aquellos enlaces externos de maestro a discípulo, cosa que no existe) se desarrolla, en realidad, por estos cauces aislados, pues el espíritu sigue un orden completamente distinto. Aquellas series aparecen enlazadas entre sí, tanto en cuanto al espíritu como en cuanto a su contenido determinado.

La primera figura con que nos encontramos es la de Tales en el pueblo jonio, del que formaban parte los atenienses, o del que procedían todos los jonios del Asia Menor. La tribu jonia aparece antes en el Peloponeso, de donde parece haber sido desplazada; se ignora, sin embargo, qué pueblos pertenecían a ella, ya que, según Herodoto (I, 143), los demás jonios e incluso los atenienses abandonaron este nombre. Según Tucídides (I, 2 y 12), las colonias jonias del Asia Menor y de las islas del archipiélago procedían, en su mayor parte, de Atenas, pues los atenienses viéronse obligados a emigrar a aquellas tierras a causa de la superpoblación del Ática.

En las costas del Asia Menor y en las islas del archipiélago y, más tarde, en las costas occidentales de la Magna Grecia, se manifiestan el gran dinamismo y la agitada vitalidad del pueblo griego. Su actividad política interna y sus contactos con los pueblos extranjeros crean una complejidad y una variedad en sus relaciones, en las que va superándose todo lo que hay en ellas de limitado e imponiéndose por encima de todo lo general. Por eso son las costas de Jonia y las de la Magna Grecia los *lugares* que sirven de escenario a este primer período de la historia de la filosofía, hasta que, por último, ésta se desplaza a la Grecia propiamente dicha y se aclimata en ella. Aquellos lugares eran también los centros del comercio primitivo y de una temprana cultura, a los que sólo más tarde se incorpora la Grecia en sentido estricto.

Debe tenerse en cuenta que el carácter de los dos lados en que estas filosofías se distinguen, el del Asia Menor en el este y el de los italos griegos en el oeste, comparte el carácter propio de la distinción geográfica. En el Asia Menor y también, en parte, en las islas del archipiélago surgen las figuras de Tales, Anaximandro, Anaxímenes, Heráclito, Leucipo, Demócrito, Anaxágoras y Diógenes de Creta. En las tierras helenizadas de Italia aparecen las de Pitágoras, natural de Samos, pero que vivió en Italia, Jenófanes, Parménides, Zenón y Empédocles; y en Italia vivieron también algunos sofistas. Anaxágoras es el primer filósofo que se desplaza a Atenas; procedente de ambos extremos, la ciencia converge en el centro y hace de Atenas su centro principal.

Pues bien, estas diferencias geográficas se manifiestan en la manera de exponer el pensamiento de tal modo, que en los orientales predomina el lado sensorial, material, mientras que en el occidente prevalece, por el contrario, el pensamiento, convertido en principio bajo la forma especulativa. Aquellos filósofos, vueltos hacia el Oriente, buscan lo absoluto en una determinación real de la naturaleza, mientras que en éstos, los de Italia, se impone la determinación ideal de lo absoluto. Sólo Empédocles, que vive en Sicilia, se inclina más bien hacia la filosofía de la naturaleza, mientras que Gorgias, el sofista siciliano, permanece fiel al lado ideal de la filosofía.

Habremos de examinar de cerca y por separado los siguientes puntos: *1)* los jonios: Tales, Anaximandro, Anaxímenes; *2)* Pitágoras y los pitagóricos; *3)* los eléatas: Jenófanes, Parménides, etc.; *4)* Heráclito; *5)* Empédocles, Leucipo y Demócrito; *6)* Anaxágoras.

También en esta filosofía debemos descubrir y señalar la trayectoria, el proceso de evolución. Las primeras determinaciones totalmente abstractas aparecen en Tales y en los otros jonios, quienes conciben lo general en forma de una determinación natural, el agua, el aire, etc. El proceso de evolución consiste en ir abandonando esta determinación natural puramente inmediata; abandono que nos encontramos en los pitagóricos. Según éstos, la sustancia, la esencia de las cosas hay que buscarla en el número; el número no es algo sensible, ni tampoco el pensamiento puro, sino que es un sensible no sensible. En los eléatas se da ya la manifestación del pensamiento puro y su violento desprendimiento de la forma sensible y de la forma del número; por eso parte de ellos el movimiento dialéctico del pensamiento, que niega lo determinado, para poner de manifiesto que lo verdadero no es lo múltiple, sino solamente lo uno. Heráclito expresa lo absoluto como este proceso mismo, que era todavía en los eléatas un proceso subjetivo; ahora cobra conciencia objetiva, ya que aquí es lo absoluto lo que mueve o hace cambiar las cosas. Empédocles, Leucipo y Demócrito caen, por el contrario, en el otro extremo, en el principio simple, material y quieto, en el sustrato del proceso, lo que hace que éste se distinga de ello, como movimiento que es. En Anaxágoras, es el propio pensamiento motor, que se determina a sí mismo, el que se reconoce como esencia; lo que representa un gran progreso.

A) LA FILOSOFÍA DE LOS JONIOS

Pasamos, con ello, a la filosofía jónica antigua, que expondremos con toda la brevedad posible, lo cual es tanto más fácil de conseguir cuanto que los pensamientos de esta filosofía son muy abstractos y pobres. Fuera de Tales, Anaximandro y Anaxímenes, las demás figuras de este grupo sólo ofrecen un interés literario. De la filosofía jónica antigua sólo ha llegado a nosotros una media docena de pasajes; es éste, por tanto, un estudio fácil. Y, sin embargo, es precisamente en estos filósofos antiguos donde más a sus anchas se extiende la erudición; cosa muy natural, por otra parte, pues cuanto menos se sabe de una cosa mayor erudición se puede desplegar acerca de ella.

1. Tales

Con *Tales* comienza, en realidad, la historia de la filosofía. La *vida* de este filósofo coincide con el período en que las ciudades de Jonia son subyugadas por Creso. La caída de éste (Olimpíada 58-1; 548 a. c.) crea, es cierto, una apariencia de liberación, pero solamente una apariencia, pues la mayoría de las ciudades jónicas fueron sometidas en seguida por los persas, y Tales presenció todavía esta catástrofe.

Tales era natural de Mileto. Diógenes (I, 22, 37) lo presenta como perteneciente al linaje fenicio de los Télidas, e indica como año de su nacimiento, según los datos más precisos, el primero de la 35ª Olimpíada (640 a. c.); según Meiner, nació dos olimpíadas más tarde (en la 38ª Olimpíada, 629 a. c.). Tales vivió como estadista, una parte de su vida bajo Creso y otra parte en Mileto. Herodoto lo cita varias veces y refiere (I, 75) que, según los relatos de los griegos, cuando Creso se puso en campaña contra Ciro y encontró dificultades para cruzar el río Halis, Tales, que acompañaba al ejército, desvió el río por medio de una zanja en forma de media luna abierta detrás del campamento, logrando de este modo hacer vadeable el río. Diógenes (I, 25) nos cuenta de él, en lo que se refiere a las relaciones con su patria, que convenció a los milesios de que no se unieran a Creso, cuando éste se puso en guerra contra Ciro, con lo que consiguió que, al ser derrotado Creso y sojuzgadas por los persas las demás ciudades de la Jonia, Mileto fuese la única a la que no molestaron los vencedores. Por lo demás, Diógenes (I, 23) nos informa de que Tales se retiró muy pronto de los asuntos públicos, para dedicarse por entero a la ciencia.

Se habla de algunos viajes hechos por Tales a Fenicia, pero estos relatos no tienen más base que una endeble leyenda; lo que sí parece indudable es que visitó, ya en su vejez, Egipto.[1] Se dice que, al lado de los egipcios, aprendió principalmente cosas de geometría; no debió, sin embargo, de aprender mucho, según la anécdota que Diógenes (I, 24, 27) toma de un cierto Jerónimo, en la que se dice que Tales enseñó a los egipcios a medir por la sombra la altura de sus pirámides, partiendo de

---

[1] Brucker, *Hist. phil.* t. I, p. 460; Plutarco, *De plac. phil.* I, 3.

la relación entre la altura de un hombre y la sombra por él proyectada. Los datos de esta proporción son los siguientes: la sombra de la pirámide es a la altura de ésta como la sombra de una persona a su altura; y si los egipcios de entonces ignoraban esto y hubieron de aprenderlo de Tales como algo nuevo, no debían de estar muy adelantados en materia de teoría geométrica. Herodoto cuenta (I, 74) que Tales pronosticó un eclipse de sol, el cual se produjo precisamente el día en que se celebró una batalla entre los medas y los lidios, y que atribuía las crecidas del Nilo a los vientos etesios que, al soplar en dirección contraria a su corriente, hacían retroceder las aguas del río.[2]

No son estos los únicos datos y anécdotas que han llegado a nosotros acerca de los conocimientos y actividades de Tales de Mileto en materia de astronomía:[3] "Dícese que un día, por estar mirando a las estrellas y observándolas, cayó en una zanja y que la gente se burlaba de él diciendo que mal podía conocer las cosas del cielo quien no acertaba a ver siquiera dónde pisaba." La gente suele reírse de cosas por el estilo, y tiene la ventaja de que los filósofos no puedan pagarle en la misma moneda; pero no se dan cuenta de que los filósofos se ríen, a su vez, de quienes no pueden caer en una zanja por la sencilla razón de que están metidos siempre en ella, sin acertar a levantar los ojos para mirar hacia arriba.

Tales demostró también, según Diógenes (I, 26), que un sabio, cuando quiere, es también capaz de adquirir riquezas. Dato más importante es el que le atribuye la determinación del año solar en 365 días. La anécdota del trípode de oro como premio al más sabio de los hombres es narrada por Diógenes (I, 27-33) como muy importante, recogiendo todas las variantes que circulaban acerca de ella: dice que el premio fué otorgado a Tales o Bías, pero que Tales se lo cedió a otro y que el trípode de oro fué dando, así, la vuelta hasta que llegó de nuevo a manos del sabio de Mileto, y que éste o Solón emitió el juicio de que el más sabio de todos era Apolo, en vista de lo cual el trofeo fué enviado a este dios, a su templo de Dídimo o de Delfos.

Tales, según Diógenes (I, 38) murió a los 78 o los 90 años, en la 58ª Olimpíada, y según Tennemann (t. I, p. 414) en la Olimpíada 59, 2 (543 a. c.), coincidiendo con la marcha de

---

[2] Herodoto, II, 20; Séneca, *Quaest. natur.* IV, 2; Diógenes Laercio, I, 37.
[3] Diógenes Laercio, I, 34, y Menag. *ad. h. l.*

Pitágoras a Crotona, habiendo muerto en un pugilato a causa, según Diógenes (I, 39), del calor y la sed que pasó en él.

No poseemos ninguna *obra* de Tales, ni sabemos siquiera si llegó a componer alguna. Diógenes Laercio (I, 23, 34-35) habla de doscientos versos sobre temas de astronomía y de algunos pensamientos suyos expresados en forma de sentencias, por el estilo de ésta; "La abundancia de palabras no prueba la justeza de las opiniones."

Por lo que a su *filosofía* se refiere, está considerado por el común consenso como el primero de los filósofos de la naturaleza. Pero es muy poco lo que acerca de ello sabemos, a pesar de lo cual parece como si supiéramos la mayor parte de ello. En efecto, el desarrollo filosófico ulterior de que era capaz su idea especulativa y la conciencia que de sus tesis podían tener los filósofos siguientes a Tales, que son precisamente los que las destacan con toda claridad y a través de los cuales hacen época, demuestran que el desarrollo que se atribuye al filósofo de Mileto no se daba todavía en él. Hay que suponer, pues, que entre la multitud de pensamientos suyos que se perdieron no debía figurar ninguno que pueda ser considerado como propiamente especulativo; y si su filosofía aparece como un sistema aún no desarrollado no es, precisamente, por falta de noticias, sino porque siendo la suya, en rigor, la primera filosofía, no podía ser todavía un verdadero sistema.

Acerca de estos filósofos antiguos debemos dar oídos a Aristóteles, quien, por lo general, habla de ellos colectivamente. En el pasaje principal de este autor *(Metafísica,* I, 3), leemos: "Evidentemente, lo que tratamos de adquirir es la ciencia de las primeras causas (ἐξ ἀρχῆς αἰτίων): decimos que conocemos una cosa cuando pensamos haber descubierto su primera causa. Pues bien, el término de causa se entiende en cuatro sentidos. Llamamos causa, primero, a la esencia o lo que hace que algo sea lo que es: el porqué de las cosas lleva a su concepto extremo y el porqué primero es una causa y un principio. Llamamos causa, segundo, a la materia o el sustrato. Tercero, a aquello de donde recibe su principio el movimiento. Y cuarto, a la causa opuesta a esta última, a saber, el fin o el bien, que es la meta de toda generación y de todo movimiento... vamos a consultar a los que procedieron antes que nosotros y se pusieron a filosofar sobre la verdad. Es notorio que también ellos hablan de principios y causas; el consultarles será, pues, de provecho para el curso ulterior de nuestras consideraciones: o encontraremos algún otro género de causa, o prestaremos más crédito a las que acabamos de enumerar.

"De los que primero se pusieron a filosofar, la mayoría han pensado que los principios de la índole de la materia (ἐν ὕλης εἴδει) son los únicos principios de todos los seres. Aquello de que están hechos todos los seres, el principio de que se generan y el término en que se corrompen, permaneciendo la sustancia (οὐσία), bien que cambiando de accidentes (παθεσι), es lo que constituye, según ellos, el elemento (στοιχεῖον) y el principio de los seres. Por eso piensan que nada nace ni muere, pues esta naturaleza subsiste eternamente. Así, no decimos que Sócrates nazca, pura y simplemente, por volverse bello o músico, ni que muera, por perder estas cualidades, puesto que permanece el sustrato (τὸ ὑποκείμενον), a saber, el propio Sócrates. Asimismo, nada de los demás nace ni muere tampoco. Necesariamente existe una naturaleza, única o múltiple, de la que nacen las demás cosas subsistiendo ella. Tan sólo el número y la índole (εἶδος) de este principio no son los mismos según todos.

"Tales, el iniciador de esta filosofía, [la que reconoce un algo material como principio y sustancia de cuanto existe] afirma que es el *agua*, por lo que también declaraba que la tierra flota sobre el agua";* el agua es, pues, según él, τὸ ὑποκείμενον, el fundamento. Y, según la explicación de Séneca *(Quaest. nat.,* VI, 6), la esencia general que Tales reconocía no era tanto, al parecer, el interior mismo de la tierra como lo que la circunda, ya que "Tales entendía que toda la tierra se hallaba sustentada sobre el agua como su base *(subiecto humore)* y flotaba en ella".

Parece que, ante todo, se nos debiera explicar cómo se desarrollan estos principios de que se habla: cómo, por ejemplo, se demuestra que el agua es la sustancia de todo y de qué modo se deducen de ella las diversas formas especiales. En este respecto, hay que observar que Tales, concretamente, sólo nos dice —o, por lo menos, eso es lo que sabemos acerca de él— que el agua es el dios de todo; y tampoco de Anaximandro, Anaxímenes y Diógenes conocemos otra cosa que sus principios. Aristóteles apunta a modo de conjetura cómo debió de llegar Tales precisamente al principio del agua:

"*Probablemente* (ἴσως), juzgaba así viendo que lo que nutre

---

* La traducción del texto aristotélico está tomada de la *Antología filosófica* de José Gaos, La Casa de España en México, 1940, pp. 175-176. Siguiendo a Hegel hemos intercalado los términos griegos correspondientes en la traducción [E.].

a todas las cosas es húmedo, hasta el punto de que el calor mismo nace de esta humedad y vive de ella, y que aquello de que todas las cosas nacen es el principio de todas las cosas. Juzgaba, pues, así, por esta razón y porque los gérmenes de todos los seres tienen la naturaleza húmeda y el agua es el principio de la naturaleza de las cosas húmedas."

Hay que observar a este propósito, esencialmente, que las circunstancias, encabezadas por Aristóteles con un "probablemente", que llevaron a Tales a ver en el agua la esencia absoluta de todas las cosas, no se aducen como razones pertenecientes al propio Tales, y también que no se invocan precisamente como razones, puesto que Aristóteles hace aquí algo más, lo que nosotros llamaríamos demostrar a la luz de la realidad que ésta corresponde al criterio general del agua. Y los posteriores, por ejemplo el Pseudo-Plutarco (*De plac. phil.* I, 3), aceptan estas razones como las razones positivas y no puramente hipotéticas de Tales; Tiedemann (*Geist der spec. Phil.*, t. I, p. 36) observa, muy acertadamente, que Plutarco hizo caso omiso del "probablemente". Plutarco dice, en efecto:

"Tales supone (σοχάζεται) que todo nace del agua y se disuelve en ella, porque, del mismo modo que las simientes de todo lo vivo, como principio de esto, son húmedas, del mismo modo (εἰκός) todo lo demás tiene su principio en la humedad; puesto que todas las plantas sacan su alimento del agua y dan frutos gracias a ello, secándose cuando carecen de agua, y puesto que incluso el fuego del sol y de las estrellas y el mismo universo son alimentados por las evaporaciones del agua."

Aristóteles se da por satisfecho con el superficial argumento que consiste en señalar que lo húmedo aparece, por lo menos, en todas partes. Y, como Plutarco, aduce eso, más concretamente, como la razón de que el agua sea la esencia simple de todas las cosas, es necesario ver si las cosas, consideradas como esencia simple, son realmente agua. α) La simiente del animal, de la naturaleza húmeda, es, ciertamente, el animal como un algo real y simple, o como esencia de su realidad, como realidad aún no desarrollada. β) Si, en las plantas, puede considerarse que el agua es lo que las alimenta, no debe perderse tampoco de vista que el alimento no es más que el ser de una cosa en cuanto sustancia informe, que necesita ser individualizada por la individualidad y que sólo de este modo adquiere forma. γ) Claro está que el hacer que el sol, la luna y el universo todo nazcan mediante evaporaciones, al modo como el alimento de las plantas, se hallaba más cerca de las concepciones de los antiguos, los cuales aún no reconocían al sol y a la luna el grado de independencia y sustantividad que nosotros les reconocemos.

"Hay quienes opinan —continúa Aristóteles— que así juzgaban acerca de la naturaleza también los primeros y más antiguos que trataron de los dioses mucho antes de la generación actual. En efecto, hicieron de Océano y de Tetis los padres de toda generación (τῆς γενέσεως) y a los dioses jurar por agua, a saber, por lo que ellos, los poetas, llamaron Estigia; ahora bien, lo más antiguo es lo más venerable y lo más venerable aquello por lo que se jura." *

Esta antigua tradición conserva un significado especulativo. Cuando algo no puede ser probado, es decir, cuando falta el modo objetivo, por ejemplo el recibo del pago efectuado o el testigo que lo haya presenciado, es necesario recurrir al juramento, mediante el cual nos cercioramos de nosotros mismos como objetos y que proclama nuestra certeza como verdad absoluta. Pues bien, al jurar por lo mejor, por lo absolutamente firme, como comprobación de la verdad de lo que se afirma, y desde el momento en que los dioses juraban por el agua subterránea, va implícito en ello el reconocimiento de que la esencia del pensamiento puro, el ser más íntimo, la realidad en que encuentra su verdad la conciencia, es el agua; con lo cual es como si expresásemos esta certeza pura de nosotros mismos como objeto, como Dios.

1. No tiene interés examinar más de cerca este principio con arreglo a su determinabilidad. Desde el momento en que toda la filosofía de Tales se reduce a afirmar que este principio es el agua, nuestro interés se reduce a preguntar: ¿hasta qué punto es esto importante y especulativo? Tales concibe *la esencia como algo informe.* Mientras que la certeza sensible de toda cosa estriba en su individualidad, es necesario elevar ahora la realidad objetiva al plano del concepto reflejado dentro de sí mismo y estatuirla como concepto; y el comienzo para ello lo tenemos en la proclamación del universo como agua, como un algo general simple. La humedad es, según *su concepto,* vida, y con ello se estatuye el agua misma al modo del espíritu; en las llamadas razones el agua presenta, por el contrario, la forma de lo general *que es.* Nosotros reconocemos, evidentemente, esta efectividad general del agua, y por ello precisamente la llamamos un elemento, un poder físico gene-

---
* Trad. cit., p. 176 [E.].

ral; pero, así como lo encontramos como este algo general y efectivo, lo encontramos también como una efectividad que no es general, pues a su lado existen otros elementos: la tierra, el aire y el fuego. El agua no tiene, pues, una generalidad sensible, sino solamente una generalidad especulativa; pero, para poder ser generalidad especulativa, tiene que ser, necesariamente, un concepto y lo sensible debe ser levantado. Se plantea, así, la polémica entre la generalidad sensible y la generalidad del concepto. Se trata de determinar la esencia de la naturaleza, es decir, de expresar la naturaleza como esencia simple del pensamiento: y la esencia simple, el concepto de lo general, es precisamente lo que carece de forma; pero esta agua, tal como es, aparece bajo la determinabilidad de la forma, tiene, por ello, una existencia especial frente a otras, como todo lo natural. Sin embargo, frente a los demás elementos, el agua presenta la determinabilidad de lo que carece de forma, de lo simple, mientras que la tierra es la continuidad, el aire el elemento de todo cambio y el fuego lo que cambia de suyo absolutamente. Así, pues, si la necesidad de la unidad nos obliga a reconocer un algo general en las cosas particulares, fácilmente se nos ofrece el agua, aunque tenga también el inconveniente de ser una cosa particular, como lo unitario, tanto por su neutralidad como porque tiene, al mismo tiempo, una materialidad más fuerte que el aire.

La tesis de Tales según la cual el agua es lo absoluto, o, como decían los antiguos, el principio, es el punto de arranque de la filosofía, porque con ello cobra conciencia de que la esencia, lo verdadero, lo uno, es lo único que es en y para sí. Se traza, así, una línea divisoria con respecto a lo que es en las percepciones de nuestros sentidos; con ello, el hombre se retira de este ente inmediato. Debemos poder olvidar que estamos habituados a un rico y concreto mundo de pensamientos; que, entre nosotros, ya el niño empieza a oir que "Existe un Dios invisible en el cielo". En la época de que hablamos no existen aún tales criterios; es necesario empezar por construir el mundo del pensamiento y no existe aún una unidad pura. El hombre tiene ante sí la naturaleza, como agua, aire, estrellas, bóveda celeste; además, el horizonte de sus representaciones es aún muy limitado. Es cierto que la imaginación está poblada de dioses, pero también el contenido de éstos es natural; los griegos consideraban el sol, las montañas, la tierra, el mar, los ríos, etc., como poderes independientes y los adoraban como dioses, convirtiéndolos a través de su fantasía en seres activos, movidos, conscientes y dotados de voluntad. Lo demás, por ejemplo, las representaciones de Homero, es algo con lo que el pensamiento no puede, ni mucho menos, darse por satisfecho; son representaciones nacidas en la imaginación, de una animación y una plasmación infinitamente generales, sin unidad simple.

Sin embargo, dentro de esta falta de conciencia de un mundo intelectual, hay que reconocer, evidentemente, que hace falta una gran audacia de espíritu para no dejar que prevalezca esta plenitud de existencia de un mundo puramente natural, para reducirla a una sustancia simple que, como lo permanente, no nace ni perece, mientras que los dioses, por el contrario, tienen una teogonía, son muchos y se hallan sujetos a cambios y mudanzas. Con la tesis de que esta esencia es el agua se aquieta esta fantasía homérica, selvática e infinitamente abigarrada, este desperdigarse de una muchedumbre infinita de principios, se supera toda esta noción según la cual un objeto particular es algo verdadero que existe por sí mismo, un poder independiente que existe por sí mismo y por encima de los otros; y con ello se proclama que sólo existe un algo general y único, lo que es en y para sí general, la simple intuición ajena a la fantasía, el pensamiento, que sólo es uno.

Este algo general se halla inmediatamente en relación con lo particular, con la existencia manifiesta del universo. La primera relación que va implícita en lo dicho es la de que la existencia particular no tiene sustantividad propia, no es algo verdadero en y para sí, sino solamente una modificación accidental. Pero la relación afirmativa es que de lo uno brota todo lo demás, que lo uno es, por serlo, la sustancia de todo lo otro, que sólo es una determinación fortuita y externa lo que hace nacer la existencia particular; y también, y del mismo modo, que toda existencia particular es perecedera, es decir, pierde la forma de lo particular para convertirse de nuevo en lo general, en agua.

La simple tesis de Tales de Mileto es filosofía porque en ella no se toma el agua sensible en su particularidad frente a las demás cosas naturales, sino que se la concibe como un pensamiento en que todas las otras cosas naturales se contienen y se disuelven. Se lleva a cabo, pues, aquella separación entre lo absoluto y lo finito; pero esta separación no debe concebirse como si de un lado estuviese lo absoluto y de otro lado el mundo finito, como suele hacerse con frecuencia en la noción corriente acerca de Dios, en la que se asigna al mundo una existencia firme y se concibe, con frecuencia, la existencia de dos realidades: la de un mundo sensible y la de un mundo suprasensible, los dos del mismo rango. La concepción filosófica es que *sólo* lo uno es lo verdaderamente real; y esto de real debe tomarse, aquí, en el elevado sentido de la palabra, ya que en la vida común damos a todo el nombre de real. Lo segundo es que el principio presenta, en los filósofos antiguos, una forma determinada y, en primer término, física. A nosotros, esto no nos parece filosófico, sino eso, físico solamente; pero es lo cierto que aquí lo material tiene un significado filosófico. La tesis de Tales es, pues, filosofía de la naturaleza, puesto que esta esencia general se determina como algo real y, por tanto, lo absoluto como unidad del pensamiento y del ser.

2. Después de poner a la cabeza este algo indiferente, el problema que surge inmediatamente es el que se refiere a la determinación de esto primero. El tránsito de lo general a lo particular es, al mismo tiempo, un punto esencial, que aparece con la determinación de la *actividad*; luego, se da la necesidad de ella. Es necesario que lo que ha de ser un principio verdadero no presente una forma unilateral, particular, sino que la diferencia ha de tener, de suyo, un carácter general, mientras que aquellos principios no son otra cosa que formas especiales. El hecho de que lo absoluto sea algo que se determina a sí mismo es ya algo concreto; esto es la actividad y la alta conciencia de sí mismo del principio espiritual a través de la cual la forma se eleva a un plano que le permite ser la forma absoluta, la totalidad de la forma. Esto es lo más profundo y, por tanto, lo que viene más tarde; lo más próximo es mirar solamente hacia la determinación.

El agua de Tales carece de *forma*. ¿Cómo la adquiere? Se nos indica (y Aristóteles lo dice, aunque no precisamente con referencia a Tales) de qué manera nacen del agua las distintas formas especiales: se nos dice que este tránsito se efectúa mediante *la condensación y la dilución* (πυκνότητι καὶ μανότητι) o, para decirlo en términos más correctos, por su mayor o menor intensidad. Tennemann (t. I, p. 59) cita a este propósito un pasaje de Aristóteles, *De gen. et corr.* I, 1, donde no se habla para nada de condensación o dilución, ni tampoco de Tales; y cita, además, el *De coelo*, III, 5, donde sólo se dice que quienes aceptan como principio el agua o el aire, o un elemento más fino que el agua y más grosero que el aire, determinan la diferencia como densidad y fluidez, pero sin mencionar para nada que fuese Tales quien expresara esta diferencia. Tiedemann (t. I, p. 38) cita, además, otras autoridades, y dice que fueron autores de una época posterior quienes atribuyeron a Tales esta distinción.[4]

Lo que sí puede afirmarse es que es en esta filosofía natural, como en la moderna, donde por vez primera aparece la distinción cuantitativa de la misma esencia como lo esencial de la forma, en general. Pero esta simple diferencia cuantitativa que constituye la única determinación formal del agua como condensación o dilución de ella, es una expresión externa de la diferencia absoluta, una diferencia no esencial, establecida por un factor distinto, y no la diferencia interna del concepto en sí; por tanto, no vale la pena detenerse en esto.

La diferencia en lo tocante al concepto no tiene ningún significado físico, sino que las diferencias o el simple desdoblamiento de la forma en las dos partes de su contraposición son precisamente las que deben considerarse como las diferencias generales del concepto. Por eso también no se debe atribuir un significado sensible a las materias, es decir, a las determinabilidades, como cuando se dice, más concretamente, que el agua diluída se convierte en aire, el aire diluído en éter ígneo y el agua condensada en limo, primero, y luego en tierra; y, por consiguiente, que el aire es la evaporación de la primera agua, el éter la evaporación del aire, la tierra y el limo la sedimentación del agua. De este modo, el desdoblamiento se manifiesta ante la conciencia como una alteración o una modificación sensible; pero los experimentos modernos demuestran que es posible condensar y diluir la identidad sensorial.

El transformar encierra, por tanto, un doble sentido: de una parte, con arreglo a la existencia; de otra parte, con arreglo al concepto. Ahora bien, cuando los antiguos hablan de transformación, nosotros interpretamos esto, generalmente, como una transformación en cuanto a la existencia, y se investiga, consiguientemente, por ejemplo, si el agua puede convertirse en tierra mediante un tratamiento químico, a través del calor, de la destilación, etc.; y aquí encuentra la química finita sus límites. Sin embargo, en todas las filosofías antiguas se alude a la transformación con arreglo al concepto. Por ejemplo, la transforma-

[4] Cfr. Ritter, *Geschichte der Jonischen Philosophie* ["Historia de la filosofía jónica"], p. 15.

ción del agua de suyo en aire o en espacio y tiempo no se efectúa precisamente en retortas, etc. Pero en toda idea filosófica se da este tránsito de una cualidad a la otra: es decir, se pone de relieve esta íntima conexión existente en el concepto mismo y según la cual no puede existir independientemente nada sin lo otro, sino que la vida de la naturaleza consiste, precisamente, en que lo uno tenga un comportamiento necesario con respecto a lo otro.

Suele creerse, evidentemente, que si desapareciese el agua, las plantas y los animales lo pasarían muy mal, pero que, en cambio, seguirían existiendo los minerales, lo que es tanto como decir que se podría, entre los colores, retirar el azul sin que por ello sufriesen el menor menoscabo el amarillo y el rojo. Si nos fijamos en la simple existencia empírica, es fácil demostrar, evidentemente, que cada cualidad existe para sí; pero desde el punto de vista del concepto sólo pueden existir las unas enlazadas a las otras, por medio de su necesidad interna. Y esto se advierte bien, indudablemente, en lo vivo, sencillamente porque aquí el concepto cobra existencia: así, si a un animal le extraemos, por ejemplo, el corazón, dejarán de funcionar también sus pulmones y el resto de su organismo. Otro tanto acontece con la naturaleza considerada en conjunto: sólo puede existir mediante la unidad de todos sus miembros, del mismo modo que el cerebro mediante la unidad con los otros órganos.

3. Ahora bien, si la forma se proclama, en sus dos lados, solamente como una condensación y una dilución, esto quiere decir que no es en y para sí; pues, para ello, sería necesario considerarla como *concepto absoluto*, como una unidad infinitamente conformadora. Lo que acerca de esto nos dice Aristóteles *(De anima,* I, 2 y también 5) es lo siguiente:

"Según lo que de él se cuenta, Tales parece considerar el alma como algo animado de fuerza motriz, ya que dice, hablando de la piedra magnética, que tiene un alma, porque mueve al hierro."

Diógenes Laercio (I, 24) añade a esto el ámbar, de donde se deduce que Tales conocía ya la electricidad, aunque cabe también otra explicación y es que el ἤλεκτρον de que se habla fuese cualquier otro metal; Aldobrandini dice, a propósito de este pasaje de Diógenes, que era una piedra tan hostil al veneno, que tan pronto como se ponía en contacto con éste, silbaba. Aquella observación de Aristóteles es interpretada por

Diógenes en un sentido tan falso, que dice que "Tales atribuía también un alma a lo inanimado"; no se trata de esto, sino de cómo concebía la forma absoluta, de si declaraba la idea, en general, como alma, de tal modo que la esencia absoluta fuese para él la unidad de la esencia simple y de la forma.

Es cierto que Diógenes dice, poco después (I, 27), refiriéndose a Tales: "El mundo —según él— estaba animado y lleno de demonios"; y Plutarco *(De plac. phil.* I, 7): "Llamaba a *Dios* la inteligencia (νοῦς) del universo." Sin embargo, todos los antiguos, y principalmente Aristóteles, coinciden en atribuir esta expresión a Anaxágoras como el primero que afirmó que el νοῦς es el principio de todas las cosas.

Por eso no nos ayuda gran cosa a la determinación de la forma en Tales el que en Cicerón *(De nat. deor.* I, 10) nos encontremos con estas palabras: "Tales decía que el agua es el principio de todas las cosas y Dios el espíritu que lo ha creado todo del agua." Tales puede muy bien haber hablado de Dios, pero no cabe duda de que eso de que lo concibiera como el νοῦς que lo ha creado todo del agua lo puso Cicerón de su cosecha. Tiedemann (t. I, p. 42) expresa la hipótesis de que este pasaje haya llegado a nosotros alterado, pues más adelante (c. 11) Cicerón atribuye a Anaxágoras el "haber sido el primero en afirmar la ordenación de todas las cosas como establecida por la fuerza infinita del espíritu." Sin embargo, el epicúreo en boca del cual se ponen aquellas palabras habla, antes y después, en términos bastante necios de otros filósofos, "con gran desahogo y temiendo más que nada que se crea que duda acerca de algo" (c. 8), lo que indica que todo este relato tiene como finalidad, simplemente, dar a las palabras del epicúreo un tinte ridículo.

Aristóteles entendía mejor la fidelidad histórica; a él debemos, por tanto, atenernos. En cambio, para aquellos a quienes interesa descubrir por encima de todo la noción de la creación del universo por Dios, ofrece apetecible pasto el pasaje de Cicerón; y se discute mucho si Tales figura o no entre los que admiten la existencia de Dios. El teísmo talesiano es afirmado, por ejemplo, por Plouquet, mientras que otros autores tratan de hacer de él un ateo, o bien un politeísta, por haber dicho que todo estaba lleno de demonios. Pero el problema de si Tales creía, además, en la existencia de un Dios no nos interesa aquí. No es la creencia, la fe, la religión popular, lo que aquí nos interesa, pues de lo que se trata es, pura y simplemente, de la determinación filosófica de la Esencia absoluta. Y, aunque Tales hubiese hablado de Dios como el creador de todas las cosas a base de aquella agua de que nos habla, no por ello sabríamos más de esta Esencia; nos habríamos expresado afilosóficamente, al emplear, a propósito de Tales, una palabra vacía, sin detenernos a indagar su concepto especulativo. Y también es inútil la expresión de "alma del universo", ya que con ella no se manifiesta aún su ser.

Por consiguiente, todos estos datos, lo mismo los remotos que los ulteriores, no nos autorizan a suponer que Tales concibiera de un determinado modo la forma en lo absoluto; por el contrario, esto contradice a todo el resto de la historia de la evolución filosófica. Vemos que, si bien parece colocarse la forma sobre la esencia, esta unidad no ha llegado aún a desarrollarse. Es cierto que la noción de que la piedra-imán tiene un alma es mejor que decir que tiene fuerza para atraer los metales, pues la fuerza es una especie de cualidad que nos representamos como un predicado separable de la materia, mientras que el alma supone el atribuir a la materia un movimiento de sí misma, inseparable de ella.

Pero, esta ocurrencia de Tales es algo completamente aislado en él y no guarda ninguna relación estrecha con sus pensamientos absolutos. Por eso, la filosofía de Tales se contiene, en realidad, en los siguientes momentos simples: α) en la abstracción que consiste en sintetizar la naturaleza en una esencia sensible y simple; β) en haber establecido el concepto de fundamento, es decir, en haber determinado el agua como el concepto infinito, como la esencia simple del pensamiento, sin reconocerle otra determinabilidad ulterior que la diferencia en cuanto a la cantidad. Tal es la limitada significación de este principio de Tales de Mileto.

2. ANAXIMANDRO

Anaximandro era también milesio y amigo de Tales. "Éste —dice Cicerón *(Acad. Quaest.* IV, 37)— no pudo convencerle de que todo estaba hecho de agua." El padre de Anaximandro se llamaba Praxíades, pero no se sabe con certeza en qué año nació; Tennemann (t. I, p. 413) sitúa su nacimiento en la Ol. 42, 3 (año 610 a. c.); en cambio, Diógenes Laercio (II, 1-2), basándose en datos de Apolodoro, un ateniense, informa que en la Ol. 58, 2 (547 a. c.) tenía 64 años y que murió poco después, es decir, por los mismos días en que murió Tales, el cual, si es cierto que llegó a vivir noventa años, debía de ser unos 28 años más viejo que Anaximandro.

De Anaximandro se cuenta que vivió en la isla de Samos, bajo el tirano Polícrates, a cuya protección se acogieron también Pitágoras y Anacreonte. Temistio (en Brucker, t. I, p. 478) refiere de él que fué el primero que recogió por escrito sus pensamientos filosóficos, pero esto mismo se cuenta de otros pensadores, por ejemplo de Ferécides, que era anterior a Anaximandro. Al parecer, éste escribió acerca de la naturaleza, de los eclipses, de la esfera y de diversos temas; se dice que compuso, además, una especie de carta geográfica, representando el perímetro (περίμετρον) de la tierra y el mar. Se le atribuyen, asimismo, otros inventos matemáticos, por ejemplo el de un reloj de sol construído por él en Lacedemonia, el de algunos instrumentos para medir el curso del sol y determinar el equinoccio y el de una esfera armilar.

Los pensamientos *filosóficos* de Anaximandro son de radio muy limitado y no aparecen desarrollados con claridad. Diógenes dice, en el lugar citado: "Como principio y elemento establecía [Anaximandro] *lo infinito* [τὸ ἄπειρον, lo indeterminado]; no lo determinaba como aire, ni como agua o algo por el estilo." Ahora bien, los criterios determinantes de este algo infinito son muy pocos: α) "Era, según él, el principio de toda generación y de toda corrupción; a largos intervalos, nacen de él mundos o dioses infinitos, que vuelven a hundirse en el mismo elemento [esto tiene, como se ve, un tono completamente oriental]; como fundamento de que debe determinarse el principio como lo infinito, nos dice que la progresiva creación no puede carecer nunca de materia. Ese principio lo contiene todo y todo lo gobierna, y es, según él, lo divino, lo inmortal y lo imperecedero."[5] β) De lo uno, o sea de lo infinito, elimina Anaximandro los antagonismos que lleva dentro, lo mismo que Empédocles y Anaxágoras: por donde, aunque en esta mezcla todo se halle completo, todo es, al mismo tiempo, indeterminado.[6] En efecto, como potencia real (δυνάμει) todo se halla contenido ahí, "de tal modo —dice Aristóteles (*Metafísica*, XII, 2) —que no sólo se genera todo, de un modo accidental, de lo que no es, sino que todo se genera también de lo que es, mejor dicho, de lo que, siendo en potencia, no es aún, sin embargo, en acto". Y Diógenes Laercio (II, 1) añade:

[5] Plutarco, *De plac. phil.* I, 3; Cicerón, *De natura deorum*, I, 10; Aristóteles, *Física*, III, 4.
[6] Cfr. Aristóteles, *Física*, I, 4.

"Las partes de lo infinito cambian, pero lo infinito mismo es invariable." γ) Finalmente, se dice: Ese algo es infinito en cuanto a la magnitud, pero no en cuanto al número; y en esto, Anaximandro se distingue de Anaxágoras, de Empédocles y de los otros atomistas, quienes postulan la discreción absoluta de lo infinito, mientras que Anaximandro estatuye su absoluta continuidad.[7] Aristóteles *(Metafísica,* I, 8), citando a varios autores, habla también de un principio que no es agua ni aire, sino algo "más denso que el agua y más delgado que el aire". Muchos intérpretes creen que esta determinación se refiere a Anaximandro; y es posible que se trate, en efecto, de él.

Ahora bien, el progreso en cuanto a la determinación del principio como la totalidad infinita estriba en que, aquí, la esencia absoluta no es algo simple, sino una generalidad que equivale a la negación de lo finito. Al mismo tiempo, desde el punto de vista material, Anaximandro supera la concreción del elemento agua: su principio objetivo no presenta ningún carácter material y se lo puede considerar como un pensamiento; por lo demás, se comprende claramente que Anaximandro no pudo tener presente otra cosa que la materia misma, la materia en general.[8] Plutarco le echa en cara a Anaximandro el que "no diga *qué* (τί) es su algo infinito, si aire, agua o tierra". Pero esta cualidad determinada es precisamente lo perecedero; la materia, determinada como algo infinito, consiste en el movimiento que establece las determinabilidades y en que desaparecen, a su vez, los desdoblamientos. En esto debe verse el verdadero ser infinito, y no en la ausencia negativa de límites. Pero esta generalidad y esta negatividad de lo finito es solamente nuestro movimiento; al describir la materia como lo infinito, Anaximandro no parece haber dicho que en eso consista su infinitud.

Anaximandro dijo también lo siguiente (en lo que coincide, según Teofrasto, con Anaxágoras): "Partiendo de lo infinito, lo homogéneo se separa de lo heterogéneo para unirse con lo homogéneo; lo que, por tanto, era en su totalidad oro se convierte en oro, lo que era tierra en tierra, etc., por donde, en rigor, nada se genera, sino que ya existía en ello con anterioridad."[9]

Son éstas, sin embargo, determinaciones bien pobres, que no hacen sino revelar la necesidad de pasar de lo indeterminado a lo determinado; pero esto sigue haciéndose, en Anaximandro,

[7] Simplicio, *Ad Phys. Arist.* (I, 2), p. 5 b.
[8] Estobeo, *Eclog. Physic.* cap. 11, p. 294, ed. Heeren.
[9] Simplicio, *Ad. Phys. Arist*, p. 6 b.

de un modo poco satisfactorio. Por lo que se refiere al criterio concreto de cómo lo infinito determina, en su desdoblamiento, lo antagónico, Anaximandro parece compartir con Tales la determinación de la diferencia cuantitativa de la *condensación* y la *dilución*. Los autores posteriores designan el proceso de eliminación del seno de lo infinito como una generación, y dicen que Anaximandro hace al hombre nacer de un pez, pasar del agua a la tierra.[10] Este criterio de la generación se presenta también recientemente como una simple sucesión en el tiempo; es una forma con la que se cree, frecuentemente, decir cosas brillantes; sin embargo, no se encierra en ella ninguna necesidad, ningún pensamiento y, menos aún, un concepto.

Pero Estobeo *(Eclog. Phys.* c. 24, p. 500), en noticias posteriores, atribuye también a Anaximandro la determinación del *calor*, como disolución de la forma, y la del *frío*, que, según Aristóteles *(Metafísica*, I, 5), fué Parménides el primero en señalar. Eusebio *(De praep. evang.* I, 8) nos refiere, a base de una obra perdida de Plutarco, algo de la *cosmogonía* de Anaximandro harto oscuro y que seguramente el propio Eusebio no entendía tampoco. Dice así, sobre poco más o menos: "De lo infinito se separaron infinitas esferas celestes y mundos infinitos; pero estos mundos llevan su ruina dentro de sí, ya que sólo existen por medio de una continua eliminación." En efecto, en tanto que lo infinito es la esencia, la eliminación introduce una diferencia, es decir, la diferencia de una determinación o de un algo finito.

"La tierra tiene [según Anaximandro] la forma de un cilindro cuya altura es la tercera parte de su anchura. Los dos principios del calor y del frío, fecundadores desde toda una eternidad, se disocian al crearse esta tierra; esto hace que se forme una esfera de fuego en torno al aire que rodea a la tierra, como la corteza en torno al árbol. Y del mismo modo que aquélla salta y sus trozos se ven encerrados en un círculo, así surgieron el sol, la luna y las estrellas." De aquí también que Anaximandro llamase a las estrellas, según Estobeo *(Ecl. Phys.* 25, p. 510), "condensaciones del aire, en forma de círculo, llenas de fuego".

Esta cosmogonía vale lo que la hipótesis geológica de la corteza de la tierra que salta hecha añicos o lo que la explosión del sol según Buffon, de la que, a la inversa y comenzando por el sol, hace que los planetas se generen como escorias. Mientras

---

[10] Cfr. Plutarco, *Quaest. convival.* VIII, 8.

que los antiguos colocaban a las estrellas en nuestra atmósfera y hacían que el sol brotase más bien de la tierra, nosotros, por el contrario, hacemos del sol la esencia y el lugar de nacimiento de la tierra y ponemos a las estrellas en una relación directa con nosotros, haciéndolas brillar para nosotros mismos, como los dioses de Epicuro. Es cierto que, en la trayectoria de su generación, el sol desciende sobre nosotros como lo general, pero es, en cuanto a la naturaleza, lo posterior; así, pues, en verdad sólo es totalidad la tierra y el sol, por el contrario, un momento de la abstracción.

3. Anaxímenes

Nos queda todavía por hablar de *Anaxímenes,* que apareció entre la 55ª y la 58ª Ol. (560-548 a. c.), natural también de Mileto y contemporáneo y amigo de Anaximandro. La figura de Anaxímenes no se distingue por nada extraordinario y es muy poco, en general, lo que acerca de él conocemos. Diógenes Laercio (II, 3) dice, sin fijarse en sus palabras y contradiciéndose: "nació, según Apolodoro, en la 63ª Olimpíada y murió en el mismo año en que fué conquistada Sardes" (por Ciro, Ol. 58).

Donde Anaximandro colocaba la materia indeterminada, pone Anaxímenes, de nuevo, un elemento natural determinado, es decir, restablece lo absoluto en una forma real, que ahora, en vez del agua de Tales, es el *aire.* Este pensador consideró necesario, sin duda, asignar un ser sensible a la materia, y el aire tiene, al mismo tiempo, la ventaja de poseer una mayor ausencia de forma: tiene menos de cuerpo que el agua, pues no lo vemos, sino que nos damos cuenta solamente de sus movimientos. Plutarco *(De plac. phil.* I, 3) dice, a este propósito: "De él [del aire] sale todo [según Anaxímenes] y en él vuelve a disolverse todo." Según Cicerón *(De nat. deor.* I, 10), Anaxímenes "determinaba el aire como algo inmenso, infinito y en constante movimiento". Diógenes Laercio expresa esto, en el citado pasaje, del siguiente modo: "el principio es el aire y lo infinito (οὗτος ἀρχὴν ἀέρα εἶπε καὶ τὸ ἄπειρον)", como si existieran dos principios; sin embargo, cabe también tomar la frase ἀρχὴν καὶ ἄπειρον, en su conjunto, como sujeto, viendo en la palabra ἀέρα el predicado de la oración. Pues Simplicio, en sus comentarios a la *Física* de Aristóteles (p. 6 a) dice expresamente que, para Anaxímenes, "la esencia primigenia era una y una sola naturaleza infinita, como para Anaximandro, aunque no indeterminada, como la de éste, sino determinada, a saber: el aire", aunque concebido, al parecer, como algo dotado de alma.

Plutarco determina la concepción de Anaxímenes como basada en el aire (los autores posteriores lo llaman éter). Todo se genera de él y se disuelve en él: "Como nuestra *alma*, que es aire, nos domina y une (συγκρατεῖ), así un aliento* (πνεῦμα) y un aire circunda y sujeta (περιέχει) al mundo entero. Aliento y aire son una y la misma cosa". Anaxímenes señala muy bien la naturaleza de su esencia a la luz del alma, con lo que, en cierto modo, viene a poner de manifiesto el tránsito de la filosofía de la naturaleza a la filosofía de la conciencia o la aparición de la modalidad objetiva de la esencia primigenia. La naturaleza de esta esencia primigenia se determinaba antes de un modo extraño y negativo desde el punto de vista de la conciencia; tanto su realidad, el agua o el aire, como lo infinito es algo que se halla más allá de la conciencia. Pero el alma es este medio general, una multitud de representaciones que desaparecen y se manifiestan sin que cesen esta unidad y esta continuidad; es tanto activa como pasiva, hace que las representaciones se dispersen de su unidad y se levanten y se hagan presentes en su infinitud, de tal manera que el significado negativo y positivo coinciden. Esta naturaleza de la esencia primigenia es proclamada más precisamente y no sólo a modo de un símil por Anaxágoras, discípulo de Anaxímenes.

Las historias hablan también de *Ferécides*, maestro de Pitágoras, natural de la isla de Siro, una de las Cícladas. De él se refiere que, sacando agua de un pozo, se dió cuenta de que al cabo de tres días se produciría un terremoto; asimismo se cuenta que pronosticó el naufragio de un barco que vió navegar a velas desplegadas y que el barco se fué inmediatamente a pique. De este Ferécides dice Teopompo, en Diógenes Laercio (I, 116), que "fué *el primero* que escribió para los griegos acerca de la naturaleza y de los dioses" (antes, se había dicho lo mismo de Anaximandro); tratábase, al parecer, de prosa. Por todos los datos que acerca de ello poseemos, parece que lo que escribió Ferécides fué una especie de teogonía, cuyas primeras palabras se han conservado: "Júpiter y el tiempo y lo terrenal (χθών) siempre (εἰς ἀεί); lo terrenal (χθονίη) recibió el nombre de tierra cuando Zeus le confirió sus dones." [11] No sabemos

---

* Hegel traduce πνεῦμα por espíritu; el texto castellano está tomado de la *Antología filosófica* [E.].

[11] Diógenes Laercio, I, 119; Menagio, *ad h. l.*

cómo continuaría este pasaje, pero todo hace suponer que no se trata de una pérdida muy sensible. Lo único que Hermias[12] cita es lo siguiente: "Ferécides establecía como principios Zeus o el fuego (αἰθέρα), la tierra y Cronos o el tiempo; el fuego era lo activo, la tierra lo pasivo, el tiempo aquello en que todo nace."

Asimismo aparecen citados entre los filósofos jonios un *Diógenes de Apolonia*, un *Hípaso* y un *Arquelao*; pero lo único que de ellos conocemos son sus nombres y su adscripción a tal o cual principio.

Pero dejemos estos filósofos y pasemos a Pitágoras, contemporáneo de Anaximandro, aunque por las conexiones históricas de la trayectoria del principio de la filosofía física nos viésemos obligados a tratar también de Anaxímenes. Según hemos visto, estos pensadores sitúan la esencia primigenia, como de ellos dice Aristóteles, en una modalidad de la materia, en el aire o en el agua, o bien, si es que la materia de Anaximandro puede determinarse así, en una esencia más fina que el agua y más tosca que el aire. Heráclito, del que en seguida hablaremos, determina la esencia como el fuego. "Pero ninguno —dice Aristóteles *(Metafísica,* I, 8)— señala como principio la tierra, por considerarla como el más complejo de los elementos" (διὰ τὴν μεγαλομέρειαν). Presenta, en efecto, toda la apariencia de un conglomerado hecho de muchas cosas sueltas. El agua, en cambio, es algo único y transparente; presenta de un modo sensible la forma de la unidad consigo mismo, y lo mismo sucede con el aire, con el fuego, con la materia, etc. El principio debe ser algo único y revelar, por tanto, unidad consigo mismo; si muestra variedad, como la tierra, no es algo único consigo mismo, sino múltiple.

Tal era lo que teníamos que decir acerca de la filosofía de los antiguos jonios. Lo que hay de grande en estos pobres pensamientos abstractos es: α) la concepción de una sustancia general en todo; β) el que esta esencia carezca de imagen, no aparezca vinculada a ninguna clase de representaciones sensibles.

Lo defectuoso de estas filosofías ha sido puesto de relieve, mejor que por nadie, por Aristóteles, en el lugar citado. Dos cosas dice Aristóteles, en su juicio sobre estos tres modos de determinar lo absoluto: "Los que establecen el principio primi-

---

[12] *In irrisione gentilium*, c. 12 (citante Fabricio *ad Sext. Emp. Hyp. Pyrrh.* III, 4, § 30).

genio como materia incurren en diversos defectos. En *primer* lugar, se limitan a indicar los elementos de lo corporal, no de lo incorpóreo, a pesar de que también existe esto." Si se investiga la naturaleza para determinar su esencia, es necesario investigarla de un modo completo, teniendo en cuenta todo lo que forma parte de ella; claro que esto no pasa de ser una instancia empírica. Aristóteles opone lo incorpóreo, como una clase de cosas, a lo material, y entiende que lo absoluto no debe determinarse de un modo unilateral y que, puesto que el principio de aquellos filósofos es algo puramente material, no establecen como concepto lo incorpóreo, el objeto. Es cierto que la materia misma es inmaterial, como esta reflexión en la conciencia; pero aquéllos no saben que lo que ellos proclaman es una esencia de la conciencia. El primer defecto de esta concepción consiste, pues, en que se proclama lo general bajo una forma especial.

El *segundo* defecto señalado por Aristóteles (Metafísica, I, 3) es éste: "De todo esto se desprende que sólo proclaman la causa bajo la forma de la materia. Pero, al proceder así, la cosa misma les cerraba el camino y los obligaba a seguir investigando. Pues, lo mismo si la corrupción y la generación proceden de una sola cosa que si proceden de varias, siempre cabrá preguntarse: ¿cómo ocurre esto y cuál es la causa de ello? Es evidente que el sustrato (τὸ ὑποκείμενον) no se hace cambiar a sí mismo, que ni la madera ni el bronce son causa de sus propios cambios, de tal modo que la madera no se convierte por sí misma en una cama o el bronce en una estatua, sino que tiene que haber algo distinto de ellos que sea la causa de los cambios que experimentan. Pues bien, el buscar este algo distinto equivale a investigar el otro principio, que es, como nosotros diríamos, el principio del movimiento."

Esta crítica sigue siendo valedera todavía hoy, cuando lo absoluto se concibe como una sustancia rígida. Aristóteles dice que a base de la materia como tal, a base del agua como algo que no se mueve a sí mismo, no es posible llegar a comprender el cambio como tal; y reprocha, concretamente, a los filósofos antiguos el no haber investigado el principio del movimiento, que es el que inmediatamente hay que indagar. Se echa totalmente de menos, en esta concepción, el fin remoto y, en general, el criterio de la actividad. De aquí que Aristóteles diga, en otro pasaje:

"Al proponerse indicar la causa de la generación y la corrupción, destruyen, en realidad, la causa del movimiento. Al convertir en principio un cuerpo simple, con excepción de la tierra, no comprenden la mutua generación y el cambio mutuo de lo uno a base de lo otro: me refiero al agua, el aire, el fuego y la tierra. Esta generación debe concebirse como separación o como combinación; por donde se añade el antagonismo de que lo uno es lo anterior en el tiempo y lo otro lo posterior. En efecto, por ser esta naturaleza de la generación el camino seguido por ellos, resulta que se desciende de lo general simple, a través de lo particular, hasta lo individual, que es lo último de todo, en el tiempo; lo general es el agua, el aire, el fuego. Lo que más parece adaptarse a este elemento es el fuego, por ser lo más fino de todo. Por tanto, quienes lo convierten en principio son los que se expresan más a tono con esta naturaleza (λόγῳ) de la generación; y el mismo propósito existe en los demás. ¿Pues por qué, si no, a ninguno se le ocurrió convertir la tierra en elemento, siendo ésta, como lo es, la manera de pensar del pueblo? Hesíodo dice que la tierra fué el primer elemento corpóreo, lo que indica cuán antigua y verdaderamente popular es esta concepción. Pero lo posterior en cuanto a la generación es lo primero en cuanto a la naturaleza."

No lo comprenden así, sin embargo, quienes se dejan gobernar exclusivamente por aquella trayectoria del devenir, pues de otro modo lo habrían levantado de nuevo o habrían reconocido aquel primer algo general y formal como tal, estatuyendo como la esencia lo tercero, es decir, la totalidad o la unidad de materia y forma. Lo absoluto no es aún, aquí, lo que se determina a sí mismo, el concepto que retorna a sí mismo, sino simplemente un algo abstracto y muerto; sólo los filósofos posteriores, dice Aristóteles *(Metafísica* I, 6; III, 3) tienden a concebir el principio fundamental más bien como género.

Tres momentos podemos seguir en la filosofía de los jonios: α) la esencia primigenia es el agua; β) el infinito de Anaximandro es la descripción del movimiento, la simple manifestación y el retorno a los aspectos generales simples de la forma, la condensación y la dilución; γ) el aire, que se compara con el alma. Ahora, es necesario que el lado de la realidad se convierta en concepto: lo mismo ocurre con los momentos del desdoblamiento, la condensación y la dilución, que no pueden contraponerse, en lo que al concepto se refiere. Esta transición marcada por Pitágoras, en la que se destaca como ideal el lado de la realidad, equivale al desprendimiento del pensamiento con respecto a lo sensible y, con ello, a la separación de lo inteligible y lo real.

B) PITÁGORAS Y LOS PITAGÓRICOS

Los neopitagóricos de tiempos posteriores escribieron muchas y extensas biografías de Pitágoras, extendiéndose con gran prolijidad en lo tocante a la Liga pitagórica; pero hay que proceder con gran prudencia, no dando crédito como históricas a estas noticias, muchas veces desfiguradas. La vida de Pitágoras se presenta ante nosotros, en la historia, a través de las representaciones de los primeros siglos posteriores al nacimiento de Cristo, más o menos en el mismo estilo en que es relatada la vida del propio Jesucristo, sobre el terreno de la realidad vulgar y no en una atmósfera poética, como una mezcla de muchas fábulas maravillosas y llenas de aventuras, como una trama híbrida de representaciones orientales y occidentales. Se parte de lo descollante del genio y de la manera de vivir de Pitágoras y de las costumbres implantadas por él entre sus discípulos para presentarlo como un hombre que se sale de lo normal, como un portento iniciado en los misterios de los seres superiores. Su figura aparece ante nosotros adornada con todas las cualidades de la magia, como una mezcla de dotes naturales y sobrenaturales, como un revoltijo misterioso de turbias y confusas representaciones imaginativas y de sueños absurdos propios de cerebros trastornados.

Y tan tergiversada como la historia de su vida llega a nosotros su filosofía, con la que aparecen mezcladas y revueltas todas las turbias cavilaciones del confusionismo y el alegorismo cristianos. La incorporación de Platón al mundo cristiano presenta, en cambio, un carácter muy nítido y totalmente distinto. Los números fueron empleados, muchas veces, como expresiones de ideas, lo que, de una parte, sugiere la apariencia de cierta profundidad de sentido. Inmediatamente se comprende que se encierra en ellos otro significado del que directamente contienen, aunque ni el que los expresa ni el que se esfuerza en interpretarlos acierten nunca a saber cuál sea ese significado, como ocurre, por ejemplo, con el uno por uno de las brujas del *Fausto* de Goethe. Cuanto más confusos aparecen los pensamientos más profundo se nos antoja el sentido que encierran; lo importante es ahorrarse el esfuerzo más esencial, pero el más difícil de todos, que consiste en expresarse en conceptos precisos.

Así considerada, la filosofía pitagórica, vista a través de las noticias que de ella recibimos, puede ser reputada, asimismo, como un engendro oscuro e inseguro de cerebros turbios y vacuos. Pero, afortunadamente, conocemos el lado teórico-especulativo de ella, y lo conocemos a través de las obras de Aristóteles y Sexto Empírico, quienes se ocuparon mucho de esta filosofía. Y aunque los pitagóricos de una época posterior insulten a Aristóteles por la exposición que hace del pitagorismo, no cabe duda de que aquel gran pensador está muy por encima de este griterío, razón por la cual no hay que hacer ningún caso de tales insultos.

En tiempos posteriores, hiciéronse circular muchas *obras* falsas bajo el nombre de Pitágoras; Diógenes Laercio (VIII, 6-7) cita muchas compuestas realmente por él y otras que le fueron atribuídas para ampararse con la autoridad de su nombre. Pero, en primer lugar, no ha llegado a nosotros ninguna obra de Pitágoras y, en segundo lugar, es dudoso que llegara realmente a escribir alguna; se han conservado citas de ellas en breves fragmentos, pero no del propio Pitágoras, sino de sus discípulos. No es posible distinguir con claridad qué desarrollos y significados correspondan a los pitagóricos antiguos y cuáles a los posteriores; sí podemos afirmar, sin embargo, que en Pitágoras y en los pitagóricos antiguos las determinaciones no presentaban todavía contornos tan claros y nítidos, un desarrollo tan concreto, como en los pitagóricos de una época posterior.

Por lo que a la *vida* de Pitágoras se refiere, Diógenes Laercio (VIII, 1-3, 45) nos dice que floreció alrededor de la 60ª Olimpíada (540 a. c.): su nacimiento se sitúa, generalmente, en la 49ª o 50ª Olimpíada (584 a. c.), aunque Larcher, en Tennemann (t. I, pp. 413-414) lo coloca bastante antes, en la 43ª Olimpíada (43, 1, es decir, en el año 608 a. c.); Pitágoras fué, pues, contemporáneo de Tales y Anaximandro. Suponiendo que Tales hubiese nacido en la 38ª Olimpíada y Pitágoras en la 43ª, resultará que Pitágoras tenía solamente 21 años menos que el filósofo de Mileto; de Anaximandro (Ol. 42, 3) se hallaba separado por dos años solamente, a menos que éste tuviera 26 más; Anaxímenes debía ser alrededor de 20 a 25 años más joven que Pitágoras.

El lugar de nacimiento de Pitágoras fué la isla de Samos; era también, por tanto, uno de los griegos del Asia Menor, de las tierras en las que venimos situando la sede de la filosofía. Herodoto (IV, 93-96) presenta a Pitágoras como hijo de Menesarco, a quien Zalmoxis sirvió en Samos como esclavo, y nos dice que Zalmoxis recobró su libertad, adquirió riquezas, llegó a ser príncipe de los getas y afirmó que ni él ni los suyos morirían. Este Zalmoxis se hizo construir, al parecer, una morada subterránea, en la que se sustrajo a las miradas de sus súbditos, reapareciendo al cabo de cuatro años,[13] con lo cual hizo que los getas creyeran en la inmortalidad. Sin embargo, Herodoto cree que Zalmoxis vivió mucho antes que Pitágoras.

Pitágoras pasó su juventud en la corte de Polícrates, bajo cuyo gobierno la isla de Samos se convirtió en un emporio de riqueza y en un centro floreciente de la cultura y las artes, llegando a poseer, en este brillante período, según Herodoto (III, 39), una flota de cien barcos. Su padre era artista, tallista en piedra; sin embargo, otras noticias indican que su familia procedía del Tirreno, habiéndose trasladado a Samos después de nacer Pitágoras; lo cierto es que la juventud del filósofo discurrió en esta isla de las costas del Asia Menor, en la que se aclimató y a la que realmente pertenece. Viajó desde muy joven por las tierras del continente y allí conoció, al parecer, a Tales; de allí pasó a Fenicia y a Egipto, según cuenta Jámblico (III, 13-14), en su biografía de Pitágoras. Los griegos del Asia Menor mantenían intensas relaciones comerciales y políticas con ambos países; se dice que Pitágoras fué recomendado por Polícrates al rey Amasis, quien, según Herodoto (II, 154), llevó a su país a muchos griegos y tenía tropas y colonias helénicas. Los relatos de otros viajes al interior del Asia, a las tierras de los magos persas y de los indios, parecen tener un carácter completamente fabuloso, aunque los viajes eran considerados en aquel entonces, igual que ahora, como un medio de procurarse cultura. Y como Pitágoras viajaba con propósitos científicos, se cuenta de él que se hizo iniciar en casi todos los misterios de los griegos y los bárbaros y que fué recibido, asimismo, en la orden o la casta de los sacerdotes egipcios.

Estos misterios, con que nos encontramos entre los griegos y que pasaban por ser albergue y asiento de una gran sabiduría, parecen haber sido a la religión de aquellos pueblos algo así como la doctrina con respecto al culto. Éste consistía, exclusivamente, en sacrificios y juegos solemnes; no encontramos en ellos, sin embargo, transición alguna hacia lo imaginativo, hacia las representaciones conscientes, a menos que estas representaciones se conservaran como una tradición en los cantos

---

[13] Cfr. Porfirio. *De vita Pyth.* §§ 14-15; ed. Ritterhus. *ad h. l.*

sagrados. En cambio, sí parecen haber retenido los misterios la enseñanza misma o la iniciación presente en las representaciones mentales; pero de tal modo que, en ellos, no se apelaba solamente, como en nuestros sermones modernos, a la representación, sino también al mismo cuerpo: antes de que el hombre se dispersase en todo lo que le rodeaba, se le ayudaba a concentrarse en su conciencia sensible y en la purificación y santificación de su cuerpo. De lo que menos se habla, a este propósito, es, manifiestamente, de filosofemas; y, del mismo modo que hoy conocemos la francmasonería, tampoco los misterios debían ser entonces ningún secreto.

Lo que más y de un modo más profundo influyó en Pitágoras fué, indudablemente, su contacto con la casta sacerdotal de los egipcios; no precisamente porque extrajese de ella una profunda sabiduría especulativa, sino por la idea que allí adquirió en lo tocante a la realización de la conciencia moral del hombre: el individuo debía mirar principalmente hacia sí mismo para llegar a ser, interior y exteriormente, un hombre digno y plasmarse en realidad como una obra moral de arte, plan que más tarde había de tratar de desarrollar Pitágoras y que constituye, desde luego, una manifestación tan interesante como su filosofía especulativa. Los sacerdotes formaban un estamento especial dentro de la sociedad y eran educados especialmente para ello, y tenían como regla una vida moral específica, que procuraban mantener, en conjunto, en medio de aquélla.

No cabe duda de que Pitágoras volvió de Egipto con la imagen viva de aquella orden o casta sacerdotal, como la imagen de una convivencia firme para una formación científica y moral, que ya no habría de abandonar a lo largo de toda su vida. Egipto estaba considerado, por aquel entonces, como un país de alto nivel cultural y lo era, en efecto, con respecto a Grecia; así se revela, entre otras cosas, en la división de la sociedad en castas, que presupone una separación de los hombres con arreglo a las grandes ramas de asuntos u ocupaciones, tales como la técnica, la ciencia, la religión, etc. Fuera de esto, no deben buscarse grandes conocimientos científicos entre los egipcios, ni creer que Pitágoras sacó de allí su ciencia; Aristóteles (*Metafísica* I) se limita a decir que "en Egipto fué donde nacieron las ciencias matemáticas, por ser allí donde el pueblo aseguró el ocio de sus sacerdotes".[14]

Pitágoras residió durante largo tiempo en Egipto, de donde

---

[14] Cfr. Porfirio. *De vita Pyth.* 6; Jámblico, *De vita Pyth.* XXIX, 158.

retornó a la isla de Samos; pero, al volver, encontró a su patria en una situación de gran confusión política, y se ausentó en seguida de ella. Según los informes de Herodoto (III, 45-47), Polícrates, y no como tirano, había expulsado de la isla a muchos ciudadanos que buscaron y encontraron apoyo entre los lacedemonios, desencadenando así una guerra civil. Los espartanos empezaron prestando esta clase de ayuda, a la que se debía, en general, según cuenta Tucídides (I, 18), la abolición del poder de unos cuantos individuos y la devolución del gobierno al pueblo; pero más tarde, cambiaron de política y se dedicaron a derrocar las democracias y a instaurar aristocracias.

La familia de Pitágoras vióse inevitablemente envuelta en estas desagradables complicaciones, y este estado de cosas no estaba hecho para un hombre como Pitágoras, que ya no se interesaba en lo más mínimo por la vida política y veía en ella un terreno poco propicio para sus planes. Por eso, después de viajar durante algún tiempo por Grecia, decidió trasladarse a Italia, en el sur de cuya península se habían fundado colonias griegas de diferentes pueblos y con diferentes motivos y donde florecían muchas ricas ciudades, dedicadas al comercio, poderosas y abundantes en población y en múltiples recursos materiales.

Por último se estableció en Crotona, independientemente y por su cuenta, pero no como estadista o como guerrero, ni tampoco como legislador político del pueblo, trazando a éste normas acerca de su vida exterior, sino como maestro público, consagrado a la predicación de una doctrina que no se conformaba con el convencimiento, sino que pretendía gobernar toda la vida moral de los individuos. Dice Diógenes Laercio que fué el primero que se llamó φιλόσοφος en vez de σοφός simplemente; y se presenta esto como un signo de modestia, como si con ello quisiera dar a entender que no se consideraba en posesión de la sabiduría, sino que aspiraba simplemente a ella, como a una meta cuya consecución es imposible.[15] Pero la palabra σοφός designaba, al mismo tiempo, a un hombre sabio que pretende ser también un hombre práctico, pero no solamente para sí, ya que para esto no es necesaria sabiduría alguna, pues todo hombre elocuente y moral hace lo que cuadra a su situación. La palabra φιλόσοφος denota, pues, especialmente, lo contrario a lo práctico, es decir, a los negocios públicos, a la actuación dentro del Estado. La filosofía, por tanto, no es precisamente

---

[15] Diógenes Laercio, I, 12; VIII, 8; Jámblico, VIII, 44; XII, 58.

el amor por la sabiduría considerada como algo que se aspira a poseer; no es el deseo incumplido de ello. Es φιλόσοφος quien mantiene una relación con la sabiduría como objeto; esta relación es la de la reflexión, no la del simple ser, sino la de la ocupación mental con ese objeto. No se puede confundir, naturalmente, al que ama el vino (φίλοινος) con el que está lleno de vino, con el borracho. Pero eso no quiere decir que el amante del vino, el φίλοινος, se halle poseído, ni mucho menos, por una vana aspiración hacia el vino.

La obra realizada por Pitágoras en Italia nos es relatada más bien por panegiristas posteriores que por verdaderos historiadores. Así, en la historia de Pitágoras escrita por Malco (nombre sirio de Porfirio) se refieren cosas maravillosas. Y lo que más salta a la vista entre los neoplatónicos es precisamente este contraste entre su profunda visión de las cosas y su fe en los milagros. En efecto, si ya antes los biógrafos posteriores de Pitágoras nos habían relatado multitud de cosas maravillosas del filósofo, al llegar a su actuación en Italia estos portentos se acumulan en enormes proporciones. Tal parece que, como ocurrió más tarde con Apolonio de Tiana, se esforzasen en oponerlo a Cristo. En efecto, los milagros que cuentan de Pitágoras se asemejan mucho, en parte al menos, a los del Nuevo Testamento, con la notoria intención de mejorarlos; y hay que reconocer que, muchos de ellos, se acreditan por su mal gusto. Así, ya la propia llegada de Pitágoras a Italia es presentada por sus biógrafos-panegiristas como un verdadero milagro. Se nos cuenta que, al desembarcar en Crotona, puerto del golfo de Tarento, se encontró por el camino hacia la ciudad con pescadores que no habían pescado nada. El viajero les dijo que echaran de nuevo las redes y les anunció, exactamente, qué cantidad de peces sacarían. Los pescadores, asombrados de su predicción, le prometieron que, si acertaba, harían cuanto les pidiera. La profecía resultó cierta y Pitágoras pidió a los pescadores que arrojaran de nuevo los peces vivos al mar, pues los pitagóricos contaban entre sus ritos el de no comer pescado. Y, por si todo esto fuera poco, se añade que, mientras se contaron los peces fuera del agua, ni uno solo murió.

Tal es el estilo de los milagros que se atribuyen a Pitágoras, y este necio carácter presentan las historias con que los biógrafos de este filósofo adornan su vida. Aseguran que Pitágoras produjo una impresión tan poderosa y general sobre los espíritus de los itálicos, que todas las ciudades, siguiendo sus consejos, se prestaron a corregir sus costumbres licenciosas y corrompidas, y los tiranos depusieron voluntariamente su poder o fueron desalojados de él. Y estos biógrafos incurren en errores e inexactitudes históricos tan burdos como el de convertir a Carondas y Zaleuco en discípulos de Pitágoras, a pesar de haber vivido mucho tiempo antes que éste, y el de atribuir a su influencia la expulsión y la muerte del tirano Falaris.[16]

Dejando a un lado estas fábulas, queda en pie como verdad histórica la poderosa acción ejercida por Pitágoras mediante la fundación de una escuela y la gran influencia que su orden llegó a tener sobre la mayoría de los estados italo-griegos o, por mejor decir, la dominación ejercida sobre ellos por esta orden, que se mantuvo durante largo tiempo.

De Pitágoras se cuenta que era hombre de gran belleza y de mayestática figura, que inspiraba simpatía e infundía respeto a cuantos lo contemplaban. Y a esta dignidad natural, a estas nobles costumbres y al sereno prestigio de su porte uníanse, además, ciertas particularidades externas que lo hacían aparecer como un ser especial y misterioso: vestía siempre una especie de túnica blanca de lino y se abstenía por principio de ingerir ciertas clases de alimentos.[17] En los tiempos modernos, no son ya tan importantes estos signos especiales de la personalidad ni estas apariencias externas en cuanto al traje y otras manifestaciones del mismo jaez; incluso las grandes personalidades se dejan hoy gobernar, en este punto, por las costumbres generales y las modas, por considerar como algo puramente externo e indiferente de suyo el demostrar o no, en esto, una voluntad original y propia: se considera esto como algo completamente contingente y fortuito, y casi todo el mundo se pliega, en ello, a las normas externas de lo igual y lo general, considerándolo como lo racional.

A aquella personalidad externa de Pitágoras se añadía una gran elocuencia y una profunda visión de las cosas, que el filósofo no aspiraba a comunicar solamente a unos cuantos amigos; desde el primer momento, puso la mira en ejercer una influencia general sobre la opinión pública, tanto en lo tocante a la manera de pensar como en lo referente a todo su modo de vivir y a su moralidad. Y no se limitó a enseñar a sus amigos, sino que los reunió y agrupó para educarlos en un tipo espe-

---

[16] Porfirio, *De vita Pyth.* 25, 21-22; Jámblico, *De vita Pyth.* 36; VII, 33-34; XXXII, 220-222.

[17] Diógenes Laercio, VIII, 11; Porfirio, 18-20; Jámblico, II, 9-10; XXIV, 108-109; Menag. et Casaub., *Ad Diog. Laert.* VIII, 19.

cial de vida, para hacer de ellos personas especiales, iniciadas en la habilidad para los negocios y en la moralidad. La institución creada por Pitágoras llegó a convertirse en una *Liga* o asociación que abarcaba al hombre en su conjunto y a la vida en su totalidad, como él mismo tenía un perfecto carácter plástico, era una obra de arte bien trabajada y perfecta.

Acerca de la organización de la sociedad pitagórica poseemos relatos de autores de una época posterior, sobre todo de los neoplatónicos, muy prolijos sobre todo en lo que se refiere a las leyes por las que se regía. La sociedad presentaba, en conjunto, el carácter de una especie de orden sacerdotal o monacal voluntaria, de las que conocemos de los tiempos modernos. Los aspirantes a ingresar en ella eran examinados para saber si poseían la formación de espíritu y la disciplina de obediencia que los hicieran aptos para esta clase de sociedad; se recogían, además, informes acerca de su conducta, de sus inclinaciones y actividades. Los miembros de la orden eran sometidos a una educación especial y se establecía entre ellos una división en la que se separaban los exotéricos de los esotéricos: los segundos estaban ya iniciados en los más altos principios de la ciencia y también en las actividades políticas, ya que los planes políticos no eran ajenos a la sociedad pitagórica; los primeros tenían que pasar por un noviciado que duraba cinco años. Cuantos ingresaban en la orden tenían que transferir a ésta sus bienes, los cuales les eran devueltos, sin embargo, cuando se salían de ella; durante este período de noviciado, regía la disciplina del silencio (ἐχεμυθία).[18]

En general, podemos afirmar que este deber de abstenerse de charlatanerías es condición esencial de toda formación espiritual y de todo aprendizaje; es necesario empezar por saber asimilarse los pensamientos de otros, renunciando de momento a tener ideas propias. Suele decirse que la inteligencia se desarrolla por medio de preguntas, objecciones y respuestas, etc.; en realidad, no se desarrolla así, sino que se exterioriza de este modo. La interioridad del hombre se adquiere y desarrolla a través de la formación; por el hecho de que el hombre se atenga silenciosamente a sí mismo, no se empobrecen sus pensamientos ni se amortigua la vivacidad de su espíritu. Lejos de ello, el hombre adquiere de este modo la capacidad de captación y se acostumbra a comprender por qué sus ocurrencias y

---

[18] Porfirio, 37; Jámblico, XVII, 71-74; XVIII, 80-82; XXVIII, 150; XX, 94-95; Diógenes Laercio, VIII, 10.

sus objeciones no sirven; y al ver cada vez más claramente por qué no sirven, va desacostumbrándose a tenerlas.

Ahora bien, el hecho de que se nos informe especialmente que en la sociedad pitagórica existía esta separación entre los novicios y los ya iniciados y esta disciplina del silencio parece indicar que, en el seno de su agrupación, ambas cosas regían de un modo formal y no simplemente como deberes directamente emanados de la naturaleza de las cosas, como algo que se desprende de suyo, sin necesidad de una ley especial ni de un acatamiento general. Y, a este propósito, es importante hacer notar que Pitágoras debe ser considerado como el primer maestro general del pueblo que introdujo, en Grecia, la enseñanza de las ciencias; ni Tales de Mileto, anterior a él, ni Anaximandro, contemporáneo suyo, supieron enseñar científicamente, sino que se limitaron a comunicar sus ideas a sus amigos.

Por lo demás, no existían, entonces, ciencias de ninguna clase, ni una filosofía, ni una matemática, ni una jurisprudencia, ni ciencia alguna, sino solamente tesis y conocimientos sueltos. Las enseñanzas de la época versaban solamente sobre cómo se debían manejar las armas, sobre tales o cuáles filosofemas, sobre la música, sobre el modo de cantar los poemas de Homero o Hesíodo, los cantos en versos de tres pies, etc., o en torno a otras artes; enseñanza organizada de un modo muy distinto.

Por eso, cuando se dice que Pitágoras introdujo la enseñanza de las ciencias en un pueblo científicamente inculto, pero nada romo, sino, por el contrario, extraordinariamente despierto, naturalmente culto y muy comunicativo, como eran los griegos, habría que señalar las circunstancias externas de esta enseñanza, a saber:

α) la diferencia establecida entre quienes ignoraban por completo cómo se desarrollaba la enseñanza de una ciencia y los que se hallaban ya un poco más avanzados; β) la renuncia al procedimiento no científico consistente en charlas acerca de tales problemas, para esforzarse en recibir la verdadera ciencia.

Claro está que, en estas condiciones y por lo desusado del método, esta manera de proceder tenía que parecer, necesariamente, formalista o serlo, en realidad; entre otras razones, porque los discípulos de Pitágoras no sólo eran una gran cantidad de personas, lo que hacía necesarios una forma y un orden determinados, sino que, además, vivían continuamente juntos.

Esto obligaba a Pitágoras a recurrir a una forma especial, pues era la primera vez que un maestro, en Grecia, aspiraba a una totalidad, a inculcar a sus discípulos un nuevo principio mediante la educación de la inteligencia, del ánimo y de la voluntad. Por eso, esta convivencia no abarcaba solamente el lado de la enseñanza y del adiestramiento en las capacidades y aptitudes exteriores, sino también el referente a la formación moral del hombre práctico. Ahora bien, todo lo que se refiere a lo moral, mejor dicho siempre y cuando que se conciba conscientemente en este sentido, parece algo formal o se convierte efectivamente en algo formal, pues lo formal es algo general que se enfrenta al individuo. Así le parece, especialmente, a quien compara lo general con lo particular y reflexiona conscientemente acerca de uno y otro; pero esta diferencia desaparece para quien vive dentro de ello, para aquel que hace de ello una costumbre.

Poseemos, finalmente, relatos exactos y detallados acerca del tipo exterior de vida que los pitagóricos llevaban en su comunidad, acerca de sus prácticas, etc.; sin embargo, mucho de esto ha llegado a nosotros a través de las fantasías de autores de una época posterior.

Los miembros de la sociedad pitagórica estaban sujetos a un régimen de vida muy regular. En primer lugar, se nos dice que vestían todos del mismo modo, túnicas blancas de lino, como Pitágoras. Sus actos se ajustaban a un determinado reglamento o plan de distribución del tiempo, en que cada hora tenía su trabajo marcado: por la mañana temprano, inmediatamente después de levantarse, debían evocar rápidamente lo que habían hecho el día anterior, ya que esto se halla estrechamente entrelazado a las tareas del nuevo día; esta reflexión acerca de sí mismos o este examen de conciencia era también tarea vespertina: al atardecer, los alumnos debían recapacitar acerca de lo hecho durante el día y reflexionar si habían obrado mal o bien.[19] La verdadera educación no consiste en la vanidad de concentrar la atención en uno mismo y ocuparse de uno como individuo, sino, por el contrario, en olvidarse de uno mismo, para entregarse por entero a la cosa y a lo general; sólo la reflexión en torno a la cosa misma es necesaria; en cambio, aquel inútil y peligroso temor coarta la libertad.

Los pitagóricos aprendían de memoria pasajes de Homero

---

[19] Jámblico, XXI, 100; XXIX, 165; Diógenes Laercio, VIII, 22; Porfirio, 40.

y Hesíodo. Por las mañanas y en varias ocasiones a lo largo del día, ocupábanse de música, que era una de las materias principales en la enseñanza griega y en la educación de los griegos en general; eran también prácticas habituales entre ellos los ejercicios gimnásticos, las luchas, las carreras, los lanzamientos, etc. Las comidas celebrábanse en común y también ellas se ajustaban a modalidades especiales, aunque las noticias acerca de este punto difieren bastante: al parecer, los alimentos principales de los pitagóricos eran la miel y el pan y la bebida predilecta y casi única el agua; todo parece indicar que no probaban la carne, abstinencia esta que se pone en relación con la teoría de la transmigración de las almas; y entre los alimentos vegetales establecían también algunas distinciones, absteniéndose, por ejemplo, de comer judías. El respeto que sentían por esta planta hacíales objeto de burlas, pero sabemos que, al ser destruída la Liga pitagórica, varios miembros de ella, perseguidos, prefirieron dejarse matar antes que pisotear un plantío de judías.[20]

Sin embargo, la orden de los pitagóricos, su régimen de educación moral y de convivencia entre varones, no duraron mucho, pues todavía en vida de Pitágoras surgieron los enemigos de éste que destruyeron violentamente su obra. Dícese que el filósofo suscitó las envidias de los poderosos y fué acusado de tener segundas intenciones; no podía admitirse que los miembros de su sociedad no perteneciesen por entero a la ciudad de que formaban parte, sino a otra especie de ciudad creada en el seno de ella.

Parece que en esta catástrofe pereció el propio Pitágoras, según Tennemann (t. I, p. 414) en la 69ª Olimpíada (504 a. c.); se dice que encontró la muerte en una sublevación del pueblo contra los aristócratas; no se sabe a ciencia cierta, sin embargo, si fué en Crotona o en Metaponto, o si Pitágoras pereció más bien en la guerra de los siracusanos contra los de Agrigento. Tampoco existe acuerdo acerca de la edad que, al morir, tenía el filósofo, pues mientras unos le atribuyen 80 años, otros le conceden 104.[21] La sociedad de la escuela pitagórica, la amistad entre sus miembros y la unidad de los métodos educativos conserváronse hasta tiempos posteriores, pero no bajo la forma externa de una liga o corporación, como antes, pues hubieron

[20] Porfirio, 32-34; Jámblico, XXIX, 163-164; XX, 96; XXI, 97; XXIV, 107; Diógenes Laercio, VIII, 19, 24, 39.
[21] Diógenes Laercio, VIII, 39-40; Jámblico, XXXV, 248-264; Porfirio, 54-59; Anónimo, *De vita Pyth.* (apud Photium).

de renunciar a ella bajo los embates de la persecución. En general, conocemos bastante mal la historia de la Magna Grecia, pero todavía en tiempo de Platón[22] nos encontramos con pitagóricos gobernando algunos estados o erigidos en poder político. La sociedad pitagórica no guardaba ninguna conexión con la vida pública y religiosa de los griegos, razón por la cual no podía mantenerse en pie durante largo tiempo; en Egipto y en Asia, el aislamiento y la influencia de la casta sacerdotal eran lo natural, pero un país como la libre Grecia se avenía mal con este régimen oriental de castas. Aquí el principio que rige la vida del Estado es la libertad, pero de tal modo que no se ha implantado aún como principio de las relaciones jurídicas ni del derecho privado. En nuestros países, el individuo es libre porque todos son iguales ante la ley; lo cual no quiere decir que no puedan existir diferencias en cuanto a las costumbres, a las relaciones políticas y a las opiniones; estas diferencias deben existir incluso en los Estados orgánicos. En la democrática Grecia, por el contrario, las costumbres, el régimen exterior de vida, debían mantenerse también, necesariamente, en un pie de igualdad, y el sello de la igualdad tenía que aparecer impreso sobre estos amplios círculos sociales.

Una excepción como ésta de los pitagóricos, que perdían su iniciativa personal de ciudadanos libres para supeditarse a los planes y a los fines de su asociación y llevar una vida religiosa cerrada, no podía tener cabida en Grecia. Es cierto que el linaje de los Eumólpidas tenía a su cargo la conservación de los misterios y que otros cultos especiales estaban confiados a otras familias, pero no al modo de castas establecidas en un sentido político, pues los miembros de estas familias o de estos linajes eran, como los sacerdotes en general, hombres políticos, ciudadanos, como otros cualesquiera. Por otra parte, el establecimiento de la religión en coto aparte no se había llevado todavía, como habría de hacerse bajo el cristianismo, a este extremo monacal. Dentro de la vida colectiva del Estado griego no pueden surgir o mantenerse individuos o grupos aparte, que profesen principios especiales y, mucho menos, misterios propios, que se diferencien de los demás por su modo exterior de vivir o por su modo de vestir, pues el Estado helénico es una asociación abierta y común, que se cifra precisamente en la comunidad de los principios y del régimen de vida, pues es la comunidad misma la que se encarga de deci-

---

[22] Cfr. Platón, *Timeo*, p. 20, Steph. (p. 8 ed. Bekk.).

dir lo que le conviene o lo que le daña. Los griegos se han sobrepuesto ya a las costumbres de vestir ropas especiales, uniformes, de lavarse en común, comer colectivamente, practicar en común la música, clasificar los alimentos en puros e impuros, etc. Dejan todo eso a cargo de cada individuo, como atributo de su libertad especial, que nada tiene que ver con los fines comunes, o lo consideran como una posibilidad y costumbre general de cada cual.

Pero lo fundamental, para nosotros, es la *filosofía pitagórica*, no tanto la del propio Pitágoras como la de los pitagóricos, tal como se expresan Aristóteles y Sexto; claro está que hay que distinguir entre ambas cosas, y el cotejo de lo que pasa por ser la doctrina pitagórica revela inmediatamente una serie de diferencias y discrepancias, con las que nos encontraremos en su momento.

A Platón se le imputa la culpa de haber corrompido la filosofía pitagórica al asimilar elementos de ella a su propia filosofía; pero lo cierto es que aquélla se desarrolló por unos derroteros que necesariamente tenían que hacer cambiar su fisonomía original. La historia nos habla de muchos continuadores de Pitágoras, como Alcmeón y Filolao, que introdujeron nuevos criterios en la doctrina de su maestro; y en muchas otras exposiciones resaltan los rasgos de lo simple, lo no desenvuelto, comparadas con otras ulteriores y más desarrolladas, en las que el pensamiento se manifiesta ya de un modo más claro y poderoso. No es necesario, sin embargo, que entremos a analizar lo que hay de histórico en estas diferencias, sino que bastará con que examinemos la filosofía pitagórica en su conjunto. Asimismo, debemos prescindir de lo que procede, manifiestamente, de los neoplatónicos y los neopitagóricos; para ello, disponemos de fuentes anteriores a este período, sobre todo las detalladas exposiciones con que nos encontramos en Aristóteles y en Sexto.

La filosofía pitagórica representa la transición de la filosofía realista a la filosofía intelectual. Los jonios buscaban la esencia, el principio, en un algo materialmente determinado. La determinación siguiente es: α) que lo absoluto no se conciba bajo una forma natural, sino en una determinación del pensamiento; β) para ello deberán establecerse ahora las determinaciones, mientras que lo primero era lo totalmente indeterminado. Estas dos cosas son las que hace la filosofía pitagórica.

1. El sistema de los números

Por tanto, lo primero, la tesis fundamental y simple de la filosofía pitagórica, según Aristóteles *(Metafísica* I, 5), consiste en afirmar "que el *número* es la esencia de todas las cosas y que la organización del universo en su conjunto se halla determinada por un sistema armónico de números y de relaciones entre ellos". Ahora bien, ¿en qué sentido debe interpretarse esta afirmación? La función fundamental del número consiste en servir de medida: así, pues, cuando decimos que todo se halla determinado cuantitativa o cualitativamente, la magnitud y la medida no son más que uno de los lados o cualidades que se presentan en todas las cosas; pero el sentido de lo que aquí se afirma es que el número constituye de suyo la esencia y la sustancia de las cosas, no su simple forma.

A primera vista, tiene que parecernos, por fuerza, sorprendente la audacia de semejante afirmación, por la que se echa por tierra de golpe todo lo que viene considerándose como verdadero y esencial, anulándose de pronto la esencia sensible, para convertirla, sencillamente, en la esencia del pensamiento. La esencia es expresada, aquí, como algo ajeno a los sentidos, y se proclama como sustancia y ser verdadero algo completamente heterogéneo con respecto a lo sensible, a lo que suele considerarse como esencial. Pero por esta vía, precisamente, se establece la necesidad tanto de convertir en concepto el número mismo como de representar el movimiento de su unidad con el ente, ya que el número no se nos presenta como algo que forma una unidad inmediata con el concepto.

Y aunque, evidentemente, este principio tiene para nosotros algo de extraño y desesperado, en ello va implícito, desde luego, el que el número es algo no puramente sensible; y, al mismo tiempo, entraña la determinación, las diferencias y las contraposiciones generales. Los antiguos supieron comprender muy bien esto. Aristóteles *(Metaf.* I, 6) dice, refiriéndose a Platón: "Señaló que lo matemático de las cosas se halla al margen de lo puramente sensible y de las ideas, ocupa un lugar intermedio entre aquello y éstas; se distingue de lo sensible por ser algo eterno e inmutable; y de las ideas por la variedad que encierra y que le permite ser igual y semejante entre sí, mientras que cada una de las ideas forma por sí misma una unidad." Los números son, en efecto, susceptibles de repetirse; no son, por tanto, sensibles, pero tampoco son todavía el pensamiento.

Este criterio aparece aún más precisado en la *Vida de Pitágoras* escrita por Malco (46-47): "Pitágoras expuso la filosofía de un modo encaminado a librar de sus trabas al pensamiento. Sin el pensamiento, no es posible llegar a conocer ni a saber nada verdadero; el pensamiento todo lo oye y lo ve en sí mismo; lo demás aparece, ante él, ciego e inmóvil. Para conseguir el fin que se propone, Pitágoras se vale de lo matemático, ya que esto ocupa el lugar intermedio entre lo sensible y el pensamiento, como una forma de adiestramiento previo para lo que es en y para sí." Y, a continuación (48-53), Malco reproduce un pasaje tomado de un autor anterior, de Moderato: "Como los pitagóricos no podían expresar claramente lo absoluto y los primeros principios por medio de pensamientos, dieron en hacerlo por medio de números, de lo matemático, ya que de este modo es fácil indicar las determinaciones"; por ejemplo, la igualdad como el principio de la unidad y la desigualdad como el principio de la dualidad. "Este sistema de enseñanza por medio de los números, por tratarse de la primera filosofía, acabó desapareciendo por los misterios que encierra; más tarde, Platón, Espeusipo, Aristóteles y otros arrebataron sus frutos a los pitagóricos por medio de aplicaciones más fáciles." En todos estos pasajes transcritos se encierra una conciencia clara y perfecta acerca de lo que es el número.

El carácter *misterioso* de la determinación por medio del número es lo fundamental. Los números aritméticos corresponden a determinaciones del pensamiento, ya que el número tiene por elemento y principio la unidad, y ésta es una categoría del ser para sí, de lo que es, por tanto, idéntico consigo mismo y que, por ello, excluye de su seno a todo lo demás y es indiferente ante ello. Las demás determinaciones del número son solamente agrupaciones o repeticiones de la unidad, la cual es siempre, en ellas, un algo fijo y exterior. El número es, pues, la continuidad más muerta, más carente de concepto, un proceso mecánico puramente externo, que se desarrolla sin ir movido por ninguna necesidad. El número no es, por tanto, un concepto inmediato, sino solamente un comienzo de pensamiento, pero en el peor de los modos: el concepto en su más alta exterioridad, en la modalidad de lo cuantitativo, de la diferencia indiferente; la unidad abriga, en ese sentido, tanto el principio del pensamiento como el de la materialidad o la determinación de lo sensible. El que algo presente la forma del concepto tiene que referirse inmediatamente a ello mismo, como a algo determinado, y también a su contrario, como, por ejemplo, lo positivo y lo negativo; la determinación fundamental, en este movimiento simple del concepto, es la idealidad de las diferencias, la negación de lo sustantivo. Por el contrario, en el número tres, por ejemplo, hay siempre tres unidades, cada una de las cuales es independiente con respecto a las otras dos; y en esto reside lo defectuoso y lo misterioso. Y, como la naturaleza del concepto es lo interior, tenemos que los números constituyen el medio más inadecuado para expresar las determinaciones de los conceptos.

Pero los pitagóricos no enfocaban los números de este modo indiferente, sino como conceptos: "Por lo menos, dicen que los fenómenos tienen necesariamente que estar formados por elementos simples y que sería contrario a la naturaleza de las cosas el que el principio del universo formase parte de los fenómenos sensibles. Dicen, por tanto, que los elementos y los principios no sólo son invisibles e insensibles, sino, en general, incorpóreos." [23]

Ahora bien, ¿cómo dieron en la ocurrencia de considerar los números como la esencia primigenia o como los conceptos absolutos? Nos lo indica con cierta precisión lo que Aristóteles dice acerca de esto en su *Metafísica* (I, 5), si bien se expresa aquí de un modo resumido, remitiéndose a lo que acerca de esto dice en otro lugar *(Metaf.* I, 9; v. *infra*, p. 196):

"Creían ver en los números una semejanza mayor con lo que es y lo que acaece que en el fuego, el agua y la tierra, ya que la justicia constituye una cierta cualidad de los números (τοιονδὶ πάθος), y lo mismo (τοιονδί) el alma, el entendimiento, otra la oportunidad, y así sucesivamente. Y como, además, veían en los números las cualidades y las proporciones de las cosas, lo armónico, y los consideraban como lo primordial en todas las cosas de la naturaleza, acabaron considerándolos como los elementos de todo y al cielo, en su conjunto, como armonía y número."

En los pitagóricos se manifiesta la necesidad de una idea general y permanente como determinación del pensamiento. Por eso, dice Aristóteles *(Metaf.* XIII, 4), hablando de las ideas: "Según Heráclito, todo lo sensible fluye, razón por la cual no puede haber una ciencia de lo sensible; de esta convicción nació la teoría de las ideas. Sócrates fué el primero que determinó lo general por medio de inducciones; antes, los

---

[23] Sexto, *Pyrrh. Hyp.* III, 18, § 152; *Adv. Math.* X, §§ 250-251.

pitagóricos tocaron solamente unas cuantas cosas, reduciendo sus conceptos a números: por ejemplo, el concepto de la oportunidad, el del derecho, el del matrimonio, etc.". Claro está que no es posible comprender, a la luz de este contenido mismo, qué interés puede encerrar; lo único que importa, en lo que a los pitagóricos se refiere, es descubrir las huellas de la idea, en las que se contiene un progreso.

En esto se cifra lo absolutamente general de la filosofía pitagórica; examinemos ahora algo más concreto, a saber: las determinaciones o la significación general. En el sistema pitagórico, los números llevan, a veces, aparejadas ciertas categorías, tales como son, en primer término, las determinaciones intelectivas de la unidad, de la contraposición y de la síntesis de ambos momentos; y, en parte, trazan ya desde el primer momento determinaciones ideales generales con carácter de principios y reconocen, según observa Aristóteles *(Metaf.* I, 5), como principios absolutos de las cosas, no tanto los números inmediatos en su diferencia aritmética como más bien los principios del número, es decir, sus diferencias conceptuales.

La primera determinación es la unidad en general, la segunda la dualidad o la contraposición. Es extraordinariamente importante reducir la infinita variedad de las formas y determinaciones de lo finito a sus pensamientos generales como a los principios más simples de toda determinación; no se trata, aquí, de diferencias de las cosas entre sí, sino de diferencias esenciales y generales de suyo. Los objetos empíricos se distinguen por su forma externa: este trozo de papel se distingue por ella de otro trozo de papel, los colores por sus matices, los hombres por sus diferencias de temperamento, de individualidad. Pero estas determinaciones no representan diferencias esenciales; podrán ser esenciales en cuanto a determinadas particularidades de estas cosas, pero estas particularidades absolutamente determinadas no representan una existencia esencial en y para sí; solamente lo general es lo sustancial, lo que se mantiene a sí mismo.

Pitágoras dió el primer paso encaminado a descubrir estas determinaciones primordiales, la unidad, la pluralidad, la contraposición, etc., que él concibe, casi siempre, como números. Pero los pitagóricos no se detuvieron ahí, sino que añadieron determinaciones más concretas, aunque éstas fuesen aportadas, principalmente, por autores de una época posterior. No debemos buscar aquí la necesidad del proceso ni nada que se refiera a la prueba de tales determinaciones; no encontraremos, en esta filosofía, nada que se refiera a la comprensión, al desarrollo de la dualidad partiendo de la unidad. Las determinaciones generales se descubren y establecen solamente a base de un procedimiento totalmente dogmático; son, por ello, determinaciones secas, desligadas de todo proceso, no dialécticas, sino inertes.

a) Los pitagóricos dicen que el primer concepto simple es el de la *unidad* (μονάς): no el de la unidad discreta, plural, aritmética, sino el de la identidad, como lo continuo y lo positivo, el de la esencia absolutamente general. Dicen, además, según Sexto *(Adv. Math.* X, 260-261): "Todos los números entran de suyo en el concepto de la unidad, pues la dualidad es *una* dualidad, la trinidad *una* trinidad y el número diez *un* grupo de números. Esto movió a Pitágoras a ver en la unidad el principio de todas las cosas, viendo en cada una de ellas, por participar de este concepto, una unidad."

Es decir, la pura consideración del ser en sí de una cosa es la unidad, este ser igual a sí mismo; desde todos los demás puntos de vista, no es un ser en sí, sino una relación con otras cosas. Pero la función de las cosas no se reduce, en modo alguno, a ser solamente esta unidad escueta y seca. Esta curiosa relación de la unidad totalmente abstracta con la existencia concreta de las cosas es lo que los pitagóricos expresan con el término de "imitación" (μίμησις). La misma dificultad con que aquí tropiezan los pitagóricos la encontramos en las ideas de Platón; al enfrentarse como géneros a lo concreto, la relación de lo concreto con lo general constituye, naturalmente, un punto importante. Aristóteles *(Metaf.* I, 6) atribuye la palabra "participación" (μέθεξις) a Platón, quien cambia por ella el término de "imitación", empleado por los pitagóricos. La palabra "imitación" es una expresión figurada, infantil, no desarrollada, para expresar el concepto de relación; la palabra "participación" es ya, indudablemente, más concreta. Pero Aristóteles dice, con razón, que ambas expresiones son insuficientes, y que Platón no ha desarrollado, en este punto, el concepto, sino que se ha limitado a sustituir un nombre por otro: "Decir que las ideas son los modelos y que las demás cosas participan de ellas no pasa de ser una manera vacua de expresarse y una metáfora poética, pues ¿qué es ese algo activo que mira a las ideas?" *(Metaf.* I, 9). "Imitación" y "participación" no son más que nombres distintos que se dan al concepto de relación; poner nombres es fácil; lo difícil es comprender lo que hay detrás de ellos.

b) Viene en seguida la contraposición, la *dualidad* (δυάς), la diferencia, lo especial; estas determinaciones rigen todavía en la filosofía de hoy, pero fué Pitágoras el primero que las reveló a la conciencia. Ahora bien, ¿cómo se comporta esta unidad con respecto a la pluralidad, o esta identidad consigo mismo con respecto a la alteridad? Caben, acerca de esto, diferentes posibilidades, y los pitagóricos se expresan también de diferentes modos respecto a las formas que esta primera contraposición reviste.

α) Los pitagóricos dicen, según Aristóteles *(Metaf.* I, 5): "Los elementos del número son lo *par* y lo *impar,* esto como lo limitado [o como el principio de la limitación], aquello como lo ilimitado, de tal modo que la unidad misma procede de ambos y de ello sale también el número". Los elementos del número inmediato no son todavía, de suyo, números: la contraposición entre estos elementos se presenta más bien, en primer término, bajo forma aritmética y luego como pensamiento; la unidad no es todavía un número porque no es aún una cantidad, pero tanto la unidad como la cantidad pertenecen al número. Teo Esmirneo[24] dice, a este propósito: "Aristóteles aduce en su obra sobre los pitagóricos la razón de por qué, según ellos, la unidad comparte por igual la naturaleza de lo par y lo impar; en efecto, la unidad, añadida a lo par, forma lo impar y, añadida a lo impar, da lo par. No podría ser así, evidentemente, si no compartiera la naturaleza de ambos; por eso la llamaba lo par-impar (ἀρτιοπέριττον).

β) Si seguimos analizando la idea absoluta de este primer modo, vemos que la contraposición recibe también el nombre de *dualidad indeterminada* (ἀόριστος δυάς). Sexto *(Adv. Math.* X, 261-262) precisa así este pensamiento: "La unidad, concebida con arreglo a su identidad consigo misma (κατ' αὐτότητα ἑαυτῆς), es unidad; cuando ésta se añade a sí misma como algo distinto (καθ' ἑτερότητα), se convierte en la dualidad indeterminada, ya que ninguno de los números determinados o limitados del modo que sea es esta dualidad, pero todos ellos son reconocidos por su participación en ella, como hemos dicho de la unidad. Existen, pues, según esto, dos principios de las cosas: uno es la unidad, por participar de la cual todas las unidades-números son unidades; otro, la dualidad indeterminada, por participar de la cual todas las dualidades determinadas son dualidades."

---

[24] *Mathem.* c. 5 p. 30, ed. Bullialdi (cfr. Aristoxeno, apud Stobeo, *Ecl. Phys.* 2, p. 16).

La dualidad es un momento tan esencial del concepto como la unidad: comparados ambos entre sí, no es posible concebir la unidad como la forma y la dualidad como la materia, o a la inversa, pues ambas cosas se dan en las diferentes manifestaciones.

αα) La unidad como lo igual a sí mismo es lo carente de forma; el desdoblamiento o la forma se da en la dualidad, como lo desigual.

ββ) En cambio, si tomamos la forma como la actividad simple de la forma absoluta, tenemos que la unidad es lo determinante, y la dualidad, como posibilidad de la pluralidad, como pluralidad aún no realizada, la materia. Aristóteles (*Metaf.* I, 6) dice que fué Platón quien "hizo mucho a partir de la materia, pero que la forma, en él, sólo puede engendrar una vez, puesto que de una materia sólo sale una mesa; en cambio, quien impone la forma a la materia, a pesar de ser uno, puede hacer muchas mesas". Y atribuye también a Platón, como algo propio y peculiar de él, "en vez de establecer lo indeterminado como algo simple (ἀντὶ τοῦ ἀπείρου ὡς ἑνός), el haber hecho de ello una dualidad, lo grande y lo pequeño".

γ) La ulterior determinación de esta *contraposición* en que los pitagóricos discrepan los unos de los otros la revelan los comienzos imperfectos de una tabla de las categorías establecida tempranamente por ellos, como más tarde por Aristóteles; algunos autores toman pie de esto para reprochar a Aristóteles el haber tomado de aquéllos sus determinaciones conceptuales, debiendo reconocerse que la aceptación de la contraposición como un momento esencial de lo absoluto arranca, en efecto, de los pitagóricos. Fueron ellos quienes determinaron y precisaron, aunque de un modo inadecuado, los conceptos abstractos y simples, ofreciendo en su tabla de las categorías una mezcla de contraposiciones de la representación y del concepto, sin ninguna deducción ulterior. Aristóteles (*Metaf.* I, 5) atribuye estas determinaciones bien al propio Pitágoras, bien a Alcmeón, "cuyo florecimiento coincide con los años de vejez de Pitágoras", de tal modo que "o las tomó Alcmeón de los pitagóricos, o éstos las tomaron de él". En esta tabla se señalan diez contraposiciones de éstas a las que cabe reducir todas las cosas, y es sabido que el número diez era uno de los que los pitagóricos reconocían como especialmente importantes:

1) Límite e infinito.
2) Impar y par.
3) Unidad y pluralidad.
4) Derecha e izquierda.

5) Masculino y femenino. 8) Luz y sombra.
6) Quieto y en movimiento 9) Bueno y malo.
7) Recto y curvo. 10) Cuadrado y paralelogramo.

Trátase, evidentemente, de un intento de desarrollo de la idea de la filosofía especulativa dentro de sí misma, es decir, en conceptos; pero este intento no parece haber ido más allá de esta simple enumeración. Es muy importante el que, por el momento, sólo se recoja una colección de los criterios generales del pensamiento, tal y como lo hace también Aristóteles; lo que aquí nos ofrecen los pitagóricos no es, en rigor, más que un tosco inicio de una determinación más precisa de las contraposiciones sin orden ni sentido, parecida a las enumeraciones de principios y sustancias con que nos encontrábamos entre los hindúes.

δ) El desarrollo ulterior de estas determinaciones lo encontramos en Sexto *(Adv. Math.* X, 262-277), quien habla contra una exposición procedente de los pitagóricos posteriores; trátase de una enumeración muy buena y ya más desarrollada de las determinaciones pitagóricas, que cae ya más bien dentro del campo del pensamiento. Esta exposición presenta la siguiente trayectoria: "Los pitagóricos muestran de diversos modos que aquellos dos principios de la totalidad son los verdaderos principios."

A) "Hay tres maneras distintas de pensar las cosas, la primera con arreglo a la *diversidad,* la segunda con arreglo a la *contraposición,* la tercera con arreglo a la *relación.*

αα) "Lo que se considera con arreglo a la simple diversidad, se considera por sí mismo; son los sujetos, cada uno de los cuales se refiere solamente a sí mismo, por ejemplo el caballo, la planta, la tierra, el aire, el agua, el fuego. Se piensan por separado, y no en relación con otras cosas"; tal es la determinación de la identidad consigo mismo o de la independencia.

ββ) "Con arreglo a la contraposición, lo uno se determina como sencillamente opuesto a lo otro, por ejemplo lo bueno y lo malo, lo justo y lo injusto, lo piadoso y lo impío, la quietud y el movimiento, etc.

γγ) "Con arreglo a la relación (πρός τι), se determina el objeto por la posición indiferente que ocupa con respecto a otro, como a la derecha o a la izquierda, arriba o abajo, el doble o la mitad. Lo uno sólo es comprendido a base de lo otro, pues no puedo representarme a la izquierda sin imaginarme, al mismo tiempo, a la derecha."

Cada una de estas determinaciones relativas se establece, al mismo tiempo, en su contraposición, como algo independiente por sí mismo. "La diferencia entre la relación y la contraposición estriba en que en la contraposición el surgimiento de una cosa supone la desaparición de la otra, y viceversa. Así, cuando desaparece el movimiento aparece la quietud y, a la inversa, cuando el movimiento surge, la quietud termina; al desaparecer la salud aparece la enfermedad, y viceversa. En cambio, cuando se trata de la relación ambas cosas surgen y terminan al mismo tiempo: si se suprime algo a la derecha, también a la izquierda; lo doble desaparece al ser destruida la mitad." Lo que aquí se destruye no se destruye solamente como contrapuesto, sino también como ente. "La segunda diferencia consiste en lo siguiente: en la contraposición no existe término medio; por ejemplo, entre la enfermedad y la salud, la vida y la muerte, la quietud y el movimiento no hay nada intermedio. En cambio, en la relación sí hay un término medio: entre lo grande y lo pequeño, por ejemplo, cabe lo igual, entre lo demasiado grande y lo demasiado pequeño, lo suficiente." Lo puramente contrapuesto pasa, al llegar a cero, al lado contrario; los extremos opuestos coexisten en un tercer término, en un término intermedio, pero ya no como extremos contrapuestos. Esta exposición se muestra atenta, como se ve, a determinaciones lógicas absolutamente generales que son de la más grande importancia ahora y siempre y que aparecen como momentos en todas las representaciones, en todo lo que existe. Es cierto que aún no se examina aquí el verdadero carácter de estas contraposiciones; pero es importante que, por lo menos, se revelen a la conciencia.

B) "Ahora bien, como se trata de tres géneros, de los sujetos y la doble contraposición, necesariamente tiene que existir por encima de cada uno de ellos un género superior que sea lo primero, còmo el género con respecto a las especies que dentro de él se distinguen. Al suprimirse lo general se suprime también la especie; en cambio, si se suprime la especie no se suprime el género, pues si aquélla depende de éste, éste no depende de aquélla."

αα) "Como el género supremo de aquello que se considera como existente en y para sí [en los distintos sujetos] establecen los pitagóricos la *unidad*", lo cual no es, en rigor, otra cosa que el traducir a números las determinaciones de los conceptos.

ββ) "Lo que se halla en contraposición tiene con respecto al género, nos dicen los pitagóricos, lo *igual* y lo *desigual*; así, la quietud es lo igual, pues no es susceptible de más ni de menos; el movimiento, en cambio, es lo desigual. Así, lo que con arreglo a la naturaleza es igual a sí mismo, por ejemplo una punta no susceptible de intensificación (ἀνεπίτατος); en cambio, lo contrario a ella es desigual; la salud es lo igual, la enfermedad lo desigual."

γγ) "El género de lo que se considera en una relación indiferente es la *abundancia* y la *escasez*, el más y el menos"; es decir, una diferencia cuantitativa, así como la anterior era una diferencia cualitativa.

C) Es ahora cuando aparecen las dos contraposiciones. "Estos tres géneros de lo que es para sí, en contraposición a otra cosa o en relación con ella tienen que entrar ahora, necesariamente" en "géneros" [es decir, en determinaciones de pensamiento] más simples y más altos. "La igualdad se reduce a la determinación de la *unidad*"; el género de los sujetos es esto ya por sí mismo. "La desigualdad, en cambio, consiste en la abundancia y en la escasez, conceptos ambos que caen dentro del género de la *dualidad indeterminada*"; son la contraposición indeterminada, la contraposición en general. "De todas estas relaciones brota, pues, la primera unidad y la dualidad indeterminada"; los pitagóricos decían y nosotros encontramos que son éstas las modalidades generales de las cosas.

"De éstas sale la unidad del número y la dualidad del número; de la primera unidad el número uno, de la unidad y la dualidad indeterminada el número dos, pues dos veces uno es dos. Así nacen también los demás números, al irse desarrollando la unidad y engendrar la dualidad indeterminada el número dos." Este tránsito de la contraposición cualitativa a la cuantitativa no es claro. "De aquí que bajo estos principios la unidad sea el principio activo [la forma]: la dualidad, en cambio, es la materia pasiva; y, del mismo modo que generan de ellas los números, generan también el sistema del universo y todo lo que encierra." En esto precisamente consiste la naturaleza propia de estas determinaciones: en pasar de un estado a otro, en moverse. Lo más formado de esta reflexión estriba en combinar las determinaciones generales del pensamiento con los números aritméticos, subordinando a éstos y convirtiendo, en cambio, en lo primario al género general.

Antes de decir nada acerca del significado ulterior de estos números, observaremos que, tal y como los vemos representados, son conceptos puros.

α) La esencia simple y absoluta se desdobla en la unidad

y la pluralidad, de las cuales la una levanta a la otra y, al mismo tiempo, tiene su esencia en esta contraposición;

β) se mantiene en pie, asimismo, la contraposición diferente, dentro de la que cae la pluralidad de las cosas indiferentes;

γ) el retorno de la esencia absoluta a sí misma es la unidad negativa del sujeto individual y de lo general o lo positivo.

Tal es, en realidad, la idea especulativa pura de la esencia absoluta: este movimiento; en Platón, la idea no es otra cosa que esto. Lo especulativo se manifiesta, aquí, como especulativo; quien no conozca lo especulativo jamás podrá comprender que mediante la expresión de conceptos tan simples se proclame la esencia absoluta. Lo uno, lo múltiple, lo igual, lo desigual, el más, el menos, son momentos triviales, vacíos, secos; a quien se halle habituado a verlo todo a través de representaciones, a quien no sepa remontarse de la esencia sensible al pensamiento, no le parecerá que en sus relaciones se hallen comprendidas la esencia absoluta, la riqueza y la organización tanto del mundo de la naturaleza como del mundo del espíritu; no le parecerá que con ello se exprese a Dios en el sentido especulativo, que se exprese lo más sublime en estas palabras vulgares, que en este algo tan conocido vaya envuelto lo más profundo, que lo más rico de todo se esconda en la pobreza de estas abstracciones.

Esta idea de la realidad como pluralidad de la esencia simple encuentra, en primer lugar, en ella misma su contraposición y la existencia de ésta en la contraposición con la realidad común. Este concepto simple y esencial de la realidad es la exaltación al plano del pensamiento, pero no como una evasión de lo real, sino expresando lo real mismo en su esencia. Nos encontramos aquí con la razón que expresa su esencia; y la realidad absoluta es, inmediatamente, la unidad misma. Ahora bien, es principalmente en relación con esta realidad que la dificultad de quien piensa de un modo no especulativo se corre mucho más al margen. ¿Qué relación tiene con la realidad común? Ocurre con esto como con las ideas platónicas, muy parecidas a estos números o, mejor dicho, a estos conceptos puros.

La primera pregunta que se ocurre es, en efecto, ésta: "¿Dónde están los números? ¿Separados por el espacio, instalados por sí mismos en el cielo de las ideas? Los números no son, inmediatamente, las cosas mismas; pues una cosa, una sustancia es, evidentemente, algo distinto a un número: un cuerpo no presenta la menor semejanza con él." A esto hay que contestar que los pitagóricos no querían referirse, en modo alguno, a los llamados arquetipos, como si las ideas existiesen, como leyes y relaciones de las cosas, en una conciencia creadora o como pensamientos en la inteligencia divina, separados de las cosas, como los pensamientos de un artista viven separados de su obra. Y, mucho menos aún, querían referirse con ello simplemente a los pensamientos subjetivos que existen en nuestra conciencia, ya que presentamos los absolutamente contrapuestos como fundamentos explicativos de las cualidades de las cosas, sino, concretamente, a la sustancia real de lo que es, de tal modo que cada cosa sólo es, esencialmente, eso, la unidad y la dualidad, a la par que su contraposición y su relación.

Aristóteles *(Metaf.* I, 5-6) lo dice expresamente: "Lo peculiar de los pitagóricos es que lo limitado y lo infinito y lo uno no son, como el fuego, la tierra, etc., naturalezas distintas ni tienen otra realidad que la de las cosas, sino que, por el contrario, conciben lo infinito y lo uno mismo como la sustancia de las cosas de las que son predicados. Por eso precisamente dicen que el número es la esencia de todo. No separan, pues, los números de las cosas, sino que los consideran como las cosas mismas. El número es, para ellos, el principio y la materia de las cosas, a la par que sus cualidades y fuerzas": por tanto, el pensamiento como sustancia o la cosa, lo que es en la esencia del pensamiento.

Estas determinaciones abstractas se concretan más tarde, sobre todo en las especulaciones de una época posterior acerca de Dios, por ejemplo en las de Jámblico, en el escrito θεολογούμενα ἀριθμητικῆς, que se le atribuye, en las de Porfirio y Nicómaco; estos pensadores se esfuerzan por elevar el nivel de la religión popular atribuyendo a las representaciones religiosas estas determinaciones del pensamiento. Por unidad entienden ellos, pura y simplemente, a Dios; lo llaman también el Espíritu, el Hermafrodita (es decir, el que contiene y encierra las dos determinaciones, la de lo par y la de lo impar), la Sustancia, la Razón, el Caos (por ser indeterminado), Tártaro, Júpiter, la Forma. Y dan, asimismo, a la dualidad nombres como éstos: la Materia, el Principio de lo Desigual, la Disputa, el Procreador, Isis, etc.

c) La trinidad (τριάς) es, para los pitagóricos, un número muy importante, sobre todo porque en él cobra realidad y perfección la unidad. La unidad avanza y progresa a través de la dualidad; y unida, a su vez, bajo la unidad, con esta pluralidad indeterminada es la *trinidad*. La unidad y la pluralidad existen del peor modo en la trinidad como una combinación puramente externa; y, por muy absoluto que se considere esto, no cabe duda de que la trinidad es, a pesar de todo, una forma profunda. El número tres es considerado, en general, como el primer número perfecto. Así lo proclama, en términos muy concretos, Aristóteles *(De coelo*, I, 1): "Lo corpóreo no tiene, fuera del número tres, ninguna otra magnitud; por eso los pitagóricos dicen que todo se determina por medio de la trinidad", es decir, que todo encuentra en ella su forma absoluta. "Pues el principio, el medio y el fin son el número del todo, que es el número tres."

Sin embargo, es algo superficial el pretender reducirlo todo a esto, como son superficiales los esquemas de la moderna filosofía de la naturaleza. "Por eso —continúa Aristóteles—, tomando este criterio de la naturaleza, lo trasladamos al culto divino, y consideramos que no hemos invocado debidamente a los dioses hasta que no los invocamos tres veces en nuestras oraciones. De dos decimos que son ambos, pero no todos; para que podamos decir todos, tiene que haber tres. Sólo lo determinado por el número tres tiene carácter de totalidad ($\pi\tilde{\alpha}\nu$); lo que se divide por tres aparece perfectamente dividido: lo uno es solamente algo, en dos se contiene ya lo otro, en tres está ya todo." Lo que es perfecto o tiene realidad es identidad, contraposición y unidad de lo uno y lo otro, como el número en general; en la trinidad es esto real, puesto que tiene comienzo, medio y fin. Toda cosa es simple como comienzo, otra cosa o algo múltiple como medio y, como fin, retorno de su alteridad a la unidad o espíritu; si a una cosa le quitamos esta trinidad la destruimos y hacemos de ella una cosa abstracta y pensada.

Se comprende, pues, que los cristianos buscaran y encontraran en el número tres su Trinidad. De un modo superficial, se les ha querido tomar a mal esto, como si esta Trinidad fuese, como la de los antiguos, un misterio situado por encima de la razón, es decir, algo demasiado alto, o bien algo carente de todo sentido, absurdo; y, por un motivo o por otro, no se ha querido dar a este principio una interpretación racional. Sin embargo, si en esta Trinidad hay algún sentido, es necesario entenderlo. Sería bien extraño que no hubiese sentido alguno en algo que por espacio de dos mil años vienen considerando los cristianos como la más sagrada de sus representaciones, que fuese algo demasiado sagrado para hacerlo descender al terreno de la razón o tan sublime que hubiera de considerarse como de mal gusto empeñarse en encontrarle un sentido racional. Por otra parte, sólo puede tratarse del concepto de esta Trinidad, y no de las representaciones de un Padre y un Hijo, pues estas relaciones naturales no nos interesan en lo más mínimo.

d) El número cuatro (τετράς) es el número tres, pero ya más desarrollado; de aquí que los pitagóricos le confirieran tan elevado rango. La perfección del número cuatro nos recuerda los cuatro elementos de la física y la química, los cuatro puntos cardinales, etc.; en la naturaleza hay muchas cosas agrupadas de cuatro en cuatro, por eso este número sigue teniendo prestigio en la filosofía natural. Como el cuadrado de dos, el número cuatro representa la perfección o consumación de la dualidad, en cuanto que ésta, determinándose solamente a sí misma, es decir, multiplicándose por sí misma, retorna a la identidad consigo misma. Además, el número cuatro se halla contenido en el tres en cuanto que aquél es unidad y alteridad y, a la par, la unidad de estos dos momentos; y, como la diferencia, al establecerse, es algo doble, al sumar esto resultan los cuatro momentos. El número cuatro se concibe, más concretamente, como τέτρακτύς, es decir, como el cuatro activo (de τέτταρα y ἄγω), y éste llegó a ser más tarde, entre los pitagóricos posteriores, el más famoso de los números. En el fragmento que se ha conservado de un poema de Empédocles, que empezó siendo pitagórico, vemos cuán grande era el prestigio de este *tetraktis,* establecido ya por el propio Pitágoras:

.... *Si así lo haces,*
Te guiará por la senda de la virtud divina. Lo juro
Por Aquel que ha infundido a nuestro espíritu el tetraktis
En cuyo seno se hallan las fuentes y las raíces de la eterna
naturaleza [25]

e) Del número cuatro, pasan los pitagóricos inmediatamente al número *diez,* que es otra forma de aquél. Del mismo modo que el cuatro es el tres acabado y perfecto, este número cuatro se desarrolla y consuma cuando todos los momentos que encierra se toman como diferencias reales, y surge así el número diez (δεκάς), el cuatro real. Sexto Empírico *(Adv. Math.* IV, 3; VII, 94-95) dice: *"Tetraktis* se llama el número que, conteniendo los cuatro primeros, forma el más perfecto de todos, que es el número diez, pues uno más dos más tres más

[25] *Gnomicorum poetarum opera:* vol. I. "Pythagoreorum aureum carmen", ed. Glandorf, fragm. I, v. 45-48; Sexto Empírico, *Adv. Math.* IV, § 2, y Fabricio, *ad. h. l.*

cuatro da diez. Al llegar a diez, lo consideramos de nuevo como unidad y empezamos otra vez por el principio. El *tetraktis*, se dice, tiene dentro de sí la fuente y la raíz de la eterna naturaleza, ya que es el *logos* del universo, de lo espiritual y de lo corporal." Es una idea grandiosa ésta de no establecer los momentos simplemente como cuatro unidades, sino como números enteros; pero la realidad en que se toman las determinaciones sólo es, aquí, la realidad externa y superficial del número, y no un concepto, a pesar de que el *tetraktis* se propone ser más bien una idea que un número. Y un autor posterior, Proclo *(In Timaeum,* p. 269), dice, citando versos de un himno pitagórico: "El número divino sigue desarrollándose,

Hasta que de la santidad no consagrada del Uno
Llega al divino Cuatro, que engendra a la madre de Todo,
A la que concibe el Todo, la antigua frontera del Todo,
Infatigable e inagotable; a ésta se la llama el sagrado Diez."

Lo que se nos dice acerca del desarrollo ulterior de los demás números es ya algo vago e insuficiente, y el concepto se pierde en su laberinto; hasta el número cinco es posible que todavía se contenga en los números algún pensamiento, pero del seis en adelante, todo es arbitrario.

2. Aplicación de los números al universo

Veamos ahora cómo se desarrollan esta idea simple y la realidad simple que en ella se contiene para llegar a la realidad compleja, desarrollada. Se trata de ver cómo se las arreglaban los pitagóricos para pasar de las determinaciones lógicas abstractas a las formas que representan ya una *aplicación concreta de los números.* En el espacio y en la música, las determinaciones de los objetos por los números, tal como los pitagóricos las establecen, ofrecen todavía alguna relación cercana con la cosa misma; pero, cuando se trata de pasar a lo más concreto de la naturaleza y del espíritu, los números se convierten ya en algo puramente formal y vacío.

a) Un ejemplo de cómo los pitagóricos construyen el organismo del universo a base de números nos lo ofrece Sexto Empírico *(Adv. Math.* X, 277-283) al hablar de las relaciones del *espacio,* que, por otra parte, son un campo muy adecuado para la proyección de estos principios ideales, ya que los números son, en realidad, determinaciones acabadas del espacio abstracto. En efecto, si comenzamos en el espacio por el punto, que es la primera negación del vacío, vemos que "el punto corresponde a la unidad; es algo indivisible y el principio de las líneas, como la unidad lo es de los números. Mientras que el punto viene a ser el uno, la línea expresa el dos, pues ambos se hallan unidos por el nexo de la transición, en cuanto que la línea es la simple relación entre dos puntos y carece de anchura. La superficie corresponde al número tres, la figura sólida, el cuerpo, al número cuatro, y en él se dan las tres dimensiones. Otros dicen que el cuerpo se halla formado por un punto [es decir, que su esencia es un punto], pues el punto, al fluir, forma la línea, la línea, al fluir, la superficie y ésta el cuerpo. Éstos se diferencian de los primeros en que aquéllos hacen nacer los números, primeramente, del uno y del dos indeterminado, y luego de los números los puntos y las líneas, los planos y las figuras corporales; éstos, en cambio, construyen a base de un punto todo lo demás". Para los unos, la diferencia es la contraposición establecida, la forma sentada, como dualidad; los otros parten de la forma como actividad. "Es así, pues, como se forma lo corporal bajo la dirección de los números y como de éstos nacen los cuerpos determinados, el agua, el aire, el fuego y, en general, el universo todo, del que los pitagóricos dicen que es un organismo armónico; armonía que, a su vez, se halla formada por relaciones numéricas que constituyen las diversas consonancias de la armonía absoluta."

A propósito de esto hay que advertir que el desarrollo del punto hasta llegar al espacio real tiene, al mismo tiempo, la significación de llenar el espacio. Pues, "ateniéndose a lo que enseñan y toman por base —los pitagóricos, dice Aristóteles (*Metaf.* I, 8)—, hablan de los cuerpos perceptibles a través de los sentidos ni más ni menos que como de los cuerpos matemáticos". Como las líneas y las superficies no son sino momentos abstractos del espacio, la construcción externa sigue desarrollándose aquí sin tropiezos. En cambio, cuando se pasa del acto de llenar el espacio en general al de llenarlo de un modo determinado, cuando se pasa al agua, a la tierra, etc., la cosa cambia y comienzan las dificultades. Mejor dicho, los pitagóricos no dan este paso, sino que el universo conserva, según ellos, esta forma simple y especulativa que consiste en ser, puramente, un sistema de relaciones numéricas; con lo cual lo físico no puede darse por determinado, ni mucho menos.

b) Otra aplicación de la determinación numérica como lo esencial es la *musical*; es en este campo, principalmente, donde el número se impone como lo determinante. Las diferencias se revelan, aquí, como diversas relaciones numéricas, y no existe otro modo de determinar lo musical, fuera de éste. La relación de unos sonidos con otros se basa en diferencias cuantitativas que pueden formar armonías, mientras que otras hacen nacer desarmonías. Por lo tanto, los pitagóricos tratan la música, según Porfirio *(De vita Pyth.*, 30), como algo psicagógico y pedagógico. Pitágoras fué el primero que comprendió que las relaciones musicales, estas diferencias audibles, son susceptibles de ser determinadas matemáticamente, que cuando oímos los acordes y las disonancias establecemos comparaciones matemáticas. Pitágoras reivindica para la inteligencia y conquista para ella mediante determinaciones fijas el sentimiento subjetivo y simple del que oye música, sujeto, sin embargo, a ciertas y determinadas relaciones; a él se le atribuye la invención de los sonidos fundamentales de la armonía, basados, a su vez, en las más simples relaciones numéricas.

Cuenta Jámblico *(De vita Pyth.*, XXVI, 115) que, pasando un día Pitágoras por delante del taller de un herrero, se detuvo a escuchar los golpes del martillo sobre el yunque por parecerle que había cierta armonía en ellos; luego, calculó la proporción entre los pesos de los distintos martillos cuyos golpes parecían armonizarse y determinó matemáticamente, de acuerdo con esto, la relación entre los diferentes sonidos; finalmente, sacó las consecuencias de este cálculo y las aplicó a las cuerdas de los instrumentos musicales, encontrando primeramente tres relaciones: el diapasón, el diapente y el diatesarón.

Es sabido que el tono de una cuerda musical (o, lo que es lo mismo, de la columna de aire en un tubo de un instrumento de viento) depende de tres factores: de su longitud, de su espesor y de su tensión. Tomando dos cuerdas de la misma longitud y el mismo espesor, se ve cómo el diferente grado de tensión hace variar el sonido. Por consiguiente, si queremos saber qué tono da cada cuerda, partiendo de los dos datos fijos, nos basta con comparar la tensión respectiva, la cual puede medirse por el peso colgado de cada cuerda y que la pone en tensión. Pitágoras descubrió, en sus experiencias, que colgando a una cuerda un peso de doce libras y a otra uno de seis (λόγος διπλάσιος, 1 : 2) se obtenía la armonía musical de la octava (διὰ πασῶν); que la proporción de 8 : 12 o 2 : 3 (λόγος ἡμιόλιος) daba la armonía de la quinta (διὰ πέντε) y la de 9 : 12 o 3 : 4 (λόγος ἐπίτριτος) la de la cuarta (διὰ τεσσάρων).[26]

[26] Sexto Empírico, *Pyrrh. Hyp.* III, 18, § 155; *Adv. Math.* IV, §§ 6-7; VII, 95-97; X, § 283.

Un número distinto de vibraciones en el mismo tiempo determina la altura o la profundidad del tono; y este número de vibraciones guarda también relación con el peso, partiendo de cuerdas de espesor y longitud iguales. En la primera proporción, la cuerda más tensa experimenta el mismo número de vibraciones que la otra: en la segunda, tres vibraciones por dos, y así sucesivamente.

El número es, aquí, lo verdadero, lo determinante de las diferencias, pues el tono, como vibración de un cuerpo, no es sino un movimiento cuantitativamente determinado, es decir, una determinación en el espacio y el tiempo. No puede existir, en estos casos, otra determinación de las diferencias que la del número, es decir, la cantidad de vibraciones producidas en un cierto tiempo; por consiguiente, si la determinación por el número está plenamente indicada en algún caso, es en éste. Es cierto que existen también diferencias cualitativas, por ejemplo entre los tonos del metal y las cuerdas de tripa, entre las voces humanas y los instrumentos de viento; pero la verdadera relación musical entre los diversos tonos de un mismo instrumento, sobre lo que descansa la armonía, es, indudablemente, una relación numérica.

Partiendo de aquí, los pitagóricos entran en ulteriores desarrollos de la teoría musical, en los que no hemos de seguirlos. La ley apriorística del desarrollo y la necesidad del movimiento en las relaciones numéricas es algo que permanece completamente en la sombra y en lo que sólo pueden andar a tientas los cerebros turbios: por todas partes se vislumbran los conceptos y las consonancias superficiales entre ellos, pero para esfumarse de nuevo.

Por lo que se refiere al ulterior desarrollo del universo como un sistema formado por números, vemos cómo se manifiestan aquí a sus anchas toda la confusión y turbiedad de pensamientos de los pitagóricos posteriores. Son indecibles sus esfuerzos tanto por expresar pensamientos filosóficos en un sistema numérico como por comprender las expresiones empleadas por otros, atribuyéndoles todo el sentido posible. Cuando se empeñan en determinar por medio de números lo físico y lo moral, todo se convierte en relaciones vagas, caóticas y absurdas, a las que escapa el concepto.

Por lo que a los pitagóricos antiguos se refiere, sólo conocemos acerca de esto los momentos fundamentales. Platón nos ofrece un ejemplo de esta representación del universo como un sistema de números; pero Cicerón y los autores antiguos llaman siempre a estos números los platónicos, sin que los atribuyeran nunca, al parecer, a los pitagóricos. Por eso hablaremos de ellos más adelante; ya en tiempo de Cicerón se habían convertido en algo proverbial por su oscuridad, y es muy poco lo que en ellos podamos considerar como verdaderamente antiguo.

c) Los pitagóricos construyen también por medio de números los *cuerpos celestes* del universo visible, y es aquí donde mejor resaltan la pobreza y, a la par, la abstracción de los números como criterio determinante. Dice Aristóteles *(Metaf.* I, 5)*:* "Al determinar [los pitagóricos] los números como los principios de la naturaleza toda, colocaban bajo los números y sus relaciones todas las determinaciones y partes del cielo y de la naturaleza toda; y allí donde había algo que no cuadraba en esta explicación, procuraban corregir esta falta hasta obtener una coincidencia. Así, por ejemplo, como consideraban el número diez como el número perfecto, como la suma y compendio de toda la naturaleza de los números, decían que eran también diez las esferas que se movían en el cielo, y no siendo visibles más que nueve, inventaban, para que fueran diez, la llamada antitierra (ἀντίχθονα)." Estas diez esferas de que habla Aristóteles son: la Vía Láctea o las estrellas fijas, los siete astros conocidos entonces, todos ellos, como planetas: Saturno, Júpiter, Marte, Venus, Mercurio, el sol y la luna y, por último, en noveno lugar, la tierra; la décima era, pues, la "antitierra", sin que sea posible saber qué entendían los pitagóricos por tal, si la otra cara de la tierra o un planeta completamente distinto.

Acerca de la determinación física más precisa de estas esferas, dice Aristóteles *(De coelo,* II, 13 y 9): "Los pitagóricos colocaban en el centro el fuego y veían en la tierra una estrella que se movía circularmente en torno a aquel fuego central"; este círculo en que la tierra se movía era una esfera que, por ser la más perfecta de las figuras, correspondía al número diez. Esta concepción no deja de presentar cierta semejanza con nuestras representaciones del sistema solar; sin embargo, aquel fuego central no era precisamente el sol. Los pitagóricos, dice Aristóteles, "no se atienen, en este punto, a las apariencias de los sentidos, sino a los fundamentos de las cosas"; también nosotros invocamos razones fundamentales para inferir en contra de las apariencias sensibles, y además suele ser éste el primer ejemplo que invocamos para demostrar que las cosas en sí no son aquello que parecen ser. "Llamaban a este fuego colocado en el centro del universo la guardia de Zeus. Cada una de estas diez esferas produce, como todo lo que se mueve, un ruido, pero distinto en cada una de ellas según su magnitud y su velocidad de movimiento. Ésta, la velocidad, se determina por las diversas distancias, las cuales guardan entre sí una relación armónica, con arreglo a los intervalos musicales; y esto produce, a su vez, un conjunto armónico de las esferas en movimiento", la armonía de las esferas, que es como un gran coral armónico del universo.

No tenemos más remedio que reconocer todo lo que hay de grandioso en esta idea, que tiende a determinar cuanto forma el sistema de las esferas celestes por medio de proporciones numéricas vinculadas entre sí por relaciones necesarias y que deben concebirse también bajo una ley de necesidad; sistema de proporciones que constituye también la base y la esencia en el mundo de lo audible, de la música. Se apunta aquí la idea de un sistema del universo; para nosotros, sólo el sistema solar es racional, mientras que a las demás estrellas no se les puede reconocer dignidad alguna. Ahora bien, el que las esferas canten, el que sus movimientos sean música, puede parecer algo tan asequible al entendimiento como la quietud del sol y el movimiento de la tierra, aunque ambas cosas contradigan al testimonio de los sentidos, pues del mismo modo que no vemos estos movimientos, puede muy bien ocurrir que no escuchemos esos sonidos. Sería una objeción harto superficial dar por supuesto un silencio general en los espacios, por la sencilla razón de que nuestros oídos no perciben en ellos música alguna; más difícil sería aducir la razón de por qué no la escuchamos. Los pitagóricos dicen, según las palabras de Aristóteles en el lugar últimamente citado, que no la oímos porque vivimos dentro de ella, habituados a sus sones como el herrero a su martilleo, porque esa música forma parte de nuestra sustancia y es idéntica a nosotros y, por tanto, no se enfrenta a nosotros otra cosa, el silencio, por la que podamos reconocerla, ya que estamos comprendidos por entero dentro de este movimiento. Sin embargo, este movimiento no se convierte ni puede convertirse en sonidos, de una parte porque el espacio puro y el tiempo puro, que son los momentos del movimiento, sólo cobran voz propia y viva en el cuerpo animado y sólo en el verdadero animal alcanza el movimiento esta individualidad fija y peculiar; y, en segundo lugar, porque los cuerpos celestes no se comportan los unos con respecto a los otros como cuerpos cuyo sonido requiere un contacto y un frotamiento externos en el que, perdiendo momentáneamente su particularidad, su individualidad resuena como elasticidad, sino que se mueven libremente los unos con respecto a los otros y tienen solamente un movimiento libre general y no individual.

Podemos, pues, dejar a un lado esto del sonido; la música de las esferas de los pitagóricos es, sin duda, una gran concepción de la fantasía, pero carece de verdadero interés para nosotros. Sólo queda en pie, como lo único racional, la idea según la cual el movimiento, en cuanto medida, es un sistema necesario de números, y debemos reconocer que, hasta el día de hoy, no se ha pasado de aquí. En cierto sentido, no cabe duda de que hemos llegado más allá que Pitágoras: conocemos, a través de Keplero, las leyes, la excentricidad y cómo se relacionan entre sí las distancias y los tiempos de la rotación; pero todavía las matemáticas no han sido capaces de determinar la ley de desarrollo con arreglo a la cual se determinan estos intervalos. Los números empíricos se conocen exactamente, pero todo presenta la apariencia de lo contingente, no de lo necesario. Conocemos una regularidad aproximada en cuanto a las distancias, y esto nos ha permitido, con un poco de suerte, conjeturar la existencia de planetas donde más tarde fueron descubiertos Ceres, Vesta, Palas, etc., es decir, entre Marte y Júpiter. Pero la astronomía no ha podido descubrir todavía en ello una serie consecuente, racional; lejos de ello, mira con desprecio a la exposición regular de esa serie, que es por sí misma un punto extraordinariamente importante, que no debe ser abandonado.

d) Los pitagóricos aplicaron también su principio al *alma*, determinando lo espiritual a través del número. Aristóteles *(De anima,* I, 2) refiere, asimismo, que, para ellos, el alma era el polvillo del sol o, según otros, lo que lo movía; habían dado en esta idea viendo que este polvillo se mueve sin cesar, aun en los momentos de completa quietud del aire, lo que quería decir evidentemente que estaba dotado de movimiento propio. Esto no tendría gran importancia si de ello no se dedujese que buscaban en el alma la determinación de lo que se mueve a sí mismo.

La aplicación más concreta de los conceptos numéricos al alma la hacían del siguiente modo, con arreglo a otra exposición que el propio Aristóteles cita, en el lugar señalado: "El pensamiento es el Uno; el conocimiento o la ciencia el Dos, pues tiende solamente hacia el Uno. El número de la superficie es la representación, la opinión; la percepción de los sentidos es el número de lo corporal. Todas las cosas son enjuiciadas, bien por el pensamiento o por la ciencia, bien por medio de la opinión o la sensación." En estos criterios, que probablemente pueden ser atribuídos a pitagóricos de una época posterior, puede descubrirse, indudablemente, alguna congruencia, ya que el pensamiento es la generalidad pura, mientras que el conocimiento se refiere más bien a otra cosa, asignándose una determinación y un contenido, y la sensación, por su parte, es lo más desarrollado en cuanto a su determinabilidad. "Y como [según los pitagóricos] el alma, al mismo tiempo, se mueve a sí misma, es el número que se mueve por su propia virtud", aunque esto no aparezca, sin embargo, expresado en relación alguna con la unidad.

Lo anterior es una relación simple con las determinaciones numéricas. Más complicada es la que Aristóteles *(De anima*, I, 3) cita con referencia a Timeo: según éste, "el alma se mueve a sí misma y mueve también, por tanto, al cuerpo, ya que se halla entrelazada con él; está formada por elementos y dividida con arreglo a los números armónicos, para que esté dotada de sensación y de una armonía inmediatamente inherente (σύμφυτον) a ella. Para que todo tenga impulsos armónicos, Timeo rodea la línea recta de la armonía (εὐθυωρίαν) de un círculo, dividiendo éste en otros dos, entre los que existe una doble cohesión: uno de estos dos círculos se divide, a su vez, en otros siete, para que los movimientos del alma sean como los del cielo".

Desgraciadamente, Aristóteles no entra a examinar más de cerca la interpretación o el sentido de estas ideas; no cabe duda de que encierran una profunda conciencia de la armonía del todo, pero son formas oscuras por sí mismas, por ser torpes e inadecuadas. Asistimos, en ellas, a una pugna violenta, a una lucha con el material de la representación, como en las formas míticas un poco caricaturizadas; nada presenta aquí la flexibilidad del pensamiento, fuera del pensamiento mismo. Pero es curioso que los pitagóricos conciban el alma como un sistema que no es sino la contraimagen del sistema celeste. Es la misma idea con que nos encontramos, desarrollada, en el *Timeo* de Platón: también éste indica las proporciones numéricas, con todo detalle, pero sin detenerse a explicar su significado; hasta hoy, no ha sido posible encontrarles ningún sentido. El arreglar así los números es relativamente fácil; lo difícil es encontrarles un sentido, una significación; aquí, sí que no será posible salir nunca del terreno de lo arbitrario.

Otro criterio curioso de los pitagóricos en lo tocante al alma es el de la *metempsicosis*. Cicerón *(Tusc. Quaest.* I, 16) dice: "Ferécides, el maestro de Pitágoras, fué el primero que dijo que las almas de los hombres son inmortales." La teoría de la transmigración de las almas se extiende hasta adentrarse en la India, y no cabe duda de que Pitágoras la tomó de los egipcios; Herodoto lo dice expresamente (II, 123). Después de hablar de las concepciones míticas de los egipcios con relación a su manera de representarse el averno, añade: "Los egipcios fueron los primeros que afirmaron que el alma del hombre es inmortal y pasa, al morir el cuerpo, a otro ser vivo, y que, después de pasar por todos los animales que pueblan la tierra y el mar y por las aves, se alberga de nuevo en el cuerpo del hombre; este período se recorre al cabo de unos tres mil años."

Diógenes Laercio dice (VIII, 14), expresando la misma idea, que el alma, según Pitágoras, recorre un ciclo. "Estas nociones —prosigue Herodoto—, se dan también entre los helenos: hay algunos que se han valido, antes o después, de esta teoría y que hablan de ella como si les fuera propia y peculiar; conozco sus nombres, pero no quiero señalarlos." No cabe duda de que el historiador se refiere a Pitágoras y a sus discípulos. Más adelante, habrían de circular muchas fábulas acerca de esto: "El propio Pitágoras aseguraba, según se dice, que sabía quién había sido antes, pues Hermes le había infundido la conciencia de su estado antes de nacer. Según él, antes de ser Pitágoras había vivido como Etálides, hijo de Hermes; durante la guerra de Troya, había sido Euforbo, hijo de Pantoo, el que diera muerte a Patroclo, siendo muerto, a su vez, por Menelao; más tarde, había sido Hermótimo, después un tal Pirro, pescador de Delos, habiendo vivido, en conjunto, más de 207 años. El escudo de Euforbo había sido ofrendado a Apolo por Menelao y Pitágoras, sabiéndolo, se dirigió al templo, donde dió señas del apolillado escudo que antes eran desconocidas y que sirvieron para reconocerlo."[27] No es necesario que sigamos ocupándonos de todas estas absurdas historias, muy abundantes.

Lo mismo que la Liga pitagórica, imitada de los egipcios, de ellos está tomada también esta concepción oriental, no griega, de la transmigración de las almas; ambas cosas se hallan muy distantes del espíritu helénico para que pudieran llegar a consolidarse y desarrollarse en Grecia. La conciencia de la individualidad libre y superior hallábase ya muy acentuada entre los

---

[27] Diógenes Laercio, VIII, §§ 4-5, 14; Porfirio, §§ 26-27; Jámblico, c. XIV, § 63 (Homero, *Ilíada*, XVI, vv. 806-808; XVII, vv. 45 ss.).

griegos y no podía permitir que tomase vuelos esta idea de la metempsicosis, según la cual el hombre libre, este ser en y para sí, se convierte, al morir, en la modalidad propia de una bestia. Es cierto que también encontramos en Grecia la representación de hombres convertidos en fuentes, en árboles, en animales, etc.; pero estas representaciones responden a un criterio de degradación como castigo por ciertas faltas.

Lo más concreto acerca de esta manera de pensar de los pitagóricos lo encontramos en Aristóteles *(De anima,* I, 3), quien la destruye en pocas palabras, con su manera peculiar: "No determinan por qué causa el alma mora en el cuerpo ni cómo se comporta éste hacia ella. Esta comunidad hace que la una obre y el otro padezca: el alma mueve y el cuerpo es movido; pero nada de esto sucede cuando se trata de factores unidos entre sí de un modo contingente. Según los mitos pitagóricos, un alma cualquiera adopta, al azar, un cuerpo cualquiera; es algo así como si dijeran que la arquitectura usa flautas. Pues así como el arte tiene que emplear sus instrumentos, el alma emplea el cuerpo; y todo instrumento tiene que tener necesariamente la forma y estructura que le corresponden."

La teoría de la transmigración de las almas viene a sostener que la organización del cuerpo es algo contingente para el alma humana; las anteriores palabras de Aristóteles son suficientes como refutación de tal manera de ver. Sólo podría tener un interés filosófico la idea eterna de la metempsicosis, como el concepto interior que se percibe a través de todas estas formas, la unidad oriental que se plasma en todo; pero aquí no encontramos este sentido o, a lo sumo, encontramos solamente un vago atisbo de él. Se trata de presentar al alma determinada como una cosa que peregrina a través de todo; pero, en primer lugar, el alma no es semejante cosa, algo así como la mónada leibniziana que, como la burbuja de la taza de café, está llamada a convertirse en un alma sensible y pensante; y, en segundo lugar, esta vacua identidad de la cosa-alma no tendría interés alguno desde el punto de vista de la inmortalidad.

3. La filosofía práctica de los pitagóricos

Por lo que se refiere, por último, a la *filosofía práctica* de Pitágoras, tal como nos la sugieren estas observaciones, es poco lo que conocemos de sus ideas filosóficas, en lo que con esto se relaciona. Aristóteles *(Magn. Moral.* I, 1) dice, refiriéndose a él, que "fué el primero que intentó hablar de la virtud, pero no de un modo acertado, pues mientras redujera las virtudes a los números, no podía formar una teoría peculiar de ellas". Los pitagóricos conocen diez virtudes, paralelas a las diez esferas celestes. Describen la justicia, entre otras cosas, como el mismo (ἴσακις ἴσος) número que es a sí mismo del mismo modo: un número par que, multiplicado por sí mismo, sigue siendo siempre par. Y no cabe duda de que la justicia es lo que permanece siempre idéntico; pero esto no pasa de ser una determinación muy abstracta, que se ajusta a muchas cosas y no agota lo concreto que permanece, por tanto, como algo totalmente indeterminado.

Bajo el nombre de *Himno áureo*, ha llegado a nosotros un grupo de hexámetros que contienen una serie de sentencias morales, pero que se atribuyen, con razón, a los pitagóricos posteriores; son antiguas reglas de moral, generalmente conocidas, expresadas de un modo simple y muy digno, pero que, a pesar de ello, no dicen nada importante. Empiezan aconsejando "honrar a los dioses inmortales, tal como son según la ley"; otra de estas reglas dice: "honra al juramento y a los brillantes héroes"; otra: "debe honrarse a los padres y a los parientes de la sangre", y así sucesivamente.[28] No es posible considerar tales manifestaciones como filosóficas, aunque no pueda negarse su importancia en la trayectoria de la cultura.

Más importante es la transición de la forma de lo moral a lo ético en su existencia. Así como en tiempo de Tales los legisladores y organizadores de los Estados profesaban, principalmente, la filosofía física, en Pitágoras encontramos también una filosofía práctica, como organización de una vida moral. Allí, la idea especulativa, la esencia absoluta se cifra, con arreglo a su realidad, en una determinada esencia sensible: del mismo modo, la vida moral se sume en la realidad, como el espíritu general de un pueblo, como las leyes y el gobierno del mismo. En Pitágoras, por el contrario, vemos la realidad de la esencia absoluta en la especulación, colocada por encima de la realidad sensible y proclamada como esencia del pensamiento, pero aún no completa: vemos también la esencia moral, en parte, desprendida ya de la realidad general consciente. Trátase, evidentemente, de una organización moral de toda la realidad, pero no como vida de un pueblo, sino de una sociedad.

[28] *Gnomicorum, poetarum opera*, vol. I. "Pyth. aureum carmen", ed. Glandorf, fragm. 1, vv. 1-4.

La Liga pitagórica es una existencia voluntaria de quienes la componen, no una parte de la constitución del pueblo, reconocida por la sanción pública; y también en lo tocante a su persona vemos que Pitágoras, como maestro, se aisla, al igual que los sabios.

La conciencia general, el espíritu de un pueblo es la sustancia, de la que la conciencia particular, individual, es el accidente: lo especulativo consiste, por tanto, en que la ley pura y general sea conciencia individual absolutamente, de tal manera que ésta, al sacar de aquélla la savia para su nutrición y desarrollo, se convierte en la conciencia general de sí misma. Pero estos dos lados no se aparecen ante nosotros bajo la forma de una contraposición; sólo en la ética se da, propiamente, este concepto de la individualidad absoluta de la conciencia que lo hace todo para sí.

Ahora bien, para Pitágoras esto era, esencialmente, anterior al espíritu; la sustancia de la moralidad era, para él, lo general, y de ello tenemos un ejemplo en Diógenes Laercio (VIII, 1) cuando nos dice que "un pitagórico a quien un padre preguntara cuál era la mejor educación que podía dar a su hijo, le contestó: hacerlo digno de ser ciudadano de un Estado bien gobernado". He aquí una respuesta grande y verdadera; a este gran principio de vivir en el espíritu de su pueblo se subordinan todas las demás circunstancias. Hoy se pretende, por el contrario, mantener la educación libre del espíritu de la época; pero el hombre no puede sustraerse a este supremo poder del Estado, sino que se halla, por mucho que trate de aislarse, sometido inconscientemente a esto general.

Precisamente en este sentido, podemos decir que lo que hay de especulativo en la filosofía práctica de Pitágoras consiste, cabalmente, en que la conciencia individual adquiera realidad moral dentro de esta Liga. Pero, así como el número ocupa una posición intermedia entre lo sensible y el concepto, la sociedad pitagórica ocupa, a su vez, un lugar intermedio entre la moralidad* real general y el que el individuo, como tal, debe velar en el ethos por su propia moralidad y que ésta ha desaparecido como espíritu general. Cuando veamos surgir de nuevo una filosofía práctica, volveremos a encontrarla de este mismo modo; pero, en general, no nos encontramos con ella

---

* Hemos traducido, siguiendo a los krausistas, *Sittlichkeit* por *moralidad* y *Moralität* por *ethos*, lo que no es tan simétrico como la traducción, propuesta por Croce, por *eticidad* y *moralidad*, pero es más fiel [T.].

como una filosofía verdaderamente especulativa, hasta llegar a los tiempos más recientes.

Creemos que basta con lo dicho para formarnos una idea del sistema pitagórico. Queremos, sin embargo, antes de terminar, recoger, en pocas palabras, los momentos más salientes de la *crítica* de Aristóteles *(Metaf.* I, 8) sobre la forma pitagórica del número. Dice, y con razón, en primer lugar: "Tomando como base simplemente el límite y lo ilimitado, lo par y lo impar, los pitagóricos no dicen cómo nace el movimiento y cómo, sin movimiento y sin cambio, hay generación y corrupción, o los estados y las actividades de las cosas celestes". Y no cabe duda de que este defecto es importante; los números aritméticos son formas secas y principios pobres y escuetos, carentes de vida y movimiento.

En segundo lugar, dice Aristóteles: "Partiendo de los números, no pueden comprenderse otras determinaciones de los cuerpos, tales como las de la gravedad y la ingravidez", lo que vale tanto como decir que el número no puede transformarse, de este modo, en algo concreto. "Dicen que no existe más número que el de las esferas celestes", por ejemplo, se determinan en consecuencia una esfera celeste y una virtud o los fenómenos naturales de la tierra como uno y el mismo número. En cada cosa o cualidad puede ponerse de manifiesto cada uno de los primeros números; pero, en cuanto que el número se propone expresar una determinación más precisa, vemos que esta diferencia cuantitativa totalmente abstracta se convierte en algo puramente formal: algo así como si la planta fuese cinco simplemente por tener cinco pistilos. Trátase de un criterio tan superficial como las determinaciones por medio de las materias o los puntos cardinales; un formalismo parecido, en cierto modo, a los esquemas de la electricidad, el magnetismo, el galvanismo, la condensación y la expansión, lo masculino y lo femenino, en que algunos quieren basarlo, hoy, todo: una determinabilidad puramente vacua, cuando de lo que se trata o debe tratarse es de lo real.

A Pitágoras y a sus discípulos se les atribuyen, además, muchos pensamientos *científicos* y muchos *descubrimientos,* que aquí no nos interesan. Así, Diógenes Laercio (VIII, 14, 27) nos dice que descubrió que la estrella de la mañana y la estrella de la tarde eran una y la misma y que la luna toma su luz del sol. De sus descubrimientos en lo tocante a la música ya hemos hablado. Pero su descubrimiento más famoso es el llamado teorema de Pitágoras, que constituye, en realidad, el principio fundamental de la geometría y que no debe ser considerado como un principio cualquiera. Diógenes (VIII, 12) nos dice que, para celebrar el descubrimiento de este principio, Pitágoras ofrendó a los dioses una hecatombe: tanta era la importancia que daba a su descubrimiento; y no deja de ser interesante el dato de que otro tanto hicieron sus amigos, celebrando con este motivo una gran fiesta, a la que invitaron a los ricos y a todo el pueblo. Y no cabe duda de que la cosa valía la pena: nada más grato que una fiesta motivada por un gran progreso en el camino del conocimiento del espíritu, aunque sea a costa de los bueyes.

Otras ideas que se atribuyen a los pitagóricos de un modo bastante casual y sin cohesión alguna no ofrecen ningún interés filosófico y sólo merece la pena citarlas a título de curiosidad. Así, por ejemplo, Aristóteles (*Física* IV, 6) señala que "los pitagóricos admitían la existencia de un espacio vacío que aspiraba el cielo y otro que separaba entre sí las naturalezas, sirviendo de separación en lo continuo y lo discreto; según su modo de concebir, este espacio se cifraba en los números y separaba la naturaleza de éstos". Y Diógenes Laercio (VIII, 26-28) —con esa sequedad con que los autores de una época posterior se limitan a recoger lo puramente externo y desnudo de espíritu— cita muchas cosas más por el estilo: "El aire que circunda a la tierra era —según los pitagóricos—, inmóvil [ἄσειστον, lo que quiere decir, probablemente, por sí mismo] y enfermizo, y todo lo que hay en él se halla condenado a morir; en cambio, el aire de las capas superiores se hallaba en eterno movimiento, era puro y sano y cuanto en él vivía era divino e inmortal. El sol, la luna y las demás estrellas eran considerados [por ellos] como dioses, pues en ellos prevalecía el calor, la causa de la vida. Consideraban al hombre emparentado con los dioses, por el hecho de participar de lo caliente; y a ello se debía el que Dios velase por nosotros. Del sol partía un rayo que atraviesa el éter denso y frío y lo animaba todo; llamaban al aire el éter frío, al mar y a las aguas el éter denso. El alma era [para ellos] una esquirla del éter."

C) LA ESCUELA ELEÁTICA

La filosofía pitagórica no había sabido encontrar aún la forma especulativa de expresión propia del concepto; los números no son el concepto puro, sino el concepto en la modalidad de la representación o de la intuición, es decir, una mezcla de ambas cosas. La expresión de la Esencia absoluta en un algo que es un concepto puro, un algo pensado, y el movimiento propio del concepto o del pensamiento constituye la etapa siguiente en la historia de la filosofía, etapa que se produce por modo necesario y con la que nos encontramos en la escuela de los eléatas.

Al llegar aquí, vemos ya al pensamiento convertirse en un pensamiento libre y para sí: en lo que los eléatas expresan como la Esencia absoluta, el pensamiento se capta a sí mismo en toda su pureza y el movimiento del pensamiento se plasma en conceptos.

En la filosofía física, vimos al movimiento representado como un movimiento objetivo, como un nacer y un morir. Los pitagóricos no se paraban tampoco a reflexionar acerca de los conceptos, sino que para ellos su esencia, el número, era también algo flúido. Ahora, al concebirse el cambio en su suprema abstracción como la nada, este movimiento objetivo se transforma en un movimiento subjetivo, pasa a estar al lado de la conciencia y la esencia se convierte en lo inmóvil. Encontramos aquí el punto de arranque de la dialéctica, o sea de lo que constituye precisamente el movimiento puro del pensamiento en conceptos: y, con ello, el comienzo de la contraposición del pensamiento frente al fenómeno o al ser sensible, de lo que es en sí frente al ser para otro de este en sí: y en la esencia objetiva, la contradicción que en sí mismo entraña y que es la verdadera dialéctica. Si nos paramos a reflexionar de antemano cómo debe desarrollarse el pensamiento puro, vemos lo siguiente:

α) que el pensamiento puro (el ser puro, lo uno) se establece inmediatamente a sí mismo en su rígida sencillez e identidad consigo mismo y que todo lo demás es, para él, la nada;

β) que el pensamiento, primeramente tan tímido —el cual, después de sentirse fortalecido, reconoce la existencia de lo otro y se atiene a ello—, declara que luego reconoce también a lo otro en su propia sencillez y muestra en ello mismo su nulidad;

γ) finalmente, el pensamiento establece lo otro en la diversidad de sus determinaciones en general.

Es así cómo veremos la evolución de los eléatas en la historia. Por eso, los principios eleáticos interesan todavía hoy a la filosofía y constituyen momentos necesarios que deben darse en ella.

Figuran en esta escuela *Jenófanes, Parménides, Meliso* y *Zenón.* Jenófanes debe ser considerado como el fundador de

LA ESCUELA DE ELEA

ella; Parménides figura en la historia como su discípulo, y Meliso y principalmente Zenón son discípulos de Parménides. Estas cuatro figuras deben agruparse, en realidad, como una verdadera escuela, la escuela de los eléatas; más tarde, pierde su nombre, los pertenecientes a ella son llamados sofistas y su sede se traslada a la verdadera Grecia.

La obra iniciada por Jenófanes fué desarrollada después por Parménides y Meliso, del mismo modo que Zenón llevó adelante y perfeccionó las enseñanzas de aquellos dos.

Aristóteles *(Metaf.* I, 5) caracteriza así a los tres primeros: "Parménides parece fijarse principalmente en lo uno según la definición (κατὰ τὸν λόγον) y Meliso en lo uno según la materia (κατὰ τὴν ὕλην); por eso el primero dice que es algo limitado (πεπερασμένον) y el segundo que es algo ilimitado (ἄπειρον). En cambio, Jenófanes, el primero de ellos que proclama el principio de lo Uno, no se detiene a determinar (διεσαφήνισεν) ni toca ninguna de estas dos determinaciones (φύσεως), sino que dice, mirando el cielo en su conjunto —al cielo azul, como nosotros diríamos—, que Dios es lo Uno. Jenófanes y Meliso son, en general, un poco más simplistas (μικρὸν ἀγροικότεροι), pero Parménides cala ya más hondo (μᾶλλον βλέπων)".

De Jenófanes y Meliso es poco, en general, lo que hay que decir; sobre todo lo que a nosotros ha llegado del segundo, en forma de fragmentos y noticias de otros, aparece todavía turbio y en estado de fermentación, y sus conceptos no han sido comprendidos. El lenguaje y los conceptos filosóficos eran todavía, en aquel tiempo, muy pobres; hasta llegar a Zenón, no empieza la filosofía a cobrar una expresión un poco más pura de sí misma.

1. Jenófanes

La época a que corresponde la *vida* de este pensador es perfectamente definida, y esto es suficiente, sin que debamos preocuparnos por el hecho de que el año de su nacimiento y el de su muerte no hayan podido concretarse; sabemos, por Diógenes Laercio (IX, 18) que fué contemporáneo de Anaximandro y Pitágoras. En cuanto a las vicisitudes de su vida, sólo se nos dice, aunque sin señalar el por qué, que huyó de su ciudad natal, Colofón, en el Asia Menor, a la Magna Grecia, habiendo residido principalmente en Zancla (actualmente, Mesina) y en Catana (hoy, Catania), ciudades ambas de Sicilia.

En ninguno de los autores antiguos se encuentra el dato de

que residiera en Elea, a pesar de que todos los modernos historiadores de la filosofía lo aseguran, copiándose unos a otros. Tennemann (t. I, pp. 151 y 414) dice que se trasladó de Colofón a Elea allá por la 61ª Olimpíada. Pero lo único que dice Diógenes Laercio es que floreció hacia la 60ª Olimpíada y que, al morir, dejó mil versos sobre la colonización de Elea; seguramente es de esta noticia de donde se toma pie para afirmar que vivió en esta ciudad. Estrabón, al comienzo del libro sexto de su obra, a propósito de la descripción que hace de la ciudad de Elea, habla de que vivieron en ella Parménides y Zenón, a quienes llama pitagóricos; es, pues, de estos dos de donde, en Cicerón *(Acad. Quaest.* IV, 42), toma su nombre la escuela eleática. Jenófanes vivió cerca de cien años y asistió todavía a las guerras médicas; era, a lo que parece, tan pobre que, no disponiendo siquiera de recursos para enterrar a sus hijos, hubo de cavar su sepultura por su propia mano. Según algunos, no tuvo ningún maestro; otros citan a Arquelao, pero esto va en contra del orden cronológico.

Jenófanes compuso un libro *Sobre la naturaleza,* tema y título generales de la filosofía de aquel tiempo; de este libro han llegado a nosotros algunos versos que no denotan aún razonamiento alguno. Los fragmentos que de él y de Meliso se han conservado han sido reunidos por el profesor Brandis, de la universidad de Bonn, con el título de *Commentationum Eleaticarum,* P. I, Altonae, 1813.* Los filósofos de aquel tiempo escribían en verso; la prosa no aparece hasta mucho más tarde. Cicerón *(Acad. Quaest.* IV, 23) llama a la poesía de Jenófanes *minus boni versus,* por el lenguaje torpe y desmañado en que están escritos.

Por lo que a su *filosofía* se refiere, hay que decir que Jenófanes fué el primero que determinó la Esencia absoluta como lo Uno, llamándolo también Dios: "El Todo es Uno, y Dios ha sido inculcado a todo; es inmutable y carece de principio, medio y fin." [29] En algunos versos de Jenófanes, conservados en Clemente de Alejandría *(Strom.* V, 14, p. 714, ed. Potter), leemos:

Entre los Dioses hay un Dios máximo·
y es máximo también entre los hombres.

* La traducción castellana de los fragmentos de Jenófanes está tomada de *Los presocráticos;* trad. prólogo y notas de J. D. García Bacca, El Colegio de México, 1943, t. 1, pp. 1-10 [E.].

[29] Sexto Empírico, *Pyrrh. Hyp.* I, 33, § 225; Simplicio, *Ad Phys. Arist.* pp. 5-6; Plutarco, *De plac. philos.* II, 4.

> *No es por su traza ni su pensamiento*
> *a los mortales semejante.*

Y, en Sexto Empírico *(Adv. Math.* IX, 144):

> *Todo Él ve; todo Él piensa; todo Él oye.*

A cuyas palabras añade Diógenes Laercio (IX, 19) la siguiente glosa: "Todo es [según él] pensamiento y razón y eterno." Según esto, Jenófanes niega la verdad a las representaciones de todo lo que es nacimiento y muerte, cambio, movimiento, etc., como algo que pertenece solamente a la intuición sensible; "para él —dice Tennemann (t. I, p. 156)—, toda generación es inconcebible". Lo Uno, como el producto inmediato del pensamiento puro es, en su inmediaticidad, el ser.

La determinación del ser es, para nosotros, algo conocido y trivial; pero el concepto del ser y de lo Uno, lo ponemos como una determinación especial al lado de las otras. En cambio, aquí esta determinación tiene un sentido distinto: el de que todo lo demás carece de realidad, es simple apariencia. Para comprender esto, debemos olvidar nuestra propia manera de pensar, nuestro conocimiento de Dios como espíritu; los griegos, en cambio, que sólo tenían ante sí el mundo sensible, estos dioses hijos de la fantasía y no encontraban en ello la satisfacción a sus afanes, rechazaban todo esto como algo falso, llegando por este camino al pensamiento puro.

Es esto, indudablemente, un progreso extraordinario, y en realidad, podemos decir que con la escuela eleática el pensamiento se hace en verdad libre por vez primera. El Ser, el Uno de los eleátas no es sino este sumirse en el abismo de la identidad abstracta del entendimiento. Y, por ser lo primero, esto es también lo último a que el entendimiento retorna: así lo demuestran los tiempos más recientes, en que Dios es concebido solamente como la suprema Esencia o el Ser supremo. Cuando decimos de Dios que esta suprema Esencia está fuera de nosotros y sobre nosotros, que lo único que de Él podemos saber es que es, lo concebimos como algo indeterminado, pues si conociéramos algún criterio para determinarlo, sería esto un conocer. Así, pues, la única verdad reside en que Dios es lo Uno, no en el sentido de que haya un solo Dios (pues esto es ya otro criterio determinante), sino en el sentido de que Dios sólo es lo igual a sí mismo; en lo cual no se encierra, por tanto, otra determinación que en la fórmula de la escuela eleática. Es cierto que, para llegar a este resultado, la reflexión moderna ha tenido que recorrer un largo camino, no sólo a través de lo sensible, sino también a través de representaciones y predicados filosóficos de Dios, para llegar por fin a esta abstracción en que todo se anula; pero el contenido, el resultado, es el mismo.

Cuadra con esto del modo más exacto el razonamiento dialéctico de los eléatas, quienes demuestran, en efecto, con toda precisión, que nada nace ni muere. Este desenvolvimiento lo encontramos en la obra de Aristóteles titulada *De Xenophane, Zenone et Gorgia*, c. 3: "Es imposible —dice Aristóteles[30]—, que algo que es se genere (y, al decir esto, se refiere a la divinidad), pues, de ser así, necesariamente tendría que generarse de lo igual o lo desigual. Y ambas cosas son imposibles, pues lo igual no puede ser engendrado por lo igual, como tampoco puede engendrarlo, ya que cosas iguales tienen que responder necesariamente a las mismas determinaciones mutuas."

Y, con la hipótesis de la igualdad, se viene también a tierra la diferencia entre lo que engendra y lo engendrado. "Tampoco lo desigual puede generar lo desigual, pues si de lo débil se generase lo fuerte o de lo pequeño lo grande o de lo malo lo bueno, o, a la inversa, lo bueno de lo malo, ello querría decir que podía generarse lo que no es de lo que es, lo cual es imposible; luego Dios es eterno."

Esto mismo lo expresaron más adelante el panteísmo y Spinoza en el principio de *ex nihilo fit nihil*. Más adelante, Jenófanes prueba la unidad de Dios: "Si Dios es lo más poderoso de todo, tiene que ser necesariamente Uno; pues si existiesen dos o más iguales a él, no tendría poder sobre ellos, y si no estuviese dotado de poder sobre los otros, no sería Dios. Por tanto, si hubiese varios, serían más poderosos o más débiles los unos con respecto a los otros, es decir, no serían dioses, pues es propio de la naturaleza de Dios que no haya sobre él algo más poderoso. Y si fuesen iguales, no sería ya propio de la naturaleza de Dios el ser, necesariamente, el más poderoso de todos, pues lo igual no es nunca ni mejor ni peor que lo igual", es decir, no se diferencia en nada de ello.

[30] Que Aristóteles alude aquí a Jenófanes se desprende de los títulos de todos los manuscritos de Becker, así como también del cotejo de este pasaje con los fragmentos de Jenófanes que han llegado a nosotros y que primeramente fueron atribuídos a Zenón, como también lo hacía Hegel, aunque aquí no englobe las doctrinas de los eléatas en un todo, como hizo en otros cursos. Por eso, el editor se ha creído autorizado a colocarlos en el lugar que les corresponde [M.]. [El título actual de la obra es: *De Melisso, Xenophane, Gorgia.* E.]

"Por tanto, si Dios es Dios, sólo puede ser Uno; no podría todo lo que quisiera si hubiese varios. Y, por ser Uno, es siempre el mismo, oye, ve y tiene siempre las demás sensaciones; pues, si no fuese así, las partes de Dios tendrían poder las unas sobre las otras, lo cual es imposible. Y como Dios es siempre y por doquier igual, tiene forma esférica, pues no es en unos sitios de un modo y en otros de otro, sino dondequiera el mismo. Y, siendo como es eterno y Uno y de forma esférica, no es ni ilimitado ni limitado. Ilimitado es, en efecto, lo que no es, pues esto no tiene medio ni principio ni fin, ni partes, y esto es precisamente lo ilimitado. Pero, como es lo que no es, no es lo que es. Existiría una limitación mutua si hubiese varios; pero, como sólo hay Uno, no es limitado. Lo Uno no se mueve ni es inmóvil. Inmóvil es lo que no es, pues en ello no se da otra cosa alguna, ni se convierte tampoco en ninguna otra cosa; sólo lo vario es móvil, pues para ello hace falta que lo uno se mueva hacia lo otro. Por tanto, lo Uno ni se está quieto ni se mueve, pues no es igual ni a lo que no es ni a lo vario. En todos estos aspectos se comporta Dios así, pues es eterno y Uno, igual a sí mismo y de forma esférica, ni ilimitado ni limitado, ni se está quieto ni se mueve". Y del principio de que nada puede generarse de lo igual o de lo desigual saca Aristóteles *(De Xenophane, Zenone et Gorgia,* c. 4) esta consecuencia: "que o no hay nada fuera de Dios o bien todo lo demás es eterno".

Es ésta una dialéctica que podríamos llamar razonamiento metafísico y que descansa sobre el principio de la identidad: "La nada es igual a la nada, no puede tornarse ser, ni a la inversa; de lo igual no puede, por tanto, generarse nada."

Esta manera antiquísima de argumentar sigue rigiendo hasta hoy, por ejemplo en las llamadas pruebas de la unidad de Dios. Este método consiste en sentar premisas, por ejemplo la del poder de Dios, para llegar, partiendo de ellas, a conclusiones y a la negación de predicados; tal es la manera corriente de nuestro razonar. En cuanto a las determinaciones, hay que advertir que todas ellas, como algo negativo, se mantienen alejadas del ser positivo, puramente real. Para llegar a esta abstracción, nosotros seguimos un camino más trivial y no empleamos la dialéctica que emplea la escuela eleática. Decimos que Dios es inmutable, pues la mutabilidad sólo es atributo de las cosas finitas (afirmación que hacemos, en cierto modo, como un principio basado en la experiencia); de una parte, identificamos las cosas finitas con la mudanza y, de otra, la inmutabilidad con esta unidad abstracta y absoluta. Establecemos la misma separación que los eléatas, con la diferencia de que nosotros consideramos también lo finito como ser, cosa que los eléatas no hacían, sino que negaban. O bien vamos pasando de las cosas finitas a los géneros y prescindiendo, poco a poco, de lo negativo; llegamos así, como supremo género, a Dios, el cual, como Esencia suprema, es solamente algo afirmativo, pero sin ninguna determinación. O bien pasamos de lo finito a lo infinito, en cuanto que decimos que lo finito, como algo limitado, debe necesariamente tener su fundamento en lo infinito.

En todas estas formas, con las que estamos perfectamente familiarizados, se encierra la misma dificultad del problema que se plantea en lo tocante al pensamiento eleático; ¿dónde encontrar la determinación y cómo concebirla, tanto en lo Uno mismo, dejando a un lado lo finito?, y también ¿cómo se desprende lo infinito de lo finito? El pensamiento de los eléatas se distingue de este nuestro pensamiento corriente y reflexivo en que ellos abordan el problema especulativamente —lo especulativo en ellos es, concretamente, la inexistencia absoluta de todo cambio—, demostrando así que, según la premisa del ser de que se parte, el cambio es, en sí, contradicción, algo inconcebible, pues lo Uno, el ser, excluye la determinación de lo negativo, de la pluralidad. Así, pues, mientras que nosotros, en nuestro modo de concebir, reconocemos también la realidad del mundo finito, los eléatas eran más consecuentes, puesto que llegaban hasta la concepción de que sólo es lo Uno y de que lo negativo no es en absoluto; concepción que, aun debiendo admirarla, no por ello deja de ser una completa abstracción.

Los escépticos veían en ello la concepción de la incertidumbre de todas las cosas, y en Sexto[31] aparecen citados, y no una sola vez, sino varias, versos inspirados en este sentido, como los siguientes:

> Jamás nació ni nacerá varón alguno
> que conozca de vista cierta lo que yo digo
> sobre los dioses y sobre las cosas todas;
> porque, aunque acierte a declarar las cosas
> de la más perfecta manera,
> él, en verdad, nada sabe de vista.
> Todas las cosas ya por el contrario
> Con Opinión están prendidas.

[31] *Adv. Math.* VII, 47-52; 110-111; VIII, 326; *Pyrrh. Hyp.* II, 4, § 18.

Sexto, generalizando, explica estos versos, en el primero de los pasajes citados, del siguiente modo: "Es como si nos imaginásemos que, en una casa en que se guardan muchas cosas de valor, entrasen varios ladrones por la noche: todos ellos creerían haberse apoderado del oro, pero ninguno de ellos podría asegurar haberlo encontrado realmente. Lo mismo les ocurre a los filósofos, que entran en este mundo, como en una gran casa, en busca de la verdad; aunque consiguieran alcanzarla, ni ellos mismos sabrían que la habían alcanzado."

Lo que hay de vago en las expresiones de Jenófanes podría significar también, simplemente, que nadie sabe lo que él [Jenófanes] quiere decir con ellas. En el segundo pasaje, Sexto lo interpreta diciendo que "Jenófanes no niega todo conocer, sino solamente el conocer científico e infalible, dejando en pie el saber que consiste en opiniones. *Todas las cosas con Opinión están prendidas*, dice en los versos citados. Por tanto, según él, el criterio es la opinión, es decir, lo probable, no lo fijo y seguro; Parménides, en cambio, condenaba las opiniones". Sin embargo, lo único consecuente, lo único a tono con su Uno, es el levantamiento de las representaciones, desarrollado dialécticamente en la parte anterior: la de que es evidente que nadie sabe que dice la verdad, aunque la diga; aunque a alguien se le pase por las mientes este pensamiento, no sabrá que es la verdad, sino que será también, para él, una opinión como otra cualquiera.

Vemos aquí, en Jenófanes, una doble conciencia: una conciencia pura, conciencia del ser, y una conciencia de la opinión; aquella era, para él, la conciencia de lo divino, y es la dialéctica pura la que se comporta negativamente frente a todo lo determinante, y lo levanta. Por tanto, al pronunciarse contra el mundo sensible y las determinaciones finitas del pensamiento, se declara también con la mayor de las energías contra las representaciones mitológicas griegas de los dioses. Así, dice, entre otras cosas, según Brandis *(Comment. Eleat. P. I.*, p. 68):

Pero si bueyes o leones
manos tuvieran
y el pintar con ellas,
y hacer las obras que los hombres hacen,
caballos a caballos, bueyes a bueyes,
pintaran parecidas ideas de los dioses;
y darían a cuerpos de dioses formas tales
que a las de ellos cobraran semejanza.

Y vemos también cómo, en versos que nos han sido conservados por Sexto (*Adv. Math.* IX, 193), se burla de las concepciones expresadas acerca de los dioses por Homero y Hesíodo:

> *Homero, Hesíodo*
> *atribuyeron a los dioses*
> *todo lo que entre los humanos*
> *es reprensible y sin decoro;*
> *y contaron sus lances nefarios infinitos:*
> *robar, adulterar y el recíproco engaño.*

Así como, por una parte, Jenófanes determina la Esencia absoluta como lo simple, pero como un algo simple que penetra cuanto es y se halla directamente presente en ello, por otra parte filosofa acerca de los fenómenos; pero de esta filosofía sólo han llegado a nosotros algunos fragmentos y, además, sus opiniones sobre problemas de física no tienen gran interés; no se les puede atribuir tampoco ningún sentido especulativo, al igual que ocurre con las de nuestros físicos. Así, cuando dice Jenófanes:

> *De Agua nos engendraron a todos, y de Tierra.*
> *Y Tierra y Agua son todas las cosas que nacen y se engendran.*[32]

estas palabras no pretenden expresar la esencia, los principios físicos, al modo del agua de Tales de Mileto, pues Aristóteles dice expresamente que nadie veía en la tierra el principio absoluto.

2. Parménides

Parménides es una figura destacada de la escuela eleática, y sus conceptos son más precisos que los de Jenófanes. Pertenecía, según Diógenes (XI, 21), a un linaje prestigiado y rico de la ciudad de Elea. Poco es, sin embargo, lo que sabemos acerca de su *vida*; ni siquiera podemos asegurar que fuese discípulo de Jenófanes, pues Aristóteles *(Metaf.* I, 5) sólo recoge esta especie como una fábula. Sexto Empírico *(Adv. Math.* VII, 111) lo llama amigo (γνώριμος) de Jenófanes. Diógenes Laercio dice, concretando más, que "escuchó las enseñanzas de Anaximandro y las de Jenófanes, pero que no siguió a éste [lo que sólo parece referirse, sin embargo, a la residencia geográfica], sino

[32] Sexto Empírico, *Adv. Math.* X, 313-314; Simplicio, *In Phys. Arist.* p. 41. [Trad. cit., p. 5.]

que vivió con Aminias y Dióquetes, el pitagórico, siguiendo más bien a éste y dejándose guiar también por aquél, y no por Jenófanes, a una vida tranquila".

Puede considerarse como establecido que su vida discurrió entre las de Jenófanes y Zenón, siendo contemporáneo de ambos, aunque más joven que el primero y más viejo que el segundo. Según Diógenes (IX, 23), floreció alrededor de la 69ª Olimpíada (504-501 a. c.). Uno de los datos más importantes que de su vida conocemos es el viaje que hizo con Zenón a Atenas, donde Platón los presenta, en uno de sus diálogos, conversando con Sócrates. En general, puede aceptarse esto como cierto, aunque no sea posible averiguar lo que haya en ello de histórico. En el *Teetetes*, invitado Sócrates a examinar el sistema de los eléatas, Platón pone en sus labios estas palabras: "Siento cierto respeto por Meliso y por los que ven el universo como lo Uno inmóvil, y más todavía por Parménides. Pues éste me parece, para decirlo con Homero, a un tiempo venerable e imponente; he tenido ocasión de tratar con este hombre y le escuché bellos discursos, cuando yo era todavía muy joven y él ya muy viejo." [33]

Y en el diálogo platónico que lleva su nombre *(Parménides* de Platón, p. 127 Steph., p. 4 Bekk.) y cuyos interlocutores son, como es sabido, Parménides y Sócrates, se precisan todavía más las circunstancias históricas de este conocimiento: "Parménides era ya un hombre muy viejo, con todo el pelo blanco, bello de figura, contaría, aproximadamente, sesenta y cinco años y Zenón unos cuarenta."

Tennemann (t. I, p. 415) sitúa este viaje en la 80ª Olimpíada (460-457 a. c.). Como Sócrates había nacido en la Ol. 77,4 (469 a. c.), debía de ser todavía, por aquel entonces, demasiado joven para tomar parte en diálogos como éstos, en los que Platón le asigna un papel de interlocutor; por lo demás, la parte principal del diálogo *Parménides*, inspirado en el espíritu de la escuela eleática, es también de la propia cosecha de Platón.

Fuera de esto, lo único que sabemos de la vida de Parménides es que gozaba también de un gran prestigio entre sus conciudadanos de Elea, cuyo bienestar debe atribuirse principalmente a las leyes que Parménides supo darles.[34] En el πίναξ de Cebes (al comienzo) se habla de "una vida parmenidiana",

---

[33] Platón, *Teetetes*, p. 183, ed. Steph. (p. 263, ed. Bekk.); *Sofista*, 217 (p. 127, respectivam.).
[34] Diógenes Laercio, IX, 23; Casaubonus *ad. h. l.*

empleando esta expresión como proverbial de una vida moralmente ejemplar.

Conviene advertir que Platón, cuando habla concretamente de la escuela de los eléatas, no se refiere nunca a Jenófanes, sino solamente a Meliso y Parménides. Por lo demás, al asignar a Parménides el papel principal del diálogo que lleva por título su nombre, poniendo en boca de este pensador eleático la más sublime dialéctica, Platón obra movido por consideraciones que no son de este lugar. Así como Jenófanes, con su proposición de que de la nada no se genera nada, niega en absoluto la generación y cuanto con ella se halla relacionado o puede atribuirse a ella, en Parménides se manifiesta de un modo más preciso, aunque sin elevarse todavía a conciencia, la contraposición entre el ser y el no ser.

Sexto Empírico y Simplicio nos han conservado los fragmentos más importantes de la poesía de Parménides, pues también este pensador expuso su *filosofía* en verso. El primer fragmento largo que encontramos en Sexto *(Adv. Math.* VII, 111) es una *introducción* alegórica a su poesía sobre la naturaleza. Esta introducción tiene un tono mayestático, nos revela la manera literaria de aquel tiempo y denota, en su conjunto, un alma enérgica y violenta, que lucha con la esencia, en un formidable esfuerzo por captarla y proclamarla.

Podemos reproducir la filosofía de Parménides, en casi todos sus aspectos, con sus propias palabras.* La introducción dice así:

I

Los caballos que me llevan
—y que, tan lejos cuanto el ánimo puede llegar, me condujeron—,
apenas pusieron los pasos certeros
de la Demonio en el camino renombrado
que, en todo, por sí misma
guía al mortal vidente,
por tal camino me llevaban;
que tan resabidos caballos por él me llevaron,
tendido el carro en su tensión tirante.

II

Doncellas,
doncellas solares,

---

* La traducción del poema de Parménides está tomada de *Los presocráticos;* trad., prólogo y notas de J. D. García Bacca, El Colegio de México, 1943, t. 1, pp. 11-35 [E.].

abandonados de la Noche los palacios
con sus manos el velo a sus cabezas hurtando,
mostraban el camino hacia la Luz.

Estas doncellas son, según la interpretación de Sexto (Adv.
Math. VII, 112-113), los sentidos y las doncellas solares los
ojos, concretamente.

IV

Están allí las puertas de la Noche
allí también las puertas de las sendas del Día;
y, enmarcándolas,
pétreo dintel, pétreo umbral;
y se cierran, etéreas, con las ingentes hojas;
sólo la Justicia,
la de los múltiples castigos,
guarda las llaves de uso ambiguo.

V

Con blandas palabras
dirigiéndose a ella las doncellas
la persuadieron con sabiduría
de que, para ellas, apartase de las puertas, volando,
de férrea piña el travesaño.

VI

Ábrenlas ellas entonces
y, haciendo revolver sobre sus quicios
ejes multibroncíneos,
ambiguos,
de bisagras labrados y de pernos,
en fauces inmensas trocaron las puertas
y a través de ellas,
veloz y holgadamente,
carro y caballos las doncellas dirigieron.

VII

Recibióme la Diosa propicia;
y con su diestra mano
tomando la mía,
a mí se dirigió y habló de esta manera:

VIII

*Doncel,
de guías inmortales compañero,
que, por tales caballos, conducido,
a nuestro propio alcázar llegas,
¡Salve!
que mal hado no ha sido
quien a seguir te indujo este camino
tan otro de las sendas trilladas donde pasan los mortales.
La Firmeza fué más bien, y la Justicia.*

IX

*Preciso es, pues, ahora
que conozcas todas las cosas:
de la Verdad, tan bellamente circular, la inconmovible entraña
tanto como opiniones de mortales
en quien fe verdadera no descansa.
Has de aprender, con todo, aun éstas,
porque el que todo debe investigar
y de toda manera
preciso es que conozca aun la propia apariencia en pareceres.*

A continuación la diosa desarrolla toda la doctrina: la doctrina del doble conocimiento: α) el del pensamiento, de la verdad, y β) el de la opinión, que son las partes de que consta el poema.

En otro fragmento, conservado en los comentarios de Simplicio a la *Física* de Aristóteles (p. 25; 19 a) y en los de Proclo al *Timeo* (p. 29 b) se contiene la parte principal de esta enseñanza.

*Atención, pues;
que yo seré quien hable;
Pon atención tú, por tu parte, en escuchar el mito:
cuáles serán las únicas sendas investigables del Pensar.*

*Ésta:
del Ente es ser; del Ente no es ser.
Es senda de confianza,
pues la Verdad la sigue.*

*Estotra:
del Ente no es ser; y del Ente es no ser, por necesidad,*

*te he de decir que es senda impracticable
y del todo insegura,
porque ni el propiamente no-ente conocieras,
que a él no hay cosa que tienda,
ni nada de él dirías.......*

La nada se convierte realmente en algo, desde el momento en que se piensa o se dice; decimos algo o pensamos algo cuando queremos pensar y decir la nada.

*Menester es
al Decir, y al Pensar, y al Ente ser;
porque del Ente es ser
y no ser del no-ente.......*

Tal es la concisa determinación, y en esta nada se cifra la negación en general y, bajo una forma más concreta, el límite, lo finito, la limitación; *determinatio est negatio:* he aquí la gran proposición de Spinoza. Parménides dice que, cualquiera que sea la forma que lo negativo pueda revestir, no es en absoluto. Considerar la nada como la verdad es abrazar

*..aquel otro camino por donde los mortales
de nada sabidores,
bicéfalos,
yerran perdidos;
que el desconcierto en sus pechos dirige la mente erradiza
mientras que ellos,
sordos, ciegos, estupefactos,
raza demente,
son de acá para allá llevados.
Para ellos,
la misma cosa y no la misma cosa parece el ser y el no ser.*

El error consiste precisamente en confundirlos, en atribuir a uno y a otro el mismo valor, o en distinguirlos, pero viendo en el no ser lo limitado en general.

*Mas éste es, entre todos los senderos,
como ninguno retorcido y revertiente......*

es un movimiento que choca continuamente consigo mismo, sin encauzarse jamás: la representación humana tan pronto considera como la esencia esto como lo contrario de ello, o bien una mezcla de ambas cosas.

Simplicio, en sus comentarios a la *Física* de Aristóteles

(p. 17 a, 31, 19), añade a lo anterior: "Pero la verdad sólo es el ser, el cual es ingénito e imperecedero, íntegro, de un solo género (μουνογενές), inmóvil y sin fin; no ha sido ni será, sino que es, y lo es todo a un tiempo. Pues, ¿qué nacimiento buscarías tú para él? ¿Cómo y de dónde se le podría incrementar? Del no ser, no se te toleraría ni que lo dijeras ni que lo pensaras, pues no puede decirse ni pensarse que el ser no sea: ¿Qué necesidad lo haría comenzar más tarde o más temprano por la nada? Por tanto, tiene que ser necesariamente así, o no ser. Y, por muy fuerte que sea la convicción, jamás sacará del no ser otra cosa que éste. El nacimiento se esfuma, pues, y la desaparición es inconcebible. Y el ser no es tampoco separable, pues es totalmente idéntico a sí mismo; no es nunca ni en parte alguna más, pues de otro modo no formaría una unidad, ni menos, sino que todo se halla pleno de ser. El todo forma una cohesión, pues lo que es se funde con lo que es; es inmutable y descansa firmemente sobre sí mismo: la vigorosa necesidad lo sujeta dentro de los vínculos del límite. Por eso no puede decirse que sea algo inacabado, pues carece de defectos, mientras que si fuese el no ser carecería de todo".*

Este ser no es lo indeterminado (ἄπειρον), puesto que se mantiene dentro de los límites de la necesidad, y no en vano Aristóteles atribuye a Parménides el concepto de límite. El límite es una expresión con respecto a la cual no se sabe en qué sentido ha de tomarse; pero en Parménides este límite absoluto es la δίκη y, como tal, una necesidad absoluta determinada de suyo, siendo importante que Parménides haya ido más allá del desolado concepto de lo finito.

*Lo mismo es el pensar y aquello por lo que "es" el pensamiento;
que sin el ente en quien se expresa (ἐν ᾧ πεφατισμένον ἐστίν)
no hallarás el Pensar;
que cosa alguna es algo o lo será
a no ser que ente sea.*

Las palabras anteriores encierran el pensamiento fundamental de Parménides. El pensamiento se produce; y lo que se produce es un pensamiento. El pensamiento es, pues, idéntico a su ser, pues nada es fuera del ser, de esta gran afirmación. Plotino, al citar este último fragmento (V. *Ennead.* I, 8), dice que "Parménides captó este en sí al no poner el ser en las cosas sensibles, pues, identificando el ser con el pensar, lo afirmó

---

* Véase el texto de Parménides, trad. cit., pp. 23-26 [E.].

como algo inmutable". Los sofistas llegaron, partiendo de aquí, a la siguiente conclusión: "Todo es verdad, no existe el error, pues el error es el no ser, el cual no puede pensarse."

Aquí es donde ha de buscarse la exaltación al reino de lo ideal; por eso, la verdadera filosofía comienza, en rigor, con Parménides. Aparece un hombre que se libera de todas las opiniones y representaciones, que les niega todo valor de verdad y afirma que sólo la necesidad, el ser, es lo verdadero. Cierto que se trata todavía de un comienzo turbio y vago, sin que sea posible explicar qué es, más concretamente, lo que lleva dentro; pero en esta explicación reside precisamente el desarrollo de la filosofía misma, que aún no se da aquí. A esto va unida la dialéctica de que lo mudable no encierra ninguna verdad, pues aceptando estas determinaciones tal y como rigen, se llega siempre a contradicciones.

En Simplicio *(In Arist. Phys.* p. 27 b; 31 b) nos encontramos también con ciertas representaciones figuradas del pensamiento de Parménides: "Como el límite extremo del ser es perfecto, es por todos sus lados igual a la masa de una esfera bien redondeada, que por todas partes se mantiene en equilibrio desde su centro, sin poder ser más grande ni más pequeña en un lado ni en otro. Pues no es ningún no ser el que le veda penetrar en lo igual [en la unidad consigo mismo]; ni es tampoco un ser vacío de ser, en unos sitios más que en otros. Como el todo carece de defectos, en todas partes es, de este modo, igual en sus determinaciones." * Y Plotino dice, en el lugar citado: "Compara el ser a la forma de la esfera, porque lo abarca todo dentro de sí, y porque el pensamiento no se contiene fuera de él, sino dentro de él." Y Simplicio: "No hay que asombrarse, pues su actitud poética le lleva a atenerse a una ficción (πλάσματος) mitológica." Inmediatamente salta a nuestra vista que la esfera es algo limitado, algo que, además, se halla en el espacio y que, por tanto, debe necesariamente tener algo sobre ella: pero, al mismo tiempo, el concepto de la esfera es la igualdad del comportamiento de lo distinto, razón por la cual debe expresar indiferentemente lo indistinto; se trata pues, de una imagen poco consecuente.

A esta teoría de la verdad añade Parménides la *teoría de las opiniones humanas*, el sistema engañoso del mundo. Dice, según Simplicio en sus comentarios a la *Física* de Aristóteles (p. 7 b; 39 a):

* Véase el texto de Parménides, trad. cit., pp. 27-28 [E.].

A dar se decidieron los mortales
nombre de formas de conocimiento
a dos
—que con una no basta
(que en esto se extraviaron
los que pusieron una sola)—;
opuestamente construídas las juzgaron
y atribuyeron signos a las dos
en cada cual diversos.

La una:
Fuego es, etéreo de llama,
ente benigno,
sutil en grado sumo,
por todo modo idéntico consigo;
con la otra, por ninguno.

La otra, por el contrario,
es, como tal, lo opuesto:
Noche oscura,
pesada y densa contextura.

Pues que todas las cosas
Noche y Luz cual con nombre se apellidan,
y ya que todo lo de todas ellas
de ambas potencias se hace a la medida,
todo, de vez, está de Luz colmado
y no luciente Noche,
que ninguna otra cosa
entre ambas, Luz y Noche, se interpone.

Y Aristóteles *(Metaf.* I, 3 y 5) y los otros historiadores atribuyen unánimemente a Parménides el haber proclamado para el sistema de las cosas, tal como se manifiestan, dos principios, el del calor y el del frío, cuya unión hace el todo. La luz, el fuego, aparece determinada como lo activo, lo animador; la noche, lo frío, como lo pasivo.

Parménides se expresa también de un modo pitagórico —no en vano Estrabón le llamó un ἀνήρ Πυθαγορεῖος— en la siguiente representación, asimismo mitológica: "Son coronas trenzadas la una sobre la otra, una de las cuales está hecha siempre de lo etéreo y la otra de lo denso y entre las cuales se encuentran otras en las que se mezclan la luz y las tinieblas. Las más estrechas están hechas de fuego impuro y las que aparecen sobre ellas de las sombras de la noche, por las que atraviesa la fuerza de la llama. Y lo que las mantiene a todas en cohesión es algo sólido como una muralla, debajo de la cual hay una corona de fuego, y de fuego es también la más intermedia de las etéreas. La más intermedia entre las hechas de mezcla es la diosa que todo lo gobierna, la que todo lo reparte (κληροῦχος), Dicea y la necesidad. Ella es el principio de toda procreación y de toda mezcla terrenales, la que empuja a lo masculino a unirse con lo femenino, y viceversa; esta diosa ha tomado al Amor como auxiliar suyo y lo ha engendrado como el primero de todos los dioses. La luz es una eliminación (ἀναπνοή) de la tierra, el hálito del fuego el sol y la Vía Láctea, mezcla de aire y de fuego la luna",*[35] etc.

Sólo resta indicar de qué modo explica Parménides las *sensaciones* y el *pensamiento*, explicación que, a primera vista, podría ser considerada, ciertamente, como materialista. En efecto, Teofrasto[36] observa, a este propósito: "Parménides no dice nada concreto acerca de esto, sino solamente que, puesto que existen dos elementos, el conocimiento está determinado por la preponderancia de uno de los dos; pues según que predomine el calor o el frío, el pensamiento difiere: es mejor y más puro cuando lo determina el calor, pero también el pensamiento necesita cierto equilibrio.

> *Pero tal como fuere en cada uno*
> *la mezcla dominante de las partes*
> *multiflexibles,*
> *tal es la mente*
> *que a los hombres adviene;*
> *que en cualquier hombre y en los hombres todos*
> *lo que de las partes naciere*
> *conoce;*
> *que es lo pleno*
> *pensamiento.*

Así, pues, las sensaciones y el pensamiento son, para Parménides, una y la misma cosa, y, según él, la memoria y el olvido nacen de la mezcla de uno y otras, aunque no nos dice si entran por partes iguales en la mezcla ni si esto es o no el

---

[35] Plutarco, *De plac. phil.* II, 7; Eusebio, XV, 38; Estobeo, *Ecl. Phys.* c. 23, pp. 482-484; Simplicio, *In. Phys. Arist.*, p. 9 a, 7 b; Aristóteles, *Metafísica*, I, 4; Brandis, *Comment. Eleat.*, p. 162.
* Cf. trad. cit., p. 33 [E.]
[36] *De sensu* p. 1, ed. Steph. 1557 (citante Fülleborn, p. 92).

pensamiento, y en qué estado lo es. Pero es evidente que también atribuye capacidad de sensaciones a lo opuesto, ya que declara: lo muerto no recibe la luz, el calor ni la voz, porque le falta el fuego; pero sí recibe el frío, el silencio y lo opuesto, y, en general, hay que decir que todo lo que es goza de cierto conocimiento". Pero este punto de vista de Parménides es, en realidad, lo contrario al materialismo, ya que éste consiste en concebir el alma como formada por partes, por fuerzas independientes (el caballo de madera de los sentidos).

3. MELISO

Poco es lo que podemos decir acerca de la *vida* de Meliso. Diógenes Laercio (IX, 24) lo llama discípulo de Parménides, pero esto no pasa de ser algo vago; también se dice de él que tuvo trato con Heráclito. Era de la isla de Samos, como Pitágoras, y adquirió fama de estadista entre su pueblo; Plutarco (*In Pericle*, 26) dice de él que, siendo almirante de la flota de Samos, consiguió una victoria sobre los atenienses en una batalla naval. Floreció por la 84ª Olimpíada (444 a. c.).

Tampoco es mucho lo que hay que registrar en lo tocante a su *filosofía*; Aristóteles, cuando lo cita, une siempre su nombre al de Parménides, como si ambos apareciesen emparejados en sus pensamientos. De su obra *en prosa* sobre la naturaleza se han conservado varios fragmentos en los comentarios de Simplicio a la *Física* de Aristóteles (pp. 7 ss.), en los que nos encontramos con los mismos pensamientos y argumentaciones que en los de Parménides, aunque, a veces, algo más desarrollados. Habría que saber si el razonamiento en que se desarrolla la tesis de que el cambio no es o se contradice, que Aristóteles, en su obra llena de lagunas y en algunos pasajes muy corrompida sobre Jenófanes, Zenón y Gorgias (c. 1), atribuye a Jenófanes, no procede, en realidad, del propio Meliso.[37]

Como falta el comienzo, en que se decía quién era el autor de este razonamiento, sólo pueden apuntarse conjeturas en favor de Jenófanes. La obra comienza con la palabra: "Dice", sin mencionar nombre alguno. El único indicio para saber si

---

[37] En realidad, como el cotejo de este razonamiento con los fragmentos de Meliso que nos han sido transmitidos por Simplicio (en sus comentarios a la *Física* de Aristóteles y al *De coelo*) pone fuera de toda duda esta conjetura, el editor se ha creído obligado a tener esto en cuenta aquí, si bien Hegel, cuando exponía por separado la doctrina de los eleátas, lo decía al referirse a Jenófanes [M.].

Aristóteles quiere exponer aquí la filosofía de Jenófanes u otra nos lo da, pues, el epígrafe de esta parte de la obra, pero nos encontramos con que otros manuscritos ostentan epígrafes distintos. Más aún, en esta obra a que nos referimos (c. 2) se expone una opinión de Jenófanes en términos que tal parece como si, suponiendo que la parte anterior atribuyese a Jenófanes lo que Aristóteles dice, debiera expresarse de otro modo. Es posible que Aristóteles quiera referirse a Zenón, nombre que, en efecto, aparece citado con frecuencia en los epígrafes. Trátase de una dialéctica más perfilada en cuanto a la forma y que denota mayor reflexión que la que podía esperarse de los versos, no sólo de los de Jenófanes, sino incluso de los de Parménides. Y como Aristóteles dice expresamente que Jenófanes aún no ha concretado nada, no cabe duda de que no puede atribuirse a este pensador el razonamiento más desarrollado que Aristóteles recoge; por lo menos, podemos asegurar que Jenófanes jamás habría expresado sus pensamientos de un modo tan ordenado y preciso como éste. He aquí el pasaje de referencia:

"Si algo es, es eterno" (ἀΐδιον). La expresión "eterno" es bastante torpe, pues nos hace pensar en el tiempo, en una mezcla de pasado y futuro, en un tiempo infinitamente largo; se nos dice, sin embargo, que este ἀΐδιον es lo igual a sí mismo, lo no sensible, lo inmutable, lo puramente presente, sin que en ello entre representación de tiempo alguna. Las nociones de generación y cambio se hallan excluídas aquí, pues si ese algo de que se trata se generara, se generaría de la nada o del ser. "Es imposible que algo se genere de la nada. Si todo se generara o si todo no fuera eterno, en ambos casos se generaría de la nada. Pues si se generase todo, sería previamente nada. Y si sólo algo fuese ente, de lo que surgiera lo demás, lo uno sería más y mayor. Pero, lo más y la mayor se generaría, así, de la nada de sí mismo, pues en lo menos no puede contenerse su más, ni en lo más pequeño su algo mayor."

Y Simplicio,* en sus comentarios a la *Física* de Aristóteles (p. 22 b), añade: "Si según esto, no vino a ser, es ya y desde siempre era y para siempre será, no tiene principio ni tendrá final, sino que será infinito"... "Pero así como es desde siempre y para siempre, de parecida manera es necesario que sea infinito en grandeza. Si hubiese más de uno, uno limitaría a

---

* La traducción de los fragmentos conservados por Simplicio está tomada de *Los presocráticos*, t. 2, pp. 73-75 [E.].

otro. De darse el infinito, se daría solo; porque, si hubiese dos seres, no podrían los dos ser infinitos, puesto que se harían mutuamente de límites el uno para el otro", es decir, tendrían un comienzo y un fin; lo uno sería la nada del otro y procedería de esta nada. "Así que es eterno e infinito, uno y enteramente homogéneo... Ni se mueve el Ser, pues no tiene ya lugar a dónde ir, puesto que hay lleno; que, si se diera un vacío, a tal lugar vacío pudiera trasladarse; mas, no habiendo tal vacío, no tiene a dónde ir... Ni se duele, porque el Todo no puede estar doliente; pues no puede haber cosa que esté eternamente doliente, ni lo doliente posee la misma fuerza que lo sano, de manera que no sería homogéneo si algo le doliese; ni sería tampoco homogéneo si se doliera porque se le quita algo o porque algo le viene. Ni estando el Todo sano puede dolerle algo, porque habría de perecer lo sano y el ser mismo de lo sano; y, por el contrario, el ser no vendría a ser." Por tanto, también aquí se revela la contradicción, cuando se habla de generación y corrupción.

Pues bien, a este algo verdadero y a esta verdad opone Meliso la opinión. El cambio y la pluralidad, descartados de la esencia, aparecen en el otro lado, en la conciencia, como la opinión; es necesario decir esto, cuando sólo se retiene el lado negativo, el levantamiento de estos momentos, lo absoluto sin predicado alguno. "En la intuición sensible existe para nosotros, lo contrario, a saber: una multitud de cosas, su cambio, su generación y su corrupción, su mezcla. Aparece así aquel primer saber al lado de este segundo, el cual encierra para la conciencia común tanta certeza como el primero." Meliso no se decide, al parecer, en favor de lo uno ni de lo otro, sino que, oscilando entre ambas cosas, parece limitar el conocimiento de la verdad a la tesis de que, entre dos conocimientos contrapuestos, hay que preferir siempre la opinión más verosímil, pero sin ver en este conocimiento preferido más que una opinión más poderosa, y no la verdad. Así se expresa Aristóteles de él.

Aristóteles, tratando de buscar lo concreto de la diferencia entre su filosofía y la de Parménides, indica que, en primer lugar, Parménides parece concebir lo uno como la esencia del pensamiento, mientras que Meliso parece concebirlo como materia, a lo cual hay que observar que esta diferencia desaparece, precisamente, dentro de la esencia pura, del ser o de lo uno. Para Parménides, como para Meliso, no existe esta diferencia, sino que, por el contrario, es levantada tanto como materia pura como en cuanto pensamiento (cuando hablamos de esta diferencia) y es, sin duda, simplemente una modalidad de expresión la que hace que uno parezca expresarse más bien así, por razón de su manera más tosca de tratar (μᾶλλον φορτικός) el asunto, según la expresión de Aristóteles *(Física* I, 2). En segundo lugar, la diferencia entre ambos filósofos consiste en que Parménides determina lo uno como limitado, mientras que Meliso lo determina como ilimitado: por tanto, este ser limitado de lo uno contradiría directamente, en realidad, a la filosofía de Parménides, ya que, siendo el límite el no ser del ser, supondría el no ser. Sin embargo, cuando Parménides habla de límite, vemos siempre que su lenguaje poético no brilla nunca por su precisión; además, el límite, como límite puro, es, a su vez, ser simple y absoluta negatividad, en que se levanta todo lo demás que pueda decirse y establecerse. La necesidad, como esta negatividad y este movimiento puros de suyo, se halla, aunque pensamiento inmóvil, vinculada de un modo absoluto a lo contrario de ella. En tercer lugar, podríamos decir que Parménides establece, al mismo tiempo, una ciencia de la opinión y de la realidad, que se contrapone, por tanto, al ser como esencia para el pensamiento, más que en la doctrina de Meliso.

4. Zenón

Lo propio y peculiar de Zenón es la dialéctica, que, en rigor, comienza con él. Zenón es el maestro de la escuela eleática, la figura en la que el pensamiento puro de esta escuela se convierte en el movimiento del concepto mismo, en el alma pura de la ciencia. En efecto, así como en los eléatas anteriores nos encontramos con la tesis: "la nada no tiene realidad alguna, no es en absoluto, razón por la cual desaparece todo lo que es generación y corrupción", en Zenón, aunque siga admitiendo la existencia de lo uno y el levantamiento de lo que halla en contradicción con ello, no se comienza ya por esta afirmación, sino que es la razón la que sirve de punto de partida y, descansando tranquilamente sobre sí misma, pone de manifiesto su anulación a la luz de aquello que se establece como ente.

Parménides afirmaba: "El todo es inmutable, pues la mudanza llevaría consigo el no ser de lo que es; pero es solamente el ser, pues en la proposición: el no ser es, el sujeto contradice al predicado." Zenón, por el contrario, dice: "Estableced vuestra mudanza, pues en ella, como tal mudanza, va envuelta su nada, o es ella la nada." Tal era, para él, el cambio: un movimiento determinado, cumplido.

Zenón se manifestaba en contra del movimiento como tal, en contra del movimiento puro: "El ser puro no es movimiento, sino que es más bien la nada del movimiento." En Zenón nos encontramos, de un modo especialmente notable, con la alta conciencia de que una determinación es negada, de que esta negación es, a su vez, una determinación y de que en la negación absoluta no debe negarse una determinación solamente, sino que deben negarse ambas determinaciones contrapuestas. Zenón se da cuenta de esto; y, como preveía que el ser es lo contrario de la nada, niega en lo Uno lo que necesariamente debía predicarse de la nada. Pero, lo mismo debía suceder, en rigor, con lo demás. Encontramos también esta dialéctica superior en el *Parménides* de Platón, si bien aquí sólo la vemos surgir de algunas determinaciones y no de las determinaciones de lo Uno y del ser. La conciencia superior es la conciencia de la nulidad del ser, como la de un algo determinado frente a la nada, tal como se revela en parte en Heráclito y, en parte, en los sofistas; por este camino, no queda en pie verdad alguna, ningún ser en sí, sino solamente el ser para otro o la certeza de la conciencia individual, y la certeza como refutación, es decir, el lado negativo de la dialéctica.

Según Diógenes Laercio (IX, 25), Zenón figuraba también entre los eléatas; era el más joven de los pensadores de esta escuela y tuvo, principalmente, trato con Parménides. Éste le tomó gran cariño y lo adoptó como hijo; su padre por los vínculos de la sangre se llamaba Teleutágoras. No sólo gozaba, por su *vida*, del respeto de las gentes de su Estado, sino también de fama, principalmente como maestro; Platón dice de él que acudían gentes de Atenas y de otros lugares para recibir sus enseñanzas.[38] Diógenes (XI, 28) pondera la orgullosa sobriedad de este hombre, diciendo que (aparte del viaje que hizo a Atenas) residía constantemente en Elea y no quiso vivir en la grande y poderosa Atenas el tiempo necesario para cosechar allí fama y gloria.

Su muerte hizo especialmente famosa la fortaleza de su alma, en los muy variados relatos que acerca de ella circularon, todos los cuales coinciden en que se sacrificó para librar a un Estado (no se sabe si a su propia patria, Elea, o a otra ciudad de Sicilia) del tirano que la avasallaba (cuyo nombre

---

[38] Cfr. Platón, *Parménides*, pp. 126 ss. ed. Steph. (pp. 3-5 ed. Bekk.).

varía según las diversas versiones de los hechos, sin que conozcamos tampoco, más en concreto, la conexión histórica de lo sucedido).

Lo ocurrido, según los relatos de referencia, fué, sobre poco más o menos, lo siguiente. Zenón había entrado en una conjura para derrocar al tirano, siendo descubierta la conspiración. Sometido a tortura por el tirano, en presencia del pueblo, para que denunciara los nombres de las demás personas comprometidas, al preguntársele quiénes eran los enemigos del Estado, dice la tradición que Zenón dió, en primer lugar, los nombres de todos los amigos del tirano, denunciando en seguida a éste como la peste que asolaba al Estado. Aquellas formidables intimaciones, unidas a los espantosos martirios y a la muerte del filósofo, sigue narrando la tradición, encendieron la ira de los ciudadanos, levantaron su ánimo y los movieron a lanzarse contra el tirano, dándole muerte y liberando con ello a la ciudad. Las circunstancias de la conducta final del filósofo, que fueron las de una violenta y colérica reacción de los sentidos, aparecen relatadas de diversos modos. Se dice que, haciendo ademán de querer decir algo al oído al tirano, le mordió en la oreja, sin soltarlo, hasta que los demás le dieron muerte. Según otras versiones, le clavó los dientes en la nariz. Otros relatos dan la versión de que, al ser sometido a los más espantosos martirios después de aquella respuesta, se amputó la lengua de una dentellada y se la escupió a la cara al tirano, como para decirle que no conseguiría arrancarle una sola palabra, después de lo cual se dice que su cuerpo fué aplastado en un mortero.[39]

Ya hemos dicho que entre los méritos de Zenón hay que destacar como uno de los más importantes el de haber sido el creador de la verdadera *dialéctica objetiva*. Por tanto, Jenófanes, Parménides y Meliso toman como base la afirmación de "la nada es la nada, no es en absoluto, o lo igual es la esencia"; es decir, establecen como esencia uno de los predicados contrapuestos. Por eso, allí donde encuentran en una determinación lo contrapuesto, levantan con ello esta determinación; pero, con ello, ésta sólo es levantada por otra cosa, por lo que yo estatuyo, por la distinción que yo establezco de que un lado es la verdad y otro lado lo nulo. Se parte de una determinada proposición; la nulidad de lo contrapuesto no se manifiesta

---

[39] Diógenes Laercio, IX, 26 s.; Menag. *ad h. l.*; Valerio Máximo, III, 3 ext. 2-3.

en esto mismo, no es que se levante a sí mismo, es decir, que encierre *dentro de sí* una contradicción. Establezco, por ejemplo, que algo es lo nulo y luego, partiendo de esta premisa, pongo de manifiesto esto en el movimiento, de donde se sigue, por tanto, que eso es lo nulo.

Pero otra conciencia no establece aquello; yo declaro aquello como lo inmediatamente verdadero, pero el otro tiene perfecto derecho a establecer como lo inmediatamente verdadero otra cosa, a saber: el movimiento. Cuando un sistema filosófico refuta a otro suele ocurrir, en efecto, que se tome por base el primero para luchar, partiendo de él, contra el otro. La cosa se hace fácil y llana, cuando se dice, sencillamente: "El otro no encierra verdad alguna, porque no coincide con el mío"; pero, lo malo es que el otro tiene el mismo derecho a afirmar otro tanto. Y de nada sirve que yo pruebe mi sistema o mi proposición, y arguya: por tanto, el sistema o la proposición contrarios son falsos, pues para éstos lo extraño, lo falso serán, en cambio, los míos. Por eso, lo falso no debe demostrarse como falto de verdad por medio de lo otro, porque lo contrario sea la verdad, sino *en sí mismo*. Y este criterio racional lo encontramos sostenido ya por Zenón.

Esta dialéctica aparece muy bien descrita en el *Parménides* de Platón (pp. 127-128, Steph.; pp. 6-7, Bekk.), allí donde Platón hace decir a Sócrates a este propósito: "Zenón, en su obra, afirma en el fondo lo mismo que Parménides, a saber: que todo es uno, si bien trata de engañarnos por medio de un giro en que parece decir algo nuevo. En efecto, Parménides muestra, en sus poesías, que todo es uno; Zenón, por el contrario, enseña que lo múltiple no existe." A lo que replica Zenón "que él ha escrito esto más bien contra quienes trataban de ridiculizar la tesis de Parménides, poniendo de manifiesto qué ridículos y contradicciones se desprendían contra ellos mismos de su afirmación; combatía, por tanto, a aquellos que predicaban el ser de lo múltiple, para demostrar que, partiendo de aquí, se llegaba a consecuencias mucho más disparatadas que arrancando de la proposición de Parménides".

Tal es la determinación más precisa de la dialéctica objetiva, en la que ya no vemos al pensamiento simple establecerse por sí mismo, sino que lo vemos ya fortalecido, llevando la guerra al campo mismo del enemigo. La dialéctica en la conciencia de Zenón presenta este lado negativo; pero debe ser enfocada también por su lado positivo.

Según la concepción corriente de la ciencia, en que las proposiciones son el resultado de las pruebas, la prueba es el movimiento de la convicción, una unión lograda por la mediación. La dialéctica, en términos generales, es: α) dialéctica externa, en la que es necesario distinguir este movimiento de la condensación de este movimiento; β) no un movimiento de nuestra convicción solamente, sino una prueba basada en la esencia de la cosa misma, es decir, en el concepto puro del contenido. Aquélla es un modo de considerar los objetos poniendo de manifiesto los fundamentos y los aspectos de ellos, de tal modo que se haga vacilar lo que hasta ahora se creía inconmovible; estos fundamentos pueden ser puramente externos y, al tratar de los sofistas, tendremos ocasión de hablar más de esta clase de dialéctica. La otra consiste en la consideración inmanente del objeto: éste es tomado por sí mismo, sin partir de ninguna premisa, idea o deber ser, sin fijarse en las condiciones, leyes o fundamentos externos; se adentra uno totalmente en la cosa, se considera el objeto por sí mismo y con arreglo a las determinaciones que en él se encierran. Así considerado, él mismo se encarga de revelar que contiene determinaciones contrapuestas, es decir, que se levanta a sí mismo; esta dialéctica es, principalmente, la que encontramos en los pensadores antiguos.

La dialéctica subjetiva, la que razona partiendo de fundamentos externos, está ya en buen camino, en cuanto que concede: "Lo certero lleva consigo lo erróneo, y lo falso lo verdadero." La verdadera dialéctica no deja nada fuera de su objeto, como si éste sólo fuese defectuoso en uno de sus aspectos; el objeto se disuelve, en ella, con arreglo a su naturaleza toda. El resultado de esta dialéctica es cero, lo negativo; lo afirmativo no se revela todavía, en ella. A esta verdadera dialéctica puede asignarse, en rigor, la obra de los eléatas. Sin embargo, en ellos no vemos que prosperen todavía gran cosa la determinación y la esencia de la concepción; estos pensadores no pasan del criterio de que la contradicción anula el objeto.

La dialéctica de la *materia* de Zenón no ha podido ser refutada hasta el día de hoy; no ha sido posible pasar por encima de ella, y se deja que la cosa flote en lo indeterminado. Simplicio, en sus comentarios a la *Física* de Aristóteles (p. 30), la expone así: "Zenón demuestra que, cuando hay muchas cosas, habrán de ser de vez pequeñas y grandes; en lo grande, lo múltiple es infinito en cuanto a la cantidad [de lo múltiple, como límite indiferente, hay que remontarse a lo infinito; ahora bien, lo que es infinito ya no es grande, ya no es múltiple, sino lo negativo de lo múltiple], lo pequeño aquello que no tiene ya magnitud", como los átomos. "Aquí, demuestra que lo que no tiene magnitud, ni grosor, ni masa, tampoco existe. En efecto, si se añadiese a otra cosa, no la aumentaría: no teniendo magnitud alguna, mal podría aumentar la magnitud de otra cosa a la que se añadiera, lo que quiere decir que lo añadido es tanto como nada. Y lo mismo si se retirara: no disminuiría para nada lo otro; es, por tanto, igual a nada. Si, pues, por el contrario, hay Ser, por necesidad, cada ser habrá de tener una cierta magnitud y grosor y en cada ser distar una de otra dos partes diversas; y esta misma razón valdrá para las dos partes, pues habrán de tener magnitud y en ello es distinto lo uno con respecto a lo otro (προέξει αὐτοῦ τι). Y, dicho esto *de una vez*, queda dicho por parecido motivo para todas, porque ninguna parte de un ser podrá ser la última y no tener ya una parte en relación alguna con otra. De esta manera, si hay muchas cosas habrán de ser de vez pequeñas y grandes; pequeñas hasta no tener ya magnitud; grandes hasta no tener ya límites." *

El sentido preciso de esta dialéctica aparece expuesto por Aristóteles *(Física*, VI, 9); Zenón enfoca el *movimiento*, principalmente, de un modo objetivamente dialéctico. Sin embargo, el detalle con el que aparece expuesta su doctrina en el *Parménides* de Platón no procede del propio Zenón, sino que es obra del autor del diálogo. Vemos cómo en la conciencia de Zenón desaparece el pensamiento simple e inmóvil, pero convirtiéndose en movimiento pensante; al combatir el movimiento sensible, se entrega a él. La razón primordial de que la dialéctica recaiga en el movimiento está en que la dialéctica misma es este movimiento o en que el movimiento mismo es la dialéctica de todo el ser. La cosa tiene, al moverse, su dialéctica en sí misma, y el movimiento es el convertirse a sí misma en otra cosa, el levantarse. Cuando Aristóteles dice que Zenón negaba el movimiento porque éste encerraba una contradicción interna, no debe interpretarse esto en el sentido de que el movimiento no sea en absoluto. No se habla para nada de que haya movimiento y de que sea un fenómeno: el movimiento tiene certeza sensible, tan cierto como que hay elefantes: en este sentido, no podía ocurrírsele a Zenón negar el movimiento. El problema que se plantea es otro: el de su verdad. Y el movimiento, según Zenón, carece de verdad, pues su representación encierra una contradicción; con lo cual quiere decir que no tiene verdadero ser.

* Traducción española de J. D. García Bacca, *op. cit.,* t. 2, p. 65 [E.].

Desde este punto de vista deben interpretarse las proposiciones de Zenón, y no como objeciones contra la realidad del movimiento, aunque a primera vista parezcan eso, sino como una manera necesaria de determinar el movimiento y cómo se debe proceder para ello. Zenón indica cuatro maneras de refutar el movimiento; y las pruebas descansan sobre la infinita división del espacio y el tiempo.

α) La *primera* forma es aquella en que dice: "El movimiento no encierra verdad alguna, ya que lo movido tendría que llegar primeramente a mitad de camino, antes de poder llegar a la meta." Aristóteles puede expresar esto en tan pocas palabras porque antes ha tratado amplia y detalladamente del problema. Estas palabras deben comprenderse, de un modo general, en el sentido de que se da por supuesta la continuidad del espacio. Lo que se mueve tiene que alcanzar una cierta meta; este camino forma un todo. Para recorrer el todo, lo que se mueve tiene que recorrer antes, necesariamente, la mitad: el final de esta mitad es ahora la meta, pero esta mitad del espacio forma, a su vez, un todo, el cual tiene, por tanto, su mitad; por consiguiente, lo que se mueve tiene que llegar antes a la mitad de esta mitad, y así sucesivamente, hasta el infinito.

Zenón se apoya aquí en la infinita divisibilidad del espacio: siendo el espacio y el tiempo absolutamente continuos, no es posible detenerse en parte alguna con la división. Toda magnitud (y todo tiempo y todo espacio tiene siempre una magnitud) es divisible, a su vez, en dos mitades, que deben ser recorridas, y, por pequeño que sea el espacio en que nos fijemos, siempre nos encontraremos con la misma proporción. El movimiento es el recorrido de estos momentos infinitos, razón por la cual no cesa jamás; por consiguiente, lo que se mueve no puede llegar a su meta.

Es sabido con qué sencillez refutaba estas pruebas de la contradicción del movimiento Diógenes de Sinope, el cínico: se levantaba sin decir un palabra y se ponía a pasearse silenciosamente de arriba abajo, refutando así semejantes argumentaciones con hechos.[40] Pero, cuando se discute con razones, sólo pueden aceptarse refutaciones basadas en ellas; no es posible darse por satisfecho con la certeza sensible: es necesario, además, comprenderla. Refutar las objeciones equivale a poner de manifiesto su nulidad, como si hubiesen desaparecido y no debieran hacerse en modo alguno; para ello, en este caso de que tratamos, no hay más camino que pensar el movimiento tal y

[40] Diógenes Laercio, VI, 39; Sexto Empírico, *Pyrrh. Hyp.* III, 8, § 66.

como el propio Zenón lo pensaba, pero llevando este concepto del movimiento mismo más adelante.

Vemos aquí ante nosotros lo infinito malo o la manifestación pura, cuya esencia simple pone de relieve la filosofía como concepto general, manifestarse en primer lugar desarrollado en su contradicción, y a su historia adquirir la conciencia de esta contradicción; el movimiento, esta misma manifestación pura, aparece como algo pensado, puesto con arreglo a su esencia, a saber: en lo que lo diferencia de la pura identidad consigo mismo y de la pura negatividad, del punto frente a la continuidad. Para nosotros, no envuelve contradicción alguna en la representación el que el aquí del espacio o el ahora del tiempo se establezcan como una continuidad y una longitud; pero su concepto es algo contradictorio consigo mismo. La identidad consigo mismo o la continuidad es cohesión absoluta, extinción de toda diferencia, de todo lo negativo, del ser para sí; el punto es, por el contrario, el puro ser para sí, el distinguirse absoluto y la abolición de toda igualdad y de toda cohesión con lo otro.

Pero estos dos aspectos se establecen, en el tiempo y en el espacio, en lo uno; el espacio y el tiempo son, pues, lo contradictorio; nada más fácil que ponerlo de relieve en el movimiento, ya que en éste se establece también lo contradictorio como algo inseparable para nuestra representación. El movimiento es, cabalmente, la realidad del tiempo y del espacio: y, al manifestarse y establecerse ésta, se establece justo la contradicción que se manifiesta; esta contradicción, y no otra, es la que Zenón trata de poner de relieve.

El límite que divide el espacio en dos mitades y que se establece en la continuidad del espacio, no es un límite absoluto, sino que lo limitado entraña, a su vez, continuidad: pero esta continuidad no es tampoco, a su vez, algo absoluto, sino que hay que establecer en ella lo contrario de lo absoluto, que es el límite de las dos mitades; pero, con ello, no se establece tampoco, a su vez, el límite de la continuidad, pues la mitad sigue siendo algo continuo, y así sucesivamente, hasta el infinito.

Al decir "hasta el infinito", nos representamos un más allá, fuera de nuestra representación, al que no es posible llegar. Trátase, indudablemente, de un trascender sin fin, infinito, pero presente en el concepto: un trascender de una determinabilidad contrapuesta a otra, de la continuidad a la negatividad, de la negatividad a la continuidad, pero ambas se hallan ante nosotros. Ahora bien, de estos dos momentos cabe afirmar, en el desarrollo, uno de ellos como el esencial; primeramente, Zenón establece el desarrollo continuo de tal modo que no sea posible llegar a ningún espacio limitado como a lo último, lo que vale tanto como decir que Zenón afirma el desarrollo progresivo dentro de estos límites.

La solución general a que Aristóteles reduce esta contradicción es la de que el espacio y el tiempo no se hallan *divididos* hasta el infinito, sino que son, simplemente, *divisibles*. Ahora bien, por el mero hecho de ser divisibles, es decir, en *potencia*, tienen que hallarse también *realmente* divididos hasta el infinito, pues de otro modo no podrían ser divisibles. Tal es la respuesta general a la idea a base de la cual trata Aristóteles de refutar el punto de vista de Zenón.

Bayle (tomo IV, art. *Zénon*, nota E), dice, refiriéndose a la respuesta de Aristóteles que es *pitoyable*. "*C'est se moquer du monde que de se servir de cette doctrine; car si la matière est divisible à l'infini, elle contient un nombre infini de parties. Ce n'est donc point un infini en puissance, c'est un infini qui existe réellement, actuellement. Mais quand-même on accorderait cet infini en puissance, qui deviendrait un infini par la division actuelle de ses parties, on ne perdrait pas ses avantages; car le mouvement est une chose, qui a la même vertu, que la division. Il touche une partie de l'espace sans toucher l'autre, et il les touche toutes les unes après les autres. N'est-ce pas les distinguer actuellement? N'est-ce pas faire ce que ferait un géomètre sur une table en tirant des lignes qui désignassent tous les demi-pouces? Il ne brise pas la table en demi-pouces, mais il y fait néanmoins une division, qui marque la distinction actuelle des parties; et je ne crois pas qu'Aristote eut voulu nier que si l'on tirait une infinité de lignes sur un pouce de matière, on n'y introduisît une division, qui réduirait en infini actuel ce qui n'était selon lui qu'un infini virtuel.*" *

Este *si* que subrayamos no deja de tener gracia. La divisibilidad es, como posibilidad, lo general; en ella van implícitas tanto la continuidad como la negatividad o el punto, pero como momentos, no como algo que sea en y para sí. Puedo dividir la materia hasta el infinito, pero solamente puedo; ello no

---

* "El utilizar esta doctrina es burlarse del mundo; pues si la materia es divisible infinitamente, contiene un número infinito de partes. No es pues un infinito en potencia, sino un infinito que existe realmente, en acto. Pero aun cuando convengamos en que es un infinito en potencia, que se convertirá en un infinito por la división real de sus partes, no perdemos la ventaja, pues el movimiento es una cosa que tiene la misma naturaleza que la división. Toca una parte del espacio sin tocar la otra, y las toca

quiere decir que realmente la divida hasta el infinito. En eso consiste precisamente lo infinito: en que ninguno de sus momentos tiene realidad. Ninguno de ellos llega a ser en sí o acaecer realmente, ni el límite absoluto ni la continuidad absoluta, de tal modo que el otro momento desaparezca siempre. Son dos momentos absolutamente contrapuestos, pero como tales momentos, es decir, en el concepto simple o en general, en el pensamiento, si se quiere; pues en el pensamiento, en la representación en general, lo que se establece es y al mismo tiempo no es. Lo representado como tal o en cuanto imagen de la representación no es una cosa; no tiene ser alguno, ni es tampoco la nada.

El espacio y el tiempo son una magnitud limitada, que es posible, por tanto, recorrer; y, del mismo modo que yo no divido el espacio, *actu*, hasta el infinito, tampoco puedo dividir el cuerpo en movimiento. La división del espacio como ser dividido no es absoluta puntualidad, ni la continuidad pura lo indiviso e indivisible; del mismo modo, el tiempo no es la negatividad o puntualidad pura, sino que es también continuidad. Ambas cosas se manifiestan en el movimiento, en el que los conceptos cobran realidad ante la representación: la negatividad pura como tiempo, la continuidad como espacio; el movimiento mismo no es otra cosa que esta unidad real en la contraposición y el desdoblamiento de ambos momentos en esta unidad. Comprender el movimiento vale tanto como expresar su esencia en forma de concepto, es decir, como unidad de la negatividad y la continuidad; pero, por ello mismo, no es posible cifrar en ellas ni la continuidad ni la puntualidad como la esencia. Si nos representamos el espacio o el tiempo como divididos hasta el infinito, obtendremos, evidentemente, una infinitud de puntos, pero la continuidad se contendrá también en ellos, lo mismo que un espacio que la abarque; sin embargo, en cuanto concepto, esta continuidad consiste en que todos esos puntos sean iguales, es decir, en realidad, en que sólo aparezcan como tales puntos, como lo uno. Pero ambos momentos se manifiestan como igualmente existentes; y, por ser

todas, una después de otra. ¿No es esto distinguirlas en acto? ¿No es hacer lo que un geómetra que dibujara sobre una mesa líneas que marcaran todas las medias pulgadas? El geómetra no parte la mesa en medias pulgadas, pero hace, de cualquier modo, una división que marca la distinción real de las partes; no creo que Aristóteles haya querido negar que si se dibuja una infinidad de líneas sobre una pulgada de materia se hace una división, que convertiría en infinito en acto lo que según él no era sino un infinito virtual."

así indiferentes, no se establece ya su concepto, sino su ser. En ellos, como existentes, la negatividad es una magnitud limitada, existen como espacio y tiempo limitados; y el movimiento real es el recorrido de un espacio limitado y de un tiempo limitado, no del espacio infinito y del tiempo infinito.

Cuando se dice que lo que se mueve tiene que recorrer, necesariamente, la mitad del camino, se afirma la continuidad, es decir, la posibilidad de la división, como simple posibilidad; esta posibilidad puede darse, por consiguiente, en cualquier espacio, por pequeño que nos lo representemos. Se concede como indiscutible que no hay más remedio que llegar a la mitad; pero, con ello, se ha concedido todo lo que se postula, es decir, el no llegar, pues una vez dicho aquello, es como si se dijera infinidad de veces. Se piensa, por el contrario, que, tratándose de un espacio mayor, se puede conceder la mitad, pero se cree que, por pequeño que el espacio sea, se tiene que llegar necesariamente a un punto en que ya no sea posible dividir el espacio por mitades, es decir, a un espacio pequeñísimo, indivisible, no continuo. Pero esto es falso, pues la continuidad es una determinación esencial; es cierto que existe lo pequeñísimo en el espacio, lo más pequeño de todo, es decir, una negación de la continuidad: pero esta negación es algo totalmente abstracto. Pero no es menos falso el aferrarse de un modo abstracto a la división *imaginada*, es decir, a la división continua en mitades llevada hasta el infinito, pues en la hipótesis de la mitad va ya implícita la interrupción de la continuidad.

Es necesario decir que no existen mitades en el espacio, pues el espacio es continuo; un pedazo de madera puede partirse en dos mitades, pero no así el espacio, y en el movimiento no hay sino espacio. Podríamos, pues, afirmar inmediatamente que el espacio está formado por una multitud infinita de puntos, es decir, por una multitud infinita de límites, razón por la cual no puede ser recorrido. Se cree poder pasar de uno de estos puntos indivisibles a otro, pero por este camino no se avanza nada, pues esos puntos forman una muchedumbre ilimitada. La continuidad se atomiza en lo contrario de ella, en la cantidad indeterminada; es decir, no se acepta continuidad alguna ni, por tanto, movimiento alguno. Se afirma falsamente que ese movimiento es posible cuando se arriba a lo uno, que no es continuo, pues el movimiento es cohesión. Por tanto, cuando antes se decía que la continuidad servía de base como posibilidad de la división hasta el infinito, la continuidad, allí, no pasaba de ser una *premisa*; pero lo que se *establece* en esta continuidad es el ser de límites infinitamente múltiples y abstractamente absolutos.

b) La *segunda* prueba, que es tanto la premisa de la continuidad como el establecimiento de la división, es la que se conoce con el nombre de "Aquiles, el de los pies ligeros". Los antiguos gustaban de revestir las aporías con el ropaje de representación sensible. De dos cuerpos que se mueven en una dirección, uno de los cuales va delante, seguido por el otro a cierta distancia, *nosotros* sabemos que, si el segundo se mueve más a prisa que el primero, acabará alcanzándolo. Pero Zenón dice: "El más lento de los dos jamás será alcanzado por el más rápido." Y demuestra del siguiente modo esta afirmación: "El que va detrás necesita una cierta parte del tiempo para llegar al sitio de donde el otro arrancó al comenzar este lapso determinado." Por tanto, durante el tiempo que el segundo tarda en llegar al punto donde el primero se encontraba, éste habrá recorrido un nuevo trecho, que el segundo necesitará recorrer, a su vez, en una parte de esta parte de tiempo; y así, hasta el infinito.

```
c                    d           e    f    g
B                    A
```

Por ejemplo, B recorre en una hora dos millas (c-d), mientras que A cubre en el mismo tiempo una milla solamente (d-e); si sólo se hallan separados el uno del otro por un trecho de dos millas (cd), es evidente que B llegará en una hora al punto (d) donde A se encontraba al comienzo de ella. Mientras que B, en la media hora siguiente, recorrerá el trecho de una milla (d-e) cubierto por A, éste se encontrará ya media milla (e-f) más allá, y así sucesivamente, hasta el infinito. Quiere decirse que la mayor rapidez de movimiento no ayuda para nada al segundo cuerpo a recorrer el espacio intermedio que lleva de retraso; el tiempo que para ello necesita lo tiene también a su disposición el cuerpo más lento para conservar la delantera, aunque ésta vaya reduciéndose, pero sin llegar a desaparecer por entero, ya que va dividiéndose continuamente en mitades.

Aristóteles, al tratar este punto, dice, en pocas palabras: "Esta prueba representa la misma división hasta el infinito, pero es falsa, pues el cuerpo más rápido acabará necesariamente dando alcance al más lento, *siempre y cuando que se le permita rebasar el límite."*

Esta respuesta es exacta y lo abarca todo. En efecto, en esta concepción van implícitos dos puntos en el tiempo y dos espacios, separados el uno del otro, es decir, delimitados entre sí; por el contrario, si se admite que el tiempo y el espacio son magnitudes continuas, de manera que exista entre dos puntos en el tiempo o en el espacio una relación de continuidad, resultará que, aun siendo dos, no son dos, sino que son idénticos. Tal como nos representamos la cosa, resolvemos el problema con la mayor facilidad, al decir: "como el segundo corredor es más rápido que el primero, recorre un trecho mayor en *el mismo* tiempo que el corredor más lento; puede, por tanto, llegar hasta el sitio de donde aquél arranca, y aun más allá." Después que, al cabo de la primera hora, B ha llegado al punto d y A al punto e, nos encontramos con que en el mismo tiempo, o sea en la segunda hora, A recorre el trecho e-g y B el trecho d-g. Pero esta parte del tiempo, al parecer una, es divisible en dos: aquella en que B recorre el trecho d-e y la que le sirve para recorrer el trecho d-g. La primera la lleva A de delantera para cubrir el trecho e-f, por lo cual A llega al punto f en el mismo tiempo que B necesita para llegar a punto e. Por tanto, lo limitado, lo que según Aristóteles hay que rebasar, lo que es necesario penetrar, es el tiempo; y como éste es algo continuo, hay que decir, para resolver esta aporía, que lo que se distingue como dos partes del tiempo debe ser concebido como una unidad de tiempo en la que B hace el recorrido d-e y el de e-g, el mismo en que A recorre el trecho e-g. En el movimiento, los dos puntos del tiempo, lo mismo que los dos puntos del espacio, pueden formar perfectamente una unidad.

Cuando queremos comprender claramente el movimiento, decimos que el cuerpo que se mueve se halla en un lugar y que de él se desplaza a otro: mientras se mueve, no se halla ya en el primer lugar, ni se halla todavía en el segundo, pues si se encontrara en uno de los dos no se movería, sino que estaría quieto. Entonces, ¿dónde se halla? Si decimos que entre los dos puntos, no diremos, en rigor, nada, pues también, al encontrarse entre ambos, se encontraría necesariamente en un punto, lo que plantea, por tanto, la misma dificultad. Y el moverse quiere decir encontrarse en este lugar y no encontrarse en él, es decir, encontrarse en los dos lugares al mismo tiempo; es la continuidad del espacio y del tiempo, sin la cual el movimiento no sería posible. Zenón mantiene consecuentemente estos dos puntos rigurosamente separados el uno del otro. También nosotros reconocemos la discontinuidad del tiempo y el espacio; pero, asimismo hay que permitirles rebasar el límite, es decir, establecer este límite como si no lo fuera, o puntos divididos en el tiempo que no son tales puntos divididos. En nuestra manera ordinaria de concebir las cosas se dan las mismas determinaciones sobre las que descansa la dialéctica de Zenón; también nosotros decimos, aunque no de buen grado, que en un momento de tiempo se recorren dos trechos de espacio; pero no que el corredor más rápido condensa dos momentos de tiempo en uno, sino que establecemos para ello un determinado espacio. Pero, para que el más lento pierda su delantera, necesitamos decir que pierde su delantera de un momento de tiempo y también, indirectamente, el momento del espacio.

Zenón hace valer solamente en toda su determinación el límite, la división, el momento de la discontinuidad del espacio y del tiempo; de aquí surge la contradicción. Es la dificultad que supone el superar el pensamiento, pues lo que plantea la dificultad es siempre el pensamiento, el cual desdobla, en sus distinciones, los momentos de un objeto que en la realidad se presentan unidos. El pensamiento produjo el pecado original, al morder el hombre el fruto del Árbol de la Ciencia del Bien y del Mal; pero, cura este mal, al mismo tiempo que lo produjo.

c) La *tercera* forma es aquella en que Aristóteles hace decir a Zenón: "La flecha que vuela está quieta, ya que lo que se mueve se halla siempre en el mismo ahora y en el mismo aquí, en lo indeferenciable"; se halla aquí, y aquí, y aquí. De la flecha podemos decir, por tanto, que es siempre la misma, puesto que se encuentra siempre en el mismo espacio y en el mismo tiempo: no sale nunca de su espacio, no ocupa otro, es decir, un espacio más grande o más pequeño; pero esto es lo que nosotros llamamos, no movimiento, sino quietud. En el aquí y en el ahora queda levantada la alteridad y, si bien se establece el ser limitado, es solamente como momento; como en el aquí y en el ahora, como tales, no se encierra diferencia alguna, se impone aquí la continuidad frente a la simple opinión de la diversidad. Cada lugar es un lugar distinto y, por tanto, el mismo; la verdadera diferencia, la diferencia objetiva, no se da en estas relaciones sensibles, sino solamente en el campo de lo espiritual.

Esto se da también en la mecánica; de dos cuerpos, se trata

de saber cuál es el que se mueve. Para determinar cuál se mueve, son necesarios más de dos lugares, por lo menos tres. Pero podemos asegurar, desde luego, que el movimiento es sencillamente relativo; así, por ejemplo, tanto da que, dentro del espacio absoluto, el ojo se mueva o se esté quieto. O, según una proposición de Newton, que dos cuerpos giren circularmente el uno en torno al otro: cabe preguntar, en estas condiciones, si el uno se está quieto o si ambos se mueven; Newton trata de resolver esto por medio de un factor externo, que es la tensión de los hilos. Si, a bordo de un barco, me pongo a andar en dirección contraria al movimiento del buque, esto será movimiento con relación al barco y con relación a lo demás quietud.

En las dos primeras pruebas de Zenón, predomina la continuidad en el *desarrollo*: no estamos ante ningún límite absoluto, sino ante un trascender todos los límites. Aquí, se retiene el criterio contrario, a saber: el criterio de la limitación absoluta, de la interrupción de la continuidad, pero sin transición a otra cosa; mientras se sienta como premisa la discontinuidad, se establece la continuidad. Aristóteles dice, refiriéndose a esta tercera prueba, que "surge del hecho de que se supone que el tiempo *consiste en el ahora*, ya que si no se reconoce esto, no se producirá la conclusión".

d) "La *cuarta* prueba —prosigue Aristóteles— está tomada de varios cuerpos iguales que en el estadio se mueven al lado de un cuerpo igual y con la misma velocidad y, en dirección opuesta, uno partiendo desde el extremo del estadio y el otro desde el centro, para llegar a la conclusión de que la mitad del tiempo es igual al doble de él. La falsa conclusión se debe al hecho de que Zenón supone que tanto lo que se mueve como lo que se está quieto recorren la misma distancia en el mismo tiempo y a la misma velocidad, lo cual es falso."

```
                    l
            E|—|—|—|—|F
        k       i       m
        C|—|—|—|—|D
            g   n   h
    A|—|—|—|—|B
```

Si sobre un determinado espacio, por ejemplo, una tabla (AB), dos cuerpos iguales a ésta e iguales entre sí, el uno (CD) toca con uno de sus extremos (C) la mitad de la tabla (g), mientras que el otro (EF), situado en la misma dirección, sólo toca con el punto E el final (h) de la tabla, y ambos se mueven en dirección opuesta y aquél (CD) alcanza el extremo de la tabla en una hora, supongamos, tendremos que uno de ellos (EF) recorrerá en la mitad del tiempo el mismo espacio (ik) que el otro recorre en el doble de tiempo (gh), de donde se deduce, en este razonamiento, que la mitad es igual al doble. Nos encontramos, en efecto, con que este segundo cuerpo pasa de largo (por ejemplo, en el punto l) por delante de todo el primero (CD). En la primera media hora, *l* se desplaza de *m* a *i*, mientras que *k* sólo llega de *g* a *n*:

```
              l
     E|—|—|—|—|F
       k o i  m
     C|—|—|—|—|D
       g n h
     A|—|—|—|—|B
```

En la segunda media hora, *l* pasa por delante de *o* hasta llegar a *k*, lo que hace, en conjunto, un recorrido de *m* a *k*, es decir, el doble:

```
              l
     E|—|—|—|—|F
       k o i  m
     C|—|—|—|—|D
       g n h
     A|—|—|—|—|B
```

Esta cuarta forma se refiere a la contradicción en el movimiento en sentido opuesto; a uno de los cuerpos le corresponde en su totalidad lo común, aun haciendo por sí mismo solamente una parte. La distancia de un cuerpo a otro es, aquí, la suma de la distancia de ambos, lo mismo que si yo anduviera dos pasos hacia el Este y, desde el mismo punto, otro anduviese dos pasos hacia el Oeste, nos alejaríamos cuatro pasos el uno del otro; aquí, ambas distancias son cantidades positivas, es decir, pueden sumarse. En cambio, si ando dos pasos hacia adelante y dos pasos hacia atrás, aunque haya andado cuatro pasos no me habré movido del sitio; mi movimiento será, por tanto, nulo, pues los dos pasos hacia adelante y los dos pasos hacia atrás son movimientos contrapuestos, que se levantan.

La dialéctica de Zenón es, por tanto, la siguiente. Este pensador era consciente de las determinaciones que se encierran en nuestra representación del espacio y el tiempo y muestra lo que hay de contradictorio en ellas; las antinomias de Kant no son otra cosa que lo ya expresado aquí por Zenón. El resultado general de la dialéctica de los eléatas consiste, pues, en decir: "Lo verdadero es solamente lo uno; todo lo otro es falso", del mismo modo que la filosofía kantiana conduce a este resultado: "sólo podemos conocer los fenómenos". Es, en el fondo y en conjunto, el mismo principio: "el contenido de la conciencia sólo es un fenómeno, nada verdadero"; sin embargo, en esto se encierra también una gran diferencia.

En efecto, Zenón y los eléatas querían expresar, con su proposición, este sentido: "que el mundo sensible, con su infinita multiplicidad de formas, no es en sí mismo más que un fenómeno y no encierra verdad alguna". No es esto lo que quiere decir Kant, el cual afirma: "Al proyectar sobre el mundo exterior la actividad de nuestro pensamiento, lo convertimos en un fenómeno; el mundo exterior se convierte en algo falso al proyectar nosotros sobre él una masa de determinaciones. Así, pues, sólo nuestro conocimiento, lo espiritual, es un fenómeno, pues el mundo es en sí lo absolutamente verdadero; es nuestra conducta lo que lo echa a perder, pues nuestros amaños no sirven de nada." Es una prueba extraordinaria de humildad la que da el espíritu al no atenerse al conocimiento; pero cuando Cristo dice: "¿Acaso no valéis vosotros más que los gorriones?", hay que reconocer que tan buenos o tan malos como los gorriones son los hombres en cuanto seres pensantes o sensibles. El sentido de la dialéctica de Zenón encierra mayor objetividad que el de esta dialéctica moderna.

La dialéctica de Zenón se circunscribía aún al campo de la metafísica; más tarde, entre los sofistas, adquiere carácter general. Abandonamos aquí la escuela eleática, que se continúa en Leucipo y, de otra parte, con los sofistas, quienes hacen extensivos a toda la realidad los conceptos de los eléatas y señalan la actitud que la conciencia adopta ante ella, mientras que aquél, como continuador tardío del concepto en su abstracción, adopta una actitud física frente a la conciencia. Se nos habla, además, de algunos otros eléatas, que aquí no nos interesan, con cierto asombro por parte de Tennemann; "por *inesperado* que parezca —dice este autor (t. I, p. 190)—, que el sistema eleático encontrase partidarios, Sexto cita todavía a un tal *Jeníades*".

D) LA FILOSOFÍA DE HERÁCLITO

Dejando a un lado a los jonios, quienes aún no concebían lo absoluto como pensamiento, y a los pitagóricos, nos encontramos con el ser puro de los eleatas y con la dialéctica, que destruye y supera todas las relaciones finitas: para los eleatas, el pensamiento es el proceso de tales fenómenos, el mundo en sí mismo lo que se manifiesta y sólo el ser puro lo verdadero. La dialéctica de Zenón capta, pues, las determinaciones que van implícitas en el mismo contenido; pero puede ser llamada también dialéctica subjetiva en cuanto que corre a cargo del sujeto pensante y en cuanto que lo uno, sin este movimiento de la dialéctica, no es más que intensidad abstracta.

El paso ulterior, el de que la dialéctica como movimiento resida en el sujeto, es el de que se convierta necesariamente en una dialéctica objetiva. Aristóteles censura a Tales por suprimir el movimiento, por cuanto que el cambio no puede comprenderse a base del ser y echa también de menos lo activo en los números pitagóricos y en las ideas platónicas, como sustancias de las cosas que en ellos participan; Heráclito, por su parte, concibe lo absoluto mismo como este proceso de la dialéctica.

La dialéctica es, pues, de tres clases: α) la dialéctica externa, que consiste en un razonar en uno y otro sentido, sin que el alma de la cosa misma se disuelva a sí misma; β) en la dialéctica inmanente del objeto, pero proyectada desde el punto de vista del sujeto; γ) en la objetividad de Heráclito, el cual concibe la dialéctica misma como principio. El progreso necesario realizado por Heráclito consiste en haber pasado del ser como primer pensamiento inmediato a la determinación del devenir, como el segundo; es lo primero concreto, lo absoluto, como la unidad de lo contrapuesto que en él se plasma. Por consiguiente, Heráclito es el primer pensador en quien nos encontramos con la idea filosófica en su forma especulativa, pues el razonamiento de Parménides y Zenón es todavía entendimiento abstracto; por eso Heráclito es considerado en todas partes, e incluso denostado, como un filósofo de pensamiento muy profundo. Divisamos, por fin, tierra; no hay, en Heráclito, una sola proposición que nosotros no hayamos procurado recoger en nuestra *Lógica*.

Heráclito, que, según Diógenes Laercio (IX, 1), floreció hacia de 69ª Olimpíada (500 a. c.), era de Éfeso y contemporáneo, en parte al menos, de Parménides; con él comienza la separación y el retraimiento del filósofo de los negocios públicos y los intereses de la patria, para entregarse por entero, en una vida de soledad, a la filosofía. Podemos destacar, pues, desde este punto de vista, tres fases: α) la de los Siete Sabios, en que los filósofos son estadistas, gobernantes, legisladores; β) la de la aristocracia de la Liga pitagórica; γ) aquella en que prevalecen los intereses peculiares de la ciencia, como tal.

De la *vida* de Heráclito apenas sabemos otra cosa que su actitud con respecto a sus conciudadanos, los vecinos de Éfeso, la cual era, principalmente, según los datos de Diógenes Laercio (IX, 15, 3), la de un mutuo desprecio, más profundo todavía por parte del filósofo con respecto a sus convecinos; actitud muy parecida, por cierto, a la que suele reinar en nuestro mundo de hoy, en que cada cual vive para sí y desprecia a los otros. Este desprecio de la masa y este aislamiento con respecto a ella nacía, en este noble espíritu, del profundo sentimiento de lo erróneas que eran las creencias y la manera común de vivir de sus conciudadanos; acerca de esto se han conservado algunas frases y expresiones muy significativas, pronunciadas por el filósofo en distintas ocasiones.

Cicerón *(Tusc. Quaest.* V, 36) y Diógenes Laercio (IX, 2) cuentan que Heráclito dijo: "Bien merecido les estaría a los efesios en la edad adulta ahorcarse y abandonar a los niños la ciudad [lo mismo que ahora se sostiene que sólo la juventud sabe gobernar], a ellos que han expulsado a Hermodoro, el varón más eficaz de los suyos, diciendo: 'no haya entre nosotros ninguno más eficaz; si lo hay, que sea en otra parte y entre otros' ".* Es el mismo motivo que llevaba a la democracia ateniense a desterrar a los grandes hombres. Diógenes añade a lo anterior las siguientes palabras: "Sus conciudadanos lo invitaron a participar en los negocios públicos de la ciudad, pero él se negó a hacerlo, por no aprobar su constitución, sus leyes ni su gobierno."

Proclo (t. III, pp. 115 s., ed. Cousin) dice: "El noble Heráclito se burlaba del pueblo, por considerarlo necio y falto de capacidad para pensar. ¿Cuál es, se decía, su mente o su pensamiento? Los más son malos, pocos son buenos." Y Diógenes Laercio (IX, 6) dice, más adelante: "Antístenes aduce como prueba de la grandeza de alma de Heráclito el que cediera la monarquía a su hermano." Pero donde más resalta el despre-

---

* La traducción de los fragmentos de Heráclito está tomada de la *Antología filosófica* de José Gaos, La Casa de España en México, 1940, pp. 77-98.

cio del filósofo por lo que los hombres tenían por verdad y por justicia es en la carta, transmitida por Diógenes (IX, 13-14), en que Heráclito contestó, al parecer, a la invitación de Darío Histaspis de "iniciarle en la sabiduría griega, ya que su obra sobre la naturaleza encerraba una gran fuerza en la teoría del universo, pero era oscura en muchos pasajes, por lo cual le pedía que se acercase a él y le explicara lo que requería explicación" (lo cual no es, por cierto, muy verosímil, aunque es cierto que Heráclito se expresaba en un tono un poco oriental), en los siguientes términos: "Mientras vivan, los mortales no tendrán acceso a la verdad ni a la justicia y se atendrán siempre, por su maligna falta de entendimiento, a la torpeza y a la vanidad de las opiniones. En cambio, yo, por haber logrado olvidar toda maldad y huir de los excesos de la envidia, que me persigue, y de la arrogancia de la alta sociedad, no iré a Persia, pues me doy por contento con poco y no me aturdo."

La única *obra* compuesta por este filósofo y que, según nos informa Diógenes (IX, 12 y 6), llevaba por título, según unos, *Las musas* y, según otros, *Sobre la naturaleza*, fué depositada por él en el templo de la Diana de Éfeso. Parece que esta obra existía aún en tiempos posteriores; los fragmentos que han llegado a nosotros aperecen reunidos en la *Poësis philosophica* de Stephanus (pp. 129 ss.). También Schleiermacher reunió estos fragmentos y los ordenó con arreglo a un plan bastante original: "Heráclito el Oscuro, de Éfeso, visto a través de las ruinas de su obra y de los testimonios de los autores antiguos", en el *Museum der Alterthumswissenschaft* de Wolf y Buttmann, tomo I (Berlín, 1807), pp. 315-533; en total, se recogen aquí 73 pasajes. Creuzer nos había hecho concebir la esperanza de estudiar a este filósofo con mayor sentido crítico y un conocimiento más a fondo de su lenguaje, a base de una colección de textos más completa, tomada principalmente de los gramáticos; pero, habiendo encomendado este trabajo, por falta de tiempo, a un erudito joven, que fué sorprendido por la muerte, el estudio proyectado no ha llegado al público. Semejantes colecciones suelen ser demasiado prolijas; contienen una gran masa de erudición, y es más fácil, por lo general, escribirlas que leerlas.

Heráclito pasaba por ser un pensador oscuro y su fama ha llegado a nosotros envuelta en este velo y el nombre de Heráclito acompañado del predicado de σκοτεινός [oscuro]. Cicerón *(De nat. deor.* I, 26; III, 14; *De finib.* II, 5) tiene, a este propósito, una mala ocurrencia, como con tanta frecuencia le sucede: a su juicio, Heráclito escribía de un modo oscuro intencionadamente. Pero esto de escribir oscuro deliberadamente no sería más que una necedad; es, sin embargo, simplemente la necedad del propio Cicerón, que trata de imputarla al filósofo de Éfeso. La oscuridad con que Heráclito se expresa obedece más bien, evidentemente, a su descuido en cuanto al modo de enlazar las palabras y a su lenguaje poco desarrollado; así piensa también Aristóteles *(Ret.* III, 5), quien apunta como la causa de ello una mala puntuación: "No hay manera de saber cuándo una palabra pertenece a la oración anterior o a la posterior." Lo mismo opina Demetrio *(De elocutione,* § 192, p. 78, ed. Schneider). Sócrates, en Diógenes Laercio (II, 22; IX, 11-12), dice, refiriéndose a esta obra: "Lo que ha entendido de ella es magnífico y cree que lo mismo ocurrirá con lo que no ha logrado entender; pero hay que ser muy experto (Δηλίου) nadador para salir a flote en estas aguas." Sin embargo, lo que hay de oscuro en esta filosofía se debe, principalmente, a que se expresa en ella un pensamiento profundo, especulativo; el concepto, la idea, se escapan al entendimiento, no pueden ser captadas por él; en cambio, la matemática la comprende con gran facilidad.

Platón estudió con gran aplicación la *filosofía* de Heráclito, y en sus obras encontramos muchas citas de ella; no cabe duda de que su primera formación filosófica pasó por la escuela de Heráclito, por lo cual no faltaremos a la verdad si decimos que el filósofo de Éfeso fué maestro de Platón. También Hipócrates es un filósofo de la escuela de Heráclito.

Lo que la tradición nos cuenta de la filosofía heracliteana aparece, a primera vista, como algo muy contradictorio; sin embargo, a la luz del concepto es posible llegar a comprenderla y descubrir detrás de ella a un hombre de profundo pensamiento. Zenón empieza superando los predicados contrapuestos y muestra en el movimiento lo contrapuesto, un estatuir el límite y un levantamiento de este límite; pero Zenón sólo expresa lo infinito desde su aspecto negativo, desde el punto de vista de su contradicción, como lo no verdadero. En Heráclito, en cambio, vemos ahora la consumación de la conciencia anterior, el perfeccionamiento de la idea hasta la totalidad, que es el comienzo de la filosofía, en cuanto que este comienzo proclama la esencia de la idea, el concepto de lo infinito, del ser en y para sí, como lo que es, a saber: como la unidad de lo contrapuesto. De Heráclito data la idea permanente, que es la misma en todos los filósofos hasta nuestros días, del mismo modo que fué también la idea de Platón y de Aristóteles.

1. El principio lógico

Por lo que se refiere al *principio general*, este intrépido espíritu fué, según Aristóteles *(Metaf.* IV, 3 y 7), el primero que pronunció estas profundas palabras: "*El ser y el no ser es uno y lo mismo;* todo es y no es." La verdad no es sino la unidad de lo contrapuesto, y, concretamente, de la pura contraposición del ser y el no ser; entre los eléatas, por el contrario, nos encontrábamos con la concepción abstracta de que sólo el ser es la verdad. La frase de Heráclito la interpretamos nosotros así: lo absoluto es la unidad del ser y del no ser. Cuando escuchamos aquella proposición heraclitana: "el ser es y no es", parece que estas palabras no encerrasen un gran sentido, sino solamente un contrasentido, una ausencia total de pensamiento. Pero, ha llegado a nosotros, además, otra expresión, que precisa más el sentido de este principio. Heráclito dice, en efecto: "Todo *fluye,* nada permanece ni persiste nunca lo mismo." Y Platón dice, por su parte, refiriéndose a Heráclito: este pensador "compara las cosas a la corriente de un río, en cuya corriente no es posible entrar dos veces";[41] cada vez que entramos en ella, son otras las aguas. Y sus sucesores llegaron incluso a decir, según Aristóteles *(Metaf.* IV, 5): "no es posible entrar en ella ni siquiera una vez", ya que cambia instantáneamente; lo que *es* es también, inmediatamente, otra cosa. Aristóteles *(De coelo,* III, 1), dice, además, que Heráclito había afirmado lo siguiente: "sólo permanece lo uno, y de ello sale por transformación todo lo demás; todo lo demás, fuera de este uno, es algo *no* permanente (παγίως)".

La determinación más precisa de este principio general es el *devenir,* la verdad del ser; en cuanto que todo es y no es, Heráclito ha expresado, al mismo tiempo, que el todo es el devenir. De él forma parte no sólo la generación, sino también la destrucción; ambas son, no simplemente para sí, sino idénticas. Gran pensamiento este de pasar del ser al devenir, aun cuando, por ser la primera unidad de determinaciones opuestas, sea todavía un pensamiento abstracto. Aquí, estas determinaciones aparecen como algo inquieto y llevan consigo, por tanto, el principio de la vida, con lo cual queda superada la falta de

---

[41] Platón, *Cratilo,* p. 402 ed. Steph. (p. 42 Bekk.); Aristóteles, *Metafísica* I, 6; XIII, 4.

movimiento que Aristóteles ponía de relieve en las filosofías anteriores, y el movimiento mismo se eleva a principio. Por tanto, esta filosofía no se proyecta sobre el pasado, su principio es esencial y por eso figura en nuestra *Lógica* al comienzo, inmediatamente después del ser y de la nada. Es una gran conciencia la que se adquiere al comprender que el ser y el no ser son, simplemente, abstracciones carentes de verdad y que lo primordial verdadero está solamente en el devenir. El entendimiento aisla tanto al ser como al no ser como verdaderos y válidos; la razón, por el contrario, conoce al uno en el otro, ve al otro contenido en el uno. Si no tomamos la representación del ente lleno, vemos que el ser puro es el pensamiento simple, en el que se niega todo lo determinado, lo absolutamente negativo; la nada, en cambio, es lo mismo, precisamente este algo igual a sí mismo. Estamos ante el tránsito absoluto a lo opuesto, al que Zenón no llegó, puesto que se detuvo en la tesis de que "de la nada no se genera nada"; en cambio, en Heráclito el momento de la negatividad es inmanente, y en torno a ello gira el concepto de toda la filosofía.

En primer lugar, nos encontramos aquí con la abstracción del ser y el no ser, en toda su forma inmediatamente general; pero Heráclito concibe también las contraposiciones y su unificación de un modo más preciso y concreto. Heráclito dice: "*La contrapuesto reside en lo mismo*, y así, por ejemplo, la miel es dulce y amarga." A lo que observa Sexto *(Pyrrh. Hyp.*, I, 29, §§ 210-211; II, 6, § 63): "Heráclito parte, como los escépticos, de las nociones comunes de los hombres; nadie negará que los hombres sanos dicen de la miel que es dulce y los ictéricos que es amarga". Si fuese solamente dulce, no podría cambiar de naturaleza por otro factor, sino que sería dulce para todos, incluso para los enfermos de ictericia. Y Aristóteles *(De mundo,* 5) dice, citando a Heráclito: "Juntad el *todo* y lo que no es el todo [el todo se convierte en *parte*, y la parte tiende a convertirse en el todo], lo coherente y lo incoherente, lo armónico y lo disonante, y veréis que del todo sale lo uno y de lo uno el todo." Y esto uno no es lo abstracto, sino la actividad encaminada a dirimir lo contrapuesto; lo infinito muerto es una abstracción mala, comparada con esta profundidad con que nos encontramos en Heráclito. En esta determinación van contenidas todas las concepciones concretas de Dios como creador del universo, como el Ser que se dirime a sí mismo, como Padre de un Hijo, etc.

Sexto Empírico *(Adv. Math.* IX, 337) señala que Heráclito dijo que "la parte es algo distinto del todo y es también lo mismo que éste; que la sustancia es el todo y la parte: el todo en el universo, y la parte en esta esencia viva". Y Platón dice, en el *Banquete* (p. 187 ed. Steph.; p. 397 ed. Bekk.), refiriéndose al principio de Heráclito: "discuerda él mismo consigo mismo, y consigo mismo él concuerda, que, según esta misma manera, por el coajuste armónico del arco y la lira, el arco y la lira discuerdan y concuerdan". Y hace que Erixímaco, uno de los personajes que aparecen en el diálogo, critique la tesis de "que la armonía discuerda y más aún que la armonía es y se hace de discordancias. Empero, tal vez quiso decir que de preliminares discordancias entre lo grave y lo agudo, reducidos a concordia por el arte musical, se engendró la armonía". Pero esto no es una objeción contra Heráclito, quien pretende, cabalmente, lo mismo.

Lo simple, la repetición de un solo tono, no es tal armonía; para que haya armonía se requiere, sencillamente, una diferencia, una determinada contraposición, ya que la armonía consiste, precisamente, en el devenir absoluto y no meramente en el cambio. Lo esencial es que cada tono especial difiera de otro, pero no abstractamente de otro cualquiera, sino del otro *suyo*, de tal modo que, además de diferir, puedan unirse. Lo particular, lo concreto, sólo es en cuanto que en su concepto va implícito también su contrario en sí. La subjetividad, por ejemplo, es lo otro con respecto a la objetividad y no con respecto a un pedazo de papel, supongamos, lo cual sería absurdo; y, en cuanto que cada cosa es lo otro de lo otro como de su otro, en ello precisamente va implícita su identidad. En esto consiste el gran principio de Heráclito, el cual podrá parecer oscuro, pero es especulativo; claro está que esto resulta siempre difícil y oscuro para el entendimiento, que tiende a considerar por sí mismo y separadamente el ser y el no ser, lo subjetivo y lo objetivo, lo real y lo ideal.

2. La filosofía de la naturaleza

Heráclito, en su exposición, no se detiene en esta expresión en conceptos, en lo puramente lógico, sino que, además de esta forma general en que expresa su principio, sabe dar a su idea una forma más real, más natural; de aquí que, a veces, se le incluya todavía entre los pensadores de la escuela jónica de filósofos de la naturaleza. Sin embargo, los historiadores no están acordes en cuanto a este *modo de la realidad:* la inmensa mayoría, incluyendo a Aristóteles *(Metaf.* I, 3, 8) dicen que Heráclito consideraba como la esencia existente el fuego; otros, según Sexto *(Adv. Math.* IX, 360; X, 233), dicen que esa esencia era, para él, el aire; a juicio de otros, su principio no era tanto el aire como la evaporación;[42] incluso el tiempo aparece señalado en Sexto Empírico *(Adv. Math.* X, 216) como la primera esencia existente reconocida por Heráclito.

Ahora bien, cabe preguntarse, ¿cómo concebir esta diversidad de criterios? No debe pensarse, en modo alguno, que estas noticias puedan atribuirse a la negligencia de los autores a través de los cuales llegan a nosotros; los testigos que las acreditan son los mejores que podrían apetecerse, hombres como Aristóteles y Sexto Empírico, que no hablan de estas formas de pasada o al buen tuntún, sino de un modo preciso y concreto, aunque sin detenerse a analizar a fondo las divergencias y contradicciones que encierran. Una explicación de ellas podría encontrarse, tal vez, en la propia oscuridad de la obra de Heráclito y en los equívocos o incomprensiones nacidos de lo confuso de su expresión. Sin embargo, si miramos la cosa de cerca vemos que desaparece esta dificultad, la cual sólo se revela ante nosotros cuando enfocamos la cosa superficialmente; en el profundo concepto mantenido por Heráclito encontramos ya la verdadera salida de este embrollo. Bien podemos afirmar, en absoluto, que un pensador como Heráclito ya no podía, como Tales, proclamar como esencia absoluta el agua, el aire o cualquier otro elemento —a la manera de un primer elemento del que brota lo otro—, concibiendo el ser como lo mismo que el no ser o el concepto infinito; por tanto, la esencia absoluta *de lo que es* no podía darse, en él, como una determinabilidad existente, por ejemplo la del agua, sino que tenía necesariamente que ver en este elemento algo cambiante, o simplemente el proceso.

a) Y así, concibiendo el proceso abstracto como el *tiempo,* Heráclito dice, según las palabras con que Sexto *(Adv. Math.* X, 231-232) expresa su pensamiento: "El tiempo es la primera esencia corpórea." Claro está que la palabra "corpórea" es una expresión desafortunada; los escépticos gustaban de elegir las expresiones más toscas o de hacer los pensamientos toscos, para de este modo poder dominarlos mejor. Lo "corpóreo" significa, aquí, lo sensible abstracto: el tiempo, como la primera esencia sensible, es la intuición abstracta del proceso. Pero, en cuanto que Heráclito no se detiene en la expresión lógica

---

[42] Juan Filipón, *Comentarios a Aristóteles, De anima* (1, 2), fol. 4, a.

del devenir, sino que da a su principio la forma del ser, necesariamente tenía que ofrecérsele en primer término, para expresar esa idea, el concepto del tiempo, ya que éste es, en el plano de lo intuíble, la primera forma del devenir. El tiempo es el devenir puro como intuído, el concepto puro, lo simple, la armonía basada en lo absolutamente contrapuesto; su esencia consiste en ser y no ser en una unidad, y no encierra más determinación que ésta. No como si el tiempo *fuese* y *no fuese*, sino en el sentido de que el tiempo *es* el no ser inmediatamente en el ser y el ser inmediatamente en el no ser: este trueque del ser en el no ser, este concepto abstracto, pero de un modo objetivo, es decir, en cuanto que es para nosotros. En el tiempo no es lo pasado ni lo futuro, sino solamente el ahora: y esto *es* precisamente para no ser como algo pasado; y este no ser se trueca también en ser, en cuanto futuro. Si tuviéramos que decir cómo, lo que Heráclito reconocía como la esencia, existe para la conciencia en esta forma pura en que él lo reconocía, no podríamos mencionar otra cosa que el tiempo; por eso se halla en certera consonancia con el principio del pensamiento de Heráclito la determinación del tiempo como la primera forma del devenir.

b) Pero este concepto objetivo puro debe realizarse, desarrollándose; y, así, vemos que Heráclito determina, en efecto, el proceso con una mayor precisión física. Los momentos integrantes del tiempo, el ser y el no ser, sólo se establecen como momentos llamados a desaparecer de un modo negativo o inmediato; si queremos expresar estos dos momentos como una totalidad que existe por sí misma, se planteará el problema de saber cuál es la esencia física que corresponde a esta determinación. La verdad de Heráclito consiste en haber sabido comprender la esencia de la naturaleza, es decir, en haberla expuesto como algo infinito en sí, como un proceso en sí misma. De este modo, comprendemos en seguida como algo evidente que Heráclito no podía afirmar que la esencia fuese el aire, el agua o cualquier otro elemento de esta naturaleza. Pues tales elementos no son ni pueden ser el proceso y, en cambio, sí lo es el *fuego*; por eso el filósofo de Éfeso ve en el fuego la esencia primera, y ésta es la forma real del principio heracliteano, el alma y la sustancia del proceso de la naturaleza. El fuego es el tiempo físico, la movilidad absoluta, la disolución absoluta de lo existente: la destrucción de lo otro, pero también de sí mismo; y así, podemos comprender por qué Heráclito, partiendo de su determinación fundamental, afirma con toda consecuencia el fuego como el concepto del proceso.

c) Desarrolla, además, este fuego y lo precisa como proceso real; en cuanto que su realidad es, por sí misma, el proceso todo, sus momentos aparecen determinados de un modo más concreto. El fuego, como lo metamorfoseador de las cosas corporales, es la transformación y la evaporación de lo determinado; he aquí por qué Heráclito emplea también, para designar este proceso, la palabra precisa de *evaporación* (ἀναθυμίασις), aunque la expresión más exacta sería la de tránsito. Aristóteles *(De anima,* I, 2) dice, en este sentido, refiriéndose a Heráclito, que, tal como él lo expone, "el principio es el *alma,* por ser ésta la evaporación, la emanación de todo, lo más incorpóreo y lo que siempre fluye". Y, en efecto, esto cuadra también perfectamente al principio fundamental de Heráclito.

Heráclito sigue determinando y desarrollando también el proceso real en sus momentos abstractos, al distinguir en él dos lados, "el camino *hacia arriba* (ὁδὸς ἄνω) y el camino *hacia abajo* (ὁδὸς κάτω)": el uno, el desdoblamiento como existencia de lo contrapuesto, el otro como la unificación o identificación de estos antagonismos existentes. Para expresar esto, acudía, según Diógenes (IX, 8), a las determinaciones más precisas "de la hostilidad, de la disputa (πόλεμος, ἔρις), y de la amistad, de la armonía (ὁμολογία, εἰρήνη); de estos dos conceptos, el de la hostilidad, el de la disputa, es aquel en que se cifra el principio de la generación de lo distinto; el que conduce a la combustión, el de la armonía y la paz". Así, pues, en la hostilidad entre los hombres se impone uno como independiente frente a los demás, o es para sí, se realiza en general; en cambio, la armonía y la paz es el hundirse del ser para sí en la indiferenciabilidad o en la no-realidad. Todo es trinidad y, al mismo tiempo, sin embargo, unidad esencial; la naturaleza es este algo que nunca descansa, y el todo el tránsito de lo uno a lo otro, del desdoblamiento a la unidad, de la unidad al desdoblamiento.

Las determinaciones precisas de este proceso real son, en parte, defectuosas y contradictorias. Ahora bien, en algunas noticias que a nosotros han llegado[43] se dice de Heráclito, en este respecto, que determinaba ese proceso de este modo: "Vicisitudes del fuego: primeramente, la mar; de la mar, la mitad tierra, y mitad borrasca (πρηστήρ)", en el fuego que salta. Esto

―――――――
[43] Clemente de Alejandría, *Stromata,* V, 14, p. 712, ed. Pott. (cit. por Steph., *Poës. phil.* p. 131).

es lo general, y muy oscuro, por cierto. Diógenes Laercio (IX, 9) dice, a este propósito: "El fuego se condensa para formar la humedad y, al paralizarse, se convierte en agua; por su parte, el agua endurecida se trueca en tierra, y éste es el camino hacia abajo. Luego, la tierra cobra de nuevo fluidez y de ella sale, así, la humedad, y de ésta la evaporación del mar, de la que nace todo; este es el camino hacia arriba. El agua se desdobla en la evaporación sombría y se convierte en tierra; en su evaporación pura, brillante, se convierte en fuego, se inflama en la esfera solar; del fuego salen los meteoros, los planetas y las estrellas." Por eso éstas no son estrellas inertes, muertas, sino que se las considera en un proceso de devenir, de eterna creación. Tenemos, pues, ante nosotros, en general, una metamorfosis del fuego. Pero estas expresiones orientales, figuradas, no deben tomarse, tal como Heráclito las emplea, en un sentido directo, toscamente sensorial, como si estos cambios se manifestasen a la percepción externa, sino que forman la naturaleza de estos elementos, con arreglo a la cual la tierra crea eternamente su sol y sus cometas.

La tierra es, pues, este *ciclo*. En este sentido, vemos a Heráclito decir, según Clemente de Alejandría *(Strom.* V, 14, p. 711): "Este mundo, el mismo para todos, no lo hizo ninguno de los dioses ni de los hombres, sino que ha sido eternamente y es y será un fuego eternamente viviente, que se enciende según medidas y se apaga según medidas (μέτρῳ)". Comprendemos ahora lo que Aristóteles quiere decir al sostener que el principio es el alma, por ser la evaporación; el fuego es, en efecto, el alma, como este proceso del mundo que se mueve a sí mismo. Y con esto se enlaza otra expresión que encontramos también en Clemente Alejandrino *(Strom.* VI, 2, p. 746): "Para las almas, muerte hacerse agua; para el agua, muerte hacerse tierra. Pero de la tierra se hace el agua, del agua el alma." Es, por tanto, un proceso continuo de extinción, de retorno de la contraposición a la unidad y de resucitar de la misma, resurgiendo de lo uno.

La extinción del alma, del fuego en el agua, la combustión que se convierte en producto aparece falsamente explicada por algunos, por ejemplo por Diógenes Laercio (IX, 8), por Eusebio *(Praep. evang.* XIV, 3) y por Tennemann (t. I, p. 218), como una combustión del universo. Pero nos parece que es más bien una figura de la fantasía lo que Heráclito dice, según se nos cuenta, de un incendio del universo, de que el mundo habrá de convertirse en fuego al cabo de cierto tiempo, que nosotros nos imaginamos que será precisamente al final del mundo. A la luz de los pasajes más concretos,[44] podemos afirmar que Heráclito no se refiere, en realidad, a este incendio del universo, sino más bien a esta continua combustión como el proceso del devenir de la amistad, la vida general y el proceso general del universo. En lo tocante a que, según Heráclito, el fuego sea lo animador, el alma, encontramos en Plutarco *(De esu carn.* I, p. 995, ed. Xyl.) una expresión que puede parecer un tanto extraña, a saber: la de "el alma seca es la más sabia y la mejor". Es cierto que nosotros no consideramos como la mejor de las almas la más húmeda precisamente, sino, por el contrario, la más viva; pero, aquí, seca quiere decir fogosa, por donde el alma más seca es el fuego puro, el cual no es lo carente de vida, sino la vida misma.

Tales son los momentos fundamentales del proceso real de vida. Nos detendremos un momento en este punto, ya que con esto se expresa, de un modo general, todo concepto de la consideración especulativa de la naturaleza. En este concepto, vemos que un momento, un elemento, se trueca y convierte en el otro; el fuego se convierte en agua, el agua en tierra y en fuego.

Existe una vieja disputa en torno a la transformación y contra la inmutabilidad de los elementos; en este concepto se bifurcan la investigación corriente de la natualeza basada en los datos de los sentidos y la filosofía de la naturaleza. En sí, en la concepción especulativa, que es también la de Heráclito, la sustancia simple se convierte en fuego y los demás elementos son metamorfoseados; en la otra concepción, se levanta todo tránsito y se establece solamente una separación externa de lo ya existente: el agua es simplemente agua, el fuego es fuego, etc. Mientras que aquella concepción afirma la transformación, ésta cree poder mostrar la contrario; es cierto que no afirma ya el agua, el fuego, etc. como esencias simples, sino que las analiza y descompone en hidrógeno y oxígeno, etc., pero, a pesar de ello, sigue sosteniendo su inmutabilidad. Afirma así, y con razón, que lo que debiera ser en sí en la concepción especulativa debiera ser también, de suyo, la verdad de la realidad, ya que si lo especulativo consiste en ser la naturaleza y la esencia de sus momentos, necesariamente hay que considerar también esto como existente.

Es falso ver en lo especulativo algo que sólo existe en el pensamiento o en el interior de nosotros, no se sabe dónde.

[44] Cfr. Estobeo, *Ecl. Phys.* 22, p. 454.

También esto *existe;* lo que ocurre es que los investigadores de la naturaleza no lo ven, porque su limitado concepto les impide verlo. Nos dicen que ellos se limitan a observar y a exponer lo que ven; pero esto no es verdad, pues lo que hacen es transformar inmediatamente, de un modo inconsciente, lo que ven por el concepto limitado que de ello se forman, por donde la disputa no gira en torno a la oposición de lo observado y el concepto absoluto, sino en torno a la oposición entre este concepto y lo observado. Estos investigadores nos muestran las transformaciones, por ejemplo la del agua en tierra, como inexistentes. Es cierto que tal transformación ha sido afirmada hasta en estos últimos tiempos, como se ve, por ejemplo, cuando, al destilar el agua, deja un sedimento terroso; pero Lavoisier se ha encargado de destruir el resultado de los experimentos anteriores, haciendo una serie de investigaciones exactas, pesando todos los vasos y llegando así a la conclusión de que aquel sedimento procedía de los recipientes.

Existe un proceso superficial, que no es la superación de la determinabilidad de la sustancia; estos investigadores dicen, refiriéndose a él: "el agua no se convierte en aire, sino simplemente en vapor, y el vapor, al condensarse, se convierte siempre nuevamente en agua". Pero, tanto en un caso como en otro, se limitan a fijar un proceso unilateral y defectuoso, queriendo hacerlo pasar por el proceso absoluto. En el proceso real de la naturaleza observan, sin embargo, que el cristal, al disolverse, produce agua y que en el cristal el agua se pierde y endurece, al convertirse en agua cristalizada, y que la evaporación de la tierra no puede encontrarse en forma de vapor de agua, en estado externo, en el aire, sino que el aire permanece absolutamente puro o que el hidrógeno desaparece por completo en la pureza del aire; se han esforzado en vano por encontrar hidrógeno en el aire atmosférico. Y observan, asimismo, gracias a sus experimentos, que el aire perfectamente seco, en el que no pueden descubrir ni humedad ni hidrógeno, se convierte en vapores y en lluvia, etc.

Tales son, en efecto, los resultados de la observación, pero estos investigadores echan a perder toda percepción en cuanto a los cambios que se operan por el concepto de la existencia de estas partes, concepto que les lleva a considerar como algo ya existente lo que se revela en proceso de generación. Cuando el cristal, al disolverse, produce agua, dicen: "El agua no se genera, sino que existía ya antes." Y cuando el agua, al desdoblarse en un proceso, se presenta bajo forma de hidrógeno y oxígeno, dicen: "Estos elementos no se generan ahora, sino que existían ya antes como tales, como las partes de que está formada el agua." Sin embargo, no pueden señalarnos ni la existencia del agua en el cristal ni la del hidrógeno y el oxígeno en el agua; y otro tanto acontece con "el calor latente".

Como ocurre siempre que se expresan los resultados de la percepción y la experiencia, cuando el hombre los proclama, hay en ellos un concepto; concepto que no es posible descartar, sino que se mantiene siempre en la conciencia, con un tinte de generalidad y de verdad. La esencia no es, precisamente, otra cosa que el concepto; pero este concepto sólo se revela como concepto absoluto a la razón formada, y no cuando, como aquí sucede, permanece prisionero dentro de una determinabilidad. Por eso esta clase de investigaciones llegan siempre, necesariamente, a un límite: su cruz consiste en no descubrir el hidrógeno en el aire; los higrómetros, botellas llenas de aire que se hacen descender de las regiones altas por medio de un globo, no lo revelan como existente. Y, del mismo modo, el agua cristalizada no se les manifiesta como agua, sino ya convertida, transformada en tierra.

Volviendo a Heráclito, lo único que falta en el proceso es que su esencia simple sea reconocida como concepto general. Podría echarse de menos aquel algo permanente y quieto que Aristóteles señala. Es cierto que Heráclito dice que todo fluye, que nada persiste, que sólo lo uno permanece; pero esto no es sino el concepto de la unidad que solamente existe en la contraposición, no de la que se refleja en sí misma. Este uno, en su unidad con el movimiento de los individuos, es el género o el concepto simple en su infinitud como pensamiento; como tal, habrá de determinarse aún la idea, tal como volveremos a encontrarla en el νοῦς de Anaxágoras. Lo general es la unidad simple inmediata en la contraposición, que retorna a sí misma como proceso de lo diferenciado; pero también esto se encuentra en Heráclito: esta unidad en la contraposición es lo que él llama *destino* (εἱμαρμένη) o necesidad.[45] Y el concepto de la necesidad consiste precisamente en esto: en que la determinabilidad constituye la esencia de lo que es como algo individual, pero refiriéndose cabalmente, a través de ello, a lo opuesto: la absoluta "relación (λόγος) que pasa a través del ser del todo". Heráclito llama a esto "el cuerpo etéreo, la simiente del deve-

---

[45] Diógenes Laercio, IX, 7; Simplicio, *Comentarios a la "Física" de Aristóteles*, p. 6; Estobeo, *Eclog. Phys.* c. 3, pp. 58-60.

nir del todo";[46] esto es, para él, la idea, lo general como la esencia, como el proceso ya aquietado.

3. La relación del principio con la conciencia

Sólo nos resta, ahora, examinar qué *relación* guarda, según Heráclito, esta esencia *con la conciencia*. La filosofía heracliteana presenta, en su conjunto, la modalidad de una filosofía natural, en cuanto que el principio, aunque lógico, es concebido como el proceso general de la naturaleza. ¿Cómo se revela aquel λόγος a la conciencia? ¿Cómo se relaciona con el alma individual?

Procuraremos exponer esto detalladamente. Es un modo hermoso, espontáneo, infantil, de expresar la verdad en términos verdaderos. Se presenta aquí por vez primera lo general y la unidad de la esencia de la conciencia y del objeto, y la necesidad de la objetividad. Ahora bien, por lo que se refiere a los predicados del conocer se han conservado diversos pasajes de la obra de Heráclito. De su principio de que todo lo que es es y, al mismo tiempo, no es, se deriva como consecuencia directa su declaración de que la certeza sensible no encierra ninguna verdad, pues esa certeza es cabalmente aquella para la que existe como ser algo que, en realidad, es también un no ser. El verdadero ser no es este ser inmediato, sino la mediación absoluta, el ser concebido, el pensamiento.

Heráclito dice, según Clemente de Alejandría *(Strom.* III, 3, p. 520), acerca de la percepción sensible, desde este punto de vista: "Muerte es cuanto despiertos vemos; cuanto dormidos, sueño." Y en Sexto *(Adv. Math.* VII, 126 s.); "Malos testigos los ojos y los oídos para los hombres que tienen almas de bárbaros. La razón (λόγος) es el juez de la verdad, pero no cualquier alma, sino solamente el alma divina, el alma general", la medida, el ritmo que se percibe a través de la esencia del todo. Es, en efecto, una necesidad absoluta descubrir la verdad en la conciencia; pero la verdad que buscamos no es cualquier pensamiento en general que recae sobre lo individual, cualquier relación en que sólo hay forma y que tiene por contenido una representación, sino el entendimiento general, la conciencia desarrollada de la necesidad, la identidad de lo subjetivo y lo objetivo. En este sentido, dice Heráclito, según Diógenes (IX, 1): "La mucha ciencia (πολυμαθίη) no instruye la mente, pues hubiera instruido a Hesíodo y a Pitágoras, como

[46] Plutarco, *De plac. phil.* I, 28.

a Jenófanes y a Hecateo. Una sola cosa es lo sabio: conocer la verdad que lo pilota todo a través de todo."

Sexto *(Adv. Math.* VII, 127-133) expone más de cerca la relación de la conciencia subjetiva, de la razón particular, con la general, con este proceso de la naturaleza. Esta relación presenta aún una forma muy física, y es así, sobre poco más o menos, como concebimos nosotros la mesura frente al hombre soñador o demente. El hombre despierto se comporta con respecto a las cosas de un modo general adecuado a la relación de las cosas, como los otros se comportan también con respecto a ellas y es en ello, sin embargo, un ser para sí. Si yo soy y en la medida en que soy dentro de la conexión objetivoracional de esta mesura, soy al mismo tiempo, evidentemente, en la finitud por razón de esta exterioridad; pero, despierto, tengo la conciencia de la necesidad de esta conexión bajo la forma de la objetividad, poseo el conocimiento del ser general y, por tanto, la idea de la finitud.

Sexto aduce en los siguientes términos la determinación de este criterio: "Todo lo que nos rodea es, de suyo (a juicio de Heráclito), lógico y racional", pero no por ello dotado de conciencia. "Cuando nos asimilamos por la inspiración esa esencia general, nos convertimos en seres racionales; pero sólo despiertos lo somos, pues cuando estamos dormidos eso queda sepultado en el olvido."

La conciencia despierta del mundo exterior, sin la cual nada racional puede haber, es más bien un estado; sin embargo, aquí se toma como el todo de la conciencia racional. "Pues en sueños, los caminos del sentimiento están cerrados y el entendimiento, que vive dentro de nosotros, se ve aislado de su unión (συμφυΐας) con lo que le rodea; y sólo se mantiene en pie la conexión (πρόςφυσις) de la respiración, algo así como si fuera una raíz"; por tanto, esta respiración no puede confundirse con la respiración general, es decir, con el ser de un otro para nosotros.

La razón es este proceso con lo objetivo; cuando no nos mantenemos en conexión con el todo, no hacemos más que soñar. "Así aislado, el entendimiento pierde la fuerza de la conciencia (μνημονικὴν δύναμιν) que antes tenía"; el espíritu considerado simplemente como algo individual y aislado pierde la objetividad, no es algo general en su individualidad, no es el pensamiento que se tiene a sí mismo por objeto. "En el hombre despierto, en cambio, el entendimiento, mirando hacia más allá por los caminos del sentimiento como por ventanas y entrelazado con lo que lo rodea, se halla sostenido por una fuerza lógica."

Vemos aquí el idealismo en toda su ingenuidad. "Así como los carbones próximos al fuego se convierten en carbones ígneos, mientras que separados de él se apagan, así aquella parte de nuestro cuerpo separada de lo que la rodea se vuelve casi irracional por efecto de esa separación": es todo lo contrario de lo que piensan quienes creen que Dios da al hombre la sabiduría en sueños, en un estado de sonambulismo. "En cambio, entrelazada a los muchos caminos, adquiere la misma naturaleza que el todo. Este todo, el entendimiento general y divino, unidos al cual somos seres lógicos, es, en Heráclito, la esencia de la verdad. De aquí que lo que se revela a todos como algo general tenga fuerza de convicción, puesto que participa del *logos* general y divino; en cambio, lo que se le ocurre a cada cual no tiene de suyo fuerza de convicción, por la causa opuesta. Al comienzo de su libro *Sobre la naturaleza*, dice Heráclito: como lo que nos rodea es la razón, el hombre es irracional cuando, en vez de escuchar a lo demás, se escucha a sí mismo. Puesto que lo que acaece acaece conforme a esta razón, el hombre es un ser inexperto cuando se limita a experimentar los discursos y las obras que yo analizo, distinguiendo todos y cada uno de los elementos con arreglo a la naturaleza y diciendo cómo se comportan. Los otros hombres, en cambio, no saben lo que hacen despiertos, del mismo modo que olvidan lo que hacen en sueños. Heráclito dice, además: lo hacemos y lo pensamos todo con arreglo a nuestra participación en el entendimiento (λόγος) divino. Por eso, debemos seguir a este entendimiento. Pero muchos viven como si tuviesen su propio entendimiento (φρόνησιν); sin embargo, el entendimiento no es otra cosa que la interpretación (la conciencia), el modo de la ordenación del todo. Por eso, en la medida en que participamos del conocimiento (μνήμης) de él, estamos en el camino de la verdad; en cambio, cuando sólo sabemos lo propio y peculiar (ἰδιάσωμεν), estamos en el error."

Grandes e importantes palabras son éstas. No cabe expresarse en términos más verdaderos y más espontáneos hablando de la verdad. Sólo la conciencia en cuanto conciencia de lo general es la conciencia de la verdad; en cambio, la conciencia de lo individual y la conducta individual, la originalidad como peculiaridad del contenido o de la forma, es lo falso y lo malo. Por tanto, la maldad y el error consisten, exclusivamente, en el aislamiento del pensar: en el hecho de que éste se aisle de lo general. El hombre suele inclinarse a creer que, cuando piensa algo, debe ser algo especial, propio; pero esto es un error.

Con la misma fuerza con que Heráclito afirma que en el conocimiento sensible no se encierra verdad alguna, ya que todo lo que es fluye y el ser de la certeza sensible no es, en cuanto que es, con la misma fuerza establece como necesario, en el saber, el modo objetivo. Lo racional, lo verdadero que yo sé se remonta, indudablemente, a lo objetivo como a lo sensible, a lo concreto, a lo determinado, a lo que es: pero lo que la razón sabe de suyo es, igualmente, la necesidad o lo general del ser; es la esencia del pensamiento, del mismo modo que es la esencia del universo.

Es la misma concepción de la verdad que Spinoza, en su *Ética* (parte II, propos. XLIV, corol. II, p. 118, ed. Paul.) llama "la consideración de las cosas bajo la forma de la eternidad". El ser para sí de la razón no es una conciencia carente de objeto, un soñar, sino un saber que es para sí: pero de tal modo, que este ser para sí se halla despierto o es objetivo y general, es decir, el mismo para todos. El soñar es un saber de algo de lo que sólo yo sé; el imaginarse algo y las representaciones por el estilo son tales sueños. También el sentimiento es algo que sólo existe para mí, que sólo yo, como sujeto, llevo dentro de mí; por muy sublimes que los sentimientos se consideren, siempre es esencial a ellos el que lo que yo siento exista solamente para mí, como sujeto en quien el sentimiento se da, y no como un objeto libre. En cambio, en la verdad el objeto existe para mí como algo libre que es por sí mismo, y yo carezco para mí de subjetividad; y este objeto no es tampoco algo imaginario, que sólo yo convierta en objeto, sino algo que es en sí y de un modo general.

Se han conservado, además, muchos otros fragmentos de Heráclito, sentencias sueltas, etc., por ejemplo ésta: "Inmortales los mortales, y mortales los inmortales, viviendo su muerte, muriendo su vida." [47] La muerte de los dioses es la vida, el morir el vivir de los dioses; lo divino es la exaltación por medio del pensamiento sobre la simple naturalidad que lleva aparejada la muerte. Por eso dice también Heráclito, según Sexto *(Adv. Math.* VII, 349), que "la capacidad de pensar se halla fuera del *cuerpo*", frase que Tennemann (t. I, p. 233), modifica, extrañamente, así: "fuera del *hombre*". Y en Sexto *(Pyrrh. Hyp.* III, 24, § 230) leemos, además: "Heráclito dice que en nuestra vida y en nuestra muerte se unen el vivir y el morir,

---

[47] Heráclides, *Allegoriae Homericae*, pp. 442 s., ed. Gale.

pues cuando vivimos nuestras almas están muertas y enterradas en nosotros, y cuando morimos, nuestras almas resucitan y viven."

Podemos decir de Heráclito algo parecido a lo que se cuenta que dijo Sócrates: lo que de él se ha conservado es magnífico; en cuanto a lo que no ha llegado a nosotros, hay que suponer que nos parecería igualmente magnífico, si lo conociéramos. O bien, si queremos considerar al destino tan justiciero que hace pasar a la posteridad solamente lo mejor, debemos decir, por lo menos, que lo que de Heráclito conocemos es realmente digno de que el destino nos lo haya conservado.

E) EMPÉDOCLES, LEUCIPO Y DEMÓCRITO

A la par con Empédocles, estudiaremos las figuras de Leucipo y Demócrito, en las que se revela la idealidad de lo sensible y, al mismo tiempo, la determinabilidad general o la transición a lo general.

Empédocles es un italo pitagórico, que se inclina a los jonios; más interesantes que él son Leucipo y Demócrito, quienes se inclinan a los italos, continuando la escuela de los eléatas. Estos dos filósofos pertenecen al mismo sistema filosófico; por sus pensamientos filosóficos, deben figurar y ser estudiados juntos.[48] Leucipo es anterior a Demócrito, y éste no hace sino continuar y perfeccionar la obra iniciada por aquél, pero sin que sea fácil discernir históricamente su parte original dentro de ella. Las fuentes nos dicen, ciertamente, que se limitó a desarrollar los pensamientos de Leucipo, y algo se ha conservado de su obra, pero sin que nos sea posible hacer ninguna cita literal o precisa de pasajes suyos.

En Empédocles vemos manifestarse la determinabilidad y la separación de los principios. El que la distinción se revele a la conciencia es un momento esencial; pero los principios presentan aquí, en parte, el carácter del ser físico y, en parte, el carácter del ser ideal, ciertamente, pero de tal modo que esta forma no es todavía la forma propia del pensamiento. En cambio, en Leucipo y Demócrito vemos ya principios más ideales, el del átomo y el de la nada, y una penetración más a fondo de la determinación del pensamiento en lo objetivo, es decir, el comienzo de una metafísica de los cuerpos; o, dicho en

---

[48] En su exposición, Hegel establece rara vez, como lo hace por ejemplo en sus cuadernos de los cursos de la universidad de Jena, una separación entre estos dos filósofos [M.].

otros términos, vemos a los conceptos puros conservar el sentido de la corporeidad y, con ello, al pensamiento pasar a su forma objetiva; sin embargo, esta teoría aparece todavía, en su conjunto, sin desarrollar y sin que, por tanto, pueda satisfacer.

1. Leucipo y Demócrito

Nada concreto sabemos acerca de la *vida de Leucipo*, ni siquiera dónde nació. Algunos, como Diógenes Laercio (IX, 30) nos lo presentan como natural de Elea, otros nos dicen que nació en Abdera (simplemente por su unión con Demócrito), otros lo hacen oriundo de Melos (isla situada cerca de las costas del Peloponeso) o bien, como Simplicio, en sus *Comentarios a la "Física" de Aristóteles* (p. 7), le atribuyen como cuna la ciudad de Mileto. Que escuchó las enseñanzas de Zenón, siendo amigo suyo, es un dato confirmado por las fuentes; parece, sin embargo, haber sido casi contemporáneo de este filósofo y también de Heráclito.

Demócrito nació, casi con toda seguridad, en Abdera, ciudad de Tracia, junto al Mar Egeo, tan mal afamada en tiempos posteriores por la simpleza de sus habitantes. El año de su nacimiento cayó, al parecer, en la 80ª Olimpíada (460 a. c.) o en la Ol. 77,3 (470 a. c.): el primer dato procede, según Diógenes Laercio (IX, 41), de Apolodoro, el segundo de Trasilo; Tennemann (t. I, p. 415) indica la 71ª Olimpíada (494 a. c.). Era, según Diógenes Laercio (IX, 34), cuarenta años más joven que Anaxágoras y vivió en tiempo de Sócrates; incluso sería más joven que éste, suponiendo que hubiese nacido, como aquél dice, no en la Ol. 71, sino en la Ol. 80.

Mucho se ha hablado de sus relaciones con los abderitas, y Diógenes Laercio refiere acerca de esto una serie de anécdotas de mal gusto. Valerio Máximo (VIII, 7, ext. 4) sostiene que era muy rico, basándose para pensar así en los relatos según los cuales su padre alojó a todo el ejército de Jerjes cuando pasó por la ciudad en su expedición de guerra a Grecia. Diógenes (IX, 35 s.) dice que gastó su crecida fortuna en sus viajes a Egipto y a los países del interior del Oriente; pero esto es bastante inverosímil. Su patrimonio aparece tasado en unos 100 talentos, y si suponemos que un talento ático valía de 1,000 a 1,200 táleros, es evidente que, con aquella fortuna, habría podido pasarse la vida viajando.

Todas las fuentes, principalmente Aristóteles *(Metaf.* I, 4), están acordes en señalar que Demócrito era amigo y discípulo de Leucipo; lo que no se nos dice es dónde se reunieron. Diógenes (IX, 39) prosigue así su relato: "Después de reintegrarse a su patria de vuelta de sus viajes, vivió muy retraído, pues había gastado todos sus bienes; pero fué acogido en casa de su hermano y alcanzó gran fama y veneración entre sus conciudadanos", no por su filosofía precisamente, sino gracias "a algunas predicciones. Regía una ley por virtud de la cual nadie que hubiese dilapidado sus bienes podía ser enterrado en la sepultura de sus padres. Para salir al paso de la calumnia y de las malas lenguas —que le atribuían la dilapidación de su patrimonio en el libertinaje—, leyó a los abderitas su obra Διάκοσμος y sus conciudadanos se la premiaron con una donación de 500 talentos y decretaron, además, que fuese erigida en su lugar público una columna con su busto y que se le enterrase con gran pompa cuando murió, en edad de cerca de cien años". Por lo menos, los autores que han hecho llegar a nosotros este relato no pensaban que esto fuese, simplemente, una de las muchas jugarretas de los abderitas.

Leucipo es el creador del célebre sistema *atomístico*, que, redescubierto en los tiempos modernos, ha pasado por ser el principio de la investigación racional de la naturaleza. Pero, si examinamos este sistema por sí mismo, vemos que es bastante pobre y que no deben buscarse en él grandes cosas; sin embargo, debe reconocerse a Leucipo el gran mérito de haber sabido distinguir, como en nuestra física corriente se expresa, las propiedades generales y sensibles de los cuerpos, las primarias y las secundarias o las esenciales o accidentales. La cualidad general significa, especulativamente, que lo físico se halla determinado por el concepto o que la esencia de un cuerpo responde, en efecto, a una determinación general. Leucipo no concibe la determinabilidad del ser de un modo superficial, sino de un modo especulativo. Cuando se dice que el cuerpo tiene esta cualidad general, por ejemplo, la de la forma, la de la impenetrabilidad, la de la gravedad, se parte de la representación de que la concepción indeterminada del cuerpo es la esencia, y su esencia algo distinto de estas cualidades. Pero, especulativamente, la esencia consiste, precisamente, en estas determinaciones generales, las cuales son en sí o constituyen el contenido abstracto y la realidad de la esencia. Lo único que le queda al cuerpo como tal, para la determinación de la esencia, es la pura individualidad; pero el cuerpo es la unidad de lo opuesto, y la unidad de estos predicados constituye su esencia.

Recordemos que, en la filosofía de los eléatas, el ser y el no ser se enfrentaban antagónicamente: para ellos, sólo el ser es, mientras que el no ser, con todo lo que lleva consigo, el movimiento, el cambio, etc., no es. El ser no es aún, así concebido, la unidad que retorna a sí misma, como el movimiento de Heráclito y lo general. Del lado que mira a la percepción sensible inmediata buscando en ella las diferencias, el cambio, el movimiento, etc., podemos decir que la afirmación de que sólo eso es el ser contradice tanto a la certeza visual como al pensamiento, pues esta nada de la que los eléatas prescindían *es*.

En la idea heracliteana, el ser y el no ser es uno y lo mismo: el ser es, pero también es el no ser, como idéntico con el ser; el ser, para Heráclito, es tanto predicado del ser como del no ser. Ahora bien, el ser y el no ser, enfocados ambos con el criterio determinante de lo objetivo o tal como existen para la intuición sensible, se presentan ante nosotros en la contraposición de lo *lleno* y lo *vacío*. Así lo proclama Leucipo, con lo cual manifiesta como algo que es lo que, en realidad, se daba ya en los eléatas. Aristóteles *(Metaf.* I, 4) dice: "Leucipo y su amigo Demócrito afirman que lo lleno y lo vacío son los elementos, viendo en lo uno lo que es y en lo otro lo que no es: lo lleno y lo denso es, para ellos, en efecto, el ser y lo vacío y diluído el no ser. Por eso dicen también que el ser no es más que el no ser, ya que el vacío es tanto como el cuerpo, y que tales son las causas materiales de todas las cosas."

Lo lleno tiene como principio el *átomo*: lo absoluto, lo que es en y para sí es, pues, el átomo y lo vacío (τὰ ἄτομα καὶ τὸ κενόν); es ésta una determinación de gran importancia, sin duda, pero insuficiente. No es en los átomos, por ejemplo en los que nos representamos flotantes en el aire, donde reside, exclusivamente, el principio, sino que es igualmente necesaria la nada que entre ellos existe; tal es, pues, la primera manifestación del sistema atomístico. Veamos ahora cuáles son, más de cerca, los significados y determinaciones de este principio mismo.

a) Lo fundamental es lo *uno*, el *ser para sí*; esta determinación constituye un gran principio, con el que hasta ahora no contábamos. Parménides establecía el ser o lo general abstracto, Heráclito el proceso; es Leucipo quien introduce la determinación del ser para sí. Parménides afirma que la nada carece en absoluto de ser; Heráclito sólo reconoce el devenir, el trueque del ser en la nada, en que todo es negado; es Leucipo quien comprende y convierte en determinación absoluta que ambas cosas son simplemente cabe sí: lo positivo, como lo uno que es para sí, lo negativo como vacío.

Así concebido, el principio atomístico no ha sido superado, ni puede serlo, sino que permanece para siempre; el ser para sí tiene que presentarse necesariamente en toda filosofía *lógica*[49] como un momento esencial, aunque no como momento último. En el proceso lógico que lleva del ser y el devenir a esta determinación del pensamiento aparece primeramente, es cierto, la existencia;[50] pero ésta pertenece a la esfera de la finitud, por lo cual no puede ser elevada a principio de la filosofía. Por consiguiente, si el desarrollo de la filosofía en la historia ha de corresponder al desarrollo de la lógica, necesariamente tendrá que haber en ésta pasajes que en el desarrollo histórico desaparezcan. Si, por ejemplo, quisiéramos erigir la existencia en principio, esa existencia sería lo que nosotros tenemos en la conciencia: existen cosas, estas cosas son finitas y se hallan relacionadas entre sí; pero esto no pasa de ser una categoría de nuestra conciencia sin pensamiento, de la apariencia. Por el contrario, el ser para sí es, como ser, la simple relación consigo mismo, pero vista a través de la negación de la alteridad. Cuando digo que yo soy para mí, no sólo soy, sino que niego en mí todo lo otro, lo excluyo de mí, en tanto aparece como algo externo. Como negación de la alteridad, que es, a su vez, negación contra mí, el ser para sí es negación de la negación y, por tanto, afirmación; y ésta es, según la llamo yo, la negatividad absoluta, en la que se contiene, sin duda, cierta mediación, pero una mediación que está ya también levantada.

El principio de lo uno es un principio totalmente ideal, pertenece por entero al mundo del pensamiento, y así sería aunque quisiera afirmarse que los átomos existen. El átomo puede concebirse en un sentido material, pero es, a pesar de ello, algo no sensible, puramente intelectual. Esta noción de los átomos ha sido renovada en los tiempos modernos, principalmente por obra de Gassendi. Pero los átomos de Leucipo no son las *molécules*, las partículas de que nos habla là física. Es cierto que en Leucipo nos encontramos, según Aristóteles *(De gen. et corr.* I, 8), con la concepción según la cual "los átomos son invisibles, por la pequeñez de su corporeidad", como se dice actualmente de las moléculas; pero esto no pasa de ser un subterfugio.

[49] V. Hegel, *Werke*, t. III, pp. 181 ss.
[50] V. Hegel, *Werke*, t. III, p. 112.

Lo uno no puede verse ni apreciarse por medio de retortas ni de aparatos de medición, ya que se trata de una abstracción del pensamiento; lo que se muestra es siempre materia condensada. Y asimismo es un esfuerzo vano el de los que, hoy, con ayuda del microscopio, tratan de escrutar el interior de lo orgánico, el alma, y de descubrirlo por medio de la vista y el tacto. El principio de lo uno es, pues, un principio totalmente ideal, pero no en el sentido de que sólo exista en el pensamiento, en la cabeza, sino en el sentido de que el pensamiento es la verdadera esencia de las cosas. Así lo entendía también Leucipo; por eso su filosofía no tiene absolutamente nada de empírica. Tennemann (t. I, p. 261) dice, muy torcidamente, sin comprender esto: "El sistema de Leucipo es lo opuesto al de los eléatas; este filósofo reconoce el mundo de la experiencia como el único objetivo y real, y los cuerpos como el único tipo de entes." Sin embargo, ni el átomo ni el vacío son cosas de la experiencia; y Leucipo dice que no son los sentidos los que nos llevan a la conciencia de la verdad, con lo cual profesa un idealismo en el sentido elevado de la palabra, y no un idealismo puramente subjetivo.

b) Por muy abstracto que siga siendo este principio en Leucipo, éste aspiraba, sin ningún género de duda, a hacer de él algo concreto. La traducción de la palabra griega "átomo" es el individuo, lo indivisible; bajo otra forma, lo uno es, pues, lo individual, la determinación de la subjetividad. Lo general y, frente a ello, lo individual son grandes determinaciones que intervienen en todas las cosas; y, para saber lo que estas determinaciones abstractas entrañan, lo primero es reconocer en lo concreto que las tales determinaciones son también lo fundamental. En Leucipo y Demócrito, este principio con que más tarde nos encontraremos en Epicuro sigue siendo un principio puramente *físico;* pero se da también en lo espiritual. Es cierto que también el espíritu es átomo, unidad; pero, como unidad en sí mismo, es, al mismo tiempo, algo infinitamente lleno. En los problemas de la libertad, el derecho y la ley, de la voluntad, todo gira en torno a este antagonismo entre lo general y lo individual. Dentro de la esfera del Estado, puede manifestarse el punto de vista de que la voluntad individual, en cuanto átomo, es lo absoluto; tales son, en el fondo, las nuevas teorías sobre el Estado, que se hacen valer también prácticamente. El Estado debe basarse en la voluntad general, es decir, en la voluntad que es en y para sí; cuando se basa en la voluntad individual, se atomiza, se concibe con arreglo a la determinación del pensamiento de lo uno, como en el *contrat social* de Rousseau.

Ahora bien, la ulterior representación de todo lo concreto y lo real es, en Leucipo, según Aristóteles, en el último pasaje citado, ésta: "Lo lleno no es simple, sino que es algo infinitamente múltiple. Esta *multiplicidad* infinita se mueve en el vacío, pues el vacío *es*; al combinarse, produce la generación [es decir, la de una cosa existente, que es para los sentidos]; el separarse y disolverse, produce la destrucción." Todas las demás categorías entran en ésta. "La actividad y la pasividad consisten en que esos elementos múltiples entren en contacto; pero su contacto no consiste en que se unifiquen, pues de lo que es verdaderamente uno [abstracto] no se genera nunca la multiplicidad, ni de lo verdaderamente múltiple se genera lo uno." O bien no son, en realidad, ni algo activo ni algo pasivo, "pues padecen simplemente por el vacío", sin que su esencia sea el proceso.

Por tanto, los átomos, incluso cuando aparecen unidos en lo que llamamos cosas, se hallan separados entre sí por el vacío, que es, para ellos, algo puramente negativo y extraño; es decir, que su relación no se da en ellos mismos, sino que es algo distinto de lo que ellos son. Este vacío, lo negativo frente a lo afirmativo, es también el principio del movimiento de los átomos; éstos se ven solicitados, digámoslo así, por el vacío, para que lo llenen y lo nieguen.

Tales son las tesis de los atomistas. Hemos llegado directamente, como vemos, al límite mismo de estos pensamientos, pues desde el momento en que se habla de relación, nos salimos del marco de ellos. El ser y el no ser como algo *pensado*, como algo *representado* ante la conciencia en el sentido de cosas distintas relacionadas entre sí, como lo lleno y lo vacío, no acusan diferencia alguna, pues también lo lleno entraña, evidentemente, la negatividad en sí mismo, es un ser para sí que excluye todo lo otro, es lo uno y una multiplicidad infinita de unos, mientras que lo vacío no es lo excluyente, sino la continuidad pura. Ahora bien, una vez fijados así estos dos antagonismos, el de lo uno y el de la continuidad, nada más aceptable para nuestra representación que el hacer que, en la continuidad del ser, los átomos floten y aparezcan unas veces separados y otras veces unidos, de tal modo que su unión no sea sino una relación superficial, una síntesis, no determinada por la naturaleza de la unión, sino en la que, en el fondo, estos elementos que son en y para sí permanezcan todavía separados.

Pero esto es una relación totalmente externa; elementos puramente independientes aparecen unidos a otros igualmente independientes, sin perder su independencia, lo que quiere decir que se trata de una unión simplemente mecánica. De este modo, todo lo vivo, lo espiritual, etc., es algo yuxtapuesto, y el cambio, la creación, el nacimiento una simple unión.

No cabe duda de que estos principios representan un gran progreso; no obstante, esto mismo revela también toda su pobreza, tan pronto como se trata de proyectarlos sobre ulteriores determinaciones concretas. Sin embargo, no nos es lícito añadir a esto lo que la imaginación de los tiempos modernos añade a veces, a saber: que el universo fué, en tiempos remotos, algo así como un caos, un vacío lleno de átomos, que luego se unieron y ordenaron para dar nacimiento a este mundo en que vivimos, sino que, todavía hoy y siempre, el ser en sí es y sigue siendo lo vacío y lo lleno. El lado satisfactorio que la investigación de la naturaleza ha descubierto en tales pensamientos consiste, precisamente, en que el ser aparece aquí en su antagonismo de lo pensado y lo contrapuestamente pensado y, por tanto, como algo que es en y para sí.

Por eso la atomística es, en absoluto, opuesta a la noción de una creación y de un mantenimiento del universo por un ser extraño. La atomística es la primera filosofía que libera a la investigación natural del deber de buscar un fundamento al universo. En efecto, si concebimos la naturaleza como creada y mantenida por otro que no sea ella, la concebiremos, por ello mismo, como algo que no es en sí, que, por tanto, tiene su concepto fuera de ella, es decir, como algo que descansa sobre un fundamento extraño, ajeno y que, como tal, carece de fundamento, que sólo es concebible por obra de la voluntad de otro; tal como es, es, así concebida, algo puramente contingente, que no responde a una necesidad ni tiene un concepto en sí misma.

Pero la concepción de los atomistas lleva consigo la concepción del ser en sí de la naturaleza, es decir, que el pensamiento se encuentra a sí mismo en ella, o, lo que es lo mismo, que su esencia es en sí algo pensado; y esto es lo gozoso para el concepto: el concebirla a ella misma, el establecerla como tal concepto. En las sustancias abstractas, la naturaleza lleva el fundamento en sí misma, es, simplemente, algo para sí; el átomo y el vacío no son sino esos conceptos simples. No hay para qué buscar aquí, ni se encontraría aunque se buscase, más que este aspecto puramente formal, en que se establecen principios simples absolutamente generales, la contraposición entre lo uno y la continuidad.

Si partimos de una concepción más amplia y más rica de la naturaleza y exigimos que también ella sea comprendida a base de la atomística, inmediatamente desaparecerá la solución satisfactoria y se comprenderá la imposibilidad de avanzar por este camino. Por eso, no tenemos más remedio que remontarnos inmediatamente sobre estos pensamientos puros de la continuidad y la no continuidad. Pues estos elementos negativos, estas unidades, no son en y para sí; los átomos son indiferenciables en sí, o su esencia se establece como continuidad pura, de tal modo que más bien forman, directamente, un montón indistinto. Es cierto que en la representación adquieren una existencia propia e independiente, sensible; pero, siendo iguales, son, como pura continuidad, lo mismo que es el vacío.

Ahora bien, lo que es, es algo concreto, determinado. ¿Cómo concebir la diferenciabilidad partiendo de estos principios? ¿De dónde proviene la determinabilidad de la planta, del color, de la forma, etc.? Lo fundamental es que, si bien se admite la existencia independiente de estos átomos en cuanto partículas, sólo se unan formando un todo complejo puramente externo y contingente. Se echa de menos la diferencia determinada; lo uno, como lo que es para sí, pierde toda determinabilidad. Si admitimos diferentes materias, una materia eléctrica, otra magnética, otra luminosa, etc., y además un girar mecánico de las moléculas, sucede que, de una parte, no se concede la menor importancia a la unidad y, de otra parte, jamás se dice una palabra racional acerca del tránsito de los fenómenos, sino solamente tautologías.

Leucipo y Demócrito pretendían ir más allá, y esto plantea la necesidad de una *diferencia más determinada* que esta diferencia superficial entre la unión y la separación, diferencia que dichos pensadores intentaron establecer al concebir los átomos como desiguales, considerando además como infinita la diferencia entre ellos. Aristóteles *(Metaf.* I, 4) dice, a propósito de esto: "Intentan determinar esta diferencia de tres modos. Dicen que los átomos son distintos por su forma, como A con respecto a N; por el orden [es decir, el lugar], como AN con respecto a NA; por la posición [según que aparezcan derechos o acostados], como ⊓ con respecto a H. Y de aquí se derivan, según ellos, todas las demás diferencias".

La forma, el orden y la posición son, como vemos, otras tantas relaciones puramente externas e indiferentes como determinaciones, es decir, relaciones no esenciales, que no afectan a la naturaleza de la cosa en sí misma ni a su determinabilidad inmanente, sino que cifran su unidad, siempre, en otra cosa. Esta diferencia es ya, de suyo, algo inconsecuente; considerados como lo uno totalmente simple, los átomos son absolutamente iguales entre sí, razón por la cual no puede hablarse tampoco de semejante diferencia.

Observamos, aquí, la aspiración a reducir lo sensible a unas cuantas determinaciones. Aristóteles *(De gen. et corr.* I, 8) dice, en este sentido, refiriéndose a Leucipo: "Trataba de aclarar el pensamiento del fenómeno y de la percepción sensible, y presentaba para ello el movimiento, la generación y la corrupción como algo que es en sí." Lo único que cabe ver en ello es que la realidad conserva aquí su derecho, mientras que otros hablan solamente de ilusiones. Pero cuando Leucipo, animado por este propósito, se representa el átomo como dotado de forma *en sí,* hace que la esencia cobre mayor relieve ante la intuición sensible, pero no así ante el concepto; es necesario, indudablemente, seguir avanzando por el camino de la formación, pero para llegar a esa meta, partiendo de la determinación de la continuidad y la discontinuidad, hay todavía un largo trecho que recorrer.

Por eso Aristóteles *(De sensu,* 4), dice, a propósito de esto: "Demócrito y la mayoría de los filósofos antiguos son muy torpes cuando hablan de lo sensible, ya que tratan de convertir en algo tangible todo lo susceptible de ser percibido; en efecto, todo lo reducen al sentido del tacto: lo negro es, para ellos, lo áspero, lo blanco lo suave, etc.". Todas las cualidades sensibles se reducen, de este modo, a la forma, a diversas combinaciones de moléculas perceptibles para el gusto o el olfato; intento que ha vuelto a hacerse en la atomística de los tiempos modernos. Los franceses sobre todo, a partir de Descartes, se orientan en este sentido. La razón tiende siempre a comprender los fenómenos, las percepciones; lo falso es el modo, el cual consiste, aquí, en una generalidad vaga, indeterminada, que nada dice. Como la figura, el orden, la posición y, en general, la forma son la única determinación de lo que es en sí, con ello nada se dice acerca del modo como esos momentos son percibidos en cuanto color, y concretamente, en cuanto color distinto de otros, etc.; no se da el paso hacia determinaciones no mecánicas, o se trata, simplemente, de un paso vacuo y carente de sentido.

Acerca del modo como Leucipo intenta sacar de estos pobres principios del átomo y el vacío, sobre los cuales no se remonta, considerándolos como los principios absolutos, una construcción del universo en su conjunto, construcción que hoy puede antojársenos tan extraña como vacía, nos transmite Diógenes Laercio (IX, 31-33) una información bastante pobre de espíritu, por cierto; pero la naturaleza de la cosa no consentía nada mejor, y lo único que hoy podemos hacer es darnos cuenta, de este modo, de la pobreza de esta concepción a que nos estamos refiriendo. "Los átomos —nos dice Diógenes Laercio, en el lugar citado—, empujados por la discontinuidad de lo infinito, se lanzan, diferentes en cuanto a la forma, al gran vacío"; —a lo que Demócrito añade:— "mediante la resistencia de unos contra otros (ἀντιτυπία) y un movimiento (παλμός) que los estremece y agita";[51] amontonándose aquí, producen un torbellino (δίνην) en el que, chocando unos contra otros y girando de diversos modos, se seleccionan y se juntan los mismos con los mismos. Pero como, si se mantuviesen en equilibrio, no podrían moverse en dirección alguna por razón de su masa, resulta que los más ligeros saltan, como si dijéramos, al vacío exterior, mientras que los otros permanecen revueltos y mezclados entre sí, formando el primer sistema redondo. Es como una especie de envoltura que rodea toda clase de cuerpos, ya que éstos, pugnando hacia el centro, describen un movimiento de torbellino: esta piel que los rodea se hace, así, cada vez más fina, pues, arrastrados por la fuerza del torbellino, los átomos continuos tienden a concentrarse. De este modo, nace la tierra, pues los átomos concentrados en el centro permanecen aglutinados y unidos. La envoltura externa, que es como una piel, se ve aumentada luego por la afluencia de los cuerpos exteriores; y como se mueve en forma de torbellino, arrastra todo lo que se pone en contacto con ella. La combinación de algunos crea de nuevo un sistema, primero el húmedo y el lodoso, luego el seco y giratorio, dentro del torbellino del conjunto; al encenderse más tarde, se completa la naturaleza de los astros. El círculo más externo es el sol, el interior la luna...". Es, como se ve, una exposición totalmente vacua; no interesa en lo más mínimo seguir examinando estas turbias y confusas representaciones del movimiento circular ni lo que más tarde se llamará atracción y repulsión, considerándolo como un movimiento diferente de la esencia de la materia.

c) Finalmente, por lo que se refiere al *alma*, Aristóteles

[51] Plutarco, *De plac. phil.* I, 26; Estóbeo, *Ecl. Phys.*, 20, p. 394 (Tennemann, t. I, p. 278).

(*De anima*, I, 2) nos cuenta que Leucipo y Demócrito sostenían que era "un átomo de forma circular". Vemos también por Plutarco (*De plac. phil.* IV, 8) que Demócrito entró a estudiar también la relación de la conciencia y a explicar, entre otras cosas, el origen de las percepciones, siendo en él en quien comienza la concepción de que se suceden y turnan, por decirlo así, las superficies de las cosas que se derraman en los ojos y en los oídos, etc.

Por lo que podemos apreciar, Demócrito llegó a proclamar de un modo más concreto la diferencia que existe entre los momentos del ser en sí y del ser para otro. Dice, en efecto, según Sexto (*Adv. Math.* VII, 135): "Según la opinión (νόμῳ) existe el calor y existe el frío, existen el color, lo dulce y lo amargo; pero, según la verdad (ἐτεῇ), sólo existen lo indivisible y el vacío." Es decir, en sí sólo existen el vacío y lo indivisible y sus determinaciones, mientras que para otro es un ser indiferente y distinto, el calor, etc. Pero, con ello, se abren también de par en par las puertas al mal idealismo, al que cree llegar a comprender lo objetivo por el mero hecho de referirlo a la conciencia y de decir de ello: es lo que *yo* percibo. Con ello se levanta, sin duda, lo individual sensible bajo la forma del ser, pero sigue conservando la misma pluralidad sensible que antes; se establece así una multiplicidad, sensible y carente de concepto, de la percepción, en la que no se da ninguna razón y por la que ya no se preocupa este idealismo.

2. EMPÉDOCLES

Los fragmentos de Empédocles han sido reunidos varias veces. Sturz, en Leipzig, ha compilado más de cuatrocientos versos suyos;[52] también Peyron ha reunido una colección de fragmentos de Empédocles y Parménides,[53] editada en Leipzig en 1810. Y en los *Analecta* de Wolf encontramos un estudio de Ritter sobre Empédocles.

Este filósofo nació en Agrigento (Sicilia), mientras que Heráclito había nacido en el Asia Menor. Retornamos así a Italia, ya que la historia gira entre estos dos polos geográficos: la Grecia en sentido estricto, la Grecia metropolitana, no produce

---

[52] *Empedocles Agrigentinus. De vita et philosophia ejus exposuit, carminum reliquias ex antiquis scriptoribus collegit, recensuit, illustravit, praefationem et indices adjecit Magister Frid. Guil. Sturz, Leipzig, 1805.*

[53] *Empedoclis et Parmenidis fragmenta etc. restituta et illustrata ab Amadeo Peyron.*

todavía filósofos. Empédocles floreció, según Tennemann (t. I, p. 415) hacia la 80ª Olimpíada (460 a. c.). Sturz (pp. 9 s.) cita las palabras de Dodwell *(De aetate Pythag.,* p. 220), según las cuales Empédocles nació en la Ol. 77,1 (472 a. c.): "En el segundo año de la 85ª Olimpíada, Parménides tenía 65 años y Zenón había nacido en el segundo año de la 77ª Olimpíada,[54] es decir, era seis años mayor que su condiscípulo Empédocles, pues éste no tenía más que un año cuando Pitágoras murió, en el primero o segundo año de la 77ª Olimpíada." Aristóteles *(Metaf.* I, 3) dice: "Empédocles es, por su edad, posterior a Anaxágoras, pero anterior a él por sus obras." Pero no sólo filosofó antes que Anaxágoras en el tiempo, es decir, cuando tenía menos años, sino que su filosofía es también anterior y menos madura que la de aquél en lo tocante al grado de madurez del concepto.

Por lo demás, en el relato que de su *vida* hace Diógenes (VIII, 59, 63-73), este filósofo es presentado también como un hombre portentoso y una especie de mago, a la manera de Pitágoras. Gozó, en vida, de gran prestigio entre sus conciudadanos y, al morir, le fué erigida una estatua en su ciudad natal; su fama estaba muy extendida. No llevó una vida de retraimiento como Heráclito, sino que llegó a obtener una gran influencia sobre la marcha de los asuntos públicos en su ciudad, Agrigento, como Parménides en Elea. A la muerte de Metón, regente de Agrigento, tuvo el mérito de dar a la ciudad una constitución libre y derechos iguales a todos sus vecinos; dió, asimismo, al traste con los intentos hechos por varios ciudadanos de Agrigento para instaurar un poder personal sobre su ciudad patria; y cuando sus conciudadanos, llevados de su veneración por él, le ofrecieron la corona, la rechazó, para seguir viviendo a su lado como uno de tantos, aunque enaltecido por el prestigio que lo rodeaba.

También acerca de su muerte, lo mismo que acerca de su vida, circulaban toda suerte de fábulas. Este hombre, tan famoso en vida, no quiso, según se cuenta de él, morir de una muerte vulgar y corriente, como un hombre mortal cualquiera, sino dejando pruebas de que su aparente muerte no era más que un tránsito. Dícese que desapareció súbitamente después de un banquete; otra versión refiere que subió al Etna con sus amigos y que, de pronto, éstos lo perdieron de vista y ya no volvieron a saber de él. No se tuvo noticia de lo ocurrido con él hasta que el volcán arrojó uno de sus zapatos, que fué

[54] Cfr. Platón, *Parménides,* p. 127 (p. 4).

encontrado por uno de sus amigos; se comprendió, entonces, que el filósofo se había arrojado al Etna, para sustraerse así a las miradas de los hombres y hacer creer que, en rigor, no había muerto, sino que se había retirado a vivir entre los dioses.

El origen y el motivo de esta fábula parecen encontrarse en un poema en el que figuran varios versos que, si se los considera por sí solos, traslucen una gran arrogancia. Dice Empédocles, según Sturz (p. 530, *Reliquiae* τῶν καθαρμῶν, vs. 364-376):

> ¡Amigos que moráis en la gran ciudadela junto al amarillo Acragas,
> Dedicados a excelentes obras y magníficos hechos, os saludo!
> En adelante, seré para vosotros un dios inmortal y no un hombre mortal.
> ¿No veis, acaso, cómo me paseo entre vosotros, de todos venerado,
> Ceñida la cabeza de diademas y de verdes coronas?
> Cuando, así adornado, me presento en las ciudades florecientes,
> Hombres y mujeres me elevan sus preces. Miles de seres
> Siguen mis pasos para que yo les muestre el camino de la salvación.
> Otros, me piden profecías. Otros, a su vez,
> Recaban de mí las palabras que curen sus múltiples males.
> Pero, ¿qué me importa a mí todo eso, como si hubiese hecho algo grande
> Al haber triunfado, con el arte, de la corrupción del hombre?

Pero el verdadero sentido de esta aparente jactancia es otro. Me siento cargado de honores, viene a decir Empédocles, pero ¿qué valor tiene todo esto, para mí? Estos versos expresan, en realidad, por boca del filósofo, la vanidad de los honores humanos.

Empédocles tuvo por maestros a los pitagóricos y mantuvo tratos con ellos; por eso se le incluye, a veces, en la escuela de Pitágoras, como a Parménides y Zenón, pero sin que exista, realmente, razón alguna para hacerlo. No es fácil que este pensador hubiese llegado a pertenecer a la liga pitagórica; su *filosofía* no presenta, desde luego, ningún rasgo de semejanza con ésta. Diógenes Laercio (VIII, 56) lo llama también condiscípulo de Zenón. Y es cierto que se han conservado de él algunos pensamientos sobre física y ciertas expresiones parenéticas y que la penetración del pensamiento en la realidad y el conocimiento de la naturaleza parecen haber cobrado, en él, mayor volumen y extensión; sin embargo, encontramos en Empédocles menos profundidad especulativa que en Heráclito y un concepto que parece entregarse más bien a la concepción real de las cosas, un desarrollo más amplio de la filosofía natural o de la consideración de la naturaleza. Empédocles tiene más de poeta que de filósofo; sus pensamientos no ofrecen gran interés, ni su filosofía nos permite llegar a grandes conclusiones.

El concepto concreto que parece dominar su filosofía y que empieza a manifestarse esencialmente en ella es el de la *mezcla* o la *síntesis*. Según él, la unidad de los contrarios se ofrece, primeramente, bajo la forma de mezcla; este concepto, que empieza a revelarse en Heráclito, aparece, en su quietud, como el concepto de la mezcla, antes de que el pensamiento capte en Anaxágoras lo general. La síntesis de Empédocles es, pues, completándolo, una continuación del pensamiento de Heráclito, cuya idea especulativa se revela también en la realidad, ciertamente, como un proceso en términos generales, pero sin que los distintos momentos se revelen, en la realidad, como conceptos enfrentados entre sí. El concepto de la síntesis de Empédocles se hace valer todavía hoy. Empédocles es, además, el autor de la noción corriente que ha llegado hasta nosotros que considera los cuatro conocidos elementos físicos, el fuego, el aire, el agua y la tierra, como esencias fundamentales; cierto es que los químicos no ven ya en ellos tales elementos, puesto que entienden por elementos sustancias químicas simples. Intentaremos resumir brevemente el pensamiento de Empédocles, agrupando en un todo coherente los muchos detalles que acerca de él se nos refieren.

Aristóteles[55] resume así, en pocas palabras, el pensamiento general de este filósofo: "Empédocles añade a los tres *elementos físicos*, el *fuego*, el *aire* y el *agua*, que los pensadores anteriores habían proclamado como principio, unos el uno y otros el otro, un cuarto elemento, la *tierra*, y dice que estos elementos son los que permanecen siempre y no se generan, sino que se unen o separan según el más o el menos, se agrupan para formar una unidad y brotan de ella." El carbono, los metales, etc., no son en y para sí, lo que permanece y no deviene; no se persigue, pues, con ellos, nada metafísico. Pero sí es esto, ciertamente, lo que hace Empédocles: según él, todas las cosas se generan mediante un tipo cualquiera de combinación de aquellos cuatro elementos. Estos cuatro elementos, tal y como

[55] *Metafísica* I, 3 y 8; *De gen. et corr.* I, 1.

nosotros los concebimos, en nuestra representación común y corriente, no son aquellas cosas sensibles, cuando las consideramos como elementos generales, pues, desde el punto de vista de los sentidos, existen, además, otras distintas cosas sensibles. Todo lo orgánico, por ejemplo, es de otra clase; tampoco existe la tierra como unidad, es decir, como la tierra simple y pura, sino que la tierra es una determinabilidad múltiple. Por tanto, en la representación de los cuatro elementos va implícita la exaltación de una representación puramente sensible al plano del pensamiento.

Refiriéndose al concepto abstracto de las relaciones de estos elementos entre sí, sigue diciendo Aristóteles *(Metaf.* I, 4) que Empédocles no invocaba como principios solamente los cuatro elementos, sino también el *amor* y la *discordia*, con los que nos encontramos ya en Heráclito; de donde se deduce directamente que aquí estos conceptos presentan un carácter distinto, en cuanto que son, propiamente, algo general. Los cuatro elementos de la naturaleza son, para Empédocles, elementos reales y el amor y el odio *principios ideales;* por eso aparecen en los versos transmitidos por Aristóteles *(Metaf.* III, 4) y por Sexto *(Adv. Math.* VII, 92) los seis elementos de que con frecuencia nos habla Sexto:[56]

Con tierra conocemos la Tierra; con agua conocemos el Agua;
Con éter conocemos el divino Éter; con fuego conocemos el devorante Fuego;
Con amor conocemos el Amor; con discordia conocemos la Discordia funesta.*

Mediante nuestra participación en ellos, devienen algo para nosotros. Va implícita en ello la representación de que el espíritu, el alma misma es la unidad, la misma totalidad de los elementos, tal y como se comporta con arreglo al principio de la tierra con respecto a la Tierra, del agua con respecto al Agua, del amor con respecto al Amor, etc.[57] Cuando vemos fuego, es el fuego que hay en nosotros para el que existe el Fuego objetivo, etc.

Empédocles señala también el *proceso* de estos elementos, pero sin haber sabido tampoco comprenderlo, pues lo que lo

---

[56] *Adv. Math.* VII, 120; IX, 10; X, 317.
* Trad. de J. D. García Bacca, *op. cit.,* t. 1, p. 78 [E.].
[57] Aristóteles, *De anima* I, 2; Fabricio, *Ad Sext. adv. Math.* VII, 92, p. 389, nota T; Sexto, *Adv. Math.* I, 303; VII, 121.

caracteriza es el hecho de que conciba su unidad como una *mezcla*. En esta combinación sintética, que es una relación superficial y no conceptual, en parte ser referido y en parte no ser referido, se presenta necesariamente la contradicción que consiste en que, de una parte, se establezca la unidad de los elementos y, de otra parte y al mismo tiempo, su separación: no la unidad general, en la que aquéllas son, simplemente, momentos que forman inmediatamente una unidad en su diversidad, a la par que son inmediatamente distintas en su unidad, sino una combinación en la que estos dos momentos, la unidad y la diversidad, se desintegran y en que la unión y la separación son relaciones completamente indeterminadas.

Dice Empédocles, en el libro primero de su poema sobre la naturaleza, ed. de Sturz (p. 517 vs. 106-109): "Nada es de una naturaleza, sino solamente una mezcla y separación de lo mezclado; es el hombre quien la llama naturaleza." En efecto, aquello de que nace algo como de sus elementos o partes no lo llamamos todavía naturaleza, sino la unidad determinada de ellos; por ejemplo, la naturaleza de un animal es su determinabilidad esencial permanente, su género, su generalidad, que es un algo simple. Sólo la naturaleza así concebida es lo que Empédocles supera, pues toda cosa es, según él, la mezcla de elementos simples y no, por tanto, lo general, lo simple, lo vardadero en sí: lo que nosotros queremos expresar cuando lo llamamos naturaleza. Ahora bien, esta naturaleza con arreglo a la cual algo se mueve con dirección a su fin propio, es lo que Aristóteles *(De gen. et corr.* II, 6) echa de menos en Empédocles; es cierto que, más tarde, esta representación habría de llegar a perderse. Por tanto, en cuanto que los elementos son, simplemente, algo en sí, esto no quiere decir que se establezca un proceso de ellos, pues precisamente en el proceso aparecen estos elementos, al mismo tiempo, como momentos llamados a desaparecer, y no como algo que es en sí. Como algo en sí serían, por el contrario, inmutables; o no podrían constituirse en unidad, pues cabalmente en la unidad desaparece su ser en sí. Empédocles, al afirmar que las cosas *consisten* en esos elementos, establece, al mismo tiempo, su unidad.

Tales son los momentos fundamentales de la filosofía de Empédocles. Señalado esto, recogeremos, simplemente, las observaciones de Aristóteles *(Metaf.* I, 4) acerca de ello.

α) "Si queremos aceptar esto de un modo consecuente y con arreglo al entendimiento, y no simplemente según los balbuceos de Empédocles, diremos que la amistad es el principio del bien y la discordia el principio del mal; así, podremos afirmar, en cierto modo, que Empédocles establece en primer término el mal y el bien como principios absolutos, ya que lo bueno es el principio de todo bien y lo malo el principio de todo mal." Aristóteles revela en ello la huella de lo general; lo que a él le interesa es, en efecto, el concepto del principio, lo que es en y para sí. Y esto sólo puede ser el concepto o el pensamiento que inmediatamente, en sí mismo, es para sí; este principio no lo hemos descubierto aún, pues sólo se revela, con estas características, en Anaxágoras. Si Aristóteles cree haber encontrado en el devenir de Heráclito el principio del movimiento que echa de menos en los filósofos antiguos, echa de menos en Heráclito, a su vez, el principio, todavía más profundo, del bien, y esto le lleva a descubrirlo en Empédocles. Por bien hay que entender, aquí, aquello en gracia a lo que se obra, el fin en y para sí, lo absolutamente firme de suyo, lo que existe por mor de sí mismo y a través de lo cual existe todo lo demás; el fin tiene por determinación la actividad encaminada a producirse a sí misma, siendo, por tanto, en cuanto fin de sí mismo, la idea, el concepto que se objetiva y que es, en su objetividad, idéntico consigo mismo. De este modo, Aristóteles polemiza vigorosamente contra Heráclito, ya que el principio de este filósofo consiste solamente en el cambio, sin que haya en él nada de permanecer igual a sí mismo, de conservarse y retornar a sí.

β) Aristóteles dice, además, censurando la relación precisa y la determinación de estos dos principios generales de la amistad y la discordia, considerados como los principios de la unión y la separación, que "Empédocles no los emplea a fondo ni retiene tampoco en ellos su determinabilidad (ἐξευρίσκει τὸ ὁμολογούμενον), pues ocurre frecuentemente que la amistad determine, en él, la separación y que, por el contrario, la discordia una. En efecto, cuando el todo se descompone en sus elementos por obra de la discordia, el fuego se aglutina en unidad, y otro tanto acontece con los demás elementos". La separación de los elementos unidos en el todo es también, necesariamente, unión de las partes de cada elemento entre sí; lo que aparece de un lado es también algo unido de suyo como independiente.

"Pero, cuando todo se aglutina de nuevo en unidad por la amistad, es necesario que de cada elemento se eliminen, a su vez, las partes que lo forman." La unificación misma es una multiplicidad, una relación distinta de los cuatro elementos disociados: por donde la agrupación es, al mismo tiempo, una separación. Y esto mismo ocurre, en términos generales, con toda determinabilidad: tiene que ser necesariamente lo contrario de lo que es en sí misma y mostrarse como tal. Es una profunda observación esta de que no existe nunca unión sin separación, ni separación sin unión; identidad y no identidad son determinaciones del pensamiento que jamás pueden separarse. Es ésta una censura de Aristóteles que va implícita en la naturaleza misma de la cosa. Más adelante, dice Aristóteles que Empédocles, aunque más joven que Heráclito, fué, sin embargo, "el primero que expresó estos principios, en cuanto que estableció el principio del movimiento, no como una unidad, sino como algo distinto y contrapuesto": estas palabras se refieren, probablemente, al hecho de que cree haber descubierto en Empédocles, por vez primera, la causa-fin, aunque el filósofo de Agrigento balbucee al expresar este pensamiento.

γ) Acerca de los momentos reales en que este algo ideal se realiza, dice Aristóteles, más adelante: "No aparecen en él como cuatro [elementos indiferentes entre sí] sino como dos campos antagónicos; en uno de ellos aparece el fuego y en el otro los otros tres, como una sola naturaleza: la tierra, el aire y el agua." Lo más interesante de todo sería la determinación de su relación.

δ) Por lo que se refiere a la relación entre los dos momentos ideales, el de la amistad y el de la discordia, y entre los cuatro elementos reales, no se trata de una relación racional, ya que Empédocles, según Aristóteles *(Metaf.* XII, 10), no los distingue, como fuera menester, sino que los coordina, de tal modo que los encontramos frecuentemente enumerados unos junto a otros como si tuviesen todos el mismo rango; pero de suyo se comprende que Empédocles distinguía también entre ambos modos, el real y el ideal, y expresaba el pensamiento como la relación que existe entre ellos.

ε) Con razón dice Aristóteles *(De gen. et. corr.* I, 1) que "Empédocles se contradice a sí mismo y al fenómeno. Por una parte, afirma que ninguno de los elementos se genera del otro, sino todo lo demás de ellos; pero, al mismo tiempo, hace que entren a formar parte de un todo por medio de la amistad, y que salgan, a su vez, de este todo único por la discordia. Así, y como resultado de determinadas diferencias, el uno pasa a ser el agua, el otro el fuego, etc. Ahora bien, si se hacen desaparecer estas determinadas diferencias [que pueden, naturalmente, llegar a desaparecer, puesto que han surgido], es evidente que el agua se genera de la tierra, y viceversa. El todo no era aún fuego, tierra, agua y aire cuando éstos formaban todavía una unidad; por lo que no es muy claro si este filósofo considera como la esencia lo uno o lo múltiple".

En cuanto que los elementos se conjugan en unidad, su determinabilidad, aquello por medio de lo cual el agua es agua, no es nada en sí, es decir, que todos los elementos son la transición a otros; y esto contradice a la afirmación de que son los elementos absolutos o de que son en sí. Empédocles considera, pues, las cosas reales como una mezcla de elementos, pero de tal modo que, frente a su originariedad, vuelve a concebirlo todo como nacido de lo uno por medio de la amistad y la discordia. Esta ausencia corriente de pensamiento es la naturaleza propia de las representaciones obtenidas por vía de síntesis: se retiene ahora la unidad y más tarde la pluralidad, sin llegar a unificar ambos pensamientos; lo uno es, en cuanto levantado, al mismo tiempo, lo no uno.[58]

F) LA FILOSOFÍA DE ANAXÁGORAS

Con Anaxágoras[59] empieza a brillar, aunque sea débilmente, una luz, al reconocerse como principio el entendimiento. Aristóteles *(Metaf.* I, 3) dice de Anaxágoras: "Pero el que dijo que la razón (νοῦς) es la causa del universo y de todo el orden establecido, lo mismo en la naturaleza que entre los seres vivientes, aparece como un hombre sobrio en comparación de quienes antes habían hablado en la ceguera (εἰκῆ)". Los filósofos anteriores pueden compararse, según dice Aristóteles *(Metaf.* I, 4), "a los púgiles a quienes llamamos naturalistas. Del mismo modo que éstos descargan con frecuencia buenos golpes al buen tuntún, pero no conforme a las reglas del arte,

[58] Hegel, en sus cursos, solía seguir el orden corriente y tratar a Empédocles antes de los atomistas. Pero como, en el transcurso de su exposición, enlazaba siempre los atomistas a los eléatas y a Empédocles, en cuanto que, siguiendo a Aristóteles, ve en la causa final la precursora de Anaxágoras, esto justifica suficientemente, a nuestro juicio, la presente trasposición. Si tenemos en cuenta, además, que Empédocles vacila entre lo *Uno* de Heráclito y lo *múltiple* de Leucipo, sin atenerse, como éstos, a uno de los dos criterios unilaterales, llegamos a la conclusión de que ambos momentos son sus premisas y que por medio de su cambio allana el camino al concepto de fin de Anaxágoras, el cual, como su síntesis, es aquella unidad esencial de la que brota, como de su causa inmanente, la multiplicidad de los fenómenos [M.].

[59] *Anaxagorae Clazomenii fragmenta, quae supersunt omnia,* edita ab E. Schaubach. Leipzig, 1827.

tampoco estos filósofos parecen tener conciencia de lo que dicen". Ahora bien, aunque Anaxágoras, apareciendo como un hombre sobrio entre borrachos, tenga por vez primera esta conciencia al decir que el pensamiento puro es lo general y lo verdadero que es en y para sí, tampoco su golpe puede decirse que dé en el blanco.

El nexo entre su filosofía y la de los pensadores que lo preceden es el siguiente. En la idea de Heráclito como movimiento todos los momentos tienden a desaparecer en absoluto; la idea de Empédocles es la condensación de este movimiento en la unidad, pero una condensación sintética, lo mismo que la de Leucipo y Demócrito, pero de tal modo que mientras en Empédocles los momentos de esta unidad son los elementos que existen, el fuego, el agua, etc., en estos otros dos filósofos son puras abstracciones, esencias que son en sí, pensamientos. Ahora bien, con ello se establece inmediatamente la generalidad, pues los contrarios, aquí, no tienen ya ningún punto de apoyo sensible. Hemos visto aparecer como principios el ser, el devenir, lo uno; son, todos ellos, pensamientos generales, nada sensible, ni tampoco representaciones de la fantasía; sin embargo, el contenido y las partes de estos conceptos están tomadas de lo sensible, son pensamientos que están sujetos a una u otra determinación.

Pues bien, Anaxágoras nos dice ahora que lo general no son dioses, ni principios sensibles, ni elementos, ni pensamientos, todos ellos, esencialmente determinaciones nacidas de la reflexión, sino que el pensamiento mismo, el pensamiento en y para sí, sin contraposición, abarcándolo todo, es la sustancia o el principio. La unidad retorna a sí misma, como algo general, de la contraposición; al contrario de lo que ocurre en la síntesis de Empédocles, en que lo contrapuesto todavía separado y para sí, y no el pensamiento mismo, es el ser; aquí, en cambio, el pensamiento es, como proceso puro y libre de suyo, lo general que se determina a sí mismo, sin distinguirse del pensamiento consciente. De este modo, se abre con Anaxágoras un reino completamente distinto y nuevo.

Anaxágoras pone fin a este período y con él se abre otro nuevo. Siguiendo el consabido punto de vista del tránsito genealógico de los principios de los maestros a los discípulos, se le suele considerar como un continuador de la escuela jónica, como un filósofo jonio, por ser natural de Jonia y por haber tenido como maestro a Hermótimo de Clazomene. Diógenes Laercio (II, 6) le hace, con la misma mira, discípulo de Anaxímenes, situando el nacimiento de este filósofo entre la Ol. 55-58, es decir, como unos sesenta años antes del de Anaxágoras.

Aristóteles *(Metaf.* I, 3) dice que Anaxágoras fué el primero que expresó la determinación de la esencia absoluta como entendimiento. Aristóteles y con él otros autores, por ejemplo Sexto *(Adv. Math.* IX, 7) aducen el hecho escueto de que fué Hermótimo quien dió pie para ello; pero la clara expresión de este pensamiento no debe buscarse en nadie antes de Anaxágoras. El dato a que nos referimos nos sirve de muy poco, pues eso es todo lo que sabemos de la filosofía de Hermótimo, la cual no debió de ser, realmente, gran cosa. Otros investigadores se han entretenido en grandes indagaciones históricas sobre la obra de este pensador. Ya hemos tenido ocasión de mencionar su nombre en la lista de las personalidades en quienes se decía que Pitágoras había encarnado antes de ser Pitágoras. Poseemos, además, un relato acerca de Hermótimo en el que se nos dice que también él tenía el don de abandonar su cuerpo en forma de alma. Pero esto acabó, según la historia de referencia, redundando en detrimento suyo, ya que su mujer, con la que no se llevaba bien y que sabía, sin duda, lo que había de verdad en todo eso, mostró a sus amigos el cuerpo de su marido, abandonado por el alma, dándolo por muerto, lo que le valió el ser quemado antes de darle tiempo al alma a reintegrarse a él —la que desde luego debe haberse asombrado mucho.[60] No creemos que valga la pena detenernos a investigar lo que haya en el fondo de esta antigua historia, es decir, el modo como deba ser interpretada; tal vez se tratase de un caso de arrobamiento.

Antes de entrar a exponer la filosofía de Anaxágoras, debemos decir algo acerca de su *vida*. Anaxágoras nació, según Diógenes (II, 7) en la Ol. 70 (500 a. c.); era, por tanto, anterior a Demócrito y también, por su edad, a Empédocles, aunque fué contemporáneo de éste y de Parménides; tenía, sobre poco más o menos, la edad de Zenón y vivió algo antes que Sócrates, aunque todavía se conocieron. Nació en la ciudad de Clazomene, en Lidia, no muy lejos de Colofón y de Éfeso, en una lengua de tierra que une el continente y una gran península. Su vida puede resumirse en pocas palabras: vivió entregado al estudio de las ciencias, retraído de los asuntos públicos; según Valerio Máximo (VIII, 7, *extr.* 6), viajó mucho, hasta que, según Tennemann (t. I, pp. 300, 415), a los cuarenta y

---

[60] Plinio, *Hist. nat.*, VII, 53; Brucker, t. I, pp. 493 s., nota.

cinco años, en la 81ª Olimpíada (456 a. c.), en el período más favorable, se trasladó a Atenas.

Con él vemos a la filosofía instalada en la verdadera Grecia, que hasta entonces no había tenido filosofía alguna, y, concretamente, en Atenas; anteriormente, la sede de la filosofía había sido el Asia Menor o Italia, hasta que, al caer el Asia Menor bajo el yugo de Persia, perdió su filosofía al perder su libertad.

Anaxágoras, nacido también en el Asia Menor, vivió en el gran período que media entre las guerras médicas y la era de Pericles, principalmente en Atenas, que había alcanzado ahora el punto culminante de su bella grandeza, al convertirse en cabeza del poderío griego y en sede y centro de las artes y las ciencias. Después de las guerras persas, Atenas sometió a su poder la mayor parte de las islas del archipiélago de Grecia, así como también gran número de ciudades marítimas de la Tracia y de las bañadas por el Mar Negro, hasta muy adentro de él. Durante este período fijan su residencia en Atenas los artistas más prestigiosos y los más famosos filósofos y sofistas, una pléyade de luminarias de las artes y las ciencias, como Esquilo, Sófocles, Aristófanes, Tucídides, Diógenes de Apolonia, Protágoras, Anaxágoras y otros talentos oriundos del Asia Menor. Estaba por aquel entonces al frente del estado ateniense Pericles, quien lo elevó a su máximo esplendor. Anaxágoras, aunque vivió todavía en este período de máximo florecimiento de la vida ateniense y griega, toca ya a los años de decadencia o, por mejor decir, de tránsito a la decadencia, a la muerte de la hermosa vida de Atenas.

Es especialmente interesante, durante este período, el antagonismo entre Atenas y Lacedemonia, las dos naciones griegas que rivalizaban entre sí por llegar a ocupar el primer lugar de Grecia; por eso, no estará de más que mencionemos aquí, siquiera sea brevemente, los principios en que se inspiraban estos dos famosos Estados. Mientras que entre los lacedemonios no existían el arte ni la ciencia, Atenas tenía que agradecer a las particularidades de su constitución política y de todo su espíritu el haber llegado a ser la sede de las ciencias y las bellas artes. Sin embargo, también Lacedemonia merece ser tenida en alta estima por su constitución, que supo ordenar consecuentemente el severo espíritu de los dorios y cuyo rango fundamental consistía en supeditar, mejor dicho, en sacrificar todas las particularidades personales a los fines generales de la vida del Estado, haciendo que el individuo cifrase la conciencia de su honor y de su valor solamente en la actividad desarrollada por él para el Estado.

Un pueblo en que imperaba una unidad tan recia y tan firme, en el que la voluntad del individuo había desaparecido totalmente en rigor, representaba por fuerza una cohesión insuperable; así se explica que Lacedemonia se pusiera a la cabeza de los griegos y conquistase la hegemonía de Grecia, como llegaron a alcanzarla los argivos en tiempo de Troya. Es éste, sin duda, un gran principio, sin el que no puede existir ningún verdadero Estado, pero que entre los lacedemonios no llegó a perder nunca su unilateralidad.

Esta unilateralidad fué la que los atenienses supieron evitar, y a ello precisamente debieron su grandeza. En Lacedemonia, la personalidad propia y peculiar llegó a pasar a tal punto a segundo plano, que el individuo no podía vivir, bajo ningún concepto, entregado a su libre desarrollo ni a las manifestaciones de su personalidad; allí no se reconocía la individualidad ni, por tanto, se la coordinaba o armonizaba con los fines generales del Estado. Esta abolición del derecho de la subjetividad, que a su modo proclama también *La República* de Platón, llegaba muy lejos entre los lacedemonios.

Pero lo general sólo es espíritu vivo siempre y cuando la conciencia individual se encuentre en ello como tal, siempre y cuando que no constituya solamente la vida y el ser inmediatos del individuo, su sustancia, sino también su vida consciente. Así como la individualidad que se separa de lo general cae en la impotencia y perece, tampoco puede mantenerse en pie lo unilateralmente general, la costumbre de la individualidad. Por eso el espíritu lacedemonio, que no tomaba en consideración la libertad de la conciencia y cuyo lado general se había aislado de ella, tenía necesariamente que acabar revelándose como lo opuesto a lo verdaderamente general. Y así, aunque los espartanos empiecen presentándose como los que libertan a Grecia de sus tiranos y a quienes la propia Atenas debe la expulsión de los descendientes de Pisístrato, su actitud ante sus aliados no tarda en presentar el carácter de una vil y baja opresión, mientras que en el seno de su propio Estado triunfa una dura aristocracia y la igualdad patrimonial estatuída (según la cual cada familia conservaba inalienablemente sus bienes hereditarios, y la prohibición de toda clase de dinero en sentido estricto y de cambios y negocios cerraba el paso a la posibilidad de las desigualdades de la riqueza) abrió las puertas a una codicia que, negando lo general, acabó convirtiéndose en una fuerza brutal y vil.

Este momento esencial de lo particular, cuando no se incorpora al Estado, cuando no se convierte, por tanto, en un factor legal, moral, aparece como un vicio. En una organización racional, se dan todos los momentos de la idea; si el hígado se aislase como bilis, no funcionaría por ello ni más ni menos que antes, pero, en cambio, se aislaría como un órgano hostil a la economía vital del organismo.

En cambio, a los atenienses les había dado Solón una constitución política basada, no sólo en la igualdad de derechos, sino también en la unidad de espíritu, y el régimen de Atenas era una democracia más pura que la de los espartanos; además, cada ciudadano ateniense, pese a su espíritu individual, tenía su conciencia sustancial en la unidad con las leyes del Estado y gozaba de un margen de libertad para manifestarse y exteriorizarse. Al pueblo y no a los éforos confió Solón el poder del Estado, que el pueblo hizo suyo después de arrojar a los tiranos, convirtiéndose con ello en un pueblo verdaderamente libre; el individuo llevaba en sí mismo el todo, la colectividad, como su espíritu y sus actos se encerraban en la colectividad.

En este principio vemos manifestarse, pues, en toda su magnitud, el desarrollo de la libre conciencia y la libertad de la individualidad. Pero el principio de la libertad subjetiva aparece todavía, primordialmente, unido a la base general de la moralidad griega, como a una base legal, e incluso a la mitología. Gracias a ello, pudo alumbrar, al plasmar el genio libremente sus concepciones, las grandes obras de arte de las artes plásticas y las obras inmortales de la poesía y la historia. El principio de la subjetividad no había revestido aún, por tanto, la forma en que lo particular, como tal, queda en libertad y confiado a su propio albedrío y en que también su contenido adquiere una particularidad subjetiva y propia, por lo menos a diferencia de la base general, de la moralidad general, de la religión general y de las leyes generales. No asistimos, pues, a ocurrencias especialmente modificadas, sino que en estas obras se convierte en objeto para la conciencia y se eleva a conciencia, de un modo general, el gran contenido moral, sólidamente divino. Más adelante, veremos cómo la forma de la subjetividad cobra una libertad para sí y entra en antagonismo con lo sustancial, con la costumbre, la religión y la ley.

Pues bien, la base de este principio de la subjetividad, aunque sea una base todavía completamente general, la encontramos en

Anaxágoras. Pero fué Pericles quien tuvo la dicha de ser el primero dentro del Estado, en este pueblo noble, libre y culto de los atenienses; y esta circunstancia le confiere en la valoración de la individualidad un rango tan alto como pocos hombres han llegado a alcanzar. De cuanto hay de grande entre los hombres, nada más grande que el poder sobre la voluntad de los hombres que tienen una voluntad, pues la individualidad que disfruta de este poder tiene que ser necesariamente, para llegar a alcanzarlo, la más general y la más viva de todas; pocos mortales hay ya, suponiendo que haya alguno, dignos de gozar esta suerte.

La grandeza de la individualidad de Pericles era, según Plutarco *(In Pericle,* 5), tan profunda como desarrollada, tan seria (jamás se vió la risa en su rostro) como enérgica y serena; todas las horas del día vivía para Atenas. Tucídides nos ha transmitido algunos discursos de Pericles a su pueblo con los que muy pocas obras resistirían, indudablemente, la comparación. Bajo Pericles, llega a su apogeo el desarrollo de la comunidad moral, el punto culminante en que la individualidad se mantiene todavía dentro de los marcos de lo general. Poco después, la individualidad se desmanda, su vitalidad se deja arrastrar al extremo, pues el Estado no se halla aún organizado como tal, independientemente y de suyo. Como la esencia del estado ateniense era el espíritu general y la fe religiosa de los individuos en él su propia esencia, al desaparecer esta fe desaparece también la esencia interior del pueblo, en que el espíritu no vive en cuanto concepto, como en nuestros Estados. El punto de transición hacia este estado de cosas lo tenemos en el νοῦς, en la subjetividad, como esencia y como reflexión.

Cuando Anaxágoras se trasladó a Atenas, en aquella época cuyo principio acabamos de señalar, recibió la visita de Pericles, se hizo amigo de él y trabó relaciones de gran intimidad con el futuro estadista, pues por aquel entonces todavía Pericles no intervenía en el gobierno de la ciudad. Pero Plutarco *(In Pericle,* 4, 16) nos cuenta también que el filósofo cayó en la pobreza porque Pericles no se cuidó de procurarle medios de vida, de alimentar con aceite la lámpara que le alumbraba.

Más importante que esto es el dato de que, más tarde, Anaxágoras, como ocurriría, andando el tiempo, a Sócrates y a muchos otros filósofos, fué acusado de despreciar a los dioses adorados por el pueblo; es el antagonismo de la prosa del entendimiento contra la concepción poético-religiosa de la vida. Diógenes Laercio (II, 12) refiere, muy concretamente, que Anaxágoras veía en el sol y las estrellas piedras incandescentes. Se le acusaba también, según Plutarco *(In Pericle,* 6), del delito de tratar de explicar por vías naturales algo que los profetas habían señalado como un maravilloso signo del cielo; tal vez guardara cierta relación con esto el hecho de que predijera que caería una piedra del cielo el día de la batalla naval de Egos Pótamos, en que los atenienses perdieron su última flota en el combate contra Lisandro.[61] Por lo demás, ya Tales, Anaximandro y otros pensadores veían en el sol, la luna, la tierra y las estrellas, bien perceptiblemente, simples cosas, es decir, objetos exteriores al espíritu, dejando de considerarlos como dioses vivos, para representárselos de diversos modos, aunque estas representaciones no merezcan, por lo demás, gran atención, ya que este aspecto corresponde, en rigor, a la cultura.

Las cosas pueden derivarse del pensamiento; este pensamiento hace, esencialmente, que objetos que pueden llamarse divinos y ciertas maneras de concebirlos que pueden ser consideradas como poéticas sean desalojados con todo el volumen de la superstición y se vean degradados al plano de lo que llamamos cosas naturales. En el pensamiento, en cuanto la identidad del pensar y del ser, el espíritu tiene la conciencia de ser lo verdaderamente real, por donde para el espíritu, en el pensamiento, lo no espiritual, lo material, se convierte en meras cosas, en lo negativo del espíritu. Nota común a todas las representaciones de aquellos filósofos acerca de tales objetos es que despojan a la naturaleza de su carácter divino; degradan la concepción poética de la naturaleza a una visión prosaica y dan al traste con esta manera poética de concebir el mundo que infundía a todo lo que hoy consideramos como inanimado una verdadera vida, tal vez también una sensibilidad y, si se quiere, incluso un ser a la manera de la conciencia. No es cosa de lamentar la pérdida de esta concepción del mundo como si con ella se perdiera la unidad con la naturaleza, la belleza de la fe, la inocente pureza y el candor del espíritu. No hay por qué dudar de que esa concepción fuese, en efecto, inocente y pueril; pero la razón consiste, precisamente, en sobreponerse a esa inocencia y a esa unidad con la naturaleza.

Tan pronto como el espíritu se capta a sí mismo, tan pronto como es para sí, tiene que oponer, necesariamente, a sí mismo lo demás como un algo negativo de la conciencia, es decir, ver en ello algo sin espíritu, simples cosas inconscientes e inanimadas, para llegar a sí partiendo de este objeto. Es esto

[61] Diógenes Laercio, II, 10; Plutarco, *In Lysandro,* 12.

algo así como una solidificación de las cosas en movimiento, tal como lo encontramos en los mitos de los antiguos, los cuales refieren, por ejemplo, cómo los argonautas vieron ya inmovilizadas y firmes las rocas del Helesponto, que antes se movían como tijeras. La cultura, a medida que fué progresando, se encargó de solidificar también cosas que antes parecían estar dotadas, de suyo, de movimiento y vida propios, convirtiéndolas en cosas quietas. Esta transición de la primitiva concepción mística a una concepción prosaica se revela aquí a la conciencia de los atenienses. Semejante concepción prosaica presupone la aparición ante el hombre, interiormente, de postulados completamente distintos de los que antes le guiaban; es aquí, pues, donde hay que buscar las huellas de la importante y necesaria conversión introducida en las ideas de los hombres al fortalecerse su pensamiento, al adquirir conciencia de sí mismo, en una palabra, al aparecer la filosofía.

Estas acusaciones de ateísmo, de las que tendremos ocasión de hablar más por extenso cuando tratemos de Sócrates, son, además, explicables en Anaxágoras exteriormente por otra razón, y es que los atenienses envidiosos de la fama de Pericles —que rivalizaban con él en la lucha por alcanzar el primer puesto en el Estado y que no se atrevían a atacarlo públicamente—, empleaban el recurso de acusar judicialmente a sus favoritos, procurando herirlo de este modo indirectamente, en la persona de sus amigos. Esto es lo que explica también la persecución judicial desatada contra su amiga Aspasia; para salvarla, el noble Pericles tuvo que suplicar a los ciudadanos de Atenas, con lágrimas en los ojos, según cuenta Plutarco *(In Pericle,* 32), que fuese absuelta de sus cargos. Y es que el pueblo ateniense, en uso de su libertad, imponía a sus gobernantes, revestidos por él de grandes poderes, actos de esta naturaleza, mediante los cuales los poderosos adquirían, por su parte, la conciencia de su humillación ante el pueblo. El pueblo se vengaba así de la prepotencia otorgada a los grandes hombres, demostrándoles que podía tanto como ellos y manteniendo de este modo el equilibrio de poder; los grandes hombres, a su vez, daban con ello muestras de su sentimiento de supeditación, humildad e impotencia para con el pueblo.

Las noticias que poseemos acerca del resultado de la acusación de impiedad presentada contra Anaxágoras son absolutamente contradictorias y dudosas; por lo menos, Pericles lo libró del peligro de ser condenado a muerte. Según algunos, fué condenado solamente al destierro, después que Pericles lo hubo presentado ante el pueblo, abogando en su favor y moviendo a aquél a compasión mediante las elocuentes palabras en las que pintó ante sus conciudadanos la vejez, las fatigas y la debilidad del filósofo. Otros dicen que Pericles lo ayudó a huir de Atenas, siendo condenado a muerte en ausencia, sin que el fallo llegara a ejecutarse. Otros, finalmente, afirman que fué absuelto, pero que la amargura de aquella acusación y el temor de que pudiera repetirse lo determinaron a abandonar voluntariamente la ciudad. Y que poco después, a los sesenta o setenta años, murió en Lampsaco, en la 88ª Olimpíada (428 a. c.).[62]

1. El principio general del pensamiento

El *principio lógico* de Anaxágoras estriba en el reconocimiento del νοῦς como la esencia simple y absoluta del universo. La simplicidad del νοῦς no es un ser, sino una generalidad distinta de sí misma; pero de tal modo que la distinción es levantada inmediatamente, estableciéndose con ello la identidad para sí. Esta generalidad para sí, separada, sólo existe en su pureza como pensamiento; existe también en la naturaleza, cierto es, como esencia objetiva, pero no de un modo puro y para sí, sino llevando consigo como inmediato un algo particular. El espacio y el tiempo son, por ejemplo, lo más ideal, lo más general de la naturaleza como tal; pero no existe un espacio puro, ni un tiempo y un movimiento puros, del mismo modo que no existe una materia pura, pues este algo general es siempre, directamente, un espacio, un aire, una tierra, etc., determinados.

En el pensamiento de yo soy yo o yo = yo, es evidente que distingo también algo de mí, pero permanece la misma unidad pura; no se trata de un movimiento, sino de una diferencia no diferenciada, o del ser para mí. Y en todo lo que yo pienso, si el pensamiento tiene un determinado contenido, es siempre mi pensamiento; en este objeto tengo, al mismo tiempo, la conciencia de mí mismo. Pero este algo general, que es para sí, se enfrenta también, de un modo determinado, al individuo, o el pensamiento se enfrenta al ser. En este punto, habría que investigar la unidad especulativa de este algo general con lo individual, cómo se establece esta unidad como unidad absoluta; pero esto no lo encontraremos jamás entre los antiguos, quienes no llegaron a comprender el concepto mismo. No debemos esperar de ellos este concepto puro que consiste en que el en-

[62] Diógenes Laercio, II, 12-14; Plutarco, *In Pericle*, c. 32.

tendimiento se plasme y realice en un sistema, se organice como universo.

Aristóteles *(De anima,* I, 2) expone con bastante precisión cómo explica Anaxágoras el concepto del νοῦς: "Anaxágoras dice que el alma es el principio del movimiento. Sin embargo, no siempre se expresa claramente acerca del alma y el νοῦς, y a veces parece distinguir el νοῦς del alma; no obstante, emplea estos dos conceptos como si encerrasen la misma esencia, si bien preferentemente establece el νοῦς como el principio de todas las cosas. Por eso suele hablar del νοῦς como de la causa de lo bello y lo justo, pero otras veces menciona el alma. Pues el νοῦς se da en todos los animales, tanto en los grandes como en los pequeños, en los mejores y en los peores; sólo ella entre todas las esencias es simple, sin mezcla y pura, sin máculas ni padecimientos y libre de toda contaminación con cualquiera otra." [63]

Por tanto, para encontrar el principio del movimiento, es necesario demostrar que es lo que se mueve por sí mismo, y que esto no es otra cosa que el pensamiento como algo que existe para sí. Como alma, lo que se mueve a sí mismo es sólo algo inmediatamente individual, mientras que el νοῦς, como algo simple, es lo general. El pensamiento mueve en función a algo: el fin es el primer algo simple, que se convierte en resultado; este principio es, en los antiguos, el bien y el mal, es decir, precisamente el fin, concebido como algo positivo y negativo.

Esta determinación es importantísima; pero Anaxágoras no llegó a desarrollarla en gran medida. Mientras que los principios anteriores empezaron siendo principios materiales, y Aristóteles distinguió en ellos la determinabilidad y la forma y descubrió, en tercer lugar, en el proceso de Heráclito el principio del movimiento, con el νοῦς aparece, en cuarto lugar, el para qué, la determinación del fin; y esto es lo concreto de suyo. Aristóteles añade, después del pasaje citado más arriba *(Metaf.* I, 3): "Después de éstos [los jonios y otros] y después de tales causas [el agua, el fuego, etc.], como no bastan para engendrar la naturaleza de las cosas, los filósofos viéronse obligados por la verdad misma, como ya queda dicho, a seguir investigando, para descubrir el siguiente (ἐχομένην) principio. Pues para explicar que por una parte todo se comporta de un modo bueno y bello, pero que por otra parte es engendrado, no basta ni la tierra ni otro principio cualquiera, ni, por otra parte, parece que aquéllos pensaban así, ni es tampoco una solución el atribuir semejante obra a lo espontáneo (αὐτομάτῳ) y al azar". Lo bueno y lo

[63] Cfr. Aristóteles, *Física* VIII, 5; *Metafísica* XII, 10.

bello expresan el concepto simple, inmóvil; el cambio, expresa el concepto en su movimiento.

Ahora bien, con este principio aparece la determinación de un entendimiento, como actividad que se determina a sí misma; esta determinación faltaba hasta ahora, ya que el devenir de Heráclito, que es solamente proceso, no es todavía, en cuanto destino, lo que se determina a sí mismo de un modo independiente. En este sentido, no debemos representarnos el pensamiento subjetivo; cuando pensamos, pensamos inmediatamente en nuestro pensamiento, tal como se halla en nuestra conciencia. Aquí, se trata, por el contrario, del pensamiento completamente objetivo, del entendimiento activo; como nosotros diríamos, es la razón en el universo, del mismo modo que hablamos de géneros en la naturaleza, que son lo general. El género animal es lo sustancial del perro, el cual es esto; las propias leyes de la naturaleza son su esencia inmanente. La naturaleza no es algo formado de fuera adentro, hecho como los hombres hacen, por ejemplo, una mesa; también ésta es obra del entendimiento, pero de un entendimiento exterior a la madera de que se hace. Esta forma externa que pretende ser el entendimiento se nos ocurre inmediatamente cuando hablamos de él; pero aquí, nos referimos a lo general, que es la naturaleza inmanente del objeto mismo.

El νοῦς no es, por tanto, una esencia pensante exterior que organice el universo; concebirlo así, equivaldría a echar a perder por completo el pensamiento de Anaxágoras y privarlo de todo interés filosófico. En efecto, un algo individual y externo cae ya de lleno dentro de la representación y de su dualismo; una llamada *esencia* pensante ha dejado de ser un pensamiento, para convertirse en un sujeto. Y lo verdaderamente general no es aún algo abstracto, por el mero hecho de serlo, sino que lo general consiste, precisamente, en esto: en determinar dentro de sí mismo y partiendo de sí mismo lo particular en sí y para sí. En esta actividad que se determina a sí misma y de un modo independiente va implícito, al mismo tiempo, el hecho de que la actividad, por ser el proceso, se mantenga como lo general, como lo igual a sí mismo. El fuego, que era el proceso, según Heráclito, se extingue para convertirse sin independencia alguna simplemente en lo contrario de lo que es; encierra también, evidentemente, un ciclo y un retorno al fuego, pero el principio, aquí, no se mantiene en sus determinaciones como lo general, sino que asistimos solamente a un tránsito a lo contrario. Pero esta relación consigo mismo, con la determinabilidad con que la vemos manifestarse en Anaxágoras, entraña la determinación de lo general, aun cuando no lo exprese formalmente; y en ello se encierra el fin o lo bueno.

Ya más arriba (a propósito de Empédocles, p. 293) hemos llamado la atención al concepto del fin; sin embargo, no debemos pensar, a este propósito, solamente en la forma del fin tal y como se halla en nosotros, en lo consciente. El fin empieza siendo, en cuanto yo lo tengo, mi propia representación, la cual es para sí y cuya realización depende de mi voluntad; cuando lo pongo en práctica, debo procurar, si no soy muy torpe, que el objeto producido sea conforme al fin y no contenga otra cosa que no sea él. Es el tránsito de la subjetividad a la objetividad, por medio del cual se levanta continuamente este antagonismo. Descontento con que mi fin sea puramente subjetivo, mi actividad consiste en curarlo de este defecto, convirtiéndolo en un fin objetivo. En la objetividad se mantiene el fin: si me propongo como fin, por ejemplo, construir una casa y actúo en consecuencia, se producirá la casa en la que encontrará su realización mi fin.

Pero no debemos, como comúnmente hacemos, detenernos en la representación de este fin subjetivo, en la cual existimos independientemente y enfrentados externamente el uno al otro los dos, yo y el fin. Así, por ejemplo, en la idea de que Dios, por su sabiduría, gobierna el universo con arreglo a fines, el fin se establece para sí en una esencia representativa, sabia. Pero lo general del fin consiste en que, siendo una determinación fija para sí, que domina la existencia, el fin sea lo verdadero, el alma de una cosa. Lo bueno encuentra su contenido en el fin mismo, de tal modo que, actuando con este contenido y después de manifestarse al exterior, no brote ningún otro contenido sino el que ya existía con anterioridad.

El ejemplo más importante de esto nos lo ofrece la vida misma. La vida es movida por impulsos, y estos impulsos son sus fines; pero, en cuanto algo vivo simplemente, no tiene la menor noción de estos fines, los cuales son, simplemente, determinaciones primarias e inmediatas, fijas. El animal labora para satisfacer estos impulsos, es decir, para cumplir el fin; se comporta ante las cosas exteriores mecánicamente, unas veces, y otras veces químicamente. Pero la relación de su actividad no es algo puramente mecánico o químico; el producto es más bien el animal mismo, el cual sólo se produce a sí mismo como fin de sí mismo en su actividad en cuanto que destruye e invierte aquellas relaciones mecánicas o químicas. Por el contrario, en el proceso mecánico y químico el resultado es otra cosa, en la que el sujeto no se mantiene; en cambio, en el fin se identifican el principio y el final, en cuanto que establecemos lo subjetivo como objetivo, para retirarlo de nuevo. La propia conservación es un producir constante, en el que no nace nada nuevo, sino que sólo renace, continuamente, lo viejo; es un constante retorno de la actividad a sí misma, encaminada a su propia producción.

Por tanto, esta actividad que se determina a sí misma y que luego actúa sobre otra cosa, manifestándose en la contraposición, pero para destruirla de nuevo, dominándola y reflejándose a sí misma en ella, es el fin, el pensamiento, como aquello que se mantiene y conserva en su propia determinación. El desarrollo de estos momentos es lo que, a partir de ahora, ocupa a la filosofía.

Ahora bien, si observamos con precisión hasta dónde llegó Anaxágoras en el desarrollo de este pensamiento, sólo descubriremos esto: la actividad que, determinándose a sí misma, establece una medida; el desarrollo no va más allá de esta determinación de la medida. Anaxágoras no nos ofrece una determinación concreta del νοῦς, y esto es, cabalmente, lo que interesa; sólo poseemos, pues, hasta ahora, la determinación abstracta de lo que es de suyo concreto. Los predicados señalados más arriba que Anaxágoras atribuye al νοῦς son, por tanto, indudablemente, predicados que pueden enunciarse, pero que, por sí mismos, no pasan tampoco de ser simples predicados unilaterales.

2. Las homeomerías

Tal es uno de los aspectos del principio de Anaxágoras; hemos de estudiar ahora la manifestación del νοῦς en ulteriores determinaciones. Ahora bien, estos otros aspectos de la filosofía de Anaxágoras parecen, por el momento, menoscabar bastante la esperanza que semejante principio pudiera justificar. Frente a este principio o lo general aparece, del otro lado, el ser, la materia, lo múltiple en general, la posibilidad enfrentada con aquello como realidad. Pues si lo bueno o el fin se determina también como posibilidad, no cabe duda de que lo general, como lo que se mueve a sí mismo, mejor dicho, como lo real en sí, como el ser para sí, se contrapone al ser en sí, a la posibilidad, a lo pasivo. Aristóteles dice, en el pasaje principal *(Metaf.* I, 8): "Si alguien dijese de Anaxágoras que admitía dos principios, se apoyaría en una razón acerca de la cual no se explica claramente este filósofo, pero que necesariamente tendría que reconocer a quienes la aducen. Anaxágoras dice, en efecto, que originariamente todo aparece mezclado. Ahora bien, donde aún no se halla nada separado, no existe todavía nada distinto; semejante sustancia no es aún ni blanco, ni negro, ni gris, ni ningún otro color, sino incoloro: carece de cualidad, de cantidad y de determinabilidad (τί). Todo aparece, según él, mezclado, salvo νοῦς, el cual es algo puro y ajeno a toda mezcla. Esto le lleva, por tanto, a establecer como principios lo uno, pues sólo esto es simple y ajeno a toda mezcla, y el otro (θάτερον), lo que nosotros llamamos lo indeterminado, antes de llegar a determinarse y a compartir forma alguna."

Este otro principio se hizo célebre bajo la palabra de *homeomerías* (ὁμοιομερῆ), las partes iguales según la exposición de Aristóteles *(Metaf.* I, 3, 7); Riemer traduce ἡ ὁμοιομέρεια por "la semejanza de las distintas partes con el todo", y αἱ ὁμοιομέρειαι por "las materias primeras", sin bien esta última expresión parece ser de origen posterior.[64] Aristóteles dice: "Anaxágoras establece [con respecto a lo material] una variedad infinita de principios, pues como en Empédocles el agua y el fuego, decía que casi todo lo formado por partes iguales se genera solamente por la unión y se destruye por la separación, y que no existía otra generación ni otra destrucción, sino que las mismas partículas permanecían eternamente". Es decir, que lo existente, la materia individual, como los huesos, los metales, la carne, etc., consiste de suyo en partes iguales a sí mismas: la carne en partículas de carne, el oro en partículas de oro, etc. Y así, dice, al comienzo de su obra: "Todo fué al mismo tiempo [es decir, informe e indistinto, como en el caos], y descansó durante un tiempo infinito; hasta que vino el νοῦς, introdujo en ello el movimiento, lo separó y ordenó las formaciones (διεκόσμησεν) distintas, juntando lo igual con igual." [65]

Las homeomerías aparecen más claramente cuando las comparamos con las ideas de Leucipo, Demócrito y otros filósofos. Esta materia o lo absoluto como esencia objetiva lo encontramos ya en Leucipo y en Demócrito, lo mismo que en Empédocles, con tal claridad que los átomos simples —en Empédocles los cuatro elementos, en aquellos otros dos pensadores un número infinito de ellos— sólo se concebían como distintos

---

[64] Cf. Sexto Empírico, *Pyrrh. Hyp.* 4, § 33.
[65] Diógenes Laercio, II, 6; Sexto Empírico, *Adv. Math.* IX, 6; Aristóteles, *Física* VIII, 1.

en cuanto a la forma, y de su síntesis, de sus combinaciones, surgían las cosas existentes.

Aristóteles *(De coelo*, III, 3) dice, acerca de esto: "Anaxágoras afirma con respecto a los elementos lo contrario de Empédocles. Éste establece como primer principio el fuego, el aire, la tierra y el agua, de cuyas combinaciones nacen todas las cosas. Anaxágoras, por el contrario, establece como materias simples lo formado por partes iguales, por ejemplo la carne, los huesos, etc.; en cambio, las cosas como el agua y el fuego son una mezcla de estos elementos originarios. Pues cada uno de estos cuatro elementos está formado, según él, por la mezcla infinita de todas las cosas invisibles que existen integradas por las mismas partículas y que, por tanto, surgen también de aquéllos." El principio era, para Anaxágoras, el mismo que para los eléatas: "Lo igual se genera solamente de lo igual; no es posible un tránsito a lo opuesto, ni es posible tampoco la unión de los contrarios."

Por eso, todo cambio es, para Anaxágoras, solamente una separación y una unión de lo igual, pues el cambio como verdadero cambio sería, en realidad, un devenir partiendo de la nada de sí mismo. "En efecto, como Anaxágoras —dice Aristóteles *(Física* I, 4)—, compartía el punto de vista de todos los físicos de que de la nada es imposible que se genere algo, no tenía más remedio que admitir que lo que deviene existía ya previamente como un ser, aunque fuese imperceptible para nosotros por razón de su pequeñez."

Y esta concepción difiere totalmente de la de Tales y Heráclito, la cual se basa no solamente en la posibilidad, sino también en la realidad de la transformación de estas diferencias cualitativas iguales entre sí. Pero, en Anaxágoras, donde los elementos son una mezcla caótica y sólo presentan una aparente uniformidad, las cosas concretas surgen mediante la eliminación de aquellos principios infinitamente numerosos de este caos, al unirse lo igual a lo igual. Y también las siguientes palabras de Aristóteles, en el mismo pasaje citado, guardan relación con la diferencia entre la concepción de Empédocles y la de Anaxágoras: "El primero admite un cambio (περίοδον) de estos estados, el segundo solamente una aparición que sólo se da una vez."

La concepción de Anaxágoras se asemeja a la de Demócrito en cuanto que también él entiende que lo originario fué un algo infinitamente múltiple. Lo que ocurre es que, en Anaxágoras, la determinación de los principios fundamentales aparece de tal modo que encierra lo que nosotros consideramos como lo formado y en modo alguno como lo simple, es decir, como átomos perfectamente individualizados; por ejemplo, las partículas de carne o las partículas de oro forman, al aglutinarse, la formación carne o la formación oro. Es ésta una concepción fácil de representarse. Los alimentos contienen, se dice, aquellas partículas que son homogéneas a la sangre y la carne. De aquí que Anaxágoras diga, según Aristóteles (*De gen. anim.* I, 18): "La carne se convierte, mediante la nutrición, en carne." La digestión no es, desde este punto de vista, otra cosa que la absorción de lo homogéneo y la eliminación de lo heterogéneo y, por tanto, toda nutrición y todo crecimiento no son verdadera asimilación, sino solamente incremento, desde el momento en que todas las vísceras del animal extraen sus partículas de las distintas hierbas, de los distintos cuerpos, etc. de que el animal se alimenta. La muerte es, por el contrario, la eliminación de lo igual y la mezcla con lo heterogéneo. La actividad del νοῦς, considerada como eliminación de lo homogéneo de entre el caos y como unión de lo homogéneo, así como la disolución o desintegración de este algo homogéneo, es, ciertamente, algo simple y relacionado consigo mismo, pero también algo puramente formal y carente, por tanto, de contenido.

Tal es el punto de vista general en que se sitúa la filosofía de Anaxágoras, y exactamente la misma concepción que prevalece en los tiempos modernos, por ejemplo, en la química; hoy, la carne no se considera ya, evidentemente, como una materia simple, pero el gas hidrógeno, etc. sí. Los elementos químicos son: el oxígeno, el hidrógeno, el carbono, los metales, etc. La química dice: para saber lo que son real y verdaderamente la carne, la madera, la piedra, etc., es necesario descomponerlos en sus elementos simples, los cuales son los componentes últimos a que es posible reducir esos cuerpos. Además, reconoce que hay muchas cosas que sólo son relativamente simples, y así, por ejemplo, el platino está formado por tres y hasta por cuatro metales. También el agua y el aire han sido considerados durante mucho tiempo como cuerpos simples, hasta que ha venido la química a analizarlos y descomponerlos. En esta concepción química, los principios simples de las cosas naturales se determinan como principios infinitamente cualitativos, admitiéndose, por tanto, como inmutables, de tal modo que todo lo demás consiste solamente en la aglutinación de estos elementos simples. El hombre es, según esto, una composición de carbono, hidrógeno, algo de tierra, óxido, fósforo, etc.

Los físicos gustan de descubrir en el agua o en el aire oxígeno y carbono, que existen en ellos y que no hay sino eliminar.

Es cierto que la concepción de Anaxágoras, a que nos venimos refiriendo, difiere de ésta de la química moderna; lo que nosotros consideramos hoy como algo concreto es para él algo cualitativamente determinado o lo originario. Sin embargo, con respecto a la carne concede ya que las partículas no son todas iguales. "Por eso dicen —observa Aristóteles *(Física* I, 4; Me*taf.* IV, 5); pero no refiriéndose concreta y exclusivamente a Anaxágoras—, que todo se contiene en todo, puesto que, según ellos, todo se genera de todo; lo que ocurre es que aparece como algo distinto y recibe diferentes nombres, según el número predominante de la clase de partículas que se mezclan con las otras. Pero, en realidad, no puede decirse que el todo sea blanco o negro, o dulce, o carne, o huesos; sin embargo, las homeomerías acumuladas de un modo predominante en el cuerpo de que se trata hacen que el todo aparezca ante nuestros ojos como este algo determinado." Por tanto, así como toda cosa contiene las demás cosas, el aire, el agua, los huesos, los frutos de las plantas, etc., nos encontramos, a la inversa, con que en el agua se contiene carne como tal carne, huesos, etc. Por tanto, Anaxágoras da un paso atrás en esta infinita variedad de los principios; lo sensible no se genera sino por medio de la acumulación de todas aquellas partículas, en la que predomina siempre una clase de partículas determinada.

Vemos, pues, que, al determinar la esencia absoluta como lo general, Anaxágoras abandona aquí, en la esencia objetiva o en la materia, la generalidad y el pensamiento. El en sí no es, para él, ciertamente, un verdadero ser sensible; las homeomerías son lo no sensible, es decir, lo que no puede verse, oirse, etc. Es la máxima exaltación de los físicos vulgares por encima del ser sensible hasta el plano de lo no sensible, como lo meramente negativo del ser para nosotros; pero lo positivo consiste en que la propia esencia que es sea lo general. Lo objetivo es, para Anaxágoras, evidentemente, el νοῦς, pero para éste el otro ser es una mezcla de elementos simples que no son ni carne ni pescado, ni rojos ni azules; y, a su vez, estos elementos simples no son simples en sí, sino que están formados, en cuanto a su esencia, por homeomerías, tan diminutas, sin embargo, que no pueden percibirse. Por tanto, la pequeñez no las anula como existentes, sino que se conservan; pero el ser consiste, precisamente, en poseer visibilidad, en revelarse al olfato, etc.

Es cierto que estas homeomerías infinitamente pequeñas desaparecen en una representación precisa; la carne, por ejemplo, es carne, pero es también una mezcla de todo, es decir, no un cuerpo simple. Y el análisis ulterior revela, al mismo tiempo, cómo semejante concepción tiene necesariamente que embrollarse, en mayor o menor medida, consigo misma: de un lado, toda formación, así considerada, es algo originario en cuanto a su elemento principal, y estas partículas, combinadas, forman un todo físico; pero, de otro lado, en esto ha de contenerse todo. El νοῦς no es, así, más que lo que une y lo que separa, lo diacosmizante. Creemos que basta con lo dicho; por muy fácilmente que las homeomerías de Anaxágoras puedan mover a confusión, no cabe duda de que debe mantenerse en pie la determinación fundamental. Las homeomerías son, indudablemente, una concepción muy peregrina, y habría que ver hasta qué punto este concepto encaja con el principio proclamado, en los demás aspectos de su doctrina, por Anaxágoras.

3. La relación de ambos aspectos

Ahora bien, por lo que se refiere a esta *relación* del νοῦς con aquella materia, nos encontramos con que no se establece entre ambas una unidad especulativa, pues ni la relación misma se postula como unidad ni el concepto penetra en ella. Los conceptos, aquí, aparecen, en parte, como conceptos superficiales y, en parte, las concepciones acerca de lo particular son más consecuentes de lo que a primera vista parece. En cuanto que el entendimiento es lo que se determina a sí mismo, el contenido es fin y se mantiene en su relación con lo otro; no se genera ni destruye, aunque se halle en actividad. La concepción de Anaxágoras según la cual los principios concretos existen y se mantienen es, por tanto, consecuente; supera los conceptos de la generación y la destrucción y admite solamente un cambio exterior, el de la unión y la desintegración de lo unido. Los principios son concretos y llenos de contenido, es decir, son otros tantos fines; en el cambio que se produce se mantienen, más bien, los principios. Lo igual se une solamente a lo igual, aunque la mezcla caótica sea una aglutinación de esas cosas desiguales; pero esto no pasa de ser una aglutinación y no llega a ser una formación individual viva que se mantenga, uniendo lo igual con lo igual. Por tanto, a pesar de lo toscas que son estas representaciones, corresponden todavía, en realidad, al concepto del νοῦς.

Pero si el νοῦς de Anaxágoras es también el alma que se mueve en todo, no obstante, en lo real, considerado como el alma del universo y el sistema orgánico del todo, no pasa de ser una mera palabra. Para lo vivo en cuanto tal, considerada el alma como principio, no postulaban los antiguos ningún otro principio (pues ella, el alma, es lo que se mueve a sí mismo), sino que establecían solamente lo general de estas determinabilidades con vistas a la determinabilidad que el animal representa como un momento dentro del sistema del todo. Anaxágoras aduce como tal principio el entendimiento; y, en realidad, debe reconocerse como tal el concepto absoluto, en cuanto esencia simple, lo idéntico a sí mismo en sus diferencias, lo que se desdobla, lo que sienta realidad.

Sin embargo, no encontramos la menor huella de que Anaxágoras pusiera de manifiesto la inteligencia en el universo o lo concibiera como un sistema racional; los antiguos nos dicen expresamente, hablando de esto, que no se pronunciaba acerca de tal punto, como si nosotros dijésemos que el mundo, la naturaleza, forman un gran sistema, que el universo se halla sabiamente gobernado o es, en términos generales, racional. Con ello, nada afirmamos acerca de la realización de esta razón o del carácter intelectivo del universo. El νοῦς de Anaxágoras es, pues, algo puramente formal, aunque se comprenda la identidad del principio con la realización. Aristóteles *(Metaf.* I, 4) reconoce lo que hay de insuficiente en el principio anaxagoriano: "Anaxágoras necesita, evidentemente, del νοῦς para su construcción del sistema universal; en efecto, cuando se ve en apuros para señalar el fundamento con arreglo al cual algo tiene un ser necesario, recurre al νοῦς; fuera de estos casos, acude a cualquiera otra explicación menos al pensamiento."

En ninguna otra parte se ha explicado con mayor detalle que el νοῦς de Anaxágoras no pasó nunca de ser algo puramente formal que en el conocido pasaje del *Fedón* de Platón (pp. 97-99 ed. Steph.; pp. 85-89 ed. Bekk.) que tanto interés encierra en cuanto a la filosofía de Anaxágoras. En este diálogo de Platón, Sócrates indica del modo más claro y preciso qué es lo importante para ambos, en qué consiste para ellos lo absoluto y por qué el principio de Anaxágoras no podía satisfacerles. Cito esto porque servirá, en general, para introducirnos en el concepto fundamental que reconocemos en la conciencia filosófica de los antiguos; al mismo tiempo, tenemos en ello un ejemplo de la elocuencia de Sócrates. Sócrates adopta una actitud más precisa ante el νοῦς como fin, y esto nos permite ver, asimismo, cuáles son las formas fundamentales que se manifiestan en Sócrates.

Platón presenta a Sócrates en su prisión, una hora antes de su muerte, y le hace hablar prolijamente acerca de sus relaciones con Anaxágoras:

"Oyendo leer a alguien en un libro, que dijo ser de Anaxágoras, que la inteligencia es la regla y causa de todos los seres, quedé encantado; me pareció admirable que la inteligencia fuera la causa de todo, porque pensé que si ella había dispuesto todas las cosas las habría arreglado del mejor modo [es decir, con arreglo a un fin]. Si alguien, pues, quiere saber la causa de alguna cosa, lo que hace que nazca y perezca, debe buscar la mejor manera de que aquélla pueda ser." Tanto vale decir que la inteligencia es la causa del universo como afirmar que todo se halla organizado del mejor de los modos posibles; el criterio mejor para comprender esto es el de lo antagónico. Sócrates prosigue:

"Y me pareció que de este principio se deducía que la única cosa que el hombre debe buscar, tanto por él como por los otros, es lo mejor y más perfecto, porque en cuanto lo haya encontrado conocerá necesariamente lo que es lo peor, ya que para lo uno y lo otro no hay más que una ciencia. Reflexionando así, sentía una alegría muy grande por haber encontrado en Anaxágoras un maestro que me explicaría, según yo deseaba, la causa de cuanto es [del bien] y que, después de haberme dicho, por ejemplo, si la tierra es redonda o plana, me explicaría la causa y la necesidad de que sea como es y me diría qué es aquí lo mejor y por qué lo es. Y también si creía que está en el centro del universo, y esperaba me dijera por qué es mejor que estuviera allí [se refiere, al decir esto, al fin determinado en y para sí, y no a la utilidad como un fin determinado exteriormente]. Y, después de haber recibido de él todas estas aclaraciones, estaba dispuesto a no buscar jamás otra clase de causa. Me proponía también interrogarle acerca del sol, de la luna y de las demás estrellas, a fin de conocer las razones de sus revoluciones, de sus movimientos y de todo lo que les sucede, y sobre todo, para saber por qué es lo mejor que cada uno de ellos haga lo que hace. Porque no podía imaginar que, después de haber dicho que la inteligencia había dispuesto las cosas, pudiera darme otra causa de su disposición sino ésta: que aquello era lo mejor. Y me lisonjeaba de que, después de haber asignado esta causa en general y en particular a todo, me haría conocer en qué consiste lo bueno de cada cosa en particular y lo bueno de todas ellas en común [la idea libre, que es en y para sí, el fin último absoluto]. Por mucho que me hubiesen prometido, no habría dado mis esperanzas a cambio. Cogí, pues, estos libros con el mayor interés y empecé su lectura lo más pronto que me fué posible, para saber cuanto antes lo bueno y lo malo de todas las cosas; mas no tardé en perder la ilusión de tales esperanzas, porque desde que hube adelantado un poco en la lectura, vi un hombre que en nada hacía intervenir la inteligencia, que no daba razón alguna del orden de las cosas, y que, en cambio, sustituía al intelecto por el aire, el fuego, el agua y otras cosas igualmente disparatadas." Vemos aquí cómo se enfrenta a lo mejor, a lo que existe con arreglo al intelecto (la relación de fin) lo que nosotros llamamos causas naturales, al modo como Leibniz distingue entre causas activas y causas finales.

Sócrates explica todo, en seguida, del modo siguiente: "Me hizo el efecto de un hombre que dijera: Sócrates hace por la inteligencia todo lo que hace y que, queriendo en seguida dar razón de cada cosa que hago, dijera que hoy, por ejemplo, estoy aquí sentado en el borde de mi lecho porque mi cuerpo está hecho de huesos y músculos, entre los cuales existen ciertas diferencias (διαφυάς), pues los músculos, por su flexibilidad, pueden estirarse y encogerse y los huesos se hallan recubiertos de carne y de piel. O también como si, para explicaros la causa de la conversación que estamos sosteniendo, enunciara causas tales como la voz, el aire, el sonido y otras mil cosas de este jaez, sin decir ni una palabra acerca de la verdadera causa [la libre determinación para sí], que es que los atenienses han creído que lo mejor para ellos era condenarme a muerte, y que, por la misma razón, yo he creído que lo mejor para mí es estarme sentado aquí, esperando tranquilamente que vengan a ejecutar la pena por ellos decretada [recordemos que uno de sus amigos lo había preparado todo para que Sócrates pudiera fugarse de la prisión, sin lograr que éste accediera a ello]. Por el perro os juro que estos huesos y estos músculos que aquí están hace ya mucho tiempo que estarían en Megara o en Beocia, si yo creyera que eso era mejor para ellos y si no estuviese persuadido de que era mucho mejor y más justo permanecer aquí para someterme a la pena a que mi patria me ha condenado, que escaparme y huir."

Platón contrapone aquí, certeramente, las dos clases de fundamentos y causas, las causas nacidas de fines y las causas puramente externas supeditadas a ellas de la química, la mecánica, etc., para poner de manifiesto lo que hay de torcido en el ejemplo de un hombre dotado de conciencia. Anaxágoras señala, al parecer, el fin y parece partir de él; pero, en seguida, lo abandona para fijarse en causas puramente externas. Por eso, continúa Sócrates:

"Pero decir que estos huesos y estos músculos son la causa de lo que hago, y no la elección de lo que es lo mejor y que para esto me sirvo de mi inteligencia, me parece un contrasentido. Que se diga que si no tuviera huesos ni músculos y otras cosas parecidas, no podría hacer lo que juzgara a propósito, pase; pero decir que estos huesos y estos músculos son la causa de lo que hago, y no la elección de lo que es mejor, sirviéndome para ello de mi inteligencia, es el mayor de los absurdos; porque es no saber hacer la diferencia de que una cosa es la verdadera causa y otra cosa aquello sin lo que la causa no podría obrar",* es decir, la condición.

Es éste un buen ejemplo para ilustrar cómo en esta clase de explicaciones se echa de menos el fin. Pero, por otra parte, no es un buen ejemplo, pues está tomado del reino de la voluntad libre y consciente de sí misma, en la que impera la reflexión y no el fin inconsciente. En este enjuiciamiento del νοῦς de Anaxágoras vemos proclamado, en general, indudablemente, la verdad de que este filósofo no hace aplicación alguna de su principio a lo real. Pero lo positivo del enjuiciamiento de Sócrates nos parece también igualmente insatisfactorio por el otro lado, en cuanto que pasa al extremo opuesto, al exigir para la naturaleza causas que no parecen existir en ella, sino que se dan fuera de ella, dentro del campo de la conciencia en general.

En efecto, lo bueno y lo bello es, al menos en parte, un pensamiento de la conciencia como tal; el fin y la conducta con arreglo a fines es, primordialmente, obra de la conciencia, y no de la naturaleza. Por otra parte, en tanto se establecen fines en la naturaleza, el fin como tal fin sólo fuera de ella entra en nuestro enjuiciamiento; el fin, como tal, no se da en la naturaleza misma, que sólo conoce lo que nosotros llamamos causas naturales; y, para comprenderla, no tenemos por qué buscar ni señalar más que causas inmanentes. Según esto, distinguimos en Sócrates, por ejemplo, el fin y el fundamento de su conducta como conciencia y las causas de su proceder

---

* La versión castellana, que corresponde perfectamente a la de Hegel, es la de L. Roig de Lluis, Buenos Aires, 1938 [E.].

real; estas últimas las buscaríamos, ciertamente, en sus huesos, músculos, nervios, etc.

Al desterrar la consideración de la naturaleza con arreglo a fines —como nuestro pensamiento, no como el ser de la naturaleza misma—, desterramos también del estudio de la naturaleza el punto de vista teleológico, al que tanto suele propenderse, por lo demás. Así, se dice muchas veces, por ejemplo, que la hierba crece para que los animales la coman, y que éstos existen y comen hierbas para que nosotros podamos alimentarnos de ellos. Que el fin de los árboles es que podamos comer sus frutos y darnos leña para calentarnos; que muchos animales tienen pieles para que nosotros hagamos de ellas vestidos para defendernos del frío; que el mar, en los climas nórdicos, arroja troncos de árboles a las playas para suplir la carencia de leña en aquellas regiones, ayudando con ello a los habitantes a preservar sus vidas, etc. Así concebido, el fin, lo bueno, aparece fuera de la cosa misma; la naturaleza de una cosa no se enfoca, así, en y para sí, sino solamente en relación con otra u otras cosas que nada tienen que ver con aquélla. Se considera a las cosas, de este modo, simplemente como útiles para un fin, pero este destino no es suyo propio, sino algo ajeno a ellas. El árbol, la hierba son, como seres naturales, cosas que existen para sí; la utilidad que hace, por ejemplo, que la hierba sea devorada por los animales nada tiene que ver con la hierba en cuanto tal, del mismo modo que nada tiene que ver con el animal el hecho de que el hombre se abrigue con su piel; y esta determinación natural es, en efecto, la que Sócrates parece echar de menos en Anaxágoras.

Sin embargo, este sentido de lo bueno y lo adecuado a un fin, tan familiar para nosotros, no es el único ni es el que Platón profesa; y, por otra parte, este sentido no es tampoco necesario. No debemos representarnos lo bueno o el fin de un modo tan unilateral que, atribuyéndolo como tal al ser de que se trata, lo contrapongamos a lo que es, sino que debemos enfocarlo, libre de esta forma y con arreglo a su esencia, como la idea de toda la esencia. Es necesario conocer la naturaleza de las cosas con arreglo al concepto que es la consideración independiente y sustantiva de las cosas mismas; este concepto, por cuanto que es lo que las cosas son en y para sí, entorpece la relación de las causas naturales. Este concepto es el fin, la causa verdadera, pero que retorna a sí misma, en cuanto un algo primero que es en sí, del que arranca el movimiento y que conduce al resultado; no solamente un fin que exista previamente en nuestra representación antes de su realidad, sino también en la realidad misma. El devenir es el movimiento por medio del cual nacen una realidad y una totalidad; en el animal y en la planta es su naturaleza, como género general, lo que inicia su movimiento y lo produce. Pero esta totalidad no es el producto de un algo extraño, sino su propio producto, que existía ya anteriormente como simiente o como embrión; llámase, pues, fin a lo que se produce a sí mismo y que ya en su devenir es como un ente en sí.

La idea no es una cosa especial que tenga un contenido distinto del de la realidad o que presente una faz completamente distinta. El antagonismo es el de la contraposición puramente formal entre la posibilidad y la realidad; la sustancia activa propulsora y el producto son uno y lo mismo. Esta realización se lleva a cabo a través del antagonismo; lo negativo en lo general es este mismo proceso. El género se enfrenta a sí mismo como lo individual y lo general; de este modo, el género se realiza en lo vivo a través del antagonismo entre los sexos, cuya esencia es, sin embargo, el género común. Los individuos tienden a su propia conservación como individuos, para lo cual comen, beben, etc.; pero lo que crean, con ello, es el género. Los individuos desaparecen, lo único que se crea sin cesar es el género; la planta produce siempre la misma planta, cuyo fundamento es lo general.

Partiendo de aquí es como hay que determinar la diferencia entre las mal llamadas causas naturales y las causas finales. Si aislamos lo individual y sólo nos fijamos en el movimiento y en los momentos que lo integran, señalamos lo que son las causas naturales. Así, por ejemplo, ¿de dónde ha surgido *esta* vida? Ha surgido mediante un acto de procreación de este padre y esta madre suyos. ¿Cuál es la causa de estos frutos? El árbol que los da, cuya savia se destila de tal modo que produce precisamente *estos* frutos. Respuestas de este tipo señalan la causa, es decir, algo individual opuesto a otro algo individual; pero su esencia es el género. Ahora bien, la naturaleza no puede representar la esencia como tal. El fin de la procreación es el levantamiento de la individualidad del ser; pero la naturaleza, que con su existencia conduce al levantamiento de esta individualidad, no la sustituye por lo general, sino por otra individualidad. Los huesos, los músculos, etc. producen un movimiento; son causas, pero producidas, a su vez, por otras causas, y así sucesivamente, hasta el infinito. Pero lo general las encuadra como momentos que, indudablemente, se dan en el movimiento como causas, pero de tal modo que el fundamento de estas mismas partes no es otro que el todo. No son ellas lo primero, sino que lo primero es el resultado en que se plasma la savia de la planta, etc., como en el nacimiento sólo aparece como producto, en cuanto simiente que hace el comienzo y el fin, aunque a través de diferentes individuos, todos los cuales, aun siendo distintos, participan, sin embargo, de la misma esencia.

Pero semejante género es, a su vez, un determinado género, esencialmente referido a otro, por ejemplo la idea de la planta a la del animal; lo general se mueve y se desarrolla. Se considera como la adecuación exterior a un fin el hecho de que las plantas sean devoradas por los animales, etc., hecho en el que va implícita la limitación de aquéllas en cuanto género. El género planta cobra la absoluta totalidad de su realización en el animal, el animal en el ser consciente, como la tierra en la planta. Tal es el sistema del todo, en que cada momento es transitorio. El doble punto de vista consiste, pues, en que, de una parte, cada idea sea un círculo dentro de sí, la planta o el animal lo bueno de su clase; de otra parte, en que cada una de ellas represente un momento dentro de lo bueno general. Si consideramos el animal simplemente como algo exteriormente adecuado a un fin, como algo creado para algo que no es el animal mismo, lo consideraremos unilateralmente, pues se trata de una esencia, algo general en y para sí; pero no menos unilateral es decir que la planta, por ejemplo, sólo es en y para sí, es solamente un fin de sí misma, encerrado dentro de sí mismo y a sí mismo referido. Pues toda idea es un círculo cerrado y perfecto, pero cuya perfección es, asimismo, un tránsito a otro círculo: un torbellino cuyo centro, al que retorna, se encuentra directamente en la periferia de un círculo superior que lo devora. Así y sólo así, llegamos a la determinación de un fin último del universo, como inmanente a él.

Estas explicaciones son necesarias aquí; pues, partiendo de ellas, vemos la idea especulativa destacarse más en lo general, mientras que antes se proclamaba como un ser y los momentos y el movimiento de ella como algo ente. Pero, en esta transición, hay que tener buen cuidado de no caer en la creencia de que con ello se abandona el ser para pasar a la conciencia como lo opuesto a él (pues con ello perdería lo general todo su sentido especulativo), sino que lo general es inmanente en la naturaleza. Este sentido tiene el representarse que el pensamiento hace el mundo, lo ordena, etc.: no al modo de lo que hace la conciencia individual, en que el yo aparece de un lado y del otro, frente a él, la realidad, la materia formada por mí y distribuida y ordenada por mí de tal o cual modo, sino que lo general, el pensamiento, debe permanecer en la filosofía sin esta contraposición. El ser, el ser puro, es de suyo algo general, siempre y cuando recordemos, a este propósito, que el ser es abstracción absoluta, pensamiento puro: pero el ser, tal y como se establece en cuanto tal ser, tiene el sentido de lo contrapuesto a este ser reflejado en sí mismo, al pensamiento y a su recuerdo; lo general, por el contrario, lleva inmediatamente en sí mismo la reflexión.

Hasta aquí llegaron, propiamente, los pensadores antiguos; lo cual no parece, en verdad, ser gran cosa. Lo "general" es una determinación bien pobre, por cierto; todo el mundo sabe de lo general; pero no sabe de ello en cuanto esencia. Hasta la invisibilidad de lo sensible llega, evidentemente, el pensamiento, pero no hasta la determinabilidad positiva que consiste en pensarlo como algo general, sino solamente hasta lo absoluto carente de predicados, como lo puramente negativo; es hasta aquí y solamente hasta aquí hasta donde llega la concepción común de nuestros días. Con este descubrimiento del pensamiento ponemos fin a la sección primera de nuestra historia, y entramos en el segundo período de ella.

Los resultados del primer período no son muy grandes, como se ve. Algunos opinan, ciertamente, que estos resultados encierran una sabiduría especial; pero el pensamiento, en esta época, es todavía joven, por lo cual las determinaciones son aún pobres, abstractas, incipientes. El pensamiento ha descubierto todavía pocas determinaciones, tales como el agua, el ser, el número, etc., las cuales no pueden resistir al examen; es necesario que lo general se destaque por sí mismo, como acabamos de ver en Anaxágoras, el único en quien, hasta ahora, lo encontramos como actividad que se determina a sí misma.

Aún tenemos que considerar la relación de lo general como algo opuesto al ser o la *conciencia* como tal *en su relación con el ente*. Esta relación de la conciencia se determina de este modo tal y como Anaxágoras determinaba la esencia. Acerca de esto no es posible encontrar nada satisfactorio, ya que este pensador reconocía, de una parte, el pensamiento como la esencia, pero sin llegar a proyectar este pensamiento mismo sobre la realidad, lo que, de otra parte, hacía que ésta apareciese por sí misma como privada de todo pensamiento y como una muchedumbre infinita de homeomerías, es decir, como una multitud interminable de ser en sí sensible, que no es, como tal, otra cosa que ser sensible, pues el ser existente es, simplemente, una acumulación de homeomerías. Y no menos sensible puede ser la relación de la conciencia con respecto a la esencia.

Así, Anaxágoras pudo decir también que sólo en el pensamiento y en el conocimiento racional reside la verdad, y asimismo que la verdad es la percepción sensible, pues en ésta residen las homeomerías, las cuales tienen, a su vez, un ser en sí. De aquí que encontremos estas palabras suyas, en Sexto Empírico *(Adv. Math.* VII, 89-91): "El entendimiento (λόγος) es el criterio de la verdad; los sentidos no pueden enjuiciar la verdad, por ser débiles", debilidad que no les permite apreciar las homeomerías, ya que éstas son infinitamente pequeñas; los sentidos no pueden captarlas, pues no saben que deben ser un algo ideal, puramente pensado. Un ejemplo famoso del propio Anaxágoras lo encontramos en el mismo Sexto Empírico *(Pyrrh. Hyp.* I, 13, § 33), cuando dice que "la nieve es negra, pues es agua, y el agua es negra", ejemplo en el que, como vemos, asienta la verdad sobre un fundamento.

En segundo lugar, Anaxágoras dijo, según Aristóteles *(Metaf.* IV, 7), que "existe algo intermedio entre los términos de una contradicción (ἀντιφάσεως), lo que hace que todo sea falso. Pues, en cuanto que los lados de una contradicción se hallan mezclados, lo mezclado no es bueno ni malo y no existe, por tanto, nada verdadero". Y, en otro pasaje, Aristóteles *(Metaf.* IV, 5) cita palabras de este mismo pensador según las cuales "uno de sus apotegmas contra sus discípulos era que las cosas eran para ellos tal y como las tomaban". Lo cual parece dar a entender que, siendo el ser existente una acumulación de homeomerías, que forman la esencia que es, la percepción sensible toma las cosas tal y como son en realidad.

Claro está que por este camino no es posible llegar muy lejos. Sin embargo, arranca de aquí una evolución más clara de la relación entre la conciencia y el ser, la evolución de la naturaleza del conocer como un conocimiento de la verdad. El espíritu da un paso más hacia adelante al proclamar la esencia como pensamiento; de este modo, la esencia, como algo que es, se halla en la conciencia en cuanto tal: es en sí, pero también en la conciencia. Es, simplemente, el ser en cuanto la conciencia lo conoce, y la esencia es solamente el conocimiento de él. El espíritu no tiene ya por qué buscar la esencia fuera de él, sino dentro de sí mismo, pues lo que parecía algo extraño se revela ahora como pensamiento, es decir, la conciencia tiene esta esencia en sí misma. Pero esta conciencia contrapuesta es un algo individual, con lo cual se levanta, en realidad, el ser en sí; pues el ser en sí es lo no contrapuesto, lo no individual, lo general. Es conocido, sin duda; pero lo que es solamente es en el conocimiento, lo que vale tanto como decir que no existe más ser que el del conocimiento de la conciencia. Esta evolución de lo general, en la que la esencia se pasa por entero al lado de la conciencia, la encontraremos en la tan denostada filosofía de los sofistas; podemos enfocar esto en el sentido de que es aquí donde se desarrolla la naturaleza negativa de lo general.

ÍNDICE DEL TOMO PRIMERO

Presentación VII
Advertencia a la presente edición IX
Prólogo del editor a la primera edición XIII
Prólogo del editor a la segunda edición XIX

LECCIONES SOBRE LA HISTORIA DE LA FILOSOFÍA

Discurso inaugural 3
Introducción a la historia de la filosofía 8

  A) Concepto de la historia de la filosofía 14
    1. Nociones corrientes acerca de la historia de la filosofía 17
      a) La historia de la filosofía como un acervo de opiniones 17
      b) Prueba de la vanidad del conocimiento filosófico a través de la misma historia de la filosofía ... 21
      c) Explicaciones sobre la diversidad de las filosofías 23
    2. Criterios para ayudar a esclarecer el concepto de la historia de la filosofía 25
      a) El concepto de la evolución 25
      b) El concepto de lo concreto 28
      c) La filosofía como conocimiento de la evolución de lo concreto 32
    3. Resultados para el concepto de historia de la filosofía 33
      a) Evolución de las múltiples filosofías en el tiempo 36
      b) Aplicación al modo de tratar la historia de la filosofía 40
      c) Paralelo más preciso entre la historia de la filosofía y la filosofía misma 42

  B) Relación entre la filosofía y los demás campos 52
    1. El lado histórico de esta conexión 52
      a) Condición externa, histórica, del filosofar 53
      b) Aparición histórica de la necesidad espiritual de filosofar 53
      c) La filosofía como pensamiento de su tiempo ... 55
    2. Deslinde de la filosofía de los campos afines a ella 57

- *a)* Relación entre la filosofía y la cultura científica 57
- *b)* Relación entre la filosofía y la religión 62
  - α) Diferencia entre la filosofía y la religión 65
  - β) Contenido religioso que debe ser excluido de la historia de la filosofía 80
  - γ) Filosofemas expresos en la religión 88
- *c)* Deslinde entre la filosofía y la filosofía popular 89
- 3. El comienzo de la filosofía y su historia 90
  - *a)* La libertad de pensamiento como condición inicial 91
  - *b)* Eliminación del Oriente y de su filosofía 92
  - *c)* La filosofía comienza en Grecia 95

C) División, fuentes y métodos de la historia de la filosofía 97
  1. División de la historia de la filosofía 97
  2. Fuentes de la historia de la filosofía 105
  3. Método seguido en esta historia de la filosofía.... 109

La filosofía oriental 111
  A) La filosofía china 113
  B) La filosofía india 118

PRIMERA PARTE

LA FILOSOFIA GRIEGA

Introducción a la filosofía griega 139

Sección Primera

PRIMER PERÍODO: DE TALES A ARISTÓTELES

Capítulo 1: de Tales a Anaxágoras 153
  A) La filosofía de los jonios 157
    1. Tales 158
    2. Anaximandro 170
    3. Anaxímenes 174
  B) Pitágoras y los pitagóricos 179
    1. El sistema de los números 192
    2. Aplicación de los números al universo 206
    3. La filosofía práctica de los pitagóricos 215

ÍNDICE

- C) La escuela eleática 219
  - 1. Jenófanes 221
  - 2. Parménides 228
  - 3. Meliso 238
  - 4. Zenón 241
- D) La filosofía de Heráclito 258
  - 1. El principio lógico 262
  - 2. La filosofía de la naturaleza 264
  - 3. La relación del principio con la conciencia 272
- E) Empédocles, Leucipo y Demócrito 276
  - 1. Leucipo y Demócrito 277
  - 2. Empédocles 287
- F) La filosofía de Anaxágoras 295
  - 1. El principio general del pensamiento 304
  - 2. Las homeomerías 308
  - 3. La relación de ambos aspectos 313

Este libro se terminó de imprimir y encuadernar en el mes de agosto de 1996 en Impresora y Encuadernadora Progreso, S. A. de C. V. (IEPSA), Calz. de San Lorenzo, 244; 09830 México, D. F. Se tiraron 2 000 ejemplares.